O NOVO DIREITO SOCIETÁRIO

Calixto Salomão Filho

O NOVO DIREITO SOCIETÁRIO

*4ª edição,
revista e ampliada,
2ª tiragem*

MALHEIROS EDITORES

O NOVO DIREITO SOCIETÁRIO

© Calixto Salomão Filho

*1ª edição: 06.1998; 2ª edição: 06.2002;
3ª edição: 10.2006; 4ª edição, 1ª tiragem: 06.2011.*

ISBN 978-85-392-0079-5

*Direitos reservados desta edição por
MALHEIROS EDITORES LTDA.
Rua Paes de Araújo, 29, conjunto 171
CEP 04531-940 – São Paulo – SP
Tel.: (11) 3078-7205 – Fax: (11) 3168-5495*
URL: www.malheiroseditores.com.br
e-mail: malheiroseditores@terra.com.br

Composição
PC Editorial Ltda.

*Capa:
Criação:* Vânia Lúcia Amato
Arte: PC Editorial Ltda.

Impresso no Brasil
Printed in Brazil
01.2015

SUMÁRIO

Prefácio à 4ª edição 11

PRIMEIRA PARTE – NOVA FUNÇÃO

CAPÍTULO I – DIREITO EMPRESARIAL PÚBLICO

1. **Introdução: uma crítica ao neoliberalismo** 15
2. **Crítica aos determinismos econômicos** 16
3. **A teoria jurídica do conhecimento econômico e social** 17
4. **Direito empresarial público** 19
   4.1 Regulação e Direito antitruste 20
   4.2 Direito societário 23
5. **Conclusão** 26

CAPÍTULO II – INTERESSE SOCIAL: A NOVA CONCEPÇÃO

1. **Introdução** 27
2. **Contratualismo "vs." Institucionalismo**
   2.1 O contratualismo 28
       2.1.1   Contratualismo clássico 28
       2.1.2   Contratualismo moderno 31
   2.2 A teoria institucionalista
       2.2.1   Institucionalismo publicista 32
       2.2.2   Intitucionalismo integracionista ou organizativo 34
   2.3 A situação no Brasil: entre contratualismo e institucionalismo 38
3. **As teorias modernas** 40
   3.1 A empresa e o interesse social na análise econômica do direito: utilidade e críticas 42
   3.2 A teoria do contrato organização 44
   3.3 Efeitos aplicativos 47

6   O NOVO DIREITO SOCIETÁRIO

      3.3.1   Conflito de interesses 47
      3.3.2   Definição de sociedade 47
      3.3.3   A desconsideração da personalidade jurídica 49
      3.3.4   Sociedade unipessoal e sociedade sem sócio 50
4. **Conclusão** 51

CAPÍTULO III – ANÁLISE ESTRUTURALISTA DO DIREITO SOCIETÁRIO

1. **Introdução** 53
2. **Poder e estrutura societária** 56
   2.1   Poder "vs." direito na estrutura societária 56
   2.2   Consequências da prevalência de relações hierárquicas sobre as jurídicas 57
3. **Os instrumentos para a busca de comportamento cooperativo entre os acionistas**
   3.1   Instrumentos internos: busca da solução do problema de conflito de interesses 60
      3.1.1   A solução estrutural do problema de conflito de interesses 61
      3.1.2   A solução através de regra de conflito de interesses 62
   3.2   Instrumentos externos 65
      3.2.1   Poder de controle e assimetria de informação 65
      3.2.2   Exemplo de *screening*: o Novo Mercado da Bovespa brasileira
            3.2.2.1   Os objetivos do Novo Mercado 68
            3.2.2.2   Fundamentos e disciplina jurídica básica do Novo Mercado 69
            3.2.2.3   Resultados e perspectivas 70
4. **Considerações conclusivas** 71

SEGUNDA PARTE – NOVA ESTRUTURA

CAPÍTULO IV – DILUIÇÃO DE CONTROLE

1. **Introdução: a realidade econômica** 77
2. **O debate doutrinário: termos e limites** 78
3. **Problemas teóricos e práticos** 82
   3.1   Deveres fiduciários dos administradores 83
   3.2   A separação de poderes no direito societário 85
4. **Conclusão** 88

CAPÍTULO V – ORGANIZAÇÃO INTERNA: ESTRUTURA ORGÂNICA TRÍPLICE

1. **Introdução** 89

SUMÁRIO 7

2.	Função e forma das estruturas societárias	90
2.1	O problema da função	91
2.2	Consequências sobre as estruturas	92
2.2.1	Controle concentrado vs. diluído	93
2.2.2	Formas de participação interna	94
2.2.3	Estrutura orgânica	97
3.	O problema na realidade brasileira	
3.1	Disfunção societária	98
3.2	Concentração e controle externo	98
3.3	Participação interna	100
3.4	Estrutura orgânica	101
4.	Conclusão	102

CAPÍTULO VI – CONFLITO DE INTERESSES: A OPORTUNIDADE PERDIDA

1. Introdução: conflito de interesses como problema e como regra 104
2. A solução organizativa do problema de conflito de interesses ... 105
   2.1 Fundamento econômico: a teoria da empresa, de Coase 105
   2.2 Fundamentação jurídica: a moderna visão organizativa da sociedade 107
3. A solução através de regra de conflito de interesses 107
4. A posição secundária atribuída à matéria na lei de 1976 112
5. A reforma da lei das sociedades por ações e o problema do conflito de interesses 114
   5.1 Ausência de soluções organizativas 115
   5.2 Soluções baseadas na regra de conflito 116
6. Conclusão 118

CAPÍTULO VII – CONFLITO DE INTERESSES: NOVAS ESPERANÇAS

1. Introdução: novo e antigo 119
2. A recente evolução e as esperanças 120
3. Conclusão: a solução e o mundo infantil 125

CAPÍTULO VIII – ACORDO DE ACIONISTAS COMO INSTÂNCIA DA ESTRUTURA SOCIETÁRIA 126

1. Acordo de acionistas como pacto parassocial 126
2. Realidade e disciplina parassocietária no direito brasileiro 130
3. A disciplina parassocietária do acordo de acionistas no sistema brasileiro 132
   3.1 A integração incompleta do artigo 118 132
      3.1.1 Limitação do objeto do acordo 133
      3.1.2 Eficácia do acordo 136

8 O NOVO DIREITO SOCIETÁRIO

    3.2   A reforma da lei das sociedades e o acordo de acionistas 138
4. **Conclusão** 140

CAPÍTULO IX – "GOLDEN SHARE": UTILIDADE E LIMITES

1. **Propriedade e controle** 141
2. **Separação entre propriedade e controle na lei brasileira: contornos e limites** 143
3. **As duas espécies de "golden share"** 145
4. **Conclusão** 148

CAPÍTULO X – ALIENAÇÃO DE CONTROLE: O VAIVÉM DA DISCIPLINA E SEUS PROBLEMAS

1. **Introdução** 149
2. **Liberdade de disposição dos acionistas** 150
3. **Alienação de controle e interesse dos minoritários** 152
4. **Alienação de controle e interesse social**
    4.1   Considerações gerais 157
    4.2   O papel dos administradores 161
        4.2.1   A solução norte-americana 162
        4.2.2   A solução alemã 164
        4.2.3   Conflito de interesses formal? 166
        4.2.4   Técnicas de defesa: legitimidade 169
5. **Conclusão** 174

CAPÍTULO XI – INFORMAÇÃO COMPLETA, DIREITO SOCIETÁRIO E MERCADO DE CAPITAIS 177

1. **O princípio da informação completa: importância para o mercado de capitais** 178
    1.1   A informação plena 179
    1.2   A informação acessível a todos 182
2. **A questão estrutural: poder de controle e assimetria de informação** 184
3. **Conclusões** 187

TERCEIRA PARTE – NOVA RESPONSABILIDADE

CAPÍTULO XII – DEVERES FIDUCIÁRIOS DO CONTROLADOR

1. **Introdução** 191
2. **Deveres fiduciários no direito societário**
    2.1   A realidade societária brasileira 193
    2.2   Os deveres fiduciários do acionista controlador 193

SUMÁRIO

    2.3   *Deveres fiduciários e conflito de interesses do controlador*   196
    2.4   *Deveres fiduciários do controlador enquanto administrador direto e indireto da sociedade* 198
3.   **Limites e deficiências** 200

CAPÍTULO XIII – FORMAS SOCIETÁRIAS E NÃO SOCIETÁRIAS DE LIMITAÇÃO DE RESPONSABILIDADE DO COMERCIANTE INDIVIDUAL

1.   **O problema da limitação de responsabilidade do comerciante individual: origem da discussão atual** 202
    1.1   *A teoria ficcionista* 203
    1.2   *As teorias do patrimônio de afetação* 204
    1.3   *A concepção de Gierke* 206
    1.4   *Relatividade histórica e valor atual da discussão* 210
2.   **A separação patrimonial do comerciante individual no direito moderno**
    2.1   *Colocação do problema* 212
    2.2   *Formas de limitação de responsabilidade do comerciante individual* 216
        2.2.1   As críticas à fórmula societária 217
        2.2.2   As tentativas de construção em forma não societária 219
        2.2.3   Conclusão: sociedade unipessoal *vs.* empresa individual 222
    2.3   *A limitação de responsabilidade do comerciante individual no Brasil* 228
        2.3.1   Patrimônio separado 228
        2.3.2   Sociedade unipessoal 230
    2.4   *Conclusão* 231

CAPÍTULO XIV – A TEORIA DA DESCONSIDERAÇÃO DA PERSONALIDADE JURÍDICA

1.   **Antecedentes** 232
2.   **A teoria unitarista** 234
3.   **Resultados aplicativos: desconsideração e falência** 237
4.   **A teoria dos centros de imputação** 241
5.   **Resultados aplicativos: a casuística**
    5.1   *Desconsideração atributiva* 244
    5.2   *Desconsideração para fins de responsabilidade* 245
    5.3   *Desconsideração em sentido inverso* 247
    5.4   *Desconsideração em benefício do sócio* 249
6.   **Interpretação e aplicação da teoria da desconsideração no Brasil** 251

7. **A desconsideração da personalidade jurídica como problema e como método** 258
8. **Os custos da desconsideração** 264
   8.1 Responsabilidade limitada e livre mercado 264
   8.2 Responsabilidade limitada em situação de concorrência imperfeita 265
   8.3 Desconsideração como forma de redistribuição de riscos .. 268
   8.4 Recepção legislativa das teorias no Brasil 269
   8.5 Os limites econômicos da desconsideração 271

CAPÍTULO XV – RESPONSABILIDADE PENAL E CONCEITO DE PESSOA JURÍDICA

1. **As teorias sobre a pessoa jurídica e sobre a formação da vontade no seu interior** 275
   1.1 A teoria da ficção e o contratualismo 276
   1.2 A teoria realista e o institucionalismo 279
2. **A influência dessas teorias na polêmica sobre o crime da pessoa jurídica** 280
   2.1 O direito comparado 281
   2.2 A posição do direito brasileiro
      2.2.1 No direito societário: entre contratualismo e institucionalismo 285
      2.2.2 Crime da pessoa jurídica: reconhecimento positivo 286
      2.2.3 Crime de pessoa física através da pessoa jurídica: a Lei 8.137/90 288
3. **Conclusão** 290

Bibliografia 291

PREFÁCIO À 4ª EDIÇÃO

Seguindo o padrão das anteriores, essa nova edição procura inovar. Inovar no sentido já definido não de busca por algo necessariamente diferente do anterior, mas de resposta a problemas presentes.

Essa resposta não é necessariamente e nem constantemente uma resposta prática (ou aplicativa). Muitas vezes está em novas ferramentas teóricas para descrever e analisar problemas práticos.

É em torno dessas duas vertentes – prática e teórica – que se desenvolve a revisão e ampliação dos textos para essa 4ª edição. Na vertente prática, a nova edição procura tratar de novas soluções existentes em tópicos diversos. A primeira delas é a que mereceu mais destaque. A positiva e surpreendente mudança de orientação da CVM em matéria de conflito de interesses mereceu um capítulo adicional intitulado "Conflito de Interesses: Novas Esperanças". Optou-se por manter intacto o capítulo anterior ("Conflito de Interesses: a Oportunidade Perdida") que comenta os fracassos da tentativa anterior na matéria (Lei 10.303) exatamente pelo valor comparativo das duas abordagens.

Ainda em matéria aplicativa, foram estudadas e atualizadas questões específicas como, por exemplo: (i) as novas técnicas de defesa (*poison pill*) em matéria de alienação de controle no Brasil e sua disfunção e (ii) decisões jurisprudenciais mais recentes em matéria de desconsideração da personalidade jurídica no Brasil, além de outras atualizações pontuais.

Na vertente teórica, duas foram as principais alterações. Em primeiro lugar a ampliação do texto intitulado "Direito Empresarial Público". Mencionados desde a primeira versão, os interesses comunitários ligados à utilização de bens comuns e bens com relevância ambiental foram agora expressamente incorporados à análise. Não poderiam mesmo ser deixados de lado em um momento de tão drásticas incertezas sobre o futuro da humanidade. Todas as esferas, pública, privada e empresarial devem ter em conta essas preocupações.

Finalmente, introduziu-se um novo ensaio intitulado "Análise Estruturalista do Direito Societário". Publicado originalmente na *Festschrift Hopt*, destinava-se na sua versão original a, no calor da crise financeira de 2008-2009, demonstrar a superioridade de certas soluções brasileiras em matéria de mercados de capitais sobre soluções de mercados de capitais ditos desenvolvidos (onde a crise se originou e demonstrou mais profunda). A versão traduzida serve a outro propósito, qual seja o de utilizar um método diverso de descrição e análise dos problemas societários. Trata-se não de identificar "direitos subjetivos societários" e suas consequências sistemáticas, mas, sim, de analisar o funcionamento das estruturas societárias, em especial à luz da realidade de poder, particularmente relevante no sistema brasileiro. A ideia de fundo é ressaltar a relevância sistemática de uma análise estruturalista integrada e unitária, apta a sobrevoar e, espera-se, dar mais unidade teórica às questões societárias.

Por isso, várias questões abordadas em outros momentos do livro estão lá tratadas sob a perspectiva jurídico-estruturalista. Assim, um certo grau de convergência e às vezes até repetição do quanto dito em outros textos, como o texto sobre conflito de interesses por exemplo ("Conflito de Interesses: a Oportunidade Perdida") e o texto intitulado "Direito Societário e Novo Mercado" constante da 3ª edição. Em certos casos, como o desse último texto citado, optou-se por sua supressão, por estar em grande parte incorporado à nova análise. Em outros (como o texto sobre "conflito de interesses") a alternativa utilizada foi manter o texto original – ainda que tenha sido grandemente incorporado na "análise estruturalista" – exatamente pela importância que se atribuiu à descrição de um momento histórico (no caso a perda de oportunidade de mudança com a Lei 10.303).

Mais uma vez aqui não é possível encerrar sem agradecer o trabalho cuidadoso, detalhado e sempre percuciente da Dra. Sheila Cristina Neder Cerezetti na pesquisa e atualização dos materiais e revisão final desta 4ª edição.

São Paulo, maio de 2011
CALIXTO SALOMÃO FILHO

PRIMEIRA PARTE
NOVA FUNÇÃO

CAPÍTULO I – **DIREITO EMPRESARIAL PÚBLICO**
CAPÍTULO II – **INTERESSE SOCIAL:** A **NOVA CONCEPÇÃO**
CAPÍTULO III – **ANÁLISE ESTRUTURALISTA DO DIREITO SOCIETÁRIO**

Capítulo I
DIREITO EMPRESARIAL PÚBLICO

1. Introdução: uma crítica ao neoliberalismo. 2. Crítica aos determinismos econômicos. 3. A teoria jurídica do conhecimento econômico e social. 4. Direito empresarial público: 4.1 Regulação e Direito antitruste; 4.2 Direito societário. 5. Conclusão.

1. Introdução: uma crítica ao neoliberalismo

Os anos 90 operaram uma transformação macabra. Regras e afirmações socioeconômicas antes reconhecidamente ideológicas assumiram as vestes de verdade científica. Um novo determinismo social instalou-se, mais penetrante e assustador que os anteriores.

O moto para tudo isso é muito mais simples e, talvez por isso mesmo, muito mais penetrante que todas as ideias anteriores. Nada de conceitos esotéricos ou estripulias intelectuais. O novo conceito é a um só tempo concreto e instigador de sonhos e imaginação. Não é incomum observar empresários e até trabalhadores, referir-se a ele com reverência e temor: "Nada há o que se possa fazer contra a globalização. É necessário adaptar-se". Talvez a criação mais genial de *marketing* de todos os tempos, essa palavra traveste velhas ideias com nova roupagem. Traduz filosofias ultrapassadas e dogmaticamente equivocadas reunidas sob a alcunha de neoliberalismo.

Essas ideias passaram do campo econômico para o das ciências sociais, chegando finalmente a influenciar o direito.

A elas procura-se associar o fascínio da modernidade. O moderno é globalizar, desconfiar da capacidade de organização dos Estados e, mais deletério que tudo, agir individualisticamente. Individualismo e neoliberalismo não se dissociam.

2. Crítica aos determinismos econômicos

A base teórica para o mito neoliberal da globalização e da modernidade é também ela distorcida. Encontra-se nos escritos de F. Hayek sobre a inoperância da atividade estatal.[1] Duas restrições importantes devem ser feitas a essa utilização. Em primeiro lugar, é preciso entender que Hayek jamais se preocupou em construir de forma estruturada uma teoria social. Sua maior preocupação era criticar e solapar as bases das teorias que viam no Estado o engenheiro socioeconômico por excelência.

A segunda séria restrição refere-se ao fato de que esta construção desconsidera em absoluto a evolução da teoria de Hayek, em especial no campo jurídico. Nessa área ela nada tem de neoliberal. A Escola ordo--liberal de Freiburg, cujos principais representantes são W. Eucken, F. Böhm e H. J. Mestmäcker, não deve ser confundida com a Escola Austríaca, formada exclusivamente por economistas e de marcada tendência neoliberal. A primeira faz uma leitura muito mais intervencionista das teorias de Hayek do que a segunda.

Essas duas críticas, unidas, permitem refutar em absoluto as bases teóricas do neoliberalismo e, a partir daí, espera-se, tentar elaborar uma estrutura jurídica e social mais coerente.

Construtor e filósofo social medíocre (daí os efeitos sua utilização, também medíocre, pelos neoconservadores), Hayek brilhou pela decodificação de mitos que operou. Sua teoria, que lhe valeu o prêmio Nobel, muito mais que uma tentativa de explicação econômica da realidade, é uma teoria do conhecimento econômico e social.

Seu postulado principal é muito simples. Para Hayek é errôneo crer que conhecimento econômico possa ser teorizado e centralizado. Para ele o conhecimento econômico é essencialmente prático e individual.[2]

---

1. O mais famoso dos quais, que bem ilustra a militância antiestatal de Hayek, é sem dúvida *The road to serfdom*, Chicago, University of Chicago Press, 1994.

2. A crítica ao pensamento teórico no campo econômico assenta suas bases filosóficas evidentemente na *Crítica da razão pura*, de Kant, em especial em sua concepção do pensamento sintético, aquele criativo, que permite adicionar conhecimento. Esse tipo de conhecimento é, na concepção de Kant, por essência experimental (ainda que seja possível, para ele, no campo metafísico, imaginá-lo como meramente teórico – daí a necessidade de uma crítica, no sentido de estabelecimento de limites, à razão pura), e portanto, prático e indutivo (v. I. Kant, *The critique of pure reason*, Encyclopaedia Britannica, vol. 39, Chicago, 1996, pp. 14 e ss.).

O indivíduo está constantemente descobrindo suas melhores oportunidades e a melhor maneira de viver em sociedade. A convivência em sociedade é, portanto, um processo de descoberta social.

Com essa sua observação simples e perspicaz solapa a um tempo as bases dos filósofos socialistas e neoclássicos. Os socialistas porque, se, para Hayek, nenhum cérebro único, individual ou coletivo, é capaz de conhecer todos os fatores relevantes para as decisões econômicas que possa vir a tomar, uma autoridade única não pode centralizar, com eficácia ou eficiência, o conhecimento econômico dos indivíduos.

Por outro lado, Hayek rejeita veementemente que o conhecimento econômico possa ser teorizado e estruturado em leis ou em curvas, como querem os neoclássicos. Rejeita, portanto um dos postulados neoclássicos principais, segundo o qual o principal problema econômico é o da alocação de recursos: "O caráter peculiar do problema de uma ordem econômica racional é determinado precisamente pelo fato de que o conhecimento das circunstâncias das quais temos que fazer uso nunca existe de forma concentrada ou integrada, mas somente como fragmentos dispersos de um conhecimento incompleto e, em geral, contraditório, que todos os indivíduos, separadamente, possuem. O problema econômico da sociedade não é desta forma, como alocar recursos 'dados' mas sim como garantir o melhor uso dos recursos conhecidos de quaisquer dos membros da sociedade, para fins cuja importância relativa somente esses indivíduos conhecem. Em resumo, o problema relevante é o da utilização do conhecimento que não é dado a ninguém em sua totalidade".[3]

Resta, assim, saber como organizar a sociedade. Desconstruídos os determinismos econômicos, pergunta-se: sobre que bases reconstruir a sociedade?

3. A teoria jurídica do conhecimento econômico e social

É nesse ponto que o raciocínio jurídico pode ser de grande valia.

Isso porque o direito vê o conhecimento de maneira profundamente diversa das ciências sociais. Enquanto para estas o conhecimento é algo eminentemente empírico, seja ele teórico como querem os marxis-

---

3. F. Hayek, "The use of knowledge in society", in *Individualism and economic order*, London, 1949, pp. 77-78.

tas dogmáticos e os neoclássicos, ou prático, como quer Hayek, para os teóricos do direito o conhecimento é algo eminentemente valorativo.[4]

Afirmar que o conhecimento é valorativo não é nada mais nada menos que afirmar que os valores de uma determinada sociedade podem influenciar e influenciam dramaticamente o conhecimento que se tem dela. Se, como afirma a doutrina, não existe uma norma vazia sem uma pretensão ou um interesse a proteger,[5] ou seja, sem um valor que lhe esteja por trás, então a sociedade que *conhecemos*, ao cumprir essas regras nada mais faz que traduzir esses valores. Desse modo, a sociedade que vemos é uma representação de valores sociais democraticamente estabelecidos.[6]

Ora, se o direito é – e deve ser – a ciência que opera a transformação das tendências democraticamente definidas pelo parlamento eleito em valores, essa influência sobre o conhecimento só pode ser positiva.

A diferença entre a teoria jurídica e as teorias econômicas do conhecimento está em que para a primeira, diferentemente das últimas, as

4. O destaque ao elemento valorativo da norma fica bastante claro nos escritos críticos dos seguidores da teoria ordo-liberal a teorias, como a análise econômica do direito, de evidente inspiração neoclássica. Essas teorias, mais do que instrumentos de análise, procuram determinar as regras jurídicas a partir de leis econômicas. Tal pretensão evidentemente desconsidera o momento valorativo tanto da criação quanto da aplicação de qualquer norma jurídica, seja em matéria econômica ou não (v. nesse sentido H. J. Mestmäcker, "Markt, Recht, Wirtschaftverfassung", in *Zeitschrift für das Gesamte Handelsrecht und Wirtschaftsrecht* 137, 1973, p. 101).
5. V. G. Calabresi, "The pointlessness of Pareto: carrying Coase further", in *Yale Law Journal* 100, 1991, p. 1.211.
6. Essa afirmação contém uma contradição aparente. Com efeito, se o direito determina e não é determinado pelo conhecimento da sociedade, o que influencia o direito? A resposta nada mais é que um desdobramento das constatações sociais desse artigo e dos novos tempos. Superados os determinismos marxista e neoclássico sobra apenas, como explicação necessária para a formação jurídica dos valores, o elemento histórico. Esse elemento histórico não determina positivamente o direito mas o influencia drasticamente. Duas características importantes que o diferenciam de outras tentativas de explicação da formação das normas jurídicas. Em primeiro, prescinde de um legislador estatal, dotado de princípios iluministas, como queriam os jusnaturalistas. Aproxima-se, mas não se identifica, com a Escola Histórica da Pandectística alemã. Essa via no direito não é um produto do legislador estatal, mas, sim, um pedaço de uma estrutura mais ampla, originária do inconsciente coletivo dos povos ("aus dem kollektiven Unbewusstseins der Völker zu erblühen", v. F. Wieacker, *Privatrechtsgeschichte der Neuzeit*, Göttingen, Vandenhoeck & Ruprecht, 1967, p. 358). Esse elemento indeterminado é exatamente a ação do indivíduo e sobretudo dos grupos organizados na formação do direito. É a formação do direito a partir de iniciativas difusas, muito mais aptas a identificar e coletar os valores sociais que uma administração central.

regras gerais, quando formuladas, não são generalizações de fatos observáveis nas relações sociais e econômicas, mas sim concretização de valores sociais desejados que devem levar em consideração esses fatos. Mas nessa valoração, a formação das regras deve ser coletiva. Coletiva não significa necessariamente estatal. Pode referir-se a grupos maiores ou menores de pessoas. Isso não significa que esse conhecimento seja teórico, não vindo da prática ou artificial. Com efeito, o corpo de regras jurídicas talvez mais rigorosamente lógica e coerente da história da humanidade, que por isso sobreviveu mais de 2000 anos (até agora), nada mais é que um conhecimento eminentemente prático. O trabalho dos prudentes romanos pré-clássicos nada mais era que compilar e estratificar costumes geralmente aceitos. O *Digesto*, obra jurídica mais duradoura e influente da história da humanidade, nada mais é que a compilação estruturada de casos práticos.[7]

Consequência de tudo isso é que é possível elaborar uma teoria do conhecimento "jurídica", que leve em conta tanto o dado prático como aquele coletivo, sem que para o coletivo seja necessária a intermediação do Estado. A correlação hayekiana entre conhecimento prático e individual perde, portanto, sentido. É na formação dos valores imanente ao estabelecimento das regras de convivência grupal que isso ocorre.

Mais importante ainda. O direito, ainda mais que outras ciências sociais, tem a capacidade de valorizar o elemento humano no conhecimento social. Não são leis econômicas, de mercado[8] ou deterministas, que influenciam o conhecimento social, mas sim o indivíduo, por vezes isolado, por vezes como ente coletivo e historicamente considerado.

4. Direito empresarial público

Nessa perspectiva jurídica do conhecimento, o direito empresarial ganha importância e sentido totalmente novos.

---

7. É exatamente esse valor histórico – costumeiro, vindo do inconsciente coletivo que pretende resgatar a Escola Histórica do Direito (v., nesse sentido, F. Wieacker, *Privatrechtsgeschichte der Neuzeit*, cit., pp. 348 e ss.).

8. O. Ianni afirma que um dos graves defeitos da globalização é exatamente a tentativa de sobrepor a tudo as inexoráveis leis de mercado, e conclui: "Esse é o efeito da racionalidade instrumental, em que também o indivíduo se revela adjetivo, subalterno" (v. *Teorias da globalização*, 5ª ed., Rio de Janeiro, Civilização Brasileira, p. 20).

Não pode mais o direito empresarial ser meramente passivo observador e receptor dos dados da vida empresarial. Ao transformar esses dados em valores, influencia o próprio conhecimento da vida econômica.

Essa transformação só se pode fazer, por outro lado, com uma profunda compreensão tanto da dimensão individual quanto da dimensão coletiva do conhecimento humano.

Tomemos dois exemplos da prática empresarial que podem bem ilustrar essa forma de conhecimento.

4.1 Regulação e Direito antitruste

O primeiro deles vindo do direito regulatório e concorrencial. E não por acaso. É interessante observar que é exatamente nesse campo que a concepção valorativa do conhecimento entra em choque até mesmo ideológico com a concepção determinista da ciência econômica. Choque esse que, como sugere a doutrina, ocorre exatamente em um campo onde Marx vislumbrava a prova do caráter conflitivo do sistema capitalista. Daí a importância do direito que deve tentar eliminar ou diminuir esse conflito.[9]

Várias são as formas para atingir tal objetivo. A cooperação empresarial é uma delas. Trata-se de um dos meios reconhecidamente mais modernos de superação dos problemas de informação entre concorrentes.

A cooperação empresarial (lícita, diga-se de passagem, como se deixará claro mais adiante) é uma das formas mais adiantadas e eficientes de eliminar os problemas de informação no mercado.[10]

As associações de produtores, antes consideradas como tipos odiosos de cartel, na moderna teoria concorrencial, quando convenientemente estabelecidas e controladas, podem transformar-se em métodos de eliminação da assimetria de informações entre produtores.

---

9. Cf. nesse sentido H. J. Mestmäcker, *Markt, Recht, Wirtschaftverfassung*, cit., p. 101, afirmando: "die grundsätzliche systematische und praktische Bedeutung des Rechts der Wettbewerbsbeschränkungen liegt darin, dass es dieses inhaltliches Spannungsverhältniss von ökonomischer und rechtlicher Eigengesetzlichkeit in demjenigen Zusammenhang thematisiert, in dem Marx den Beweis für den antagonischen, kriegerischen und gewalttätigen Charakter des Systems erblickt".

10. V. a respeito da relação entre regulação e desenvolvimento, C. Salomão Filho, "Regulação e desenvolvimento", in *Regulação e desenvolvimento*, São Paulo, Malheiros, 2002, pp. 50 e ss.

Explica-se. Como é sabido, um dos elementos de mais difícil determinação para os agentes econômicos é exatamente a quantidade a ser produzida. Muitas das crises de superprodução são geradas pela falta de informação entre os agentes. Ora, a superprodução é tão danosa quanto a escassez do ponto de vista econômico, pois desperdiça riquezas que poderiam ser alocadas na produção de bens escassos. A troca de informação serve para minimizar esses efeitos econômicos e sociais negativos, reduzindo o que os economistas chamam de dispersão de preços e/ou quantidades produzidas.

Note-se que essa formação do conhecimento aparentemente "coletiva" não pode ser aceita sem uma forte influência dos valores.

Assim é que uma formação conjunta de conhecimento só é aceitável quando não puder desandar em um cartel de preços. Condição essencial, entre outras, para que isso aconteça é que as referidas informações sobre preços e quantidades produzidas sejam divididas com o consumidor. A razão é clara. O repasse das informações coletadas aos consumidores enfraquece o poder dos participantes do mercado. Os consumidores saberão qual produtor está vendendo a preços mais baixos e onde há maior disponibilidade de produto.

O nível de informações dos consumidores, tanto quanto o grau de concentração, indica o grau de poder dos produtores no mercado. Como foi visto no primeiro capítulo concorrência nada mais é do que informação. Nada há de errado com uma informação coletivamente formada desde que ela possa ser posta em cheque ou discutida pelos demais participantes do mercado.

A repartição e discussão das informações, que nada mais é que o reflexo do princípio democrático na vida econômica, permite e até sugere a necessidade de formação coletiva (ainda que não estatal) do conhecimento.

A cooperação permite ainda, resolver, outros problemas. Voluntária ou imposta por via regulatória, a cooperação entre empresa regulada e comunidade em que atua a empresa é hoje em dia instrumento essencial para o equacionamento de problemas como a escassez de recursos econômicos e naturais e a proteção do meio ambiente (v. a respeito *infra* item 4).

Situação exatamente oposta a esta é a da formação de monopólios. Nessa hipótese o que há é uma concentração desmesurada de poder que permite a distorção da informação e impede qualquer tipo de cooperação (em função exatamente da disparidade de poder). Exatamente os mesmos motivos que levam à crença na ineficiência do Estado pela impossibilidade de dominar, teorizar e aplicar toda a informação e todo o conhecimento, sugerem a "ineficiência social" dos monopólios.

Essas ideias impõem, na verdade, uma nova visão do direito antitruste. O direito antitruste passivo, mero defensor das eficiências da década do final da década de 70 e dos anos 80, é substituído por um novo direito concorrencial, ativo e intervencionista. A crítica aos postulados de Chicago não vem agora apenas da Europa, onde sempre foram contestados pelos ordo-liberais.[11] Vem dos próprios EUA, templo do neoclassicismo. A partir, sobretudo, das repercussões negativas do caso Microsoft, ganharam força algumas ideias de economistas da Universidade de Stanford.[12] Essas ideias são nada mais nada menos do que uma nova roupagem – mais moderna e mais bem elaborada teoricamente – ao tão criticado estruturalismo da Escola de Harvard dos anos 60. Isso porque, não defendem, como aquele, a intervenção pela intervenção, em razão da potencial onisciência dos aplicadores estatais do direito antitruste. Pretendem, com base nos dados matemáticos obtidos da teoria dos jogos e sua aplicação para o desenvolvimento das hipóteses de comportamentos estratégicos, demonstrar que o mercado não funciona bem caso seja deixado livre.

Esse novo ativismo antitruste é apenas uma socialização das preocupações empresariais. O que se está reconhecendo, em poucas palavras, é que em certos setores é imperativo manter os competidores pequenos ou, pelo menos, limitar-lhes estruturalmente o poder econômico. Ora, sociopoliticamente, isso significa que o direito antitruste está atento e temeroso ao famoso postulado de Marx, segundo o qual o capitalismo tenderia à autodestruição exatamente em função da concentração de poder econômico.[13] Isso é tudo que os neoclássicos de Chicago sempre

11. V. para um resumo da oposição teórica entre neoclassicismo e ordo-liberalismo, C. Salomão Filho, *Direito concorrencial – As estruturas*, 3ª ed., São Paulo, Malheiros Editores, 2007, pp. 22 e ss.

12. V. para a descrição dessas tendências, o artigo "The force of an idea", in *New Yorker*, 12.1.1998, pp. 32 e ss.; v. também G. Reback, S. Creighton, D. Killam, N. Nathanson, *Microsoft White Paper*, 1994, veiculado via Internet.

13. Cf. K. Marx, *The capital*, Chicago, Encyclopaedia Britannica, 1996, p. 378, que afirma, a respeito da segunda fase da "expropriação capitalista" em tom premonitório: "One capitalist always kills many. Hand in hand with this centralization, or this expropriation of many capitalists by few, develop, on an ever extending scale,

negaram. Para eles, o mercado, entidade mágica e ideal, tenderia sempre ao ajuste e à autopreservação.

Mais ainda, essa tendência demonstra que o direito concorrencial passa a entender como fundamental para o bom funcionamento do mercado a descentralização do conhecimento econômico, seja para indivíduos de dimensões ideais seja para grupos de indivíduos coletivamente organizados para buscar esse conhecimento.

4.2 Direito societário

O mesmo raciocínio pode ser aplicado em se tratando de direito societário.

A ideia da formação difusa do conhecimento leva a ver em cada sociedade um ente onde deve ser formado.

Isso leva a uma versão muito mais moderna e flexível do velho institucionalismo, a teoria organizativa. Talvez uma das mais importantes tendências atuais do direito societário esteja na tentativa de internalização dos interesses aparentemente externos e conflitantes com a sociedade e redefinição do interesse social a partir daí (v. a respeito Capítulo II).

Exemplo ilustrativo é o que vem da experiência alemã da participação operária no Conselho de supervisão das empresas (*Aufsichtsrat*, que corresponderia, mal comparando, ao Conselho de Administração das companhias brasileiras). Ainda que controversa do ponto de vista societário, no que tange ao desempenho das empresas, representou e representa importante inovação capaz de romper o concentracionismo da grande empresa alemã e permitir sua melhor adaptação às necessidades sociais e empresariais do país na época (v. a respeito nota 40, Capítulo II, com referências bibliográficas). Constitucionalmente representou na Alemanha, e representa, um importante passo no sentido da compatibilização entre as iniciativas de cooperação econômica no interior das empresas e o modo de produção capitalista, como juridicamente conformado.

the cooperative form of the labour process, the conscious technical application of science, the methodical cultivation of the soil, the transformation of the instruments of labour into instruments of labour only usable in common, the economizing of all means of production by their use as the means of production combined, socialized labour, the entanglement of all peoples in the net of the world market and, with it, the international character of the capitalistic regime".

Outro exemplo bastante ilustrativo decorre da necessidade de tratamento especial a ser dado aos chamados bens comuns.[14] Em relação a importante parcela dos bens comuns (florestas, bacias hídricas, etc.), parece evidente o reconhecimento da essencialidade dos bens e dos recursos naturais extraídos da terra para as comunidades que os circundam. É importante também reconhecer que um problema importante em relação aos recursos naturais está na tendência predatória criada pela sua retirada em escala, normalmente por grandes estruturas industriais ou extrativas. Também não é incomum que essa retirada predatória se dê em regiões distantes das exploradas originalmente por essas estruturas econômicas, grandes ou pequenas. Ou seja, o distanciamento geográfico e a menor dependência que cria em relação à natureza e aos habitantes daquela região ajuda a tornar a interação menos cooperativa.[15]

Não há dúvida que ligação territorial aos bens e estruturas compostas de indivíduos dependentes da existência do mesmo bem tende a tornar a interação com a natureza mais cooperativa.[16]

Novamente aqui não se trata de predefinir a regulamentação, mas identificar os problemas relacionados a esse tipo de bem. O reconhecimento da essencialidade leva à necessária conferência de direitos de

14. Os chamados CPRs (*Common Pool Resources*), são bens caracterizados por alta essencialidade de uso para todos e grande subtração de uso, ou seja o uso excessivo por alguns impede o uso por outros – v., a respeito, cf. E. Ostrom, V. Ostrom, "Public goods and public choices", in E. E. Savas (ed.), *Alternatives for delivering public services: towards improved performance*, Boulder, Westview Press, 1977, pp. 7-49; E. Ostrom, *Understanding institutional diversity*, Princeton, Princeton University Press, 2005, p. 24.

15. Exemplo evidente ocorre em matéria de pesca oceânica. A conhecida exaustão do estoque de peixes tem levado grandes companhias pesqueiras europeias (sobretudo espanholas e irlandesas) a deslocar enormes navios de pesca para o Senegal, realizando atividade muitas vezes muito além do limite permitido. V. a respeito o livro jornalístico investigativo de C. Clover, *The end of the line*, New York, The New Press, 2006, pp. 41 e ss. (Capítulo "Robbing the poor to feed the rich").

16. Observe-se que do ponto de vista da teoria dos jogos a cooperação é mais difícil em caso de distância geográfica por várias razões, entre elas por que a capacidade de retaliação pelos produtores locais ou pela própria natureza local é limitada, ou seja, a "shadow of the future" é limitada e consequentemente o jogo se assemelha a um FRPD (*Finitely repeated Prisoner's Dilemma Game*) em que o que predomina é a estratégia individual. Empresas que predarem ou destruírem região da qual não dependem, ou porque podem fazer extração em outras regiões ou porque são elas mesmas de outras regiões, não podem ser retaliadas pela natureza, no sentido de sentir os efeitos da escassez ou da destruição do meio ambiente. Portanto, entre elas e a natureza o que há é um *FRPD Game*, de estratégia estritamente individual.

apropriação (acesso e retirada de recursos) à comunidade que dele depende ou a entidades representativas dessa comunidade. Obviamente às decisões sobre a retirada de recursos (direito de administração – *management*), exatamente por se tratar de recurso escasso, devem ser institucionalizadas, atribuídas a entidades reguladoras representativas da comunidade e de alguma forma conectadas a um órgão mais amplo de coordenação de políticas regulatórias regionais. Aliás, essa institucionalização em escala em matéria de regulação de bens comuns tem se mostrado a medida mais eficaz na prática.[17]

E é exatamente nesse momento, o de institucionalização da participação das comunidades, que tem de entrar em cena a questão societária. Essa necessidade de participação nas decisões leva (ou deverá levar) a um reconhecimento da necessidade de participação da comunidade afetada no processo decisório da empresa que por hipótese domina a extração dos recursos naturais da área afetada (por monopólio legal ou de fato). Hipótese legalmente fundamentada no artigo 116, parágrafo único da lei das sociedades anônimas, deveria levar a uma participação efetiva dos representantes da comunidade nos órgãos deliberativos das grandes empresas que dominam os recursos naturais essenciais para aquela determinada região ou, ao menos, participação efetiva em órgão especial criado para gerenciar o "bem comum" de titularidade da empresa. Aliás, em referido órgão deveriam ter voz não apenas representantes das comunidades afetadas mas também representantes de entidades reconhecidas na proteção do específico recurso natural em questão.

No plano teórico, essa tendência corresponde a reconhecer a pluralidade de interesses na determinação do interesse social. Mais do que isso, corresponde a reconhecer a necessidade de transformação da organização interna da sociedade para dar guarida eficiente a esses objetivos.[18]

Isso não significa, como visto, necessariamente reconhecer a necessidade de participação de representantes de outros interesses nos órgão de administração geral da companhia (conselho de administração ou di-

---

17. Cf. E. Ostrom, *Governing the commons: the evolution of institutions for collective action (political economy of institutions and decisions)*, Cambridge, Cambridge University Press, 1990, p. 190.
18. V. a respeito o trabalho clássico de H. Wiedemann, *Gesellschaftsrecht*, München, Beck, 1980, e o importante trabalho de H. Hansmann, *The ownership of enterprise*, Cambridge/London, Harvard University Press, 1996.

retoria) mas sim em órgão especiais, encarregados e com poderes para a gestão específica do "bem comum" em questão.

Mas não é só. Há muitos outros importantes desdobramentos teóricos[19] dessa concepção no campo societário. Exemplificativamente, o reconhecimento de deveres fiduciários dos controladores e administradores em relação aos minoritários é característica dessa tendência. A admissão de sociedades com um único sócio ou até sem sócio é também desdobramento necessário dessa concepção menos privatista do direito societário.

Finalmente, a preocupação com a correta definição da interrelação entre o direito societário e outras disciplinas, como o próprio direito regulatório, o direito ambiental ou o direito antitruste decorre dessa linha de pensamento. A atenção a tipos societários antes esquecidos e considerados pré-capitalistas, como as sociedades cooperativas é exemplo bastante revelador.

5. Conclusão

Tudo o que foi dito parece levar a uma conclusão necessária. É importante reconhecer a força e até o dever transformador do direito.

Ausente o Estado para diretamente prover o interesse público, o direito, com sua supremacia valorativa, é chamado a imprimir tais valores à vida dos particulares.

Em matéria de direito empresarial essa necessidade é premente, por seu poder e influência sobre a conformação econômica e social da sociedade. É ao corpo de regras elaborado com base nesse tipo de preocupação que se pretendeu realçar com o título do presente trabalho.

---

19. Cf. a respeito deles o Capítulo II da presente obra.

Capítulo II
INTERESSE SOCIAL: A NOVA CONCEPÇÃO

1. Introdução. 2. Contratualismo "vs." institucionalismo: 2.1 O contratualismo: 2.1.1 Contratualismo clássico; 2.1.2 Contratualismo moderno; 2.2 A teoria institucionalista: 2.2.1 Institucionalismo publicista; 2.2.2 Institucionalismo integracionista ou organizativo; 2.3 A situação no Brasil: entre contratualismo e institucionalismo. 3. As teorias modernas: 3.1 A empresa e o interesse social na análise econômica do direito: utilidade e críticas; 3.2 A teoria do contrato organização; 3.3 Efeitos aplicativos: 3.3.1 Conflito de interesses; 3.3.2 Definição de sociedade; 3.3.3 A desconsideração da personalidade jurídica; 3.3.4 Sociedade unipessoal e sociedade sem sócio. 4. Conclusão.

1. Introdução

Em uma ciência valorativa e finalista como é o direito, debater os fundamentos é discutir sua função e objetivo. É o que pretende o presente ensaio. Analisar os fundamentos do direito societário é analisar a função das sociedades.

Ora, a mera menção à função societária traz à mente os clássicos ensinamentos contratualista e institucionalista a respeito da razão de ser das sociedades comerciais. Por eles começará nosso estudo.

Essas teorias não esgotam, no entanto, de modo algum, a matéria. Foram elaboradas em ambiente econômico muito diverso dos atuais. Por isso é que hoje o direito societário é invadido por novas teorias jurídicas e, sobretudo, novas tentativas de explicação econômica de seus fundamentos. A análise e crítica dessas teorias, bem como sua comparação com as teorias atuais, serão objeto das segunda e última partes do presente estudo.

2. Contratualismo "vs." institucionalismo

2.1 O contratualismo

Interessa de início estudar, por sua influência em especial na doutrina brasileira, a concepção do interesse social que sustenta ser ele coincidente com o interesse do grupo de sócios. Como é sabido, foi na doutrina e jurisprudência italianas que a concepção contratualista teve seu maior desenvolvimento.

2.1.1 Contratualismo clássico

É necessário fazer uma análise separada da lei, na qual a concepção contratualista manifesta-se de forma prevalente, mas não exclusiva,[1] e de uma particular (e hoje majoritária) interpretação doutrinária, que veio se afirmando sobretudo a partir da metade dos anos 60 e que vê na disciplina societária uma disciplina exclusivamente contratual.

Deve-se, no entanto, esclarecer os sentidos que pode assumir o termo *contratualismo*. Pode-se dizer que o sistema italiano é tradicionalmente contratualístico, na medida em que nega que o interesse social seja hierarquicamente superior ao interesse dos sócios. Trata-se, portanto, de um contratualismo definido por contraposição ao institucionalismo.[2] Talvez sua representação mais sugestiva seja a feita por Asquini, no famoso artigo intitulado "I battelli del Reno", cujo ponto de partida é exatamente uma frase atribuída a um administrador do *Norddeutscher Lloyd*, "il quale avrebbe dichiarato in forma polemica che scopo della sua società era non di distribuire utili agli azionisti, ma di fare andare i battelli sul Reno (o sui mari)".[3]

Deste contratualismo por antonomásia podem-se deduzir dois conceitos diversos: em um primeiro, o interesse social é depurado de elementos externos. Define-se o interesse social sempre como o interesse

---

1. V., para a individualização dos traços institucionalistas no ordenamento societário italiano, F. Galgano, *Diritto commerciale – Le società*, 3ª ed., Bologna, Zanichelli, 1987, pp. 361 e ss.

2. Cf. F. Galgano, *Diritto commerciale – Le società*, cit., p. 360, nota 9, que afirma: "è una teoria che si autodefinisce, polemicamente, 'contrattualistica' per sottolineare il fatto che essa respinge la concezione della società come 'istituzione' staccata dalle persone dei soci e la configura, all'opposto, quale rapporto contrattuale fra più persone, che non involge altro interesse se non quello delle parti contraenti".

3. Cf. A. Asquini, "I battelli del Reno", in *Rivista delle Società*, 1959, p. 617.

dos sócios e somente dos sócios atuais. Uma segunda vertente inclui na categoria sócio não apenas os atuais como também os futuros. A perspectiva a longo prazo do interesse social ganha importância. Obviamente, nesse caso assume relevância também o próprio interesse à preservação da empresa, motivo pelo qual afirma-se que essa variante contratualista, na prática, pouco se distingue da teoria institucionalista.[4] Interessa neste momento mais a primeira versão, por sua contraposição ao institucionalismo e por sua vigência, ainda que parcial, no Brasil.

Trata-se de conceber o interesse social como referente apenas ao grupo de sócios atuais.[5] Um dos principais defensores desse tipo de concepção é Jaeger. Para ele, o interesse social não constitui um conceito abstrato, mas, sim, algo de concreto, definível apenas quando comparado com o interesse do sócio para aplicação das regras sobre conflito de interesses.[6]

O autor chega a tal conclusão a partir de sua concepção particular do contrato de sociedade: como o contrato social é de execução continuada e o interesse social é o interesse do grupo de sócios,[7] aquele interesse social pode ser constantemente revisto e eventualmente desconsiderado de modo explícito quando se trata de decisão unânime dos sócios.

Outros autores, preocupados com a possibilidade de interferência judicial na determinação do interesse social que sua não definição positiva pode implicar,[8] preferem definir um interesse social abstrato e típico.

4. Cf. P. G. Jaeger, *L'interesse sociale*, Milano, 1964, pp. 89 e ss.
5. Cf. F. Galgano, *Diritto commerciale – Le società*, cit., p. 361.
6. Cf. P. G. Jaeger, *L'interesse sociale*, cit., p. 218.
7. O autor fez uma diferença entre "interesses de grupo", limitáveis temporalmente por representarem os interesses de um grupo determinado de pessoas, e "interesses de série", cuja duração é naturalmente indefinida, pois representam sujeitos não todos determinados e não todos existentes ao mesmo tempo – cf. P. G. Jaeger, *L'interesse sociale*, cit., pp. 128 e ss.
8. Cf. A. Gambino, *Il principio di correttezza nell'ordinamento delle società per azioni*, Milano, Giuffrè, 1987, p. 216. Não é essa, no entanto, a única preocupação. O autor revela também sua preocupação com a *svirilizzazione* do contrato de sociedade: "il parallelo tra il rifiuto del –contratto in una posizione istituzionale e la svirilizzazione di esso, ridotto a schema procedimentale, in una concezione formale del diritto non è senza significato. In ambedue gli orientamenti si avverte che l'ordinamento sociale ha una legge no riferibile ai principi dell'attuazione del contratto, che esigono la puntuale e integrale realizzazione della convenuta composizione di interessi. La giustificazione di tale singolarità viene data, in una visione formale, con l'implicito accoglimento di una nozione di contratto a cui mancano le essenziali caratteristiche funzionali; viene offerta, nell'indirizzo istituzionale, con il

Traindo sua origem, inserem-no "nello schema causale del contratto di società", reduzindo-o ao interesse à maximização do lucro.[9]

Ora, em presença de tais concepções do interesse social, não é difícil entender por que o desaparecimento da pluralidade dos sócios torna impossível distinguir entre interesse do sócio e da sociedade. Ocorre, consequentemente, exatamente o contrário do que ocorreu na Alemanha: no caso da sociedade unipessoal, em vez de reduzir o interesse do sócio ao interesse da sociedade, reduz-se o interesse da sociedade ao interesse do sócio.[10] O passo seguinte é considerar inaplicáveis as regras sobre conflito de interesses, já que a contraposição de interesses não mais existe. Ao sócio é dado, portanto, utilizar a sociedade em seu único e exclusivo interesse, como *coisa própria*.

Não é ainda o momento de indagar das consequências dogmáticas de tal concepção. Por ora, interessa apenas destacar sua consequência mais importante no plano legislativo: a responsabilidade ilimitada do sócio único, prevista no artigo 2.362 do Código Civil italiano. Trata-se da única forma de contrabalançar o *direito* do sócio único de utilizar a sociedade como *coisa própria*.[11]

---

postulare che i principi dell'ordinamento operino già nella fase costitutiva della società. Viene smarrito in ambedue i casi il valve dell'atto di autonomia private, come volontario regolamento degli interessi" (p. 133).

9. A. Gambino, *Il principio di correttezza*, cit., p. 232.

10. Cf. S. Scotti-Camuzzi, "L'unico azionista", in *Trattato delle società per azioni*, coordenado por G. E. Colombo e G. B. Portale, vol. 2, t. 2 ("Azioni, Gruppi"), Torino, UTET, 1991, p. 782.

11. Cf. S. Scotti-Camuzzi, "L'unico azionista", cit., p. 782: "Si deve dire pertanto che l'art. 2.362 statuisce la responsabilità illimitata del unico azionista, non perchè questo ha il potere di usare la sua società nel suo personale-interesse (il medesimo potere, e con gli stessi strumenti: delibera assembleare, nomina e revoca degli amministratori, pressioni sui medesimi, lo ha anche l'azionista – o gli azionisti – di maggioranza) ma perchè ha il diritto di farlo: beninteso, può, rispettando le forme della soggettivazzazione e della organizzazione societaria ed osservando le norme stabilite a tutela dell'integrità del patrimonio sociale. Non si trata di concepire la posizione dell'unico azionista in termine di abuso, di fatto (anche se legalmente presunto) ma di riconoscere che non vi può essere abuso, dato che la normativa che ne sarebbe a presupposto (se si parla di abuso è perchè una regola relativa all'uso di un potere o all'esercizio di un diritto viene trasgredita) non trova applicazione.

"L'articolo 2.362, pertanto, non costituisce una norma intesa a dettare una sanzione contro una presa di potere che non può essere infatto contrastata (data l'assenza di una minoranza all'oposizione), ma è una norma che, prendendo atto di una (legittima) posizione di potere, e sul presupposto (implicito) ma necessario, e del tutto corrispondente alla situazione di fatto, che all'esercizio di tale potere non

É interessante notar como a referida substituição é imperfeita do ponto de vista teórico. A responsabilidade ilimitada é uma regra de proteção dos credores, enquanto as regras sobre conflito de interesses são destinadas primariamente à tutela de interesses internos.[12] Tal imperfeição revela o real pressuposto subjacente à lógica da substituição operada na referida norma: ao impor a equivalência entre contraposição interna de interesses e responsabilidade limitada, negando a subsistência da segunda na ausência da primeira, afirma-se sua indispensabilidade, ou seja, desconfia-se da organização societária como meio de tutela da separação patrimonial na ausência da normativa conflitual.

2.1.2 Contratualismo moderno

Essa versão clássica do contratualismo obviamente não poderia sobreviver à realidade de crescente integração entre direito societário e mercado de capitais.

Nem mesmo adotando a concepção mais individualista do "contrato" de sociedade é possível deixar de reconhecer que a sociedade aberta não pode, e não deve, ter seu interesse definido exclusivamente em torno do grupo de sócios atuais, como visto no centro da noção clássica contratualista de Jaeger.

Não é de se estranhar, portanto, que o próprio Jaeger tenha revisto sua teoria 40 anos depois, para identificar o interesse social na perspectiva contratualista à obtenção de *shareholder value*, *i.e.*, a maximização do valor de venda das ações do sócio.[13] Essa perspectiva, dominante na prática societária americana e na doutrina daquele país, que, com base nela, chega a falar em final da história do direito societário,[14] tem efeitos teóricos e práticos extremamente deletérios.

Do ponto de vista teórico representa uma evolução ainda mais determinista que a solução clássica. O interesse social é predefinido; sobre ele os órgãos sociais não têm qualquer influência (o que não ocorria

è più posto (perchè non ha più senso) il vincolo derivante dalla regola generale del conflitto di interessi, ne detta una disciplina alternativa, sancendo la responsabilità patrimoniale dell'unico azionista."

12. Cf. S. Scotti-Camuzzi, "L'unico azionista", cit., p. 783.
13. Cf. P. G. Jaeger, "Interesse sociale rivisitato (quarant'anni dopo)", in *Giurisprudenza Commerciale*, I, 2000, pp. 795 e ss. (em especial pp. 805 e ss.).
14. Cf. H. Hansmann e R. Kraakman, "The end of history for corporate law", in *Georgetown Law Journal* 89 (2001), pp. 439 e ss.

na definição clássica pura, onde, ainda que formalmente identificado à maximização de lucros, o fulcro da definição do interesse era sua identificação com o interesse do grupo de sócios atuais, qualquer que fosse). Tem, portanto, mais do que qualquer outra, o condão de engessar o desenvolvimento do direito societário e de outros a ele ligados (é nesse sentido, e só nesse, que ganha significado o citado título da publicação científica: "The end of history for corporate law").

Do ponto de vista prático, o efeito óbvio é o estímulo à busca desenfreada de aumento do valor de venda das ações por todos os agentes do mercado. Essa preocupação exclusiva, criadora de realidade unifocal de difícil controle por instrumentos jurídicos, é responsável, hoje, pela forte tendência à interpretação permissiva de regras contábeis, à mudança de regras contábeis ou até mesmo à maquiagem de balanços, fenômenos endêmicos e conhecidos na realidade societária americana, da qual o caso Enron e os escândalos com empresas de auditoria são apenas pequena parte, até agora visível.

2.2 A teoria institucionalista

2.2.1 Institucionalismo publicista

A primeira solução teve maior elaboração na Alemanha, não por acaso a terra-mãe tanto do institucionalismo quanto da sociedade unipessoal com responsabilidade limitada.[15]

O institucionalismo alemão remonta à formulação da doutrina do *Unternehmen an sich* desenvolvida por W. Rathenau no primeiro pós-guerra. O autor, economista e homem de negócios, influenciado pela gravíssima situação econômica da Alemanha no fim da primeira guerra mundial, identificava em cada grande sociedade um instrumento para o renascimento econômico do país.[16]

Rathenau não utiliza o termo empresa em acepção técnica, identificando-a substancialmente com a grande sociedade anônima, como

---

15. Ainda que cronologicamente não tenha sido a primeira a reconhecê-la (na Europa, por exemplo, à parte a experiência do Liechtenstein, a Dinamarca passou a admitir a sociedade unipessoal em 1973), foi na Alemanha que o instituto teve a maior elaboração doutrinária.

16. Cf. W. Rathenau, "La realtà della società per azioni. Riflessioni suggerite dall'esperienza degli affari", in *Rivista delle Società*, 1966, p. 912, trad. italiana da obra *Vom Aktienwesen-Eine geschäftliche Betrachtung*, Berlin, 1917 (não encontrada).

demonstra a utilização indiferenciada em sua obra dos termos *Aktiengesellschaft* e *Unternehmen*.[17] A origem econômica da teoria influenciou seus elaboradores no plano jurídico, que não se preocuparam excessivamente com uma construção teórica dos conceitos. Alguns sustentam que o termo é coincidente com o de sociedade por ações, outros que se trata de um conceito jurídico autônomo e externo ao de sociedade.[18] De qualquer forma, é inegável que o recurso ao termo *Unternehmen* é útil para o fim de identificar uma "instituição não redutível ao interesse dos sócios".[19]

Toda a construção da teoria de Rathenau é dirigida a traduzir em termos jurídicos a função econômica, de interesse público e não meramente privado, da macroempresa. Isso se fez através da valorização do papel do órgão de administração da sociedade por ações, visto como órgão neutro, apto à defesa do *Unternehmensinteresse* (interesse empresarial). Procede-se a uma degradação relativa da importância da Assembleia, o que influenciará sobretudo os direitos dos sócios minoritários.[20]

17. Cf. P. G. Jaeger, *L'interesse sociale*, Milano, 1964, p. 20.

18. Como revela P. G. Jaeger, do ponto de vista normativo é muito grande a dificuldade em separar a disciplina do *Unternehmen* da disciplina da sociedade: "(...) sembra impossibile tracciare una linea precisa fra attività della società e attività dell'impresa, se ad esempio se può dire che la ripartizione degli utili fra i soci non tocca in alcun modo gli interessi delle altre parti rappresentate nell'impresa, la deliberazione relativa alla parte dell'attivo da distribuire agli azionisti sotto forma di dividendi, e all'altra parte da imputare a riserve per i bisogni dell'impresa, investe invece in uguale misura entrambe i tipi di interesse. Tuttavia un giudizio definitivo che faccia preferire l'una concezione all'altra deve naturalmente fondarsi sul diritto positivo perchè astrattamente nulla impedirebbe al legislatore di superare questa difficoltà limitando la disciplina della società al regolamento dei rapporti interni al gruppo dei soci e trasferendo la soluzione di ogni altro problema sul piano dell'impresa" – *L'interesse sociale*, cit., p. 50. Não se tem notícia, porém, da introdução de uma tal distinção tanto na Alemanha como nos demais ordenamentos analisados.

19. Significativo é o emprego atual do termo *Gesellschaftsinteresse* (literalmente traduzido: "interesse da sociedade") para identificar os interesses dos sócios, e do termo *Unternehmensinteresse* (literalmente traduzido: "interesse da empresa") para identificar o interesse social.

20. Os críticos dessa teoria argumentam ser ilógico considerar a administração (*Verwaltung*) um órgão neutro de defesa do interesse social. Dada a sua estreita ligação aos interesses dos sócios majoritários, a autonomia e tendencial irresponsabilidade decorrente do recurso constante ao interesse social acaba funcionando frequentemente contra os interesses do sócio minoritário e no interesse do sócio controlador – cf. P. G. Jaeger, *L'interesse sociale*, cit., p. 29.

Tal conclusão não é, no entanto, absoluta, porque, como demonstra Galgano, a recepção legislativa parcial de tal teoria na Itália (não aceita por grande parte da

A recepção legislativa dessa teoria deu-se na *Aktiengesetz* 1937, que fez seus quase todos os princípios defendidos pela doutrina do *Unternehmen an sich*, assegurando à administração (*Verwaltung*) predominância sobre a assembleia dos acionistas (*Hauptversammlung*).

Tal teoria entrou em crise a partir dos anos 50, sendo criticada sobretudo pelo segundo aspecto, denominado negativo e que se traduz em uma tendencial independência (e irresponsabilidade) da administração com relação aos acionistas.[21] A reação completou-se com a lei acionária de 1965, que reforçou o papel da Assembleia dos acionistas e os direitos dos acionistas minoritários.

2.2.2 Institucionalismo integracionista ou organizativo

No intervalo entre a lei acionária de 1937 e a lei de 1965 existe, no entanto, toda uma rica construção doutrinária que não pode ser desprezada. No presente trabalho são analisadas somente as grandes linhas dessa evolução, necessárias à compreensão do institucionalismo em sua forma atual.

A característica fundamental desse período, mencionada em qualquer trabalho comparatístico, como característica distintiva do sistema societário alemão, é o aparecimento das leis que regulamentam a participação operária nos órgãos diretivos das grandes empresas (*Mitbestimmungsgesetze*). São elas: a *Gesetz über die Mitbestimmung der Arbeitnehmer in die Aufsichtsraten und Vorstanden der Unternehmen des Berghaus und der Eisen und Stahl erzeugende Industrie (MontaMitbestG 1951)*, a *Betriebsverfassungsgesetz* de 1952 e a *Gesetz über die Mitbestimmung der Arbeitnehmer (MitbestG)* de 1976. Tais leis devem ser consideradas uma continuação natural da doutrina do *Unternehmen an sich*.[22]

---

doutrina) levou a um maior equilíbrio entre os órgãos societários, sendo o órgão administrativo menos influenciado pela "brana di alti dividendi dei soci" – F. Galgano, *Diritto commerciale – Le società*, 3ª ed., Bologna, Zanichelli, 1987, pp. 361 e ss.

21. Cf. H. Wiedemann, *Gesellschaftsrecht*, cit., pp. 301-302.

22. Para sustentar, do ponto de vista histórico-político, uma tal continuidade entre a doutrina do *Unternehmen an sich* e as *Mitbestimmungsgesetze* é necessário, no entanto, desvincular a doutrina do *Unternehmen an sich* e, consequentemente, a própria lei acionária de 1937 da ideologia nazista. Se é verdade que muitos dos princípios da referida doutrina mostraram-se muito úteis ao nazismo, também é verdade que a formulação da doutrina se deu no período da República de Weimar, cujos princípios tenta aplicar ao campo societário (v. a respeito P. G. Jaeger, *L'interesse sociale*, cit., p. 41).

Com efeito, até o advento de tais leis, tanto do ponto de vista jurídico quanto do político-econômico, observava-se e criticava-se a falta de uma aplicação efetiva dos princípios institucionalistas na lei de 1937. No plano jurídico, acusava-se a doutrina do *Unternehmen an sich* de não ser coerente com as premissas por ela mesmo afirmadas, que postulam o reconhecimento, na disciplina das sociedades por ações, das diversas categorias de interesse dos trabalhadores, dos sócios e da coletividade, confiando a tutela de todos esses interesses ao *Vorstand*, órgão não apto, pela sua vinculação ao grupo de controle, a levar a efeito essa complicada tarefa com a necessária imparcialidade.[23]

Evidentemente, os acontecimentos descritos acima não podem ser considerados como de natural continuidade em um processo *darwinianamente* evolucionista.

Muito influiu para a maturação de tais leis, a particular situação da Alemanha no segundo pós-guerra.[24] A necessidade sentida pelas potências ocupantes e pelos sindicatos de promover uma *descartelização* e um enfraquecimento geral dos centros de poder na indústria alemã ajudou a levar avante os desejos dos sindicatos de criação de uma real *Wirtschaftsdemokratie*, como concebida nos primeiros anos da República de Weimar. O fracasso na sua introdução era visto àquela época como uma das principais razões para o advento sucessivo do regime nacional-socialista.[25]

Independentemente de qualquer análise ideológico-política que possa ser feita,[26] não se pode negar que do ponto de vista jurídico as *Mit-*

23. Cf. P. G. Jaeger, *L'interesse sociale*, cit., p. 47.

24. Para uma ampla explicação do contexto sociopolítico no qual nasceram as *Mitbestimmungsgesetze*, v. M. J. Bonell, *Partecipazione operaia e diritto dell'impresa. Profili comparatistici*, Milano, Giuffrè, 1983, pp. 234 e ss.

25. . Cf. M. J. Bonell, *Partecipazione operaia*, cit., p. 236. É interessante observar que a palavra usada, *Mitbestimmung*, foi empregada pela primeira vez em sentido jurídico exatamente na Constituição da República de Weimar (*Weimarer Verfassung*) para indicar o direito dos trabalhadores à participação na determinação global da ordem econômica e social (v. H. Wiedemann, *Gesellschaftsrecht*, cit., p. 585).

26. . A discussão sobre os objetivos ideológicos dessas leis foi grande na Alemanha: H. Wiedemann, *Gesellschftsrecht*, cit., p. 596, as identifica como uma forma de proteção do próprio sistema capitalista, porque tentam resolver o conflito entre capital e trabalho dentro da empresa, integrando e não marginalizando os trabalhadores das decisões relativas ao processo produtivo do qual participam. Exatamente esse esforço integracionista foi criticado no ambiente trabalhista alemão, cético a respeito da possibilidade de dar uma solução legislativa integracionista a uma relação por

bestimmungsgesetze representam a afirmação definitiva do institucionalismo na Alemanha, realizando a separação tentada sem sucesso pela lei acionária alemã de 1937 entre *Unternehmens* e *Gesellschaftsinteresse*.[27] Com relação à GmbH, reconheceu-se pela primeira vez que o *Unternehmensinteresse* não se reduz ao interesse dos sócios.[28] Em ambos os tipos societários (AG e GmbH), trata-se não mais daquele *Unternehmensinteresse* de exagerado tom publicístico da doutrina do *Unternehmen an sich*, mas sim de um interesse concebido como harmônico e comum aos interesses dos vários tipos de sócios e dos trabalhadores e que se traduz no interesse à preservação da empresa.[29]

A diferença entre esse novo institucionalismo "integracionista" e o institucionalismo "publicístico" de Rathenau revela-se também em suas consequências. O novo institucionalismo, sendo mais organizativo que institucional, não se preocupa, como o anterior, em preservar o conceito de personalidade jurídica. Consequência disso é que, como se verá, exatamente na Alemanha a teoria da desconsideração da personalidade jurídica teve seu maior desenvolvimento teórico.

A razão para essa mudança de enfoque parece clara nesse momento: o modelo alemão de participação operária, ao permitir a formulação

---

natureza conflitual (v. para a exposição dessa última opinião e para a sua crítica, baseada nos resultados concretos da experiência alemã, G. E. Colombo, "Il problema della cogestione alla luce dell'esperienza e dei progetti germanici", in *Rivista delle Società*, 1974, p. 89 (139).

27. Cf. E. Gessler-Hefermehl, *Aktiengesetz Kommentar*, Band 11, München, Vahlen, 1973-74, Vorb. § 76, p. 5, que afirma: "Durch die gesetzliche Anerkennung der wirtschaftlichen Mitbestimmung der Arbeitnehmer ist ein unternehmensrechtliches Postulat in der gesellschaftsrechtlichen Verfassung der Aktiengesellschaft verwirklicht worden". O interessante nessa opinião é exatamente o fato de ter sido proferida em data anterior à *Mitbestimmungsgesetz* 1976, a mais abrangente de todas as leis sobre participação operária.

28. Cf. P. Ulmer, *Der Einfluss des Mitbestimmungsgesetzes auf die Struktur von AG und GmbH*, Heidelberg-Karlsruhe, Müller, 1979, p. 35.

29. Cf. H. J. Mertens, "Zuständigkeiten des mitbestimmten Aufsichtsrat", in *ZGR* 1977, p. 278, que identifica no *Erhaltungsinteresse* (interesse à preservação da empresa) o parâmetro de atuação do *Aufsichtsrat*: "Aus dem normativen Unternehmensinteresse ergibt sich der massgebliche Bezugspunkt für die Kontrollaufgabe des Aufsichtsrats. Er hat demnach die Geschäftspolitik nicht im einzelnen auf ihre Zweckmässigkeit zu überprüfen, sondern nur auf ihr Recht – und dann Ordnungsmässigkeit. Erst wenn das Erhaltungsinteresse tangiert ist, wenn es um Entscheidungen geht, die sich nach Grössenordnung oder Risiko nachhaltig auf den Fortbestand des Unternehmens auswirken könnten, beginnt der Bereich der Zweckmässigkeitskontrolle durch den Aufsichtsrat".

teórica e a tutela de um interesse social não redutível ao interesse do grupo de sócios e identificável ao interesse à manutenção da empresa, fixa os parâmetros para a discussão sobre o tipo de organização mais apta a garantir tal interesse. Daí poder ser denominado de "institucionalismo organizativo".

A nova concepção do interesse social tem suas consequências também quanto à dialética social interna. Ao contrário da concepção contratualista, no institucionalismo o conflito de interesses, ainda que existente na prática, não é requisito teórico para a explicação do funcionamento social. Com isso quer-se dizer que a diferença entre um sistema integracionista (como é o institucionalismo), que pressupõe a colaboração na persecução de um interesse social predeterminado, e um sistema autônomo (como o contratualismo),[30] que pressupõe a existência de contraposição interna de interesses, está na limitação do objeto do conflito. O que a primeira concepção fez foi limitar o objeto do conflito às questões de rentabilidade e às questões organizativas, ambas definidas pelo interesse à preservação da empresa.[31]

No institucionalismo alemão, a definição do interesse social como algo diverso dos interesses contrapostos dos sócios e a pressuposição de sua persecução pelos órgãos sociais não elimina o conflito de interesses da dialética societária. Ao contrário, reforçam, porque introduz no interior dos órgãos societários representações de interesses efetivamente contrapostos.[32]

30. A nomenclatura é de H. Wiedemann, cit., p. 300.
31. Cf. H. Wiedemann, *Gesellschaftsrecht*, cit., p. 300.
32. Cf. nesse sentido M. J. Bonell, *Partecipazione operaia*, cit., p. 387: "prove ne è che quanto meno dopo l'emanazione dei Betriebsverfassungsgesetze de 1952 e 1972 è state definitivamente abbandonata la tradizionale visione del Betrieb come una sorta di Arbdtsgemeinschaft, per riconoscersi generalmente l'esistenza, a livello delle singole unità produttive, di rapport, tendenzialmente conflittuali tra la direzione e (gli organismi rappresentativi delle) maestranze, mentre in seguito alla entrata in vigore dei Mitbestimmungsgesetze del 1951 e 1976 si parla con sempre maggiore insistenza di una trasformazione dello stesso diritto societario ('Gesellschaftsrecht') in diritto dell'impresa ('Unternehmensrecht'), volendosi con ciò significare che le singole società no si identificano più con i solidi azionisti proprietari, ma si presentano ormai come la struttura organizzativa dell'impresa, intesa peraltro non già come un organismo personificato ('Unternehmen an sich'), avente un suo interesse distinto da ed eventualmente contrapposto a quelli dei suoi componenti, bensì come formazione sociale ('Sozialgebilde') o istituzione a struttura pluralistica ('pluralistischer Herrschaftsverband') al cui interno il conflitto di interessi, lungi dall'essere negato, risulta addirittura istituzionalizzato".

2.3 A situação no Brasil: entre contratualismo e institucionalismo

O sistema societário brasileiro é uma interessante demonstração dos resultados, não de todo coerentes, a que a convivência de ambas as teorias em um mesmo sistema positivo pode levar.

Os princípios contratualistas permeiam o sistema societário brasileiro. Nosso Código Comercial, ao contrário do Código Civil italiano, não trazia uma definição de sociedade. Sempre porém que se referia à sociedade falava de contrato (art. 300) e de sócios, no plural (art. 302). No ordenamento vigente, a definição existente de sociedade é a do artigo 981 do Código Civil, que prevê: "celebram contrato de sociedade as pessoas que reciprocamente se obrigam a contribuir, com bens ou serviços, para o exercício de atividade econômica e a partilha, entre si, dos resultados". Na definição veem-se todos os traços da doutrina contratualista tradicional: a pluralidade de pessoas, concentradas em torno do exercício de uma atividade econômica (e não da criação de uma forma organizativa) e a *reciprocidade* das obrigações entre os sócios, que se obrigam entre si e não com relação à sociedade. Também parte da doutrina, à luz das disposições legais, formula em geral definições fortemente *contratualistas* da sociedade.[33]

A lei acionária de 1976 introduz no ordenamento brasileiro objetivos diversos. O legislador tentou incentivar a grande empresa[34] de duas maneiras diferentes: primeiro, o auxílio à concentração empresarial. Faz-se referência, obviamente, ao capítulo sobre os grupos de empresas tanto de fato como de direito, que contém uma regulamentação bastante favorável às empresas conglomeradas, em prejuízo, muitas vezes, de uma proteção mais razoável dos interesses de terceiros.[35] Muitos foram os questionamentos a respeito da constitucionalidade de tais regras. Sustenta-se que referidas disposições, claramente incentivadoras da forma-

---

33. Cf. W. Bulgarelli, *Sociedades comerciais, empresa e estabelecimento*, São Paulo, Atlas, 1985, p. 92; para uma negação clara da possibilidade de sociedade unipessoal com responsabilidade limitada à luz da definição contratual da sociedade, v. W. Ferreira, *Tratado de direito comercial – O estatuto do comerciante*, vol. 2, São Paulo, Saraiva, 1960, pp. 266 e ss.

34. Cf. Exposição de Motivos do Ministro da Fazenda 196, de 24.6.1976, em particular ns. 4 e 5, *b*, in *Diário do Congresso Nacional*, Seção 1, Suplemento ao n. 85, de 7.8.1976.

35. Para a crítica da regra que prevê a responsabilidade limitada da *holding* e sobretudo do acionista único da subsidiária integral, v. F. K. Comparato, *O poder de controle nas sociedades anônimas*, 3ª ed., Rio de Janeiro, Forense, 1983, pp. 359 e ss.

ção de grupos, implicam um auxílio indireto à dominação do mercado, sendo consequentemente contrárias às regras constitucionais que regulamentam a liberdade de concorrência.[36] Tentou-se, em segundo lugar, facilitar a capitalização das empresas através do mercado acionário. Em consequência, tornou-se necessário criar regras que permitissem proteger os investidores contra o arbítrio dos sócios controladores, incentivando-os assim a participar das empresas. Procurou-se criar um sistema de proteção das minorias acionárias, baseado, entre outras coisas, na institucionalização dos poderes e deveres do sócio controlador e dos administradores. Manifestação dessa tendência é o artigo 116, parágrafo único, que estabelece deveres genéricos para o acionista controlador com relação aos demais acionistas da empresa, aos trabalhadores e à comunidade em que atua. Sobre a utilidade desse tipo de declaração genérica, que não encontra tradução em regras organizativas, existem muitas dúvidas. Pode-se questionar se não acaba servindo, como ocorreu na Alemanha, para justificar atuações dos acionistas majoritários e seus representantes no interesse próprio, em nome de um maldefinido interesse social.[37]

A esta tímida declaração de princípios teóricos seguiram-se outras manifestações legislativas mais práticas, de nítido caráter contratualista. A Lei 10.303, de 31 de outubro de 2001, trouxe dois bons exemplos.

De um lado, a nova função atribuída ao acordo de acionistas, verdadeira nova instância parassocietária de poder (v. *infra* Capítulo VIII) claramente tenta dar prevalência ao interesse do grupo de sócios – aqui, um especial: o grupo controlador.

De outro, a reintrodução da oferta pública de aquisição de ações (OPA) à disciplina do fechamento de capital realça a tendência já existente no direito societário brasileiro de valorização do momento e valor da saída como forma de proteção ao minoritário, o que parece indicar no sentido da ideia central do contratualismo moderno.

Ocorre que a declaração de princípios do artigo 116 não pode ser tida como vã. Representa a única declaração direta dos princípios a or-

36. Cf. M. Carvalhosa, *A nova lei das sociedades anônimas, seu modelo econômico*, 2ª ed., Rio de Janeiro, Paz e Terra, 1977, pp. 147 e 174, onde se sustenta que a lei acionária é contrária ao artigo 160, V da Constituição de 1969 (art. 173, § 4º da Constituição de 1988).

37. Para uma crítica da lei com respeito aos interesses dos acionistas minoritários, v. M. Carvalhosa, *A nova lei*, cit., pp. 113 e ss.

denarem o interesse social. Consequentemente, a análise das regras supraexemplificadas deve ser temperada (e isso será feito nos respectivos Capítulos deste livro) pela perspectiva institucionalista, a qual ganha novas luzes com a teoria organizativa, que será estudada a seguir.

3. As teorias modernas

Pode-se dizer que hoje está ultrapassada essa fase intimista do direito societário. Por fase intimista se quer significar o período em que o direito societário se sente autossuficiente para analisar e regular as questões de organização da vida empresarial.

Se há algum marco da nova fase do direito societário é exatamente sua abertura para a interdisciplinariedade. Não só dentro da ciência do direito como fora dela. É a fase, por exemplo, de discussão das relações entre direito societário e direito concorrencial. É a fase também das discussões sobre os efeitos econômicos das regras societárias.

A essa discussão tem-se dado o nome de análise econômica do direito. Nascida originariamente do direito antitruste, onde os raciocínios econômico e jurídico são incindíveis, essa Escola ganha concretude teórica nos anos 60 com os trabalhos pioneiros de G. Calabresi[38] e R. Coase,[39] respectivamente sobre atos ilícitos e custos sociais. Nas décadas de 70 e 80 essa teoria tem grande expansão para diferentes campos, entre eles o direito societário.

Em especial a partir do final dos anos 70 e durante os anos 80 a análise econômica do direito ganha uma distinta conotação ideológica. Isso por uma razão muito simples. Grande parte, senão a quase totalidade, de seus seguidores faz parte da chamada Escola de Chicago,[40] cujo ideário liberal é fartamente conhecido. Por essa razão, a partir sobretudo desse período, a Análise Econômica do Direito passa a ser identificada ou talvez confundida com a chamada "Teoria da Eficiência".[41] Essa indevida

---

38. "Some thoughts on risk distribution and the law of torts", *Yale Law Journal* 70 (1961), p. 499.

39. "The problem of social cost", *Journal of Law and Economics* 1, 1960, p. 3.

40. Entre esses teóricos o mais importante é sem dúvida R. Posner, cujos esforços de análise econômica abrangem praticamente todos os campos do direito (v. R. Posner, *Economic analysis of law*, 4ª ed., Boston/Toronto/London, Little, Brown and Company, 1992).

41. Cf. R. Posner, *Economic analysis of law*, cit., p. 25, criticando a confusão entre as duas teorias.

identificação responde por muitas de suas críticas e até por seu declínio teórico nos anos 90.

A razão para isso é simples. Essa teoria não pretende ser apenas analítica, como é a análise econômica do direito. Pretende isso sim erigir a parâmetro de orientação das normas jurídicas o chamado "princípio da eficiência". Segundo esse princípio, as normas jurídicas são eficientes "quando permitem a maximização de riqueza global, mesmo que isso seja feito à custa de prejuízo a um agente econômico específico". Em termos econômicos, essa definição liberal de eficiência consiste na negação da definição de eficiência de Pareto, segundo a qual uma solução é eficiente quando traz vantagens a um dos participantes sem prejudicar os outros. O fundamento é a afirmação da insustentabilidade da definição de Pareto em um sistema de direito privado cuja ideia básica é a autonomia da vontade e não a igualdade.

Como solução, invoca-se o teorema de Kaldor Hicks, segundo o qual uma solução é injusta apenas quando o ganho dos favorecidos supera a perda dos prejudicados e os primeiros não estão prontos a indenizar os últimos. É importante destacar que, para os defensores dessa teoria, a indenização é potencial e não necessariamente real, ou seja, basta que teoricamente haja ou possa haver indenização. Evidentemente, um teorema assim formulado é absolutamente idêntico, nos resultados práticos, ao teorema liberal da maximização de riqueza (ou eficiência).

O argumento básico contra esse tipo de teoria é que um princípio geral de maximização de riqueza leva necessariamente à transferência de riquezas àqueles que possuem maior poder de barganha nas transações, ou seja, àqueles que já possuem riqueza.

Ora, é bastante evidente nessa teoria o intuito de criar um padrão econômico de definição de valores. Isso explica em parte o maior sucesso desse tipo de teoria na *Common Law*, um sistema sempre em busca de padrões genéricos para orientar seu direito casuístico.[42] Qualquer que seja o sistema jurídico, no entanto, a atribuição de apenas um objetivo à

---

42. É reveladora a observação de R. Posner que, ao comparar a percepção do economista e do jurista para justificar a utilidade da análise econômica do direito, afirma: "To the economist, the accident is a closed chapter. The costs that it inflicted are sunk. The economist is interested in methods of preventing future accidents that are not cost justified and thus of reducing the sum of accident and accident-prevention costs, but the parties to the litigation have no interest in the future. Their concern is limited to the financial consequences of a past accident" (*Economic analysis of law*, cit., p. 24).

regra jurídica, com base na correção indiscutível e matemática de pressupostos econômicos, é de difícil aceitação. O que a teoria da eficiência aplicada ao direito pretende é, na verdade, atribuir valor absoluto às premissas econômicas, capazes de indicar diretamente o sentido das regras jurídicas, sem que isso possa ser contestado com base em considerações valorativas ou distributivas. Isso é feito através da utilização de conceitos econômicos aos quais pretende-se atribuir certeza matemática.

Essa construção contém dois sérios equívocos: um conceitual, outro lógico. O equívoco conceitual está em pensar que, demonstrada a interdisciplinariedade entre direito e economia naquelas áreas em que o operador do direito deve necessariamente levar em consideração as relações causais sugeridas pela teoria econômica, a aceitação das premissas teóricas utilizadas para desenvolver a teoria deva ser automática. Ou seja, o mesmo modelo teórico utilizado para explicar as relações causais deve ser utilizado para determiná-las, pois, uma vez aceita a veracidade das relações causais, a aceitação dos pressupostos implica necessariamente concordância com os resultados. Tal pretensão claramente desconsidera o momento valorativo tanto da criação quanto da aplicação de qualquer norma jurídica, seja em matéria empresarial ou não.

É, portanto, necessário restringir a análise econômica do direito a um instrumento exclusivamente analítico, sem atribuir-lhe qualquer caráter valorativo. Então, sim, a teoria tem verdadeira utilidade, inclusive no campo societário, como se verá.

3.1 A empresa e o interesse social na análise econômica do direito: utilidade e críticas

Assim conceituado como instrumental analítico e não preceptivo, é possível verificar qual a concepção de empresa e do interesse social. Segundo os teóricos clássicos da análise econômica do direito a empresa é vista como um feixe de contratos (*nexus of contracts*).[43] Em uma linguagem mais jurídica, a firma é vista como um único agente subscritor de um grupo de contratos, que começa pelos contratos com os sócios e vai desde contratos com fornecedores e clientes até contratos com trabalha-

---

43. Essa visão da empresa foi originariamente elaborada por Armen Alchian e Harold Demsetz, "Production, information costs and economic organization", in *American Economic Review* 62 (1972), pp. 777, 783 e posteriormente desenvolvida por M. Jensen e W. Meckling, "Theory of the firm: managerial behavior, agency costs and ownership structure", in *Journal of Financial Economics* 3, 1976, p. 305.

dores e contratos de empréstimo necessários para suprir as necessidade de fundos da empresa.[44]

A própria definição e os termos nela utilizados revelam sua origem econômica. A preocupação em desconsiderar as formas jurídicas para centrar-se na realidade econômica é evidente.

Essa preocupação fica mais clara no passo seguinte da teoria. Trata-se de determinar qual o fundamento do controle interno da empresa. Na perspectiva econômica, o fundamento está na teoria dos custos das transações.[45] O controle interno da empresa, obtido através da propriedade de suas ações, é naturalmente atribuído àquele grupo de pessoas com as quais transacionar no mercado é excessivamente oneroso para a própria empresa ou para esse grupo de pessoas, seja porque algum deles mantém uma situação monopolista (imagine-se, por exemplo, um sindicato de trabalhadores bastante forte), seja porque o custo social ou o descontentamento gerado por uma determinada situação pode ser extremamente negativo para a empresa.[46]

Essa consideração tem duas consequências bastante relevantes. Em primeiro lugar a relativa irrelevância da forma societária escolhida. Com efeito, é tradicional a comparação na doutrina econômica entre a sociedade de capitais e a cooperativa, entendendo-se a contribuição dos sócios nas sociedades de capitais como *economicamente equivalente* a uma hipotética junção de capitais próprios a custo zero realizada em uma também hipotética cooperativa.[47]

A segunda e mais importante delas é a equivalência substancial entre controle interno e externo do ponto de vista jurídico. O que a teoria dos custos de transação procura demonstrar é que ambos podem ser úteis para os interesses da empresa.

O controle interno, naqueles casos em que o estabelecimento tinha uma relação externa, contratual, de mercado com determinado grupo,

44. Cf. H. Hansmann, *The ownership of enterprise*, cit., p. 18.
45. Cf. O. Williamson, "Transaction cost economics", in R. Romano, *Foundations of corporate law*, Oxford, Oxford University Press, 1993, p. 12.
46. Isso é um ponto muito importante que distingue a análise econômica aqui empreendida de uma pura e simples aplicação da teoria da eficiência. Entre os custos de transação incluem-se não apenas aqueles mensuráveis economicamente mas também aqueles relacionados à satisfação dos que com a empresa se relacionam.
47. V. a interessante comparação feita por H. Hansmann, *The ownership of enterprise*, cit., p. 14.

seria muito custoso. E o controle externo, na medida em que os interesses de eventual grupo de controle interno sejam tão heterogêneos que levem a custos de transação (leia-se de tomada de decisões) altíssimos, acarretando virtualmente a paralisação da empresa ou sua operação ineficiente.

A consequência de tudo o que foi dito é bastante simples e pode ser assim resumida. O interesse da empresa não pode ser mais identificado, como no contratualismo, ao interesse dos sócios nem tampouco, como na fase institucionalista mais extremada, à autopreservação. Deve isso sim ser relacionado à criação de uma organização capaz de estruturar da forma mais eficiente – e aqui a eficiência é a distributiva e não a alocativa – as relações jurídicas que envolvem a sociedade.

É nessa definição em termos econômicos de seu objeto, que a liberta das trações do liberalismo exacerbado do século XIX que a sociedade pode melhor cumprir a sua função social. É o que se verá a seguir.

3.2 A teoria do contrato organização[48]

Visto nessa perspectiva jurídico-econômica, a forma mais correta de sistematizar juridicamente os problemas relativos à definição do interesse social é explicá-los a partir da teoria do contrato organização.

Essa construção baseia-se na diferença, proposta pela doutrina moderna, entre contratos associativos e contratos de permuta. Segundo ela, não se devem mais distinguir ambas as figuras, como na clássica lição de Ascarelli, a partir da existência ou não de uma finalidade comum.[49] Trata-se, isso sim, de afirmar que o núcleo dos contratos associativos está na organização criada, enquanto nos contratos de permuta o ponto

---

48. V. com relação especificamente à aplicação da teoria do contrato organização para a compreensão da sociedade unipessoal C. Salomão Filho, *A sociedade unipessoal*, São Paulo, Malheiros Editores, 1995, pp. 57-61.

49. Ascarelli chega a esse resultado indiretamente. A sua partição se faz entre contratos plurilaterais e contratos de permuta. O elemento identificador da pluralidade de interesses seria por sua vez a finalidade comum – cf. T. Ascarelli, "O contrato plurilateral", in *Problemas das sociedades anônimas e direito comparado*, 2ª ed., São Paulo, Saraiva, 1969, p. 271. Ainda que admitindo a função organizativa do contrato, considera necessário subordiná-la à finalidade comum, à produção de direitos e deveres entre as partes, motivo pelo qual a sua construção não se desprende do tradicional esquema baseado no binômio ato-direito subjetivo. Para a crítica desse tipo de construção v. P. Ferro Luzzi, *I contratti associativi*, Milano, Giuffrè, 1976, pp. 107-121.

fundamental é a atribuição de direitos subjetivos. Ou seja, enquanto a função dos contratos de permuta é a criação de direitos subjetivos entre as partes, a dos contratos associativos é a criação de uma organização.

Organização na acepção jurídica significa a coordenação da influência recíproca entre atos. Portanto, adotada a teoria do contrato organização, é no valor organização e não mais na coincidência de interesses de uma pluralidade de partes ou em um interesse específico à autopreservação que se passa a identificar o elemento diferencial do contrato social.

Note-se, no entanto, que essa teoria, apesar de dar guarida a uma crítica de ordem econômica como a exposta retro, não é uma teoria econômica, mas sim jurídica. Não há a redução do interesse social a uma organização direcionada simplesmente a obter a eficiência econômica. O objetivo da compreensão da sociedade como organização é exatamente o melhor ordenamento dos interesses nela envolvidos e a solução dos conflitos entre eles existentes.[50] O interesse social passa, então, a ser identificado com a estruturação e organização mais apta a solucionar os conflitos entre esse feixe de contratos e relações jurídicas.

É nesse ponto que deve ser vista a diferença fundamental entre essa teoria e as anteriores. Identificando-se o interesse social ao interesse à melhor organização possível do feixe de relações envolvidas pela sociedade, esse jamais poderá ser identificado com o interesse à maximização dos lucros ou com o interesse à preservação da empresa. Distingue-se, portanto, do contratualismo e institucionalismo clássico, mas aproxima-se do institucionalismo integracionista, que tem nítido caráter organizativo. Por esse caráter *organizativo* de ambas as teorias – teoria institucionalista e do contrato organização – muitas vezes, como se verá, muitos dos efeitos aplicativos de ambas as teorias serão semelhantes.[51]

---

50. V. nesse sentido a crítica de H. Wiedemann às teorias que pretendem ver no direito societário meramente *Ordnungsfunktionen*, afirmando que este é "vielmehr im Rahmen der Privatautonomie auf einen gerechten Interessenausgleich zwischen den gesellschaftsrechtlichen Bezugsgruppen angelegt" (*Gesellschaftsrecht*, München, Beck, 1980, p. 726).

51. É importante entender que essa nova concepção jurídica corresponde, na verdade, a novas formas de organização econômica e, até, administrativa das empresas. É o caso, por exemplo, dos chamados *consórcios modulares*, em que a empresa passa a ser um centro de confluência de vários fornecedores. Muito comum entre as montadoras de veículos, esse conceito faz com que a sociedade apenas forneça o espaço para os fornecedores que montam diretamente as peças no veículo. A empresa montadora passa então a ser um simples e puro feixe de organização de contratos.

Aqui, para bem compreender a extensão da teoria organicista é preciso esclarecer o seguinte.

A teoria organicista não impõe a internalização de interesses. Ao erigir a sociedade como instrumento de resolução de conflitos sugere que este ente seja capaz de tanto. Sugere que sua organização seja erigida para tanto.

É inegável, por outro lado, que existem interesses que não podem ser resolvidos internamente. Em muitos casos é até positivo para estes interesses que a mediação entre eles e o interesse social se faça por regulamentação estatal.

Pergunta-se então: como distinguir uns dos outros? Evidentemente, resposta concreta só pode ser dada pela situação social e histórica de cada país. A Alemanha dos anos 50 e 60 exigia, ou demandava, a integração entre capital e trabalho (o Brasil atual também, ainda que isso não seja tão bem revelado) que levaram às *Mitbestimmungsgesetze*.

É possível, de forma muito genérica, sugerir um critério trazido por literatura clássica sobre cooperação. Partes tendem normalmente a se comportar de forma cooperativa e não conflitual quando três condições estão presentes: pequenos números (*i.e.*, poucos participantes), informação ampla e recíproca, e relação continuada.[52]

Esses elementos, que, ao criar dependência recíproca sugerem, até intuitivamente, a cooperação, podem ser muito bem aproveitados pelo direito societário. Sugerem uma internalização seletiva de interesses externos. No primeiro grupo de internalizáveis, segundo esse critério, destacam-se interesses dos trabalhadores e dos consumidores. Em um

---

Isso permite a redução de custos e – espera-se – a melhoria da qualidade. Interessante é notar que essa nova estrutura administrativa e – espera-se – jurídica tem consequências práticas diretas sobre a própria personalidade jurídica da empresa/organização. Problema interessante surgido nas empresas que empregam o conceito de consórcio modular é o das autorizações administrativas. Na verdade as empresas de autopeças que instalam filiais dentro da empresa montadora deixam de precisar de muitas autorizações administrativas. É como se suas personalidades jurídicas fossem interpenetradas pela personalidade jurídica da montadora, pessoa jurídica cujo único e exclusivo fim passa a ser o de *organizar* o seu trabalho. V. a respeito reportagem da Revista *Exame* de 16.7.1997 intitulada "Doktor Demel chegou", em que se discute e critica a experiência de "consórcios modulares" da fábrica de caminhões da Volkswagen em Resende.

52. V., nesse sentido, R. Axelrod, *The evolution of cooperation*, New York, Basic Books, 1984, e C. Salomão Filho, "Regulação e desenvolvimento", in *Regulação e desenvolvimento*, São Paulo, Malheiros Editores, 2002.

segundo grupo, de difícil internalização estariam, por exemplo, concorrentes e titulares de tutela pelo direito ambiental.

Ainda que meramente sugestivo, esse critério dá bem ideia do tipo de racionalidade organizativa propugnada pela teoria organizativa.

3.3 Efeitos aplicativos

As considerações feitas acima, apesar de bastante teóricas, têm reflexos práticos que justificam – e muito – a atenção dispensada à teoria. Vejamos resumidamente alguns. Muitos deles serão abordados com mais profundidade em alguns dos Capítulos subsequentes da presente obra.

A linha a ser percorrida é clara: quais os efeitos sobre o ordenamento positivo, e sua interpretação, de vislumbrar na sociedade forma organizativa que deve tender à solução de conflitos.

3.3.1 Conflito de interesses

A primeira e mais óbvia consequência é que a regra de conflito deve tender a eliminar o conflito e não a fazer o acionista descontente retirar-se da sociedade. Isso leva, como se verá no Capítulo VI, à forte necessidade de revisitar nossa já consagrada e superficial interpretação da regra de conflito de interesses (art. 115 da lei societária).

3.3.2 Definição de sociedade

O próprio conceito de sociedade é afetado pelo organicismo.

Quando a definição societária leva a vislumbrar interesses heterogêneos demais para que possam ser organizados de maneira eficaz, a disciplina do conflito de interesses é de pouco auxílio. Nesse caso, muito mais conveniente é admitir a existência de realidade societária mais ampla que deve ser reconhecida. E a razão é simples: nesses casos é muito melhor optar por uma definição mais ampla de interesse social, que abranja esfera onde não haja contraposição tão ferrenha de interesses e onde, portanto, o feixe de contratos pode ser organizado de forma mais coerente. Trata-se, portanto, como se verá (Capítulo VI), de uma opção pela aplicação da solução organizativa para o problema de conflito ao invés da regra de conflito.

Exemplo mais do que evidente do que se está dizendo é o caso dos grupos de empresas. Na maioria deles, seja de fato, seja de direito, o que há na realidade é uma predominância dos interesses do controlador e uma contraposição, no mais das vezes, inútil dos minoritários explorados e prejudicados. A disciplina do conflito de interesses tem se demonstrado, ao menos no direito brasileiro, quase sempre inútil para oferecer-lhes proteção. A razão – diriam os economistas – é que procurar a organização de um feixe de contrato exatamente naquela esfera origina tensões internas ou custos de transação excessivamente elevados.

Muito mais interessante é definir o interesse social em um âmbito mais abrangente do grupo de empresas, e ali procurar organizar o feixe de contratos. Isso implica subordinar o interesse da sociedade ao interesse do grupo, desaplicando consequentemente a disciplina do conflito de interesses. É evidente que a contrapartida necessária desse fato tem de ser uma rigorosa e coerente regra de compensação das perdas causadas aos minoritários. Os minoritários, entendidos como elementos quase externos ao interesse social e à sociedade, podem ser então muito melhor defendidos por via contratual do que quando englobados no interesse social.

É por isso, por exemplo, que as regras alemãs de relacionamento grupal têm se demonstrado muito mais eficazes que as brasileiras. Com relação aos grupos de direito as regras do direito alemão preveem sempre a compensação de prejuízos com forma de contrapartida à subordinação expressa de interesses. No caso brasileiro, nos grupos de direito há a possibilidade legal de subordinação de interesses. Não há qualquer previsão de compensação. Em função dessa regra incompleta e incoerente que surpreendentemente não foi modificada nem pela Lei 9.457, de 5 de maio de 1997, nem pela Lei 10.303, de 31 de outubro de 2001, os grupos de direito continuam a ser meros modelos teóricos, sem quase nenhuma aplicação prática no direito brasileiro.

Nos grupos de fato a situação é semelhante. Enquanto no sistema alemão a tendência recente é a aproximação das regras dos grupos de fato às regras dos grupos de direito, exatamente pela sentida necessidade de substituir a ineficaz regra do conflito de interesses, no sistema brasileiro não há qualquer movimento coerente nesse sentido. As tentativas tímidas em sede legislativa ou jurisprudencial se fazem quase que exclusivamente a partir da aplicação da teoria da desconsideração da personalidade jurídica. Ora, essa teoria, ao menos como aplicada atualmente, é claramente insuficiente para o caso em tela. Não se trata de estabelecer as consequências para fraude, mas de criar formas de compensação constante e recorrente de prejuízos que podem ser causados ao patrimônio da sociedade e dos minoritários.

A ausência desse tipo de reflexão em sede jurisprudencial ou doutrinária no Brasil deve-se sem dúvida à parca reflexão sobre o direito societário na perspectiva organizativa.

3.3.3 A desconsideração da personalidade jurídica

A concepção organizativa do interesse social também ajuda – e muito – a aceitação de uma nova concepção de desconsideração da personalidade jurídica. Trata-se da chamada desconsideração atributiva, teoria que não restringe as hipóteses de desconsideração aos casos de fraude, dando-lhe uma perspectiva funcional. Nessa sede não se explorarão os detalhes de uma tal teoria, que será melhor estudada no Capítulo XIV. Aqui serão formulados apenas os fundamentos teóricos que viabilizam uma tal concepção.

As considerações acima baseiam-se em um raciocínio ainda mais amplo. A organização é, na verdade, elemento central da própria personalidade jurídica.[53] Uma tal argumentação não implica uma postura unitária. Não se pretende erigir um tipo específico de organização em elemento central do conceito de pessoa jurídica.

A organização como fundamento da personalidade jurídica leva necessariamente ao pluralismo. O ordenamento reconhece e atribui capacidade jurídica diversa segundo os diferentes tipos e diferentes graus de organização. E é esse conjunto de capacidades, decorrentes da existência da organização societária, que constitui o *conceito* de personalidade jurídica. Assim, ao buscar seu fundamento último na organização, o conceito de personalidade jurídica assume aquele caráter pluralístico necessário à obtenção do equilíbrio entre os impositivos dogmáticos, nem sempre capazes de fornecer resposta adequada às rápidas mutações

---

53. V. nesse sentido U. John, *Die organisierte Rechtsperson – System und Probleme der Personifikation im Zivilrecht*, Berlin, Duncker & Humblot, 1977, pp. 72 e ss. Para o autor são elementos da pessoa jurídica *Handlungsorganisation, Haftungsverband* e *Identitätsausstattung*. Na verdade, parece preferível identificar na organização um fundamento e não um elemento da personalidade jurídica, para evitar confusões conceituais com o conceito de sociedade. É, de resto, no conjunto de capacidades atribuídas que a doutrina dominante identifica os *elementos* da personalidade jurídica (v. *infra* Capítulo II, n. 3.3.1).

do direito societário, e aqueles pragmáticos, que trazem consigo o perigo de aplicação livre e arbitrária das normas.

Na verdade, o que ocorre através da organização é a criação de um centro autônomo de decisões.[54] A organização nada mais é que um *Apparat* capaz de assegurar (ou de fazer presumir) a tomada autônoma de decisões. Vistas sob essa perspectiva, a atribuição de capacidades ao ente personificado e a consequente caracterização da pessoa jurídica como centro de imputação de direitos e deveres são mera decorrência do reconhecimento da organização.[55]

Note-se que na perspectiva organizativa econômica, sobretudo se levados em conta os custos de transação, pode-se definir um critério bem claro para aplicação da teoria da desconsideração da personalidade jurídica. Ela não se restringirá às hipóteses de fraude, aplicando-se também como forma de imputação de certas relações aos sujeitos que diretamente são delas titulares. Os limites dessa desconsideração também são fornecidos pela análise econômica da teoria da desconsideração. Eles serão tanto maiores quanto maior for a probabilidade de criação de incertezas em relações econômicas já bem definidas. É o caso dos contratos em que há uma clara negociação dos riscos relativos à potencial insolvência da sociedade. Para os detalhes aplicativos dessa teoria reportamo-nos ao artigo específico abaixo sobre a desconsideração da personalidade jurídica.

3.3.4 Sociedade unipessoal e sociedade sem sócio

Uma vez vista a sociedade como organização e não como uma pluralidade de sócios é bastante evidente como tanto a sociedade unipessoal como a sociedade sem sócio são admissíveis. Aliás, é nessas estruturas que o contrato que dá vida à sociedade adquire seu valor organizativo puro, ou seja, passa a ter como objeto exclusivamente estruturar um feixe de contratos. A questão também será analisada em detalhes em artigo específico abaixo.

---

54. Nesse sentido U. John, *Die organisierte Rechtsperson*, cit., p. 72, expressa: "Die Rechtsperson ist also zunächst ein Entscheidungsträger. Da die Entscheidung auch nicht inhaltlich 'vorprogrammiert' sind und zwar auch nicht im Sinne einer Weisungsabhängigkeit, ist die Rechtsperson ferner ein selbständigen (verselbständigter) Entscheidungsträger".

55. V. U. John, *Die organisierte Rechtsperson*, cit., p. 313.

4. Conclusão

A conclusão desse estudo deve ser necessariamente otimista em relação aos potenciais resultados de uma aplicação criteriosa da teoria organizativa. A razão para isso é muito simples. A experiência jurídica e econômica recente demonstra que só através dela é possível obter os objetivos tão almejados pelas duas teorias cognominadas clássicas sobre o interesse social.

De fato, a teoria organizativa, com todos os ganhos em custos de transação e eficiência que sua aplicação criteriosa pode propiciar, é sem dúvida a mais apta a garantir a lucratividade dos sócios, tão almejada pelos contratualistas. Por outro lado, a mesma capacidade de organização das relações a ela submetidas, proporcionada pela teoria do contrato organização, tem a capacidade de transformar a sociedade naquela célula social propulsora do desenvolvimento tão almejada pelos institucionalistas desde Rathenau.

Em particular, com relação a essa última teoria uma comparação deve ser feita com a teoria do contrato organização. O grande problema com a teoria institucionalista, em seu teste histórico, sem dúvida não foi os objetivos. A intenção de transformar a sociedade em célula social é sem dúvida muito meritória. O problema maior talvez tenha sido tentar impor a identificação entre interesse social e interesse público, sem maiores preocupações.

A teoria organizativa e o institucionalismo integracionista em boa medida parecem ter uma resposta muito mais coerente para o mesmo problema. Afirmam que o objeto societário principal, o próprio interesse social, está na integração de interesses e solução interna de conflitos entre os vários interesses envolvidos pela atividade social. Não se negam a internalizar interesses não redutíveis aos interesses dos sócios. Assim é que a participação dos trabalhadores nas decisões sociais é incentivada e até mesmo o controle por esses grupos é favorecido quando isso possa ser um meio para eliminação de conflitos de interesses. Não se nega, por outro lado, a externalizar interesses internos à sociedade quando for mais conveniente para todos os interessados que isso ocorra. É o caso do exemplo dos grupos de sociedades, onde o estabelecimento de uma regra de compensação para os minoritários os alija da discussão do interesse social, mas torna a sociedade mais eficiente (sempre entendido no sentido de menores custos de transação) para todos os envolvidos e pode acabar proporcionando mais vantagens para os próprios minoritários – vantagens essas que, como a experiência brasileira demonstra, não têm sido obtidas pela aplicação da regra de conflito de interesses.

Quando os interesses externos são, realmente, incompatíveis com os internos, não sendo possível resolver o problema através da solução organizativa ou da regra de conflito, os interesses externos à sociedade são incentivados não através da aplicação de instrumentos jurídicos organizativos, como o direito societário, mas sim externos à sociedade. É o caso da aplicação do direito antitruste em plena sintonia com o direito societário. A teoria organizativa indica no sentido de uma aplicação mais acurada do direito antitruste. Ao olhar através da sociedade e vê-la nada mais nada menos que como um feixe de contratos, revelam-se várias coisas: (i) em primeiro lugar, que formas societárias de controle externo podem ser tão geradoras de concentrações empresarias quanto o controle interno; (ii) em segundo lugar, releva o oposto, ou seja, que muitas vezes a existência de poderes internos – direito de voto etc. – não demonstra a existência de controle da empresa ou de uma efetiva comunidade de interesses com esta, mas é apenas uma forma de impedir que interesses externos (de fornecedores, clientes ou financiadores) sejam prejudicados. É, portanto, uma forma econômica potencialmente muito mais danosa que as concentrações, pois não propicia, via de regra, eficiências.

Isso demonstra um ponto fundamental. A teoria organizativa, quando bem aplicada, não é um retorno ao individualismo dos contratualistas, mas sim um passo avante em relação ao institucionalismo na defesa do interesse público. Possibilita a proteção dos interesses e a solução interna de conflitos, que podem ser bem atingidos por regras organizativas internas, e a externalização daqueles que não podem, acompanhada então de uma correta mediação legislativa do conflito (como ocorre no direito ambiental, direito antitruste – onde é bastante pueril, ao menos por enquanto, imaginar uma possível solução interna para os conflitos de interesse). Ela dá, portanto, por assim dizer, a um só tempo, mais sinceridade e mais utilidade ao direito societário. Particularmente no direito brasileiro sugere um caminho para a efetiva aplicação do artigo 116 da lei societária e de seus princípios institucionalistas.

Capítulo III
ANÁLISE ESTRUTURALISTA DO DIREITO SOCIETÁRIO

1. Introdução. 2. Poder e estrutura societária: 2.1 Poder "vs." direito na estrutura societária; 2.2 Consequências da prevalência de relações hierárquicas sobre as jurídicas. 3. Os instrumentos para a busca de comportamento cooperativo entre os acionistas: 3.1 Instrumentos internos: busca da solução do problema de conflito de interesses: 3.1.1 A solução estrutural do problema de conflito de interesses; 3.1.2 A solução através de regra de conflito de interesses; 3.2 Instrumentos externos: 3.2.1 Poder de controle e assimetria de informação; 3.2.2 Exemplo de "screening": o Novo Mercado da Bovespa brasileira: 3.2.2.1 Os objetivos do Novo Mercado; 3.2.2.2 Fundamentos e disciplina jurídica básica do Novo Mercado; 3.2.2.3 Resultados e perspectivas. 4. Considerações conclusivas.

1. Introdução

O mundo acadêmico, tanto quanto o prático (ou talvez até mais), tem suas idiossincrasias. Talvez a mais perigosa delas seja que, também à semelhança do mundo prático, está sujeito a modismos. Modismos que algumas vezes, ao contrário dos fúteis desejos consumistas da vida real, costumam não ser passageiros mas sim durar por longos anos.

Mas à semelhança do mundo do consumo, esses modismos têm como característica o cumprimento rígido de padrões sem preocupação com os objetivos ou mesmo a coerência desse tipo de padrão. Lá como cá basta que alguém de ressonância sugira ou introduza o padrão para que ele passe a ser seguido. No mundo acadêmico, muitas vezes ocorre que o próprio significado do autor original não é corretamente percebido, mas apenas aquilo que é mais facilmente apreensível ou passível de ser desenvolvido é captado e utilizado.

É o que vem correndo em boa medida com o movimento de *law and economics*. A fixação exclusiva na busca por resultados econômicos leva a resultados insuficientes e, em muito casos, de pouca relevância aplicativa, ao menos para realidades econômicas como a da maioria dos países em desenvolvimento. Tomemos o caso do direito societário. Nele a preocupação influenciada pelo *law and economics* vem se traduzindo pelo menos nas duas últimas décadas em consideração exclusiva de formas para maximizar a eficiência empresarial. Na verdade, nos trabalhos propriamente acadêmicos sobre a questão tudo gira em torno dos famosos custos de transação (termo originalmente cunhado há mais de 70 anos por Ronald Coase[1]) e de variações em torno desse tema.[2] A consequência é um direito societário fixado exclusivamente na descoberta de formas societárias estimuladoras da eficiência empresarial e administrativa,[3] qualquer que seja a definição de eficiência adotada (diminuição dos custos de supervisão, estímulo à apropriação de conhecimento, etc.).[4]

1. R. Coase, "The nature of the firm", in *Economica* 4, novembro 1937, p. 386.

2. Note-se que ideias hoje difundidas entre juristas e economistas daquele país como as que tentam explicar a organização social a partir dos *agency costs* ou então de modelos baseados em estruturas de apropriação de conhecimento nada mais são do que variações da ideia de custos de transação aplicadas às relações internas da sociedade. Contudo, é interessante observar que se alguns dos ideais coasianos sobre a eliminação de custos de transação fossem coerentemente seguidos algumas soluções seriam muito diferentes daquelas sustentadas pela principal corrente da literatura societária de *law and economics* – cf., por exemplo, a solução discutida no item 3, 1, 1, abaixo.

3. V. H. Demsetz, "The structure of ownership and the theory of the firm", in *J. L. & Econ.* 26, 1983, pp. 375 e ss. (alegando que considerações em torno da eficiência influem nas estruturas societárias); L. E. Ribstein, "Efficiency, regulation and competition: a comment on Easterbrook & Fischel's economic structure of corporate law", in *Nw. U. L. Rev.* 87, 1992, p. 254 (afirmando que eficiência deveria ser o principal critério normativo da lei societária); F. H. Easterbrook e D. R. Fischel, "Close corporations and agency costs", in *Stan. L. Rev.* 38, 1986, pp. 271 e ss.; R. J. Haft, "The effect of insider trading rules on the internal efficiency of the large corporation", in *Mich. L. Rev.* 80, 1982, pp. 1.051 e ss.; e Ronald J. Gilson, "Corporate governance and economic efficiency: when do institutions matter?", in *Wash. U. L. Q.* 74, 1996, pp. 324 e ss. (examinando a relação entre *governance corporative* e eficiência econômica). Para uma visão crítica dos objetivos de eficiência no mercado de capitais, v. L. A. Stout, "The unimportance of being efficient: an economic analysis of stock market pricing and securities regulation", in *Mich. L. Rev.* 87, 1988, pp. 613 e ss.

4. V. J. L. Coleman, "Efficiency, utility, and wealth maximization", in *Hofstra L. Rev.* 8, 1980, pp. 509 e ss., para uma revisão dos conceitos de eficiência utilizados por doutrinadores de *law and economics*.

Dois resultados distintos então se produzem. De um lado, um direito societário engessado em que os modelos desenvolvidos têm valor no máximo descritivo. A segunda consequência, talvez decorrente da primeira, é uma realidade societária em que o direito não é suficiente para ir além da discussão do princípio da eficiência empresarial e assim não é tampouco capaz de criar estímulos jurídicos à prevenção de grandes fraudes corporativas (que vem se multiplicando na realidade societária).

Esse cenário impressiona pela falta de uma preocupação precipuamente jurídica em relação às organizações societárias. Entender o direito societário como algo capaz de influenciar a realidade e não como uma organização que reproduz padrões econômicos de eficiência ou tecnologia, implica direcionar a pesquisa para caminhos completamente diversos.

Implica indagar que mudanças estruturais podem ou devem ser introduzidas na sociedade para que ela cumpra objetivos econômicos diversos (dos quais a produção de lucro ou a produção tecnológica são apenas alguns dos elementos). Implica para tanto fazer estudos verdadeiramente interdisciplinares que não tenham em conta exclusivamente variáveis exógenas e determinantes do ponto de vista econômico (como o lucro ou a produção tecnológica), mas também estudos sociológicos e antropológicos sobre o comportamento de aglomerados humanos. Afinal, se é de aglomerados humanos que está se tratando (e este é o caso das relações internas de uma sociedade), é de se imaginar que ciências que se ocupam das relações entre aglomerados humanos sejam consideradas. As organizações empresariais, por sua natureza grupal e por sua influência na sociedade são particularmente carentes desse tipo de estudo. Em particular, regras sobre estímulos comportamentais à cooperação são bem adaptadas a explicar e disciplinar a natureza agregadora das sociedades e sua influência sobre as relações sociais.[5]

Na verdade, o comportamento cooperativo e o cumprimento de regras éticas entre acionistas é algo absolutamente ínsito ao conceito de sociedade. Seu cumprimento não é, no entanto, espontâneo. A razão para tanto está na existência de estruturas de poder aptas a impedir tais comportamentos e estimular práticas autointeressadas.

5. Cf., a respeito, Capítulo III da 3ª ed. deste livro, "Direito Societário e Novo Mercado".

2. Poder e estrutura societária

É fundamental, portanto, ao iniciar qualquer estudo jurídico das sociedades fazer uma análise da influência das estruturas de poder sobre a realidade societária.[6] Esse estudo tem dupla função. De um lado, será capaz de identificar a influência dessas estruturas de poder na substituição do direito (e das práticas éticas) pelas relações hierárquicas.

De outro, demonstrará como essa estrutura de relações (baseadas em hierarquia e não em padrões jurídicos) é capaz de impedir comportamentos cooperativos e incentivar padrões autointeressados de comportamento.

2.1 Poder "vs." direito na estrutura societária

A primeira constatação, já explorada alhures, é que em situações de grande concentração de poder, a tendência de abuso desse poder (e, portanto, de descumprimento das regras de comportamento) é algo natural. Essa constatação não é nova. Trata-se do fato, hoje bem reconhecido pela teoria econômica, de que a racionalidade de atuação dos agentes econômicos os leva naturalmente ao abuso. Esse fato, reconhecido, repita-se, pela teoria microeconômica, justificou a introdução no direito antitruste de regras estruturais para conter o poder no mercado.[7]

---

6. O poder é considerado um tema central do direito societário e, no momento, a sua alocação é questão de grande importância para o direito societário e a governança corporativa. V., p. ex., L. A. Bebchuk, "The case for increasing shareholder power", in *Harv. L. Rev.* 118, 2005, pp. 833 e ss. (discutindo a alocação de poder nas sociedades); S. M. Bainbridge, "Director primacy and shareholder disempowerment", in *Harv. L. Rev.* 119, 2006, pp. 1.735 e ss. (atacando a ideia de diminuir o poder dos acionistas, em artigo que responde ao mencionado texto do Bebchuck); L. A. Stout, "The mythical benefits of shareholder control", in *Va. L. Rev.* 93, 2007, pp. 789 e ss.; S. Cools, "The real difference in corporate law between the United States and Continental Europe: distribution of powers", in *Del. J. Corp. L.* 30, 2005, pp. 697 e ss. (sugerindo que a distribuição de poder é o que diferencia as sociedades americanas daquelas situadas na Europa Continental); e R. M. Garms, "shareholder by-law amendments and the poison pill: the market for corporate control and economic efficiency", in *J. Corp. L.* 24, 1999, pp. 433 e ss. (discutindo a alocação de poder societário entre acionistas e diretores no que diz respeito à adoção e à revogação das *poison pills*).

7. Cf. C. Salomão Filho, *Direito concorrencial – As estruturas*, 3ª ed., São Paulo, Malheiros Editores, 2007.

Do ponto de vista lógico, a única e exclusiva justificativa da existência dessas regras é que, em sua ausência, as tradicionais normas de conduta não são capazes de disciplinar a atuação das empresas com poder econômico. Isso porque a naturalidade do abuso modifica o padrão de comportamento do agente que passa a ter como comportamento normal o abuso. Esse abuso deixa de ser exceção, transformando-se em regra. Nessa hipótese, a correção do padrão de comportamento por normas de conduta é bastante ineficaz pelo simples fato de que essas normas estão voltadas à sanção de atos isolados, sendo incapazes de disciplinar (ou sancionar) uma atividade continuada ou um padrão de comportamento.

Essa constatação é capaz de produzir efeitos em todos os ramos do direito. É difícil imaginar que o sistema jurídico, baseado primordialmente em normas de conduta e dominado por agentes econômicos cuja racionalidade é o abuso, possa funcionar a contento. Difundido em determinada sociedade o poder econômico privado, o padrão de comportamento passa a ser o abuso de direitos. Como o direito, baseado em normas de conduta, não é capaz de disciplinar suficientemente essas relações, a organização societária passa a ser organizada a partir de relações de dominação. A hierarquia substitui o direito.

2.2 Consequências da prevalência de relações hierárquicas sobre as jurídicas

A primeira constatação acima não é, por assim dizer, objeto de muita dúvida na doutrina. Já sobre as suas consequências não há muito consenso no direito societário. Principalmente a ideia de eliminação do poder acionário concentrado não recebe muito apoio. Na verdade, parte da doutrina vê na concentração de poder dentro da sociedade, em especial na concentração de poder de controle, uma forma de diminuir os *agency costs* (custos de supervisão) e dessa forma melhorar o desempenho da sociedade.[8]

---

8. Cf. M. C. Jensen e W. Meckling, "Theory of the firm: managerial behavior, agency costs, and ownership structure", in *Journal of Financial Economics*, vol. 3, n. 4, 1976, pp. 305-360, disponível em *http://papers.ssrn.com/abstract=94043*; M. C. Jensen, "Eclipse of the public corporation", *Harvard Business Review*, 1989 (revised 1997), disponível in *http://papers.ssrn.com/abstract=146149*; M. J. Barclay e C. G. Holderness, "Private benefits from control of public corporations", in *Journal of Financial Economics* 25, 1989, pp. 371-395; E. Berglöf e E. von Thad-

Não é fácil discutir essa posição em bases puramente teóricas. A razão principal está na impossibilidade de mensuração e comparação dos "custos de supervisão" e seus efeitos sobre o funcionamento "eficiente" da sociedade com os "custos do abuso e do conflito" por parte do controlador absoluto da sociedade.

A solução do impasse não parece estar em alguma decisão definitiva sobre estruturas concentradas ou diluídas de controle. Mesmo tomando partido em termos teóricos[9] sobre a questão, essa definição tem limitada utilidade prática. No mais das vezes, a definição por uma estrutura societária ou outra tem raízes históricas nas respectivas economias. É o que ocorre nos EUA com a desconcentração acionária e na Alemanha e no Brasil, inversamente, com a concentração acionária.

Assim, para que mudanças de comportamento possam advir do direito, mais criatividade se faz necessária. São necessárias soluções estruturais que permitam uma mudança no padrão de relacionamento entre os sócios. Para que o cumprimento de regras ocorra em presença de centros de poder quaisquer que sejam eles – o controlador ou os administradores – é necessária uma mudança na estrutura das relações internas da sociedade.

Observe-se então a primeira mudança de perspectiva. Trata-se de comparar o poder concentrado, qualquer que seja ele – do administrador ou do controlador – com estruturas que permitam ou estimulem o autocumprimento (cooperativo) de regras jurídicas e éticas por todos os acionistas e administradores da companhia.

Sob essa ótica, problemas como *agency costs* e conflito de interesses do controlador, ao invés de terem raízes opostas, apresentam um traço comum a ser resolvido pelo direito. Trata-se da comum ligação a um problema de poder – poder descontrolado e não fiscalizado do administrador no primeiro caso (muito comum na realidade americana) e poder descontrolado do controlador no segundo (muito comum na realidade brasileira).

den, "The changing corporate governance paradigm: implications for transition and developing countries", *Conference Paper*, Annual World Bank Conference on Development Economics, 1999, disponível in *http://ssrn.com/abstract=183708*; C. G. Holderness, "A survey of blockholders and corporate control", in *FRBNY Economic Policy Review*, vol. 9, n. 1, abr. 2003, pp. 51-64, disponível in *http://www.newyork fed.org/research/epr/03v09n1/0304hold.pdf.*

9. O autor do presente trabalho tem posição definida e já expressa a respeito; v. o Capítulo IV ("Diluição de Controle").

Obviamente, toda a dificuldade é então definir qual a estrutura jurídica capaz de lidar com a realidade do poder. Um caminho interessante a ser trilhado parece ser o dos estudos das relações interpessoais internas à sociedade. Em trabalho relevante sobre o tema do poder, K. Dowding demonstra como, na verdade, visto da perspectiva da teoria dos jogos, o poder está muito mais na estrutura das relações individuais que no próprio desequilíbrio de forças entre as partes. Essa estrutura acaba por determinar o comportamento do indivíduo (é o caso, por exemplo, do dilema do prisioneiro).[10] Trata-se, evidentemente, de uma boa notícia, pois confirma aquilo há pouco aventado, no sentido de que modificações estruturais são formas viáveis para a limitação do poder na sociedade.

Como criar essa estrutura de regras societárias que estimulem o comportamento cooperativo e ético dos sócios e administradores, inclusive aqueles dotados de poder, é a questão abordada no item seguinte.

Esta estrutura não é simples. Na ausência de estímulos jurídicos, a cooperação tem dificuldade de subsistir em situações de poder concentrado seja do controlador ou da administração. A situação se torna ainda mais complexa quando se observa que os fatores tradicionalmente identificados como estimuladores da cooperação[11] estão cada vez mais ausentes, em especial nas companhias abertas. Pequeno número de participantes da relação (acionistas), ampla e simétrica informação sobre o comportamento alheio e dependência recíproca, fatores capazes de naturalmente induzir o comportamento cooperativo, não são comumente encontrados na realidade da maioria das grandes organizações societárias.

10. Cf. K. Dowding, *Power*, Buckingham, Open University Press, 1996, p. 42. Na verdade, essa afirmação merece explicação. Para Dowding, como o próprio dilema do prisioneiro demonstra, as pessoas, em certas circunstâncias, determinam o seu comportamento de acordo com o comportamento esperado do outro indivíduo. Aí dois elementos são importantes. Em primeiro lugar, o passado, ou seja, a reputação criada pelo indivíduo, de cooperação ou não. De outro lado, a estrutura do jogo. Nos chamados jogos de soma nula, não há outra alternativa a não ser o comportamento individual, pois ele é sempre melhor que qualquer outra alternativa individualmente escolhida. Assim, a alternativa é estruturar as organizações de forma a que os jogos não sejam de soma nula e que não se crie uma reputação de comportamento individualista. Como se verá, regras como a do conflito de interesses, quando bem aplicadas, influenciam favoravelmente ambos os elementos (reputação e estrutura do jogo).

11. Cf. R. M. Axelrod, *The evolution of cooperation*, New York, Basic Books, 1984.

3. Os instrumentos para a busca de comportamento cooperativo entre os acionistas

3.1 Instrumentos internos: busca da solução do problema de conflito de interesses

Conseguir obter a cooperação através de instrumentos jurídicos internos à sociedade em presença de um ambiente naturalmente propenso, pelas razões vistas acima, ao comportamento individualístico de cada um dos participantes da sociedade exige, do ponto de vista lógico, a identificação de formas de separação entre o interesse pessoal e o interesse social.

Ocorre que o problema de conflito de interesses nem sempre é resolvido através de uma regra de conflito. Aliás, como a experiência comparada sugere, esta não é a mais eficaz das fórmulas, só sendo utilizada quando a forma alternativa é considerada jurídica ou politicamente inviável. A forma alternativa e mais coerente é a solução orgânica ou estrutural.

Por solução orgânica ou estrutural quer-se significar a tentativa de resolver nos órgãos societários o problema de conflito, seja através da incorporação no órgão de todos os agentes que têm interesse ou sofrem as consequências de atuação em conflito, ou através da criação de órgãos independentes, não passíveis de ser influenciados por possíveis detentores de conflito potencial.[12] Como se verá, obviamente isso não significa eliminar totalmente a aplicação da regra de conflito, mas reduzir bastante sua abrangência.

A solução através da regra de conflito tem um objetivo/função completamente diverso. Torna-se verdadeira regra organizadora da sociedade naqueles sistemas de realidade econômica/societária mais concentrada em que é jurídica e politicamente inviável introduzir soluções organizativas para o problema do conflito devido à influência de grupos de interesse representando o acionista controlador, que impedem mudanças legislativas em tal direção (há anos, este tem sido o caso no Brasil).

---

12. Em seus efeitos, esta solução é bastante próxima do que K. Hopt chama de *proceduralization in fuzzy decision-making contexts*, uma solução pela qual a decisão que deveria ser tomada por administradores em conflito é transferida para outro órgão que não se encontre em conflito (potencial) (*Legal duties and ethical behavior of board members and professionals*, aula na Faculdade de Direito da Universidade de São Paulo, em 18.9.2007, in *RDM* 144/107).

3.1.1 A solução estrutural do problema de conflito de interesses

Para entender o significado e extensão da solução estrutural ou organizativa é preciso, em primeiro lugar, indagar suas justificativas, tanto econômicas quanto jurídicas.

No campo econômico, a justificativa mais básica para a solução estrutural ou organizativa encontra-se na própria concepção de empresa ou sociedade. A concepção dominante de empresa no campo econômico é dada no clássico estudo de Coase sobre a natureza da empresa. Para o autor, a principal função da empresa é eliminar as incertezas e os conflitos que provêm das relações de mercado.

A empresa aparece então como forma de dar solução organizativa aos conflitos entre os agentes econômicos no mercado. Reduz custos de transação na medida em que reduz tais conflitos. Evidentemente que sua teoria, até por sua forte inspiração neoclássica, pouco se preocupa com a convergência para a sociedade de todos os interesses por ela afetados.[13] Mas ao ver como sentido verdadeiro do instituto da empresa a resolução de conflitos e ao impor que esses sejam resolvidos internamente, sem dúvida fundamenta concepções jurídicas mais sedimentadas sobre soluções organizativas para o conflito.

Evidentemente, muito mais complexa é a definição de que grupos de interesses devem ser trazidos para o interior das sociedades. Essa é uma questão que aflige institucionalistas e integracionistas há décadas.

Em linhas gerais, pode-se dizer que, como em toda solução organizativa e participativa, a escolha do grupo a participar depende do momento histórico de evolução do sistema econômico e social. Na Alemanha dos anos 60 a fricção entre capital e trabalho havia tornado os "custos de transação" enormes entre os dois fatores, o que facilitou enormemente a aprovação e introdução das *Mitbestimmungsgesetze*. Em outros países e outros momentos históricos podem ser outros os interesses afetados pela empresa cuja relevância social e influência sobre os

---

13. Na verdade, a teoria de Coase preocupa-se em eliminar o conflito apenas entre os agentes produtivos (basicamente produtores, fornecedores e distribuidores e demais agentes que se relacionam na linha vertical). Mas exatamente por ser integrativa oferece sustentação para a teoria jurídica que procura ver na pessoa jurídica um feixe de interesses integrados por uma organização. É, portanto, a justificativa da integração de interesses (eliminação dos conflitos) e não sua forma (criação de uma organização) que aproximam a teoria econômica de Coase da visão jurídica moderna da empresa.

destinos da companhia sejam tais a ponto de exigir a sua representação no interior dos órgãos societários.

E note-se que são muitos e variados esses possíveis interesses. Basta imaginar os interesses de consumidores, das comunidades crescentemente afetadas pela atuação das grandes empresas (meio ambiente, escassez de recursos) ou mesmo dos acionistas minoritários.

Em relação aos primeiros, a introdução de *ombudsmen* dos consumidores nos órgão administrativos (Conselhos de Administração, etc.) tem se mostrado particularmente efetiva exatamente naquelas empresas que precisam ter percepção imediata dos problemas e defeitos identificados pelos consumidores.

Solução semelhante, é verdade que até agora com baixíssimo grau de implementação, poder-se-ia cogitar em relação a comunidades afetadas pela atuação da empresa (v. a respeito as consideração feitas no Capítulo I, item 4.2).

Quanto aos minoritários, a situação é ainda mais clara. Naqueles casos em que é grande sua relevância estratégica, sua participação às vezes até quase paritária ou ao menos com poder de veto é garantida por meio da celebração de acordos de acionistas.

A busca de soluções organizativas de participação de grupos relevantes é portanto mais comum do que pode parecer e só ajuda a revelar a importância da formação de consensos e cooperação em torno de objetivos comuns. Ocorre que a solução organizativa só tem se mostrado possível em situações de fato ou em momentos históricos de paridade (ou quase paridade) de poder de negociação dos grupos envolvidos. São os exemplos acima citados, respectivamente, dos trabalhadores na Alemanha dos anos 60 e dos minoritários estratégicos.

No caso de disparidade de poderes, a cooperação não é menos importante, mas é muito mais difícil de ser obtida através das soluções organizativas. Nesses casos, com frequência é necessário aplicar a regra de conflito.

3.1.2 A solução através de regra de conflito de interesses

A segunda forma possível de solução de problema de conflito de interesses é a aplicação da regra de conflito. Trata-se de solução em teoria menos traumática, pois envolve menos mudanças estruturais.

Exatamente por isso, no entanto, é extremamente difícil ser bem implementada. A sua aplicação coerente requer uma clara e corajosa definição das hipóteses de conflito.

Para bem definir uma regra de conflito assim elevada a primeira tarefa é identificar e definir as hipóteses que podem gerar riscos para a sociedade e qual o grau de risco gerado. Isso não requer que se recorra à espinhosa discussão do interesse social.

São bem conhecidas as dificuldades em definir interesse social, o que tornaria absolutamente incerta a aplicação de uma regra baseada na comparação entre o comportamento de alguém e o interesse social. Mas não só. Demonstração na inutilidade de uma discussão centrada no interesse social são as sempre fracassadas tentativas de identificação entre a disciplina do conflito de interesses e do ato *ultra vires*.[14]

A segunda alternativa lógica seria definir a regra de conflito como ligada a um dever fiduciário geral em relação à gerência do patrimônio de terceiros.[15]

O problema é que tal solução, ainda que mais coerente, representa verdadeira *capitis diminutio* da regra de conflito, que acaba se transformando em uma regra fraca, exatamente por entender-se que o problema será resolvido via imposição de deveres fiduciários. E a realidade exige exatamente o contrário. A discrepância entre posição jurídica e fática dos vários integrantes da pessoa jurídica (controladores e administradores, de um lado, e acionistas minoritários e demais grupos de interesse, de outro) impõe que a regra de conflito não adote um critério *de minimis* de incidência. Explique-se.

A regra deve ser elaborada visando a impedir a conduta conflitiva daquele que mais pode lesar a sociedade e não daquele que não pode fazê-lo. O direito societário deve então ser regido por um princípio geral

14. Na jurisprudência italiana, casos de conflito de interesses envolvendo administradores são frequentemente decididos com base na disciplina dos atos *ultra vires*. O perigo da equiparação das duas *fattispecies* é o de se chegar ao resultado paradoxal de considerar um ato alheio ao objeto social tão somente pelo fato de configurar um conflito de interesses, ou mesmo de considerar um ato inerente ao objeto social tão somente por não responder ao interesse do administrador ou de terceiro, mesmo se tratando do desenvolvimento de atividades incompatíveis com a persecução do objeto social. Nesse sentido, v. L. Enriques, *Il conflitto d'interessi degli amministratori di società per azioni*, Milano, Giuffrè, 2000, pp. 453 e ss.

15. V. L. Enriques, cit., p. 187.

de proibição a comportamentos conflitivos e não por uma série desconectada e aprincipiológica de deveres fiduciários. Esses últimos, muito mais que princípios em si, são critérios para aplicação da regra de conflito.

Dessa conclusão decorrem consequências aplicativas importantes. A principal delas pode ser assim formulada: se a regra de conflito tem valor em si, é então a partir dela que deve ser controlado o comportamento de administradores e acionistas.

A tradicional classificação entre hipóteses de conflito de interesse formal e material deve então ser revisitada. Não para ser negada, mas sim para ser transformada em diferença entre situações em que se verifica forte perigo de comportamento incorreto e situações em que isso não ocorre.

Na primeira hipótese de conflito, que de ora em diante denominar-se-á potencial ou formal, não é, portanto, necessário sequer indagar de lesão ao interesse social ou à sociedade. Haverá conflito formal toda vez que *a priori* o agente responsável pela decisão (acionista controlador ou administrador) tiver interesse direto e pessoal na decisão a ser tomada. Como interesse direto deve-se entender toda aquela hipótese em que o gestor for direta contraparte ou de qualquer forma tiver interesse maior na contraparte da sociedade. Outra característica necessária do conflito de interesse como princípio geral é que se aplica apenas aos gestores (administradores e controladores) e não a acionistas minoritários ou individuais que não têm esse mesmo poder.[16]

Sendo assim, deve-se proibir o voto de acionistas controladores ou administradores na assembleia ou reunião que decidir a matéria em que tenham potencial conflito de interesses. Esta solução, claramente prevista no artigo 115 da lei acionária, tem encontrado pouca repercussão nos tribunais brasileiros, que desde a aprovação da lei há mais de trinta anos se negam a adequadamente aplicar tal dispositivo.

O conflito de interesses substancial ou atual deve ao inverso ser aplicado de maneira uniforme para todos os sócios e administradores. É a regra geral de conflito aplicável todas as vezes em que não se veri-

---

16. É interessante notar que esses dois requisitos estão presentes na doutrina americana em uma obra que, em linha com o pragmatismo anglo-saxão (muitas vezes criticável), propõe uma visão eminentemente prática do problema do conflito (v. nesse sentido R. Clark, *Corporate law*, New York, Aspen Law and Business, 1986, p. 147).

fica um conflito formal. Na verdade, ela se reduz a um critério de culpa. O critério é agora de uma culpa *in abstrato* parametrada por uma razoabilidade de mercado. Entende-se que as transações de mercado (desde que esse mercado seja competitivo e não monopolizado) fornecem critério muito mais seguro para apuração da razoabilidade da transação (até porque não é frequente a hipótese em que há comportamentos anteriores do administrador obrando em seu próprio negócio). Assim, como critérios de apuração são geralmente mencionadas operações anteriores da própria sociedade ou operações semelhantes no mercado.

3.2 Instrumentos externos

Seria muita ingenuidade supor que a solução do problema de conflito, mesmo que por hipótese fosse perfeita (o que é obviamente apenas uma hipótese teórica), pudesse garantir a perfeita cooperação das partes em torno do interesse social e do cumprimento de regras éticas e jurídicas de conduta societária. Na verdade, a eliminação do problema de conflito é apenas um exemplo de solução interna possível.

Especialmente em realidades econômicas como aquelas de países em desenvolvimento, em que o poder societário é extremamente concentrado, não é fácil substituir um comportamento estratégico e individualista, por parte dos acionistas, por um comportamento cooperativo e ético. Não apenas de soluções organizativas ou estruturais internas pode se construir um ambiente cooperativo em torno do cumprimento de regras. A não naturalidade desse objetivo exige a presença de estímulos externos à sociedade para que o comportamento cooperativo se realize.

Para tanto, existem um esquema teórico com um respectivo exemplo prático importantes a serem explorados.

3.2.1 Poder de controle e assimetria de informação

Na verdade, do ponto de vista externo, o problema estrutural grave a ser resolvido em relação a qualquer sociedade e com especial cuidado em relação às companhias abertas é o problema da informação.

Grave, pois a assimetria de informação é prévia à própria relação societária. Em países como o Brasil, o poder do controlador sobre a Assembleia Geral e sobre os órgãos de administração é tal que uma simples ideia que tenha, mesmo antes de apresentá-la aos órgãos responsáveis por sua aprovação, já é uma informação privilegiada. O acionista controlador sabe que será capaz de aprová-la e, portanto, pode aproveitar-se dela mesmo antes de submetê-la às aprovações societárias. Quase o mesmo é possível dizer em relação aos CEOs das grandes companhias de controle diluído. Como regular então a própria subjetividade do controlador ou dos CEOs de grandes companhias? Sem dúvida, ampliar proibições ou estender o rol de hipóteses em que informações devem ser prestadas ao mercado é uma alternativa possível, mas claramente insuficiente em uma realidade de informações *estruturalmente* assimétricas. Transplantado para o mercado de capitais, o próprio raciocínio de Akerloff leva a afirmar que essa realidade estrutural levaria ao desaparecimento dos investidores (o desaparecimento do mercado é o que prevê para o caso dos *lemons*[17]).

No modelo do famoso prêmio Nobel, a existência de assimetrias de informação entre vendedores e compradores de veículos usados faz com que os últimos não sejam capazes de identificar os *"lemons"* (pois têm menos informações que os vendedores sobre o estado do veículo). Isso faz com que o preço de veículos usados de boa e má qualidade seja substancialmente o mesmo, o que tende a afastar os veículos de boa qualidade do mercado, permanecendo apenas os ruins. Essa tendência à seleção adversa se dá em função da ausência de fluxos de informação.

No mercado de capitais ocorre algo muito semelhante, em especial através de operações societárias envolvendo controladores e não controladores. A diferença de informação entre os *insiders* da companhia (controladores e administradores) e os *outsiders* (minoritários e investidores) é imensa. Em especial em relação a informações econômicas e financeiras (de resto as mais importantes), a diferença se faz sentir principalmente em operações societárias (incorporação, fusão, etc.). Permitir a supressão de informação tende a fazer com que o mercado seja composto só de companhias de pior qualidade – em matéria de práticas de governança corporativa – pois não é possível para o comprador de ações ou o minoritário, que deve decidir entre permanecer na companhia ou não, diferenciar uma das outras, desaparecendo virtualmente o mercado para as boas companhias.

É interessante a solução aventada pelos teóricos da economia da informação para esse problema. Trata-se do uso da técnica chamada

---

17. G. Akerloff, "The market for lemons: quality uncertainty and the market mechanism", in *Quart. J. Econ.* 89, 1970, pp. 488 e ss.

"*screening*" ou estimulo à promoção das qualidades.[18] É preciso reconhecer que essa técnica é difícil de ser implementada. Enquanto a seleção adversa traz benefícios individuais e imediatos (imagine-se a companhia que consegue incorporar outra por valor inferior ao real), o *screening* traz benefícios sociais e mediatos. Esse é o caso da melhoria do padrão ético que beneficia a todos apenas depois de ter se expandido a todo o mercado (até lá, será sempre possível retornar à tendência à seleção adversa).

Ora, uma das formas de estimular o *screening* e desestimular a seleção adversa é exatamente através da sua certificação de qualidades por instituições independentes. Isso se dá através da constante elaboração de projeções econômicas e sua verificação e certificação por analistas de mercado independentes.

Essa não é, no entanto, a forma mais eficiente de estimular o *screening*. Por várias razões. Em primeiro lugar porque a ideia de auditores independentes pode ser útil para garantir a existência de um fluxo correto de informações e a ausência de seleção adversa no que tange a dados financeiros da companhia. Contudo, isso é evidentemente insuficiente como forma de garantir que a exaltação das qualidades (*screening*) seja utilizada como instrumento para melhoria das práticas jurídicas e éticas dentro das companhias. O objetivo é garantir que essas práticas e a cooperação em torno delas substituam as relações hierárquicas e de poder dentro das companhias abertas.

Para isso é necessário que o *screening* se aplique a essas práticas, ou seja, é preciso que os investidores do mercado possam, da maneira mais direta e prática possível, comparar qualidades das companhias valorizando aquelas que apresentam padrões mais elevados de práticas corporativas. Ocorre que a "certificação" realizada por analistas é no mais das vezes meramente econômico-financeira nada garantindo em relação à esfera jurídica e ética.

Mas não é só. Mesmo que essa análise feita pelos certificadores englobe de forma aprofundada aspectos jurídicos e éticos da governança corporativa, ainda assim o resultado não é suficiente. Afinal, do ponto de vista teórico-concorrencial é a comparação e não a concentração de informações a melhor forma de garantir a sua distribuição para e apreensão por cada indivíduo. Se é assim, não há melhor forma de exaltação de

---

18. V. a respeito J Stiglitz, "Information and capital markets", *NBER Working Paper* 678, National Bureau of Economic Research, maio 1981.

qualidades que a permitida pela comparação entre as diferentes práticas de governança corporativa. Analistas ou instituições independentes não podem concentrar toda a informação. O verdadeiro acesso a ela ou sua verdadeira "descoberta" (para usar a nomenclatura ordo-liberal) deve dar-se através da comparação, o que só é obtido a partir da competição por informação.

É preciso, portanto, que a concorrência entre companhias abertas por investidores não se dê exclusivamente com base em uma comparação de taxas de rentabilidade mas também com base em comparação de regras internas e estruturas de governança corporativa que garantam os direitos dos investidores.

Foi com base exatamente nessa filosofia que se criou o Novo Mercado na Bovespa brasileira. Por esse motivo, parece útil analisar suas regras e seu destino.

3.2.2 Exemplo de *screening*: o Novo Mercado da Bovespa brasileira

3.2.2.1 *Os objetivos do Novo Mercado* – A ideia básica do Novo Mercado foi exatamente criar padrões diferenciados de exigências jurídicas e práticas de "governança corporativa" que permitissem aos investidores escolher as conjugações que melhor lhes interessassem de solidez financeira e garantias jurídicas.

Daí porque se criaram três Níveis diferenciados de governança: Nível 1, Nível 2 e Novo Mercado. O Nível 1, destinado às empresas já consolidas no Mercado brasileiro (as chamadas *blue ships* da Bolsa brasileira), tinha como objetivo elevar mais suavemente as exigências jurídicas, reforçando sobretudo a divulgação de informações.

Já o Nível 2 e o Novo Mercado destinavam-se a introduzir mudanças estruturais nas companhias, como se verá abaixo. A ideia era englobar novos entrantes (empresas novas que quisessem abrir seu capital) que não tivessem a força econômico-financeira dos estabelecidos e, portanto, devessem se diferenciar mais em matéria de governança corporativa.

Nota-se, portanto, que do ponto de vista concorrencial, o que se procurou na verdade foi criar novos "produtos" que conjugassem em diferentes medidas solidez financeira e práticas diferenciais de governança corporativa. Foi exatamente essa mistura e a possibilidade de competição por padrões jurídicos que permitiu uma exaltação até então inexistente no mercado brasileiro de boas práticas éticas e jurídicas.

Afinal, do ponto de vista teórico-concorrencial não há melhor forma de exaltação de qualidades que a permitida pela comparação (de diferentes tipos de práticas de governança corporativa). É exatamente isso que proporcionou o Novo Mercado, com a inclusão das boas práticas de governança corporativa entre os critérios de comparação.

3.2.2.2 Fundamentos e disciplina jurídica básica do Novo Mercado – A elevação progressiva dos padrões éticos nas sociedades anônimas foi tentado por diversas vezes desde a edição da lei societária brasileira em 1976. Os resultados legislativos, influenciados pelos diversos grupos de pressão dos controladores de companhias abertas, sempre ficaram aquém do desejado. A contínua não resolução desse problema por sucessivas mudanças nas leis societárias motivaram a busca de soluções não institucionais. Em um movimento interessante, pois contrário a uma tendência histórica e natural, a mudança foi de uma solução institucional para a contratual. Paralisadas as instâncias institucionais, sobra aos particulares, convencidos da necessidade da ética e da aplicação de princípios cooperativos para sobreviver, implementá-los por via contratual.

No início deste século, sobrevivência era uma séria preocupação da Bovespa. No ano 2000, a Bovespa alcançou níveis de negociação mais baixos do que o mínimo necessário para sobreviver. A Bovespa então propôs às companhias abertas a assinatura de contratos que lhes permitiram ingressar em novos níveis de negociação (Nível 1, Nível 2 e Novo Mercado). Tais contratos continham uma série de novos padrões de comportamento societário voltados a atrair investidores de volta para o mercado de capitais brasileiro.

A proposta do Novo Mercado repousa sobre três bases principais.[19]

A primeira base sem dúvida é a informação completa. Os requisitos de informação previstos no regulamento vão muito além dos previstos na lei societária.

A segunda viga de sustentação é o reforço das garantias patrimoniais dos minoritários no momento da saída da sociedade.

É só na terceira linha de sustentação que se nota algo de verdadeiramente original. Trata-se das chamadas proteções estruturais, por modificar a própria conformação interna das sociedades. Não são diretamente inspirados pelo princípio cooperativo, mas sem dúvida ajudam

---

19. Para mais detalhes sobre o Regulamento de Listagem do Novo Mercado, v. "Direito Societário e Novo Mercado", pp. 51 e ss., da 3ª ed. deste livro.

a persegui-lo ao enfraquecer ou permitir o enfraquecimento do poder do controlador.

São elas de duas ordens. Em primeiro lugar, a previsão da existência apenas de ações ordinárias torna mais caro o controle totalitário, pois obriga o controlador a despender mais, caso queira manter o controle. Torna-se mais difícil, portanto, a sociedade de fato unipessoal.

A segunda mudança estrutural está na previsão de resolução de todos os conflitos oriundos do Novo Mercado por arbitragem. Aqui, a ideia é que através da especialidade das cortes arbitrais pode ser possível entrar no mérito de decisões assembleares (o que não tem sido feito até agora pelo Judiciário) e assim fazendo dar nova e efetiva interpretação, por exemplo, aos dispositivos sobre conflito de interesses. Evidentemente, eliminando o conflito, resulta muito mais fácil a persecução do princípio cooperativo entre os acionistas.

3.2.2.3 *Resultados e perspectivas* – Os resultados do Novo Mercado são até o momento muito expressivos. Em 2006 e 2007 praticamente todas as aberturas de capital realizadas na Bovespa foram feitas em algum dos segmentos do Novo Mercado. Esta é uma importante demonstração dos positivos efeitos de seleção criados pela exaltação de qualidades (*screening*) de padrões positivos de governança corporativa adotados por companhias listadas no Novo Mercado.[20]

Além disso, a Bovespa usufruiu de importante crescimento nos últimos anos. O Novo Mercado e os novos e mais elevados padrões éticos nele estabelecidos destacam-se como um dos principais motivos de tal crescimento.

Contudo, é claramente prematuro fazer afirmações peremptórias a respeito do futuro do Novo Mercado. Apesar de parecer uma experiência hoje consolidada é preciso evitar que exatamente suas vantagens lhe criem dificuldades.

---

20. Há números impressionantes acerca deste crescimento. Ao final de 2007, das 404 companhias listadas na Bovespa, 156 estavam listadas em um dos segmentos do Novo Mercado (92 no Novo Mercado, 20 no Nível 2 e 44 no Nível 1). Estas 156 companhias representavam 56,69% do valor de mercado total das companhias listadas, 65,52% do valor de negociação total no ano de 2007 e 73,66% do número total de transações feitas em 2007 (fonte Bovespa, *www.bmfbovespa.com.br*, em 11.1.2008). A participação mais do que proporcional das companhias do Novo Mercado nestes dados financeiros (em comparação com o número de companhias no Novo Mercado) revela a atração a investidores causada pelos mais elevados padrões éticos e jurídicos que foram introduzidos, isto é, os resultados do *screening* positivo.

A concentração em torno do *screening* sobre práticas éticas é fundamental mas não deve obscurecer a necessidade de que só empresas com um mínimo de solidez adentrem ao mercado. Permitir em períodos de crescimento econômico que novas empresas com projetos economicamente duvidosos adentrem indiscriminadamente no Novo Mercado, por melhores que sejam as práticas de governança, pode criar bolhas especulativas semelhantes às que ocorreram em países que criaram segmentos diferenciados com base exclusivamente na especificidade econômica da atividade (como foi o setor de novas tecnologias na Nasdaq norte--americana e principalmente no *Neuer Markt* alemão).

Visto de outra perspectiva, da mesma maneira que se criticou acima o fato de a exclusiva preocupação com os resultados criar uma seleção adversa em matéria de práticas de governança, a preocupação exclusiva com governança pode criar uma seleção adversa em relação ao desempenho econômico. Ambos os resultados extremos são inconvenientes.

4. Considerações conclusivas

O presente ensaio teve como objetivo ampliar as perspectivas do direito societário. Analisado sob a ótica de um país com passado colonial, história econômica e realidade societária diversa das norte-americana e europeia, problemas diversos surgem e com eles perspectivas de soluções peculiares.

Assim, o problema da concentração de poder societário e as disfunções de funcionamento da sociedade que produz exigem estruturas jurídicas aptas a exercer papel transformador.

Papel transformador que permita a retomada da primazia do direito na organização das relações societárias. Para tanto pareceu ser necessário discutir instrumentos externos e internos de intervenção estrutural.

Exemplo dos primeiros é a discussão de formas, organizativas e jurídicas, de resolver o problema de conflito dentro da sociedade.

Na vertente externa, o principal problema identificado, também consequência da extrema concentração de poderes, foi a assimetria grave de informação entre sócios e investidores. Observou-se como as técnicas de *screening* baseadas em comparação de boas práticas éticas internas são instrumentos de grande eficácia aplicativa. O sucesso atual do Novo Mercado da Bovespa parece ser um indicador nesse sentido.

O quadro resultante parece, portanto, um pouco diverso do pensamento dominante doutrinário (sobretudo estrangeiro). Adaptações estruturais que permitam a cooperação em torno de práticas éticas parecem substituir a eterna discussão em torno da eficiência como valor societário.

É importante ressaltar que tais adaptações são jurídicas e não resultado de transformações econômicas no mercado de capitais. Na verdade, o capital das companhias brasileiras, aí incluídas as pertencentes ao Novo Mercado, ainda é altamente concentrado.[21] A diferença é o ambiente jurídico estrutural em que elas se encontram.

21. A estrutura acionária concentrada das companhias brasileiras é de amplamente conhecida e reconhecida em pesquisas empíricas (v. A. L. Carvalhal-da-Silva e R. P. C. Leal, *Corporate governance, market valuation and dividend policy in Brazil*, 2003, disponível in *http://papers.ssrn.com/sol3/papers.cfm?abstract_id=477302* (mostrando que 90% das companhias possuem um acionista controlador que detém mais de 50% do capital votante, e que 87% do capital votante das companhias são detidos pelos 5 maiores acionistas); E. Schiehll e I. O. dos Santos, "Ownership structure and composition of boards of directors: evidence on Brazilian publicly-traded companies", in *RAUSP* 39, 2004, pp. 373-384 (indicando que 70% das companhias possuem um acionista majoritário, o que significa que a estrutura acionária das companhias listadas na Bovespa é altamente concentrada); R. P. C. Leal e A. L. Carvalhal-da-Silva, *Corporate governance and value in Brazil (and in Chile)*, 2005, disponível in *http://papers.ssrn.com/sol3/papers.cfm?abstract_id=726261* (afirmando que em 75% das companhias os acionistas controladores possuem mais do que 50% das ações votantes); D. M. Aldrighi e A. V. M. de Oliveira, *The influence of ownership and control structures on the firm performance: evidence from Brazil*, 2007, disponível in *http://papers.ssrn.com/sol3/papers.cfm?abstract_id=972615* (mostrando que 77,3% das companhias abertas possuem um acionista controlador e também alegando que elevada concentração do controle leva a expropriação de valor pelos controladores). Mesmo um artigo a princípio direcionado a demonstrar a existência de capital disperso no Brasil termina por ajudar a provar o contrário (E. Gorga, "Changing the paradigm of stock ownership from concentrated towards dispersed ownership: evidence from brazil and consequences for emerging countries", in *Nw. J. Int'l L. & Bus.* 29, 2009, pp. 439 e ss.). A pesquisa demonstra que até mesmo no Novo Mercado (formado principalmente por companhias que precisam da bolsa de valores e do mercado de capitais para se financiarem – o que não é o caso da maioria das companhias *blue chip* no Brasil – e que então deveriam estar mais dispostas a adotar uma estrutura dispersa), sessenta e cinco das noventa e duas companhias listadas parecerem a primeira vista não contar com um acionista controlador ("the largest shareholder owns, on average, 26.23% of the shares"). Ocorre que este número cai para quarenta e cinco quando os acordos de acionistas são considerados. Isto é apenas 48,8% do total do Novo Mercado e muito menos se considerarmos todas as companhias abertas. Na verdade, se nós considerarmos todas as companhias abertas, o número de companhias com capital disperso não seria muito diferente daquele encontrado pela pesquisa de 2007 acima mencionada. Portanto, o que pro-

Esta transformação baseada em instrumentos jurídicos é relevante. Ela demonstra a existência de caminho interessante para a maior parte dos sistemas societários em todo o mundo. Tal caminho, baseado em regras jurídicas e princípios jurídicos e éticos amplamente aceitos (e não em objetivos econômicos), parece ser não apenas um instrumento importante para o desenvolvimento do mercado de capitais, mas também um meio efetivo de prevenir ou ao menos reduzir o impacto de crises financeiras e do mercado de capitais, especialmente aquelas originadas da falta de informação e de comportamentos de *free rider*, não cooperativos.

vavelmente aconteceu foi que a maioria das companhias que participava do mercado comum da Bovespa e que já contava com capital disperso ou pretendiam ver seu controle diluído migraram para o Novo Mercado. A mudança introduzida pelo Novo Mercado não diz respeito, portanto, à realidade econômica brasileira, mas ao seu ambiente jurídico e ético.

Segunda Parte
Nova Estrutura

Capítulo IV – **Diluição de Controle**
Capítulo V – **Organização Interna: Estrutura Orgânica Tríplice**
Capítulo VI – **Conflito de Interesses: a Oportunidade Perdida**
Capítulo VII – **Conflito de Interesses: Novas Esperanças**
Capítulo VIII – **Acordo de Acionistas como Instância da Estrutura Societária**
Capítulo IX – **"Golden Share": Utilidade e Limites**
Capítulo X – **Alienação de Controle: o Vaivém da Disciplina e seus Problemas**
Capítulo XI – **Informação Completa, Direito Societário e Mercado de Capitais**

Capítulo IV
DILUIÇÃO DE CONTROLE

1. Introdução: a realidade econômica. 2. O debate doutrinário: termos e limites. 3. Problemas teóricos e práticos: 3.1 Deveres fiduciários; 3.2 A separação de poderes no direito societário. 4. Conclusão.

1. Introdução: a realidade econômica

O controle concentrado é um dado da realidade brasileira. No Brasil, é extrema a concentração acionária. De acordo com dados constantes no *White paper on Corporate Governance in Latin America*, emitido pela Organização para a Cooperação e o Desenvolvimento Econômico (OCDE) em 2003, mais da metade (51%) das ações das 459 sociedades abertas pesquisadas estão em mãos de um único acionista, sendo que 65% das ações estão detidas pelos três maiores acionistas. Como indicado no estudo, esses números provavelmente subestimam a real concentração acionária existente no Brasil. Primeiro porque as empresas da amostra tendem a ser menos concentradas que as empresas menores e segundo porque muitas vezes os três maiores acionistas pertencem ao mesmo grupo econômico. Pesquisa semelhante feita em outubro de 2001 por Mckinsey & Company e Korn/Ferry International entre 174 empresas brasileiras (púbicas ou privadas, receita mínima de US$ 250 milhões e conselho de administração) indicou que 61% das ações ordinárias pertence, em média, a um único acionista. Se forem considerados os três maiores acionistas, esse número alcança percentual de 85% das ações ordinárias. A pesquisa realizada concluiu que além da alta concentração do controle acionário, a estrutura de propriedade do controle nas empresas brasileiras: (i) é caracterizada pelo controle familiar, compartilhado ou exercido por multinacionais; (ii) os acionistas minoritários são pouco ativos e os seus interesses não são completamente reconhecidos; e (iii) há alta sobreposição entre propriedade acionária e gestão executiva. Além disso, os conselhos de administração das empresas são compostos por conselheiros internos, representantes dos acionistas majoritários, e têm estruturas informais, com processos não definidos, e há pouca clareza na divisão dos papéis de conselho executivo nas empresas familiares. Ressalta-se ainda que, apesar das empresas considerarem satisfatórios os níveis de transparência e comunicação com investidores do mercado financeiro e minoritário, tais níveis, segundo estes últimos, são ainda insuficientes.[1]

Assim sendo, é impossível imaginar em hipóteses normais um controle administrativo em sentido próprio, *i.e.*, em ausência de um controlador ativo. Existem companhias controladas por administradores que também são acionistas (mais próprio seria dizer o inverso, *i.e.*, acionistas que também são administradores). Essa realidade é até mesmo comum.[2] O que praticamente inexiste é controle administrativo com acionariado diluído.

2. O debate doutrinário: termos e limites

Para admitir a sociedade de controle diluído duas questões prévias devem ser resolvidas.

Do ponto de vista jurídico, é necessário libertar-se da concepção contratualista das sociedades. Admitir a concepção organizativa do contrato de sociedade permite livrar a sociedade desse dogma. Só um contrato cujo objetivo é organizar interesses diversos e não criar direitos subjetivos para sócios conhecidos e identificados pode prescindir do poder de um ou alguns dos contratantes (v. a respeito *supra* Capítulo II). Relembre-se que, não por acaso, talvez a principal consequência

---

1. Para outras pesquisas acerca da concentração do controle no Brasil, v. nota 21 do Capítulo III, acima.
2. O elevado grau de concentração acionária no Brasil prejudica a independência da administração e a eleição de administradores independentes, conforme apontam estudos sobre a matéria (v. E. Schiehll, I. Oliveira dos Santos, "Ownership structure and composition of boards of directors: evidence on Brazilian publicly-traded companies", in *RAUSP* 39, 200, pp. 373-384, e S. C. N. Cerezetti, "Administradores independentes e independência dos administradores (regras societárias fundamentais ao estímulo do mercado de capitais brasileiro)", in M. V. von Adamek (coord.), *Temas de direito societário e empresarial contemporâneos*, São Paulo, Malheiros, 2010, pp. 575 e ss.).

aplicativa identificada pela doutrina para o reconhecimento da natureza organizativa dos contratos associativos e de sociedade seja exatamente a natureza real que adquirem as regras contratuais. Isso não significa apenas, como afirma a doutrina tradicional, que serão elas oponíveis a todos[3] (pois para tanto bastaria sua previsão legal), mas também que elas devem incluir e organizar interesses de partes não contratantes.

A razão para tanto é óbvia. Despido da necessidade dogmática de criar direitos subjetivos e voltados à organização de interesses, o contrato não pode ser incompleto. Se sua função é organizar interesses, não está vinculado exclusivamente a partes que concorreram para sua formação. Por força das regras que lhe atribuíram características organizativas, pode e deve levar em conta todos os interesses que devam ser "organizados" – sob pena de criar uma organização imperfeita.

Nessa perspectiva, a presença ou ausência de uma parte contratual dominante capaz de definir os rumos do contrato e das definições dele emanadas torna-se irrelevante. O contrato e a instituição dele emanada prescindem de interesses dominantes e definitivos, pois de todo modo devem ser instrumentos de tutela de uma miríade de interesses internos e externos dignos de consideração.

Visto sob essa ótica organizativa, a diluição de controle das companhias passa a ser um importante instrumento para garantir o equilíbrio – portanto, a consideração mais ampla possível – de interesse internos e externos à sociedade. Não é então apenas uma consequência, mas também uma causa do afirmar-se da concepção contratual-organizativa.

Do ponto de vista econômico, o cenário é mais nebuloso. Tanto a questão quanto sua solução não se prestam a explicações teóricas definitivas nem absolutamente convincentes. A questão é saber qual tipo de sociedade anônima – de controle concentrado ou diluído – apresenta o melhor desempenho. Já aí as primeiras incertezas. Quais os melhores critérios para avaliar o desempenho. Mesmo admitindo-se, como faz a maioria da literatura, sobretudo de origem norte-americana, uma definição neoclássica de desempenho, ligada, portanto, à maximização do valor das ações, não se chega a respostas conclusivas, entre outras razões, por ser difícil ligar o desempenho única e exclusivamente à questão da existência ou não de controle. Daí as enormes incertezas dogmáticas que

---

3. Cf. G. B. Ferri, C. Angelici, *Studi sull'autonomia dei privati*, Torino, UTET, 1997, p. 319.

existem na matéria, ainda que a literatura mais recente tenda prevalentemente a expressar preferência pelos sistemas de controle diluído.[4]

4. Como se sabe, ampla foi a discussão acerca dos benefícios e prejuízos decorrentes do controle concentrado entre os norte-americanos. Sobre o tema, alguns autores defenderam a concentração acionária, apontando como principais argumentos em prol de seu posicionamento a existência de maiores incentivos ao controlador para lutar pela maximização do valor da companhia e a redução dos *agency costs* ocasionada pelo contínuo e direto monitoramento dos administradores pelo acionista controlador (M. C. Jensen, W. Meckling, "Theory of the firm: managerial behavior, agency costs, and ownership structure", in *Journal of Financial Economics*, vol. 3, n. 4, 1976, pp. 305-360, disponível in *http://papers.ssrn.com/abstract=94043*; M. C. Jensen, "Eclipse of the public corporation", *Harvard Business Review*, 1989 (revised 1997), disponível in *http://papers.ssrn.com/abstract=146149*; M. J. Barclay, C. G. Holderness, "Private benefits from control of public corporations", in *Journal of Financial Economics* 25, 1989, pp. 371-395; E. Berglöf, E. von Thadden, "The changing corporate governance paradigm: implications for transition and developing countries", *Conference Paper*, Annual World Bank Conference on Development Economics, 1999, disponível in *http:// ssrn.com/abstract=183708*; C. G. Holderness, "A survey of blockholders and corporate control", in *FRBNY Economic Policy Review*, vol. 9, n. 1, abril 2003, pp. 51-64, disponível in *http://www.newyorkfed.org/research/epr/03v09n1/0304hold.pdf*). Em sentido contrário, contudo, manifestações majoritárias apontam, dentre outros malefícios, que o controle concentrado permite ao controlador extrair benefícios particulares em prejuízo da companhia e dos demais investidores (H. Lee, "The hidden costs of private benefits of control: value shift and efficiency", in *The Journal of Corporation Law* 29, pp. 719-734; S. H. Johnson, R. La Porta, F. Lopez de Silanes, A. Shleifer, "Tunnelling", *Harvard Institute of Economic Research Paper* 1887, 2000, disponível in *http://ssrn.com/abstract=204868*; L. A. Bebchuk, "A rent-protection theory of corporate ownership and control", *NBER Working Papers* 7203, National Bureau of Economic Research, Inc., 1999, disponível in *http://www.nber.org/papers/w7203.pdf*; B. Holmstrom, J. Tirole, "Market liquidity and performance monitoring", in *Journal of Political Economy*, vol. 101, n. 4, 2003, pp. 678-709, L. A. Bebchuk, M. J. Roe, "A theory of path dependence in corporate governance and ownership", *Columbia Law School Working Paper* 131, 1999, disponível in *http://papers.ssrn.com/paper.taf?abstract_id=192414*). Da mesma forma, indica-se que sistemas concentrados permitem a união entre poder econômico e poder político, autorizando o reforço concomitante entre famílias poderosas e governos de forma a resultar no controle de economias, tal como ocorre em países de terceiro mundo (John C. Coffee Jr., "The rise of dispersed ownership: the roles of law and the State in the separation of ownership and control", in *The Yale Law Journal* 111, 2001-2002, pp. 1-82). Importa, ainda, mencionar produções que reconhecem benefícios decorrentes do controle concentrado, mas também ressaltam seus prejuízos e meios de contorná-los (Ronald J. Gilson, Jeffrey N. Gordon, "Controlling controlling shareholders", *Stanford Law School Working Paper* 262, 2003, disponível in *http://papers.ssrn.com/abstract=417181*; Andrei Shleifer, Robert Vishny, "A survey of corporate governance", *NBER Working Paper* 5554, 1996, disponível in *http://unpan1.un.org/intradoc/groups/public/documents/APCITY/UNPAN018934.pdf*) e pesquisas recentes que discutem os motivos da exis-

Na presença de incertezas teóricas de tal magnitude, mais importantes que a opinião doutrinária tornam-se os dados da realidade empírica – que nessa matéria são bastante expressivos e reveladores. Como recentes estudos têm demonstrado, existe uma relação inversa entre grande concentração e valor de mercado da companhia, o que demonstra que também para a capitalização das empresas e o desenvolvimento do mercado de capitais a diluição acionária é fundamental. Nesse sentido, pode-se mencionar o estudo feito entre 1.301 companhias abertas de países asiáticos em desenvolvimento.[5] No Brasil, foi feito estudo utilizando a mesma metodologia do citado artigo que chegou à mesma relação inversa entre valor de mercado e grau de concentração.[6] Finalmente, outro estudo demonstra que a dispersão do controle acionário é mais comum em países que garantem efetiva proteção a acionistas minoritários. Por outro lado, a identificação de controle concentrado parece ser mais corriqueira em ordenamentos que contam com regras frágeis de proteção aos investidores e que permitem que acionistas controladores obtenham benefícios particulares em decorrência de sua posição acionária.[7]

Na verdade, esses dados não surpreendem. A diluição de controle, como toda diluição de poder, acaba por permitir um melhor equilíbrio entre os vários interesses envolvidos pelas grandes companhias. Berle e Means já se referiam ao controle gerencial como uma forma de poder

tência de estruturas concentradas e diluídas nos diferentes países, considerando, em sua maioria, a situação menos favorável das formas concentradas de controle (Ronald J. Gilson, "Controlling shareholders and corporate governance: complicating the comparative taxonomy", *ECGI Working Paper* 49, 2005, disponível in *http://ssrn.com/abstract=784744*; M. J. Roe, "Political preconditions to separating ownership from control: the incompatibility of the american public firm with social democracy", *Columbia Law and Economics Working Paper* 155, 2000, disponível in *http://ssrn.com/abstract=165143*; John C. Coffee Jr., "The rise of dispersed ownership: the roles of law and the State in the separation of ownership and control", cit., pp. 1-82, R. La Porta, F. Lopez-de-Silanes, A. Schleifer, "Corporate ownership around the world", *Journal of Finance* 54, 1999, pp. 471-517).

5. S. Claessens, S. Djankov, J. Fan, L. Lang, "Disentangling the incentive and entrenchment effects of large shareholdings", in *The Journal of Finance*, vol. LVII, n. 6, dezembro 2002, pp. 2.741 e ss.

6. A. P. Lanzana, A. Silveira, "É bom ter controlador?", in *Revista Capital Aberto* 5, janeiro 2004, p. 43.

7. R. La Porta, F. Lopez-de-Silanes, A. Schleifer, "Corporate ownership around the world, cit., pp. 471-517.

tecnocrático capaz de arbitrar os conflitos entre os vários interesses envolvidos na sociedade.[8]

Não causa surpresa pois que na realidade econômica brasileira, seu aparecimento incipiente venha se dando exatamente naquelas empresas interessadas em melhorar sua reputação no mercado através da melhoria de suas práticas societárias.

Não por acaso, também, os casos de diluição de controle vêm se dando exatamente no Novo Mercado,[9] onde os requisitos de transparência e ética societária são, como visto, mais rigorosos (v. *supra* Capítulo III).[10]

Evidentemente, com a diluição de controle o problema do poder e seus potencias abusos passa da esfera dos acionistas para a esfera dos administradores.

Daí a necessidade dogmática de se passar a cogitar das garantias estruturais e deveres e responsabilidades a que deve ser submetido o administrador.

3. Problemas teóricos e práticos

A maior liberdade atribuída a administradores de uma companhia sem controlador definido é responsável por preocupações doutrinárias. Na literatura norte-americana essas preocupações são externadas através da expressão *agency costs* (ou custos de monitoramento).

8. "It is conceivable – indeed it seems almost essential if the corporate system is to survive – that the 'control' of the great corporations should develop into a purely neutral technocracy, balancing a variety of claims by various groups in the community and assigning to each a portion of the income stream on the basis of public policy rather than private cupidity" (A. A. Berle Jr. e G. Means, *The modern corporation and private property*, New York, 1967, pp. 312-313), cit. in F. K. Comparato e C. Salomão Filho, *O poder de controle da sociedade anônima*, Rio de Janeiro, Forense, 2005, p. 72, nota 55.

9. Isso não significa, contudo, que se concorde com a afirmação de que o mercado brasileiro presencia verdadeiro movimento em direção à diluição de controle – v. a respeito nota 21 do Capítulo III.

10. Não se quer abordar aqui, por não ser o tema do presente ensaio, eventuais falhas ou irregularidades nos processos de diluição de capital que venham a beneficiar (ex-)controladores em detrimento de acionistas minoritários. Trata-se, no entanto, de questão preocupante e séria, que merece análise acurada e atenta da doutrina. Se estruturado a partir de abusos, o incipiente e alvissareiro processo de diluição de capital corre o risco de ser em breve estancado.

Na verdade, por traz dessa expressão aparentemente técnica está uma questão muito óbvia.[11] Trata-se da preocupação em controlar a atuação dos administradores. No direito societário, essa tarefa é tradicionalmente atribuída aos deveres fiduciários.

3.1 Deveres fiduciários dos administradores

A origem dos deveres fiduciários e seus efeitos sobre o direito societário são objeto de capítulo específico dessa obra. Para os fins do tema ora tratado releva apenas destacar duas características jurídicas das obrigações fiduciárias, que se firmam desde as origens e passarão a marcar a evolução do instituto tanto no campo privado, como no campo do direito dos negócios e também mais tarde no campo do direito societário (v. *infra* Capítulo XII). A primeira é a desproporção entre fins econômicos e meios jurídicos utilizados, geralmente transmissão da propriedade. A segunda, decorrente da primeira, é a natureza ampla, plena de deveres de natureza ética, do fiduciário em relação ao fiduciante. Ambas inteiramente presentes na alienação fiduciária em garantia do direito brasileiro.

Serão exatamente elas a moldar o instituto dos deveres fiduciários no direito societário. Aí, portanto, a justificativa, para duas de suas características básicas: o seccionamento entre propriedade e poder e a consequente elaboração de amplos deveres (ético-jurídicos para os detentores do poder).

A disciplina dos deveres fiduciários é, portanto, ampla tanto para controladores como para administradores. Em relação ao ofício dos administradores, significa que o exercício de suas funções deve estar em linha com os interesses da companhia e não com os seus próprios (art. 154, Lei das S.A.). Na verdade, daí decorrem duas obrigações muito simples. A primeira de ser diligente no cumprimento de seus deveres

11. É preciso reconhecer, de resto, que boa parte do atual debate sobre "Direito e Economia" padece do terrível mal da obviedade. Na verdade, desde a ideia original de R. Coase sobre os custos de transação, muito pouco de novo e bom foi construído que permitisse dar aplicação efetiva em matéria societária à ideia de custos de transação. No mais das vezes, tudo o que se faz é repetir sem poder mensurar e nem aplicar ideias de custos e seus potenciais efeitos sobre a organização de instituições. Talvez a razão para isso seja que a discussão sobre organizações e instituições continua a se fazer com base em objetivos econômicos (ainda que intrafirma, como redução de custos de transação) a serem atingidos e não em valores a serem perseguidos. Passa-se longe, portanto, de qualquer possibilidade de mudança estrutural, tão relevante sobretudo em economias subdesenvolvidas.

e a segunda de evitar qualquer forma de conflito de interesses, ou seja, qualquer forma de privilégio ao seu próprio interesse particular em detrimento do interesse da companhia. Nesse dever genérico incluem-se tanto o dever de evitar o conflito de interesses em sentido estrito (art. 156, Lei das S.A.) quanto os deveres chamados pela lei de lealdade e de informação (arts. 155 e 157, Lei das S.A.). Na verdade, eles nada mais garantem que a separação entre a esfera pessoal do administrador e a esfera dos interesses da sociedade.

Ocorre que todas essas regras referem-se no mais das vezes a deveres negativos do administrador. Mesmo o dever de diligência, ligado a uma imposição positiva, é de certa forma limitado pela chamada *business judgement rule*, ou seja, o administrador deve sim ser diligente e cuidadoso, mas as decisões negocias e administrativas por ele tomadas, ainda que se provem errôneas, não estão sujeitas a controle, pois estão dentro de seu campo de liberdade de decisão administrativa.[12]

Por mais extensa que seja a lista de deveres, o controle do administrador continua fortemente limitado. De um lado, no que diz respeito às abstenções, a separação de esferas só será perfeita com um cuidadoso e dificilmente controlável cumprimento de regras estritas de ética negocial. De outro, no que toca os deveres positivos, a obrigação de diligência ainda que existente não é completa, pois não inclui o conteúdo das decisões tomadas, protegidas pela *business judgement rule*.[13] Não por

---

12. Nesse sentido, cf. P. S. Frontini "Responsabilidade dos administradores em face da nova lei das sociedades por ações", in *RDM* 26/44, 1977, e M. Carvalhosa, N. Latorraca, *Comentários à lei de sociedades anônimas*, vol. 3, 2ª ed., São Paulo, Saraiva, 1998, pp. 229 e 314-315. J. A. T. Guerreiro reconhece essa realidade e propõe meios para a avaliação da conduta dos administradores: "Não se pode negar, na experiência concreta, que se defere aos administradores alta margem de discricionariedade na condução dos negócios sociais, pois nem a lei nem o estatuto poderão jamais definir, com exatidão e amplitude exaustiva, as condições específicas de legitimação dos gestores à prática dos chamados atos regulares de gestão, individualmente considerados. Na aferição da conduta dos administradores, dois fatores, porém, introduzem elementos valorativos de singular expressão. Em primeiro lugar a relativa discricionariedade da gestão tem por limite específico o objeto social, que há de ser definido no estatuto de modo preciso e completo, segundo o preceito do § 2º do artigo 2º da lei. Além dessa limitação de caráter objetivo, outro temperamento se impõe: a liberdade de gestão somente se admite enquanto ordenada a perseguir um escopo concreto: o atendimento do interesse social" ("Responsabilidade dos administradores de sociedades anônimas", in *RDM* 42/73-74, 1981).

13. V. D. Rosenberg, "Galactic stupidity and the business judgement rule", in *The Journal of Corporation Law* 32, 2007, pp. 301 e ss.

acaso, portanto, há certa descrença em doutrina sobre a utilidade efetiva dos deveres fiduciários e das regras de responsabilidade a eles ligadas.[14] Essa visão pessimista das regras sobre deveres fiduciários não deve levar à inação e nem tampouco a deixar exclusivamente ao mercado de capitais e ao livre fluxo de informações sobre o comportamento dos administradores a solução do problema, como propõe a doutrina neoclássica tradicional – até porque a crença na informação completa através do mercado de capitais de há muito já se dissipou, na teoria e na prática.[15] Urge, portanto, discutir soluções estruturais para o problema.

3.2 A separação de poderes no direito societário

Na verdade, o desaparecimento do poder do controlador acaba por trazer à tona um tema importante e esquecido no direito societário.

Nas sociedades com controle definido, em especial no Brasil, o poder do controlador sobre os órgãos societários é tão grande que não é comum raciocinar sobre os órgãos societários a partir da estrutura da separação de poderes.

Como sabido, raciocinar sobre o direito societário de forma analógica ao direito constitucional não só é útil do ponto de vista didático, como também muito importante do ponto de vista aplicativo.[16] A sociedade anônima é uma instituição, como o Estado, que envolve vários interesses. Como tal, deve ter estrutura interna capaz de considerar esses interesses e compô-los, chegando de forma equilibrada à definição do interesse social.

A garantia institucional da separação de poderes, na medida em que garante o equilíbrio entre eles, persegue esse objetivo na esfera do direito público. No direito societário, essa separação também é importante.

Ora, ausente o controlador, é possível tentar rever essa separação. A definição das regras e forma de operação da sociedade é sem dúvida tarefa da Assembleia Geral. Trata-se de algo próximo da atividade le-

14. Cf. as observações de F. Easterbrook, D. Fischel, *The economic structure of corporate law*, Cambridge, Harvard University Press, 1991, pp. 94 e ss.
15. Cf. J. Stiglitz, "Information and capital markets", *NBER Working Paper* 678, National Bureau of Economic Research, maio 1981.
16. A relação entre direito societário e direito constitucional é particularmente bem destacada na doutrina alemã – v. a respeito H. Wiedemann, *Gesellschaftsrecht*, München, Beck, 1980, pp. 659 e ss.

gislativa, na medida em que lá, como aqui, estabelecem-se os quadros jurídicos – estatuto, forma societária, conteúdo patrimonial, no caso da sociedade anônima, e lei, no caso do Estado – dentro dos quais deve se desenrolar a atividade.

A atividade executiva, por outro lado, implica no desenvolvimento das iniciativas empresarias. Tarefa típica da administração de sociedade anônima.

Por fim, o controle e o julgamento se dão, na esfera societária, pelo órgão encarregado do controle de contas, *i.e.*, o Conselho Fiscal, assessorado por uma auditoria independente.

Nas companhias de controle concentrado no Brasil, a composição de todos esses órgãos (Conselho de Administração e Diretoria, Conselho Fiscal) e a contratação da auditoria são livremente definidas pelo controlador. Além disso, a Assembleia Geral é por ele dominada. Não há então separação de poderes pelo simples fato de o poder ser uno e indivisível, concentrado nas mãos do controlador.

Desaparecido o controle, essa separação pode voltar a funcionar. Pode e não deve, por uma razão simples.

Dependendo do desenho societário e da realidade econômica é possível que esse sistema não seja aplicado, reduzindo a companhia a uma forma inconveniente de controle gerencial.

Como é sabido, o controle gerencial foi saudado nos EUA dos anos 30 como uma forma de gerar uma tecnocracia empresarial, capaz de arbitrar os conflitos de interesse em jogo.[17] Essa possibilidade é real desde que a tecnocracia seja forçada à "neutralidade" por pesos e contrapesos societários.

Esses pesos e contrapesos correm o risco de não funcionar a contento, sobretudo em economias e companhias que acabam de sair de uma realidade de controle concentrado. É o que pode ocorrer com empresas brasileiras que optaram ou vierem a optar pela diluição acionária.

Basta para tanto que o controlador ou administradores representantes do ex-controlador, antes de abrirem mão do controle, garantam, para si e para pessoas a eles ligadas, os postos de administração (em especial dominando o Conselho de Administração). Isso pode ser feito

---

17. Cf. F. K. Comparato e C. Salomão Filho, *O poder de controle na sociedade anônima*, 4ª ed., Rio de Janeiro, Forense, 2005, pp. 72 e ss., comentando observação de Berle e Means.

tanto através do uso de técnicas estatutárias (v. *infra* Capítulo IX) quanto de situações de fato – *i.e.*, a influência pessoal do antigo controlador ou seu representante sobre os demais membros do Conselho de Administração e/ou da diretoria, todos ou quase todos nomeados por ele. Como é sabido, a influência pessoal é instrumento tão poderoso de controle quanto as técnicas estatutárias, o que faz, por exemplo, com que no direito norte-americano do mercado de capitais tenha se desenvolvido a noção de *personal control*.[18] Assim, é muito possível que, sendo capaz de nomear todos os membros do Conselho de Administração, o ex-controlador mantenha, ao menos por algum tempo, o controle dos destinos da sociedade.

Isso porque, controlado o Conselho de Administração, os pesos e contrapesos, ao menos de acordo com a legislação brasileira, têm poucas chances de funcionar. Efetivamente, sendo o Conselho de Administração responsável pela contratação de auditoria (art. 142, inc. IX, Lei das S.A.), poderá o ex-controlador ou seu representante manter auditores a ele ligados, dificultando assim a função de controle pelo Conselho Fiscal.

Note-se que essa possibilidade é menos remota e potencialmente mais perigosa do que possa parecer. Imagine-se, por exemplo, o caso do controlador que dilui o controle de uma empresa (*A*), mas mantém-se controlador de outra, atuando no mesmo ramo (*B*). O seu interesse patrimonial na empresa *A* é zero, o que faz aumentar imensamente a possibilidade de conflito de interesse caso ele permaneça na administração ou sobre ela exerça de qualquer forma controle pessoal. Poderá direcioná-la para interesse que não é o próprio da empresa, mas sim o de ajudar o desenvolvimento dos negócios da empresa *B*.

Tudo isso faz com que seja relevante garantir que, uma vez diluído o controle, os órgãos colegiados (Conselho de Administração, Conselho Fiscal) sejam eleitos respeitando a representação de diferentes interesses envolvidos pela sociedade. Assim, seria particularmente auspicioso que companhias de controle diluído introduzissem em seus estatutos a possibilidade de escolha de membro(s) do Conselho de Administração pelos representantes dos empregados (art. 140, parágrafo único, Lei das S.A.). De outro lado, é necessário que grupos de minoritários institucionais

---

18. Sobre o tema, v. L. Loss, *Fundamentals of securities regulation*, Boston, Little, Brown and Company, 1983, pp. 441 e ss., e a *Rule 405* da *Securities Exchange Commission*, disponível in *http://www.law.uc.edu/CCL/33ActRls/rule405.html*.

unam-se procurando eleger membros para o Conselho de Administração e Conselho Fiscal, *i.e.*, o ativismo acionário é particularmente importante na empresa de controle diluído.

Nada mais se diz que o óbvio. Para a real independência da administração e a efetiva diluição de controle é importante que os órgãos societários se transformem em representação efetiva dos vários interesses envolvidos pela companhia. Só assim o contrato societário adquirirá de fato dimensão organizativa.

4. Conclusão

A diluição de controle pode vir a ser um movimento positivo para o mercado de capitais brasileiro. Trata-se de transformação dependente em essência de transformações históricas e estruturais na economia (v. Capítulo III, item 2.2) que, somada à elevação dos padrões éticos exigida pelo mercado e que vem se firmando graças a importantes inovações (como o Novo Mercado), tem capacidade de transformar o mercado de capitais brasileiro, fazendo dele uma efetiva alternativa de poupança para a população.

Para que isso ocorra, no entanto, é necessário garantir que o sistema de controle concentrado seja substituído por um efetivo sistema societário de pesos e contrapesos, apto a garantir a recepção interna e o respeito aos vários interesses envolvidos pela sociedade.

O efeito dessa possível popularização é sabido. Um mercado de capitais realmente ativo torna-se o mais efetivo instrumento de transformação de poupança em investimento, exatamente porque elimina a intermediação financeira entre ambos. Além de promover o crescimento econômico, é capaz de torná-lo menos dependente da variação da taxa de juros e dos dogmas neoclássicos dominantes para sua determinação.

Capítulo V

ORGANIZAÇÃO INTERNA: ESTRUTURA ORGÂNICA TRÍPLICE

1. Introdução. 2. Função e forma das estruturas societárias: 2.1 O problema da função; 2.2 Consequências sobre as estruturas: 2.2.1 Controle concentrado "vs." diluído; 2.2.2 Formas de participação interna; 2.2.3 Estrutura orgânica. 3. O problema na realidade brasileira: 3.1 Disfunção societária; 3.2 Concentração e controle externo; 3.3 Participação interna; 3.4 Estrutura orgânica. 4. Conclusão.

1. Introdução

Em matéria de hábitos sociais, os modismos trazem consigo algumas características indefectíveis. Levam em primeiro lugar a uma padronização de gostos e opiniões em torno de certos parâmetros básicos, permitindo a liberdade de escolha e pensamento para os incautos a ele sujeitos, apenas no interior desses padrões.

Em segundo lugar, e como consequência necessária da primeira característica, são marcados pela superficialidade das análises, que não conseguem desprender-se de chavões e frases padrões.

Finalmente, e ainda como consequência dos dois anteriores, nos transmitem a sensação de uma discussão até certo ponto pueril. Não pelo aspecto positivo do termo – a pureza de sentimentos e intenção –, mas pelo seu aspecto menos apreciável, a limitada gama de conhecimentos da qual parte e à qual leva, e por sua natureza efêmera.

Pois bem, todas essas características negativas dos modismos estão presentes na discussão, tão em moda hoje em dia, sobre a chamada *governança corporativa*.

Não que o assunto em si seja pouco importante, ao contrário, trata-se de aspecto fundamental para o direito societário, sobretudo um direito societário em busca de sua correta função.

Ocorre que seu tratamento revela o modismo a que está atualmente sujeito. O próprio termo utilizado para designá-lo, simplória tradução da matriz saxã, dá uma primeira ideia da forma de tratamento do tema.

Assim é que se tornou comum afirmar que em matéria de estruturação societária (ou governança corporativa) os sistemas tendem a unificar-se em torno de uma estrutura *eficiente*, caracterizada pela preocupação exclusiva com os acionistas e pela dispersão acionária. Autores de peso, de reputação indiscutível, chegam a se referir, revelando a puerilidade típica dos modismos referida acima, ao fim da história do direito societário.[1]

O que se pretende nessas breves notas é colocar a discussão em termos, verificando sobre que pontos é possível haver consenso em matéria de estrutura societária. Tudo sem posições preconcebidas nem modismos. Para isso é necessário distinguir, como se verá, entre função e forma das estruturas societárias.

2. Função e forma das estruturas societárias

Na verdade muitas das divergências sobre estrutura societária podem ser eliminadas se for afastada a confusão, muito comum, entre função e forma das estruturas societárias.[2] Isso porque, enquanto há grande divergência e grande diversidade entre sistemas a respeito da forma, essa mesma diversidade não há quanto à função. Claro que para que essa última observação faça sentido, é necessário que duas características estejam presentes. Em primeiro lugar é necessário que a forma seja maleável o suficiente para adaptar-se à função.

---

1. A referência aqui é ao artigo de H. Hansmann e R. Kraakman, "The end of history of corporate law", in *Georgetown Law Journal* 89, 2001, pp. 439 e ss., em que os autores defendem a tese de que as discussões sobre direito societário teriam chegado ao fim, não havendo mais dúvida que a convergência se fará em torno da ideia de sociedade voltada exclusivamente para os interesses dos acionistas. É interessante notar que essa tese, ao menos sob o aspecto metodológico, entra em frontal contradição com muitas das posições defendidas pelo mesmo H. Hansmann, in *The ownership of enterprise*, London/Cambridge, Harvard University Press, 1996.

2. Essa observação metodológica precisa foi muito bem levantada por R. Gilson em "Globalizing corporate governance: convergence of form or function", in *American Journal of Comparative Law* 49, 2001, p. 339.

Mas, em segundo lugar, é necessário que a função seja definida de forma genérica o suficiente para abranger todas as possíveis concepções de sociedade. Como se verá, essa definição não só é possível como ajuda a pôr luz sobre a própria divergência de concepção sobre a própria função.

2.1 O problema da função

Trata-se de tarefa sem dúvida hercúlea. Imagine-se tentar descobrir um mínimo comum para teorias tão diversas sobre a função da sociedade e, portanto, das estruturas internas societárias, como, por exemplo, a teoria institucionalista e a contratualista – e escolhem-se estas a título exemplificativo exatamente por representarem polos extremos e opostos.

Ocorre que esse mínimo existe e sua enunciação é extremamente útil para o sistema societário. Para descobri-lo basta buscar a vocação das estruturas societárias em ambas as concepções. Mesmo na concepção contratualista mais extremada, dúvida não há que é necessária tutela para sócios, tanto existentes quanto futuros e incertos.[3] Essa concepção contratualista é plenamente recebida pelos sistemas atuais de *common law*, exatamente na vertente clássica acima mencionada, que privilegia o acionista existente e potencial, ou, em outras palavras, os investidores de mercado. Todo o regramento sobre a informação ampla (*full disclosure*) ao mercado é baseado nessa concepção.

Tomemos agora o polo oposto. Elemento central do institucionalismo é o reconhecimento da existência de uma pluralidade de interesses na sociedade, que não podem ser reduzidos aos dos acionistas. Em sua vertente mais moderna procura identificar no próprio conceito de sociedade a ideia de organização de feixe de interesses (v. Capítulo II). Ora, a característica exterior básica dos sistemas que reconhecem outros interesses envolvidos pela sociedade é a criação de instrumentos (societários) de controle para grupos de interesses externos. Assim a representação dos trabalhadores no Conselho de Supervisão (*Aufsichtsrat*) como ocorre na Alemanha.

Ponto comum a ambas as concepções está na vocação externa da sociedade. O controle por esses grupos externos, sejam eles investidores

---

3. Nesse sentido a manifestação mais clássica do contratualismo – P. G. Jaeger, *L'interesse sociale*, Milão, 1964, p. 89.

de mercado sejam terceiros, trabalhadores ou credores, é um elemento fundamental.

Outra característica comum da companhia, decorrente de sua natureza empresária e da necessidade de profissionalizar a sociedade, está na independência da administração. Também aqui não há divergência doutrinária relevante. Elevada a um pedestal por Berle e Means, esta característica está presente em sistemas formalmente muito díspares (como EUA e Alemanha) e é característica essencial para o funcionamento eficiente de qualquer empresa.

Portanto, de forma menos traumática do que parecia, chegou-se a uma definição bastante genérica da vocação externa da estrutura societária e de duas características básicas decorrentes dessa função: a independência da administração com controle externo presente.[4] Na verdade, essa definição funcional pouco espanta, pois é a única capaz de dar realidade ao ente (pessoa jurídica) criado. Só a independência funcional dos administradores é capaz de separar pessoa jurídica e seus controladores. O controle externo, seja pelos acionistas (mercado), seja por terceiros, é por outro lado fundamental para respeitar o caráter fiduciário da função administrativa.

Evidentemente essas características funcionais básicas são plenas de consequências formais. E mais, como se verá, admitem variantes formais com os mesmos efeitos. É a respeito dessas consequências sobre a forma das estruturas societárias que se passará a refletir a seguir.

2.2 *Consequências sobre as estruturas*

Importante é, a partir dessa definição básica e mínima de função, comum a qualquer *ideologia societária*, procurar determinar quais os efeitos sobre as discussões formais, sempre bem acaletadas, sobre a melhor forma das estruturas societárias ou o melhor tipo de *governança corporativa*. Fala-se em discussões acaletadas porque é exatamente no

---

4. Cf. nesse sentido, concluindo a partir da análise comparativa da prática societária, D. Charny, "The German corporate governance system", in *Columbia Business Law Review – Special Symposium Issue*, 1998, p. 149: "Thus, among the many possible ways of conceiving corporate structure, both Germany and the United States fit a basic pattern: managerialism plus limits imposed to protect other key groups". V. também R. Gilson "Globalizing corporate governance: convergence of form or function", cit., p. 338.

tema da forma onde surgem as divergências mais profundas e onde se fazem sentir os modismos suprarreferidos.

Para facilitar a (breve) discussão, dividiremos os pontos controversos em três grandes temas, objetos das mais acirradas polêmicas: (i) a questão do controle concentrado vs. diluído; (ii) a questão das formas de participação e de legitimidade de participação nos órgãos da sociedade; e (iii) a estrutura orgânica da sociedade.

2.2.1 Controle concentrado vs. diluído

A polêmica sobre controle concentrado vs. diluído é extremamente enganosa. É aqui onde surgem fortes confusões entre função e forma.

Não há dúvida que estruturas de controle diluído são preferíveis, pois contribuem para a democracia acionária e, em última instância, social.

Ocorre que, como importantes estudos acadêmicos têm demonstrado, não é sempre possível obter tal diluição. Economias de diversos países têm condicionantes estruturais e regulatórias[5] que muitas vezes impedem esse tipo de estrutura acionária de aparecer ou sobreviver. Exemplo disso está na renitência de certas estruturas jurídicas a se acomodar à diluição acionária. Isso foi o que ocorreu, por exemplo, em países como a Polônia e Tchecoslováquia, que optaram por programas de privatização que incluíam a diluição acionária obrigatória (tentativas, de resto, muito meritórias em sua concepção) e que testemunharam, pouco tempo após as privatizações, processos de concentração acionária intensos. Processos que acabaram sendo mais lesivos que simplesmente a privatização de blocos, pois tais países não contavam com regras coerentes sobre escaladas.[6] O resultado acabou sendo a aquisição em Bolsa

---

5. A referência aqui é ao interessante artigo de L. Bebchuk e M. Roe, "A theory of path dependence in corporate governance and ownership", in *Stanford Law Review* 52, 1999, pp. 127 e ss., onde os autores defendem tese de inspiração fortemente estruturalista de que existiriam condicionantes estruturais e regulamentares a impedir os países de transformar suas estruturas societárias. Um dos pontos mais importantes da análise e de particular atualidade para o sistema brasileiro é aquele em que se demonstra que a dificuldade de mudança das regras decorre basicamente do forte poder de pressão e *lobby* exatamente dos grupos mais favorecidos pela legislação societária (controladores em caso de economias concentradas ou administradores no caso oposto) que adquirem enorme poder econômico e capacidade de pressão.

6. Cf. J. Coffee, "Privatization and corporate governance: the lessons from securities market failure", in *Journal of Corporation Law* 25, 1999, p. 37.

do controle através de escalada sem que seu sobrevalor fosse pago a ninguém (o que não ocorre nas privatizações por bloco, onde, menor dos males, ao menos o sobrepreço é pago ao Estado).

Essas constatações não significam de modo algum que se deva adotar uma postura fatalista, reconhecendo a incapacidade do direito para resolver a questão. Ao contrário, como ressaltado desde o início da presente obra, propugna-se por um papel ativo do direito na conformação das relações sociais.

Aqui mais do que nunca é preciso refletir sobre a distinção forma – função. É inútil ao direito tentar modificar à força a forma das relações de controle. É possível, no entanto, introduzir regras que desempenhem função equivalente à do controle diluído. Essa função, como visto acima, é basicamente de controle e limite da atuação dos administradores. Tanto quanto o controle por um acionariado diluído, isso pode ser feito por ativa participação de acionistas institucionais. Assim é que por muitos anos se acreditou que a participação dos bancos como acionistas das grandes empresas, na concentradíssima economia alemã, servia a esse dever de fiscalização.[7] Ocorre que os bancos não se diferenciam de acionistas majoritários enquanto grandes controladores. Daí a ocorrência de casos frequentes de conflito de interesses, que contribuíram e contribuem para se duvidar dessa forma de fiscalização.

Se assim é a discussão sobre a fiscalização se transmuda para a questão da representação efetiva interna dos vários interesses atingidos pela sociedade. Só eles são capazes de controlar a administração por dela serem independentes (exatamente como o acionariado diluído, mas diferentemente dos controladores). Isso nos leva, portanto, automaticamente, a nosso segundo ponto de interesse.

2.2.2 Formas de participação interna

Nesse aspecto o debate tem ganhado contornos ideológicos extremamente nocivos para uma discussão dogmática equilibrada. Note-se, por outro lado, que não por acaso é exatamente nos países de estrutura econômica concentrada, como o Brasil, que a necessidade de discussão de participação externa nos órgãos de administração se faz mais presente.

---

7. Nesse sentido a argumentação de R. Gilson pela desnecessidade de convergência de forma nesse ponto ("Globalizing corporate governance", cit., p. 338).

A razão não é difícil de entender. Nos demais (que são em particular os anglo-saxões) o mercado, ou o acionista futuro e incerto presente no mercado, faz as vezes de controlador externo, cumprindo portanto aquela função de controle e fiscalização externa anteriormente identificada.

Não assim nos países em que o capital não é diluído. Neles, mesmo a existência de um mercado de capitais não serve para atender às exigências de controle externo. A razão é que nesses casos a pouca procura por ações é geralmente especulativa. Ora, o investidor especulador não é um bom controlador externo da sociedade pela boa razão de que não quer nela permanecer. Por outro lado, a procura é especulativa por não haver confiança na existência e defesa dos interesses de não controladores em estruturas concentradas.

Para escapar a esse círculo vicioso é que se passa a discutir, nesses países, a respeito da representação de interesses externos à sociedade. É ela uma forma alternativa de governança em relação ao controle (sempre externo) pelo mercado e, sob qualquer ponto de vista, preferível se comparada ao controle majoritário. Nessa última hipótese, corre-se o risco de uma gestão privada, não profissional e até em conflito de interesses com a sociedade, *i.e.*, exatamente o contrário do que os princípios fiduciários societários sugerem.

Essa primeira linha de raciocínio, diretamente derivada da compreensão da função das estruturas societárias, já ajuda bastante a depurar a discussão da sua desagradável e por vezes bastante infantil matriz ideológica.

Feito isso e afirmada a necessidade de alguma forma de controle externo, é possível examinar suas possíveis formas. A primeira que vem à mente, derivada da hoje famosa experiência societária alemã, é a participação dos trabalhadores nos órgãos societários.

Muitas e diversas são as avaliações da cogestão alemã. Procuraremos limitar-nos àquelas que encontram razoável consenso doutrinário.

Em primeiro lugar, é hoje indiscutível que a cogestão contribuiu e muito para a agilidade e eficiência adaptativa da indústria alemã nos anos 70 e 80, anos em que seu desempenho foi incomparável em relação ao de outras economias desenvolvidas. A flexibilidade da mão de obra e a troca constante de informações empresa/trabalhadores muito contribuíram para a agilidade industrial alemã desses anos.[8] Evidentemente

---

8. V. nesse sentido D. Charny, "The German corporate governance system", cit., p. 162.

que com a mudança dos padrões industriais e o crescimento de importância do setor de serviços a própria mão de obra em si vem perdendo relevância. Consequentemente, sua interação com o capital também diminuiu em importância.

Essa também é a razão de ser bastante comum nos dias de hoje encontrar-se opiniões no sentido da desnecessidade e até ineficiência da coparticipação, que tornaria as decisões mais lentas e menos capazes de produzir lucro a curto prazo.[9]

Em primeiro lugar, é preciso deixar bem claro que essa última afirmação é bastante discutível. Existem ainda hoje importantes correntes doutrinárias a afirmar que é exatamente a relativa proteção dada à diretoria por, entre outros fatores, a existência de representantes de trabalhadores nos Conselhos de Supervisão, a dificultar as escaladas hostis, que permite os investimentos a longo prazo em tecnologia, típicos da indústria alemã.

Mas ainda que se desconsidere por completo esse tipo de argumentação, é bastante perigoso aceitar a argumentação oposta, no sentido da menor eficiência da solução participativa. É preciso lembrar que o parâmetro de comparação não pode ser uma economia de acionariado diluído, onde o mercado de capitais já exerce esse controle (externo). O verdadeiro padrão de comparação, como já referido, é a própria realidade de concentração acionária em que esta solução se encontra.

Antes de concluir esse subitem, é importante registrar que a afirmação feita no parágrafo acima não significa admitir a prevalência da preocupação exclusiva com o acionariado. Essa hipótese só foi utilizada para demonstrar que, mesmo admitida, há um valor societário indiscutível para a participação interna de interesses externos. Mas de um ponto de vista geral, como já referido nos Capítulos II e III, não parece haver dúvida, em função do próprio conceito de sociedade, que esta constitui na verdade um feixe organizativo de interesses que devem ser todos eles na medida do possível trazidos para o interior da organização social, para eliminar os conflitos.

---

9. Cf. H. Hansmann e R. Kraakman, "The end of history of corporate law", cit., pp. 443 e ss., e K. J. Hopt "Labor representation on corporate boards: impacts and problems for corporate governance and economic integration in Europe", cit., *International Review of Law and Economics* 14, 1994, pp. 210-211.

2.2.3 Estrutura orgânica

Do nacionalismo do primeiro tópico passou-se à ideologia do terceiro e agora se chega ao formalismo. É na estrutura orgânica que o debate atinge o cúmulo do formalismo. Discute-se, geralmente sem preocupação com a respectiva função, a estrutura orgânica ideal: dupla, com Conselho de Supervisão ou Administração, ou única com um único órgão, diretoria, formada por diretores executivos e não executivos.

Os defensores da última opção, argumentando ainda uma vez com a eficiência da solução, sustentam haver maior fluxo de informação e mais rapidez no sistema de órgão único.[10]

Tomar partido sobre a questão parece ser aspecto menos importante. Mais relevante é sem dúvida verificar como esta se liga à função societária identificada acima.

À primeira vista, a questão orgânica parece relacionar-se com a independência da administração e sua fiscalização.

Parece claro, então, que em um sistema de realidade societária concentrada a existência de um único órgão, onde estariam presentes executivos e representantes do controlador, pode gerar extrema pressão sobre os administradores. A ideia de um órgão de supervisão separado passa então a fazer sentido se e somente se este for um órgão de representação plúrima.

Mas isso evidentemente não é suficiente. Garantido o controle externo, a estrutura orgânica deve ainda preocupar-se com a independência da administração. Aqui, a tarefa parece ser muito menos da estrutura orgânica e mais da repartição de competência. Como se verá mais adiante, quando da análise do sistema brasileiro, a independência da administração dependerá também, em extremo grau, da existência de competências específicas e exclusivas para a diretoria.

---

10. Cf. H. Hansmann e R. Kraakman, "The end of history of corporate law", cit., p. 457, que no entanto fazem concessão ao sistema de órgão duplo, afirmando: "The result is convergence form both end toward the middle: while two tier boards themselves seem to be on the way out, countries with single tier board structures are incorporating, in their regimes, one of the strengths of the typical two-tier board regime, namely the substantial role it gives to independent (outside) directors".

3. O problema na realidade brasileira

3.1 Disfunção societária

Analisado sob a perspectiva exposta há pouco, o sistema brasileiro parece apresentar, antes que um problema de forma, inconsistências típicas de função (ou disfunção).

O objetivo concentrativo das leis societárias brasileiras, tão decantado na doutrina como principal problema do sistema societário brasileiro, na verdade é apenas a face aparente ou a manifestação formal da verdadeira questão, relativa à função. Nunca houve na gestação da lei societária brasileira real intenção de criar entidades separadas de seus controladores, aptas a serem geridas profissionalmente e apenas fiscalizadas por controladores ou terceiros.

A característica funcional básica não é, portanto, a concentração acionária, mas a concentração de poderes em torno da figura do controlador. Como já visto no Capítulo II deste livro, toda a estrutura societária brasileira é voltada a erigir o controlador como verdadeiro centro parassocietário de poder, ao qual todos os poderes e responsabilidades são referidos. Como já alhures mencionado, talvez o melhor exemplo dessa característica funcional esteja na imputação direta ao controlador (e não à sociedade) dos deveres institucionais previstos no artigo 116 da lei societária.

Ora, não é de espantar que, em presença de uma tal definição funcional, seja difícil introduzir qualquer discussão sobre estruturas societárias, baseadas em outros padrões funcionais. Daí a dificuldade da tarefa no sistema brasileiro. A seguir, procurar-se-á abordar brevemente as principais questões formais em face da realidade existente e do modelo funcional ideal que se pode almejar.

3.2 Concentração e controle externo

O sistema de repartição de poderes levou em conta a realidade extremamente concentrada das sociedades por ações no Brasil. Não tentou criar uma contra tendência, mas sim regulamentar a realidade existente. Com isso sem dúvida aprofundou, nesses 30 anos de vigência da Lei 6.404, a dependência do próprio modelo concentracionista. Pode-se criticar o legislador brasileiro pela falta de idealismo, mas não pela ausência de realismo. O sistema foi elaborado em torno da figura do acionista controlador, verdadeiro centro decisório da sociedade.[11]

O controlador não encontra na lei societária brasileira obstáculos, ainda que meramente formais ou procedimentais, para fazer valer suas decisões. Pode agora, após a última reforma societária (Lei 10.303, de 30 de outubro de 2001), mais do que nunca organizar seu poder através do acordo de acionistas, tendo sido o *caput* do artigo 118 da lei societária modificado exclusivamente para deixar mais claro aquilo que já era amplamente reconhecido, *i.e.*, que é possível organizar o poder de controle através do acordo de acionistas. De outro lado dispõe de órgãos por ele totalmente controlados para exercer o seu poder, inclusive sobre a administração (o Conselho de Administração – v. a respeito *infra* item 3.3). Finalmente, os direitos conferidos à minoria são típicos de um minoritário externo, sempre estimulado a retirar-se da sociedade e que é pouco ou nada protegido contra o conflito de interesses do controlador (v. Capítulo III).

Mais que a concentração acionária, portanto, ressalta a concentração de poderes. Essa parece, salvo alterações perfunctórias, só se reforçar, em um típico caso do condicionamento estrutural e regulatório suprarreferido (v. nota 5). A dificuldade em se aprovar um projeto com mínimas reformas benéficas a não controladores, e os grupos de pressão formados para barrar as alterações propostas, são um excelente exemplo dos óbices existentes à alteração das estruturas.[12]

11. Cf. F. K. Comparato, "A reforma da empresa", in *RDM* 50/68, que considera esse reconhecimento "um dos grandes méritos da reforma do direito acionário no Brasil em 1976", sobretudo porque permitiu a identificação do empresário.

12. Até a sanção presidencial, o projeto de reforma da Lei das S.A., do qual resultou a Lei 10.303, de 31 de outubro de 2001, percorreu tortuosos caminhos, seu conteúdo sofreu inúmeras modificações e dos aspectos positivos inicialmente sugeridos poucos restaram. Dispositivos importantes e inovadores da estrutura societária brasileira, como o § 5º do artigo 115, que rezava *in verbis*: "Poderá ser convocada assembleia geral para deliberar quanto à existência de conflito de interesses, e à respectiva solução, por acionistas que representem 10% (dez por cento), no mínimo, do capital social, observado o disposto no parágrafo único, alínea 'c', parte final, do art. 123", foram suprimidos. A norma daria ensejo para discussões em assembleia de situações de conflito de interesse atuais ou futuros, de forma a estimular a cooperação entre os acionistas minoritários. Outro dispositivo importante suprimido pelo veto presidencial foi o artigo 161, § 5º, que regulava a constituição do Conselho Fiscal das companhias abertas e garantia a eleição de um membro e seu respectivo suplente pelos acionistas "titulares de ações preferenciais sem voto ou com voto restrito, em conjunto com os titulares de ações ordinárias, excluído o acionista controlador" (inc.

3.3 Participação interna

Em matéria de composição dos órgãos, o sistema brasileiro sempre se preocupou em dar voz ao controlador nos órgãos de administração. Como já ressaltado alhures, é a essa luz que deve ser compreendida a criação do Conselho de Administração, que jamais foi concebido como um órgão de fiscalização externa da administração. Prova disso é que as mais importantes competências administrativas (como orientação geral dos negócios da companhia, por exemplo) são atribuídas ao próprio Conselho de Administração e não à diretoria,[13] à qual são atribuídas funções meramente gerenciais.

O único dispositivo voltado à garantia de certo pluralismo formal no Conselho era, na versão original da lei, a garantia do voto múltiplo (artigo 141) que visava basicamente a garantir que grupos institucionais de minoritários fossem capazes de eleger para o Conselho número de Conselheiros proporcional a sua participação no capital votante da companhia. Ocorre que essa garantia nunca chegou a ser efetiva, dada a possibilidade de descasamento de mandato dos conselheiros, que na maioria das companhias brasileiras foram e continuam sendo eleitos um a um, portanto, com prevalência total do controlador.

Para evitar tal problema é que, por exemplo, o Regulamento de Listagem do Novo Mercado prevê a necessária coincidência do mandato dos membros do Conselho de Administração para as empresas dele participantes (seção IV, item 4.4 do Regulamento do Novo Mercado) e participantes do Nível II de Governança Corporativa (Seção V, item 5.4 do Regulamento de Práticas Diferenciadas de Governança Corporativa Nível 2). Já a Lei 10.303, de 31.10.2001, procurou obviar tais problemas através da atribuição direta de postos reservados aos representantes dos

---

I). O segundo membro e suplente seriam indicados pelo controlador (inc. II), enquanto o terceiro e último membro e suplente seriam "eleitos em comum acordo, pelos acionistas referidos nos incisos I e II deste parágrafo, devendo cada grupo indicar seu representante para, em assembleia, proceder à eleição. Não havendo consenso, a assembleia deliberará por maioria de votos, cabendo a cada ação, independente de sua espécie ou classe, o direito a um voto" (inc. III), o que permitiria que o Conselho Fiscal fosse eleito democraticamente pelos acionistas da companhia.

13. A Exposição de Motivos 196, de 24 de junho de 1976, que acompanhou a lei das sociedades anônimas, é bem enfática nesse sentido, ao justificar as razões para atribuir a escolha da diretoria ao Conselho de Administração: "Essa solução se impõe pela necessidade de manter a unidade de orientação na administração da companhia, assegurando-se que os Diretores realizarão o plano de ação definido pelo Conselho".

minoritários com voto, desde que tenham mais de 15% das ações com direito a voto (artigo 141, § 4º, inciso I), e aos preferencialistas, desde que representem mais de 10% do capital social (artigo 141, § 4º, inciso II). A efetividade do referido dispositivo – que, entenda-se bem, não representa grande avanço, pois significa não muito mais que dar aplicação à regra do voto múltiplo, com todas as consequências para os minoritários – foi ainda mais reduzida pelo estranho e desnecessário dispositivo que prevê que até 2005 os Conselheiros deveriam ser eleitos pelos minoritários a partir de lista tríplice elaborada pelo controlador (artigo 8º, § 4º da Lei 10.303).

Esse pluralismo formal e de fachada, obviamente, só faz aumentar os problemas de conflito de interesses no interior do Conselho de Administração (v. Capítulo II, item 3) e pouco ou nada contribui para uma efetiva fiscalização externa da companhia. Sendo assim, parece que o único dispositivo que dá um passo (tímido) na direção do pluralismo societário é o artigo 140, parágrafo único, ao estabelecer que "o estatuto poderá prever a participação no conselho de representantes dos empregados, escolhidos pelo voto destes, em eleição direta, organizada pela empresa, em conjunto com as entidades sindicais que os representam". Esperar que a lei diretamente estabelecesse a participação externa, no estado de dependência e vinculação estrutural que se encontra o sistema empresarial brasileiro do poder dos controladores, evidentemente seria exagerado. É de se comemorar, portanto, o fato singelo de este dispositivo ao menos abrir espaço (que não havia antes da reforma introduzida pela Lei 10.303, posto que a participação no Conselho era privativa de acionistas) para que, por via contratual, estabeleçam-se formas de controle externo dos atos da administração e dos controladores.

3.4 Estrutura orgânica

Para bem compreender o significado do Conselho de Administração na lei brasileira como instrumento de consolidação do poder do controlador basta observar o seguinte.

Como resulta evidente da simples leitura do artigo 142 da lei societária brasileira, o Conselho de Administração concentra as mais relevantes competências em matéria de administração da sociedade. Sendo um órgão totalmente dominado pelos controladores, a atribuição de competências administrativas a esse órgão tem um efeito muito peculiar sobre as estruturas societárias, amplamente favorável ao controlador.

De um lado afasta as decisões mais importantes sobre estratégia empresarial da turbulência das Assembleias, fazendo com que o pequeno investidor não tenha vez, voz e sequer informação sobre a maioria dos negócios da sociedade – e isso continuará ocorrendo, pois os direitos de eleição de conselheiros em separado aplicam-se somente às minorias institucionais. De outro lado, afasta completamente as decisões da diretoria, que passa a ser mera gerência executiva das decisões do controlador.

Note-se, portanto, que aqui a forma serve grandemente à disfunção antes observada. De hábito, como visto, e desde que de acordo com a função, a estrutura dupla ou unitária dos órgãos de administração é mais ou menos indiferente, podendo-se em torno de ambas erigir administração independente e bem controlada. No caso brasileiro, ao contrário, a estrutura dúplice serve a grave disfunção: reforçar o poder do controlador e afastar qualquer tipo de controle por parte do mercado ou de terceiros da orientação empresarial escolhida.

Ainda uma última característica importante reforça a concentração estrutural de poder no modelo societário brasileiro. Trata-se da "rigidez para baixo" das competências dos órgãos de administração.[14]

Com o termo rigidez para baixo quer-se dizer que, segundo a lei brasileira, quanto mais elevado na hierarquia societária for o órgão, mais indelegáveis serão suas funções e mais ele gozará de competências privativas. A indelegabilidade de certas funções faria e faz todo o sentido desde que os órgãos da base da pirâmide (leia-se a diretoria) também dispusessem de competências privativas. Não é o que ocorre. Além de não dispor de competência privativa, a diretoria pode ter sua decisão a qualquer momento avocada pela Assembleia Geral, que pode decidir soberanamente sobre qualquer questão social (artigo 121). Não há, portanto, o menor traço de independência funcional da diretoria.

4. Conclusão

Em conclusão, é necessário retomar o problema exposto inicialmente. O grande problema enfrentado por nosso sistema em matéria de estrutura societária é um problema de função e não de forma.

---

14. Note-se que a questão da distribuição de competências, de tão fundamental, é considerada elemento central para definição do sistema de governança corporativa (cf. H. Wiedemann, *Gesellschaftsrecht*, München, Beck, 1980, p. 339).

É, portanto, bastante inútil a importação de matrizes legislativas ou doutrinárias estrangeiras (particularmente norte-americanas) que visem a aperfeiçoar instituições ou regras específicas. A solução é errada para o problema errado. As soluções formais brasileiras, para o grave desajuste funcional em que se inserem, demonstram-se bastante eficientes.

O que é realmente preciso é uma redefinição funcional corajosa, com claro estabelecimento dos objetivos a serem perseguidos através das estruturas societárias. Para isso então será necessário que a lei claramente interfira de modo a minar a concentração de poder societário, tão tradicional em nosso sistema. Essa definição funcional é extremamente simples. Regras societárias e de mercado de capitais devem direcionar-se a permitir a autodeterminação social com controles exercidos pelos vários centros de interesse envolvidos.

E aqui vai uma advertência importante. A escolha entre controles de mercado e controles sociais é fundamental para a sociedade e fundamental para a própria definição do modelo capitalista.[15] Para os singelos objetivos do presente estudo o que basta é a existência de controles externos sobre a administração.

Esse objetivo ou função genérica, aparentemente tão distante das preocupações societárias brasileiras, não está fora de alcance. A dependência de um determinado caminho (v. *supra* nota 5), apesar de sem dúvida dificultar a tarefa – como bem demonstrou a última e quase que em sua totalidade frustrada tentativa de reforma da lei societária brasileira –, não a torna impossível. O direito e as instituições jurídicas trazendo consigo valores, como já em outras passagens procurou-se destacar, têm força reformista bem superior a que imaginamos. Introduzidos por via legislativa ou voluntária – contratual (e aqui o Novo Mercado representa sem dúvida um belo exemplo) – acabam por fazer prevalecer sua força ética. Não há, portanto, apesar dos percalços, razões para pessimismo.

15. Quaisquer que sejam as avaliações econômicas que possam existir sobre cada sistema não há dúvida que o modelo participativo societário é normalmente associado a um modelo de capitalismo mais social, baseado em investimentos e decisões empresariais a longo prazo que levem em conta diferentes interesses envolvidos pela sociedade (modelo renano), enquanto o sistema voltado exclusivamente para o acionista privilegia resultados a curto prazo e eficiência econômica no sentido neoclássico (modelo saxão) (v., a respeito das diferentes formas de capitalismo e seus impactos sociais, M. Albert, *Capitalismo "vs." capitalismo*, São Paulo, Loyola, 1992, tradução do original francês *Capitalism contre capitalism*, Paris, Editions du Seuil, 1991).

Capítulo VI
CONFLITO DE INTERESSES:
OPORTUNIDADE PERDIDA

1. Introdução: conflito de interesses como problema e como regra. 2. A solução organizativa do problema de conflito de interesses: 2.1 Fundamento econômico: a teoria da empresa, de Coase; 2.2 Fundamentação jurídica: a moderna visão organizativa da sociedade. 3. A solução através de regra de conflito de interesses. 4. A posição secundária atribuída à matéria na lei de 1976. 5. A reforma da lei das sociedades por ações e o problema do conflito de interesses: 5.1 Ausência de soluções organizativas; 5.2 Soluções baseadas na regra de conflito. 6. Conclusão.

1. Introdução: conflito de interesses como problema e como regra

O tratamento do tema conflito de interesses padece de uma importante ambiguidade de fundo. É importante entender que existe um problema de conflito de interesses que não se confunde com a regra de conflito. O problema de conflito entre os vários interesses envolvidos pela sociedade (sócios, credores, trabalhadores, comunidade etc.) é algo conatural a ela mesma. Como se verá em breve é, em verdade, para muitos teóricos a própria função da pessoa jurídica.

Ocorre que o problema de conflito de interesses nem sempre é resolvido através de uma regra de conflito. Aliás, como a experiência comparada sugere, esta não é a mais eficaz das fórmulas, só sendo utilizada quando a forma alternativa é considerada jurídica ou politicamente inviável. A forma alternativa e mais coerente é a solução orgânica ou estrutural.

Por solução orgânica ou estrutural quer-se significar a tentativa de resolver nos órgãos societários o problema de conflito, seja através da incorporação no órgão de todos os agentes que têm interesse ou sofrem as consequências, ou através da criação de órgãos independentes, não passíveis de ser influenciados pelos interesses conflitantes. Como se verá, obviamente isso não significa eliminar totalmente a aplicação da regra de conflito, mas reduzir bastante sua abrangência.

A solução através da regra de conflito tem um objetivo/função completamente diverso. Torna-se verdadeira regra organizadora da sociedade naqueles sistemas de realidade econômica/societária mais concentrada em que é jurídica e politicamente inviável introduzir soluções organizativas ou naqueles sistemas fortemente contratuais que reduzem o interesse da sociedade ao interesse do grupo de sócios.

Como se verá, o sistema brasileiro, apesar de declarar a intenção de utilizar o primeiro método de solução do problema, nunca passou de uma forma imperfeita de aplicação do segundo. A lei societária, tal qual alterada pela Lei 10.303, de 31 de outubro de 2001, mais uma vez, foi bastante realista e nada idealista. Trouxe importantes inovações para a regra de conflito, perdendo totalmente a oportunidade de oferecer soluções organizativas para o problema.

2. *A solução organizativa do problema de conflito de interesses*

A solução organizativa do problema de conflito de interesses parece sem dúvida ser aquela que mais tem auxiliado a boa governança corporativa. Os sistemas onde é adotada são certamente os mais aptos a resolver o problema de conflito.

Para entender seu significado e extensão é preciso, em primeiro lugar, indagar suas justificativas, tanto econômicas quanto jurídicas.

2.1 Fundamento econômico: a teoria da empresa, de Coase[1]

No campo econômico a justificativa mais básica para a solução organizativa encontra-se na própria concepção de empresa ou sociedade.

---

1. O recurso ao fundamento econômico justifica-se: o raciocínio econômico é sem dúvida parte importante de qualquer teoria organizativa da empresa, sobretudo por sua capacidade de lançar luz sobre os efeitos das mudanças sobre as relações econômicas (no caso de Coase o principal interesse da teoria é sem dúvida a identificação dos resultados produzidos sobre os custos de transação). A sua utilidade como elemento de análise (e não como determinante de objetivos) é nesse ponto indiscutível (para uma análise crítica da utilidade e objetivos da chamada análise econômica do direito v. a 1ª edição deste *O novo direito societário*, São Paulo, Malheiros Editores, 1998, pp. 28-30).

A concepção dominante de empresa no campo econômico é dada no clássico estudo de Coase sobre a natureza da empresa ("The nature of the firm").[2] Para o autor, a principal função da empresa é eliminar as incertezas e conflitos que provêm das relações de mercado. A empresa aparece então como forma de dar solução organizativa aos conflitos entre os agentes econômicos no mercado. Reduz custos de transação na medida em que reduz tais conflitos. Coase para aí. Evidentemente que sua teoria, até por sua forte inspiração neoclássica, pouco se preocupa com a convergência para a sociedade de todos os interesses por ela afetados.[3] Mas ao ver como sentido verdadeiro do instituto da empresa a resolução de conflitos e ao impor que esses sejam resolvidos internamente, sem dúvida fundamenta concepções jurídicas mais sedimentadas sobre soluções organizativas para o conflito.

2. O estudo de R. Coase, "The nature of the firm" é reconhecido como clássico pois revolucionou a visão predominante à época sobre a organização econômica. O postulado de que o sistema econômico é coordenado pelo mecanismo de preços revela-se apenas uma descrição parcial dos fundamentos da organização econômica, "An economist thinks of the economic system as being coordinated by the price mechanism and society becomes not an organization but an organism. The economic system 'works itself'. This does not mean that there is no planning by individuals (...) But this theory assumes that the direction of resources is dependent directly on the price mechanism". Para Coase, a organização do sistema econômico é também influenciada por uma instituição de primordial importância, a empresa. Nesse sentido, a explicação que reduz a dinâmica da organização econômica ao mecanismo de preços "gives a very incomplete picture of our economic system. Within a firm, the description does not fit at all". Por outro lado, o determinismo tecnológico aliado à teoria de preços também não é suficiente para dimensionar por completo o fenômeno moderno das grandes corporações, na medida em que explica apenas pequena parte das relações, das quais é parte a empresa, no desenvolvimento de sua atividade. Em sua obra, Coase parte de um postulado a ser negado – o mecanismo de preços como elemento primordial na organização econômica – e identifica a grande empresa como peça-chave na organização da economia. Entretanto, o foco de seu estudo não parece ser a elaboração de uma nova teoria econômica da empresa, mas a mudança de paradigma no estudo do fundamento da organização econômica. (cf. O. Williamson e S. G. Winter, *The nature of the firm – Origins, evolution and development*, New York/Oxford, Oxford University Press, 1993).

3. Na verdade, a teoria de Coase preocupa-se em eliminar o conflito apenas entre os agentes produtivos (basicamente produtores, fornecedores e distribuidores e demais agentes que se relacionam na linha vertical). Mas exatamente por ser integrativa oferece sustentação para a teoria jurídica que procura ver na pessoa jurídica um feixe de interesses integrados por uma organização. É, portanto, a justificativa da integração de interesses (eliminação dos conflitos) e não sua forma (criação de uma organização) que aproximam a teoria econômica de Coase da visão jurídica moderna da empresa.

A ideia da sociedade como forma de redução de conflito e solução organizativa para redução de custos de transação é muito rica e, isoladamente considerada, uma fonte importante de sustentação para a ideia organizativa.

2.2 Fundamentação jurídica: a moderna visão organizativa da sociedade

Por outras vias e sob inspiração político-ideológica totalmente diversa, a teoria societária institucional também vislumbra na sociedade forma de solução de conflitos.

Para entender como e porquê, é preciso lembrar como nasceu e evoluiu a ideia institucional, em particular a chamada passagem do institucionalismo *publicista* para o *integracionista* e como, daí, é possível chegar à concepção jurídico-organizativa. Essa passagem foi realizada no Capítulo II. Aqui cumpre apenas ressaltar sua conclusão.

Segundo a moderna teoria da empresa, esta deixa de ser uma forma de organização de poder do controlador, transformando-se em uma forma de integração e solução de conflitos entre fatores que podem cooperar (v. *supra* Capítulo II).

A eliminação de custos de transação entre capital e trabalho, custos que são crescentemente mal solucionados pelo mercado, é função relevante da empresa. Demonstração disso é o ganho em eficiência, produtividade e profissionalismo advindo da solução paritária (ou quase paritária) alemã.

O mesmo se pode dizer sobre outras relações, como, por exemplo, aquelas com os consumidores ou mesmo com os acionistas minoritários.

Particularmente em relação a esses últimos, em panoramas econômicos que, como o brasileiro, demonstram uma clara incapacidade do mercado em defender-lhes os interesses, com crises de confiança que fazem lentamente migrar (e migrar para o exterior) nosso mercado bolsístico, uma intervenção organizativa seria mais que bem-vinda.

3. A solução através de regra de conflito de interesses

A segunda forma possível de solução de problema de conflito de interesses é a aplicação da regra de conflito. Trata-se de solução em teoria menos traumática, pois envolve menos mudanças estruturais.

Exatamente por isso, no entanto, é extremamente difícil ser bem implementada. A sua aplicação coerente requer uma clara e corajosa definição das hipóteses de conflito.

Duas observações iniciais devem ser feitas sobre a aplicação da regra de conflito. Em primeiro lugar, representa ela indubitavelmente, solução menos realista que a solução estrutural. Parte do princípio que o conflito pode ser eliminado e bem fiscalizado, hipótese um tanto irreal.

A segunda observação é consequência da primeira. Assim definida, a função da regra de conflito torna-se o centro da disciplina societária. É de sua aplicação que dependerá a coesão dos sócios em torno do objetivo social. Não é de se estranhar, portanto, que os sistemas que adotam a concepção contratual de sociedade coloquem a regra de conflito no centro da disciplina societária.[4]

Para bem definir uma regra de conflito assim elevada a primeira tarefa é identificar e definir as hipóteses que podem gerar riscos para a sociedade e qual o grau de risco gerado. Isso não requer um retorno à espinhosa discussão do interesse social. A regra de conflito liga-se nessa hipótese muito mais ao cumprimento de um dever geral fiduciário em relação à gerência ou intervenção sobre qualquer forma de gestão do patrimônio de terceiros[5] do que o agir conforme o interesse social. Demonstração da inutilidade de uma discussão centrada no interesse social são as sempre fracassadas tentativas de identificação entre a disciplina do conflito de interesses e do ato *ultra vires*.[6]

4. Para a teoria contratualista, o interesse social é traduzido como o interesse comum dos sócios (v. F. Galgano, *Diritto commerciale – Le società*, cit., p. 155). No sistema italiano, embora a realização do interesse social possa ser identificada com o exercício de uma atividade econômica (interesse social preliminar), ou como a maximização da eficiência da empresa com vistas à maximização dos lucros (interesse social intermediário), estes não passam de interesses secundários à causa do contrato de sociedade. O fim maior que norteia a disciplina do interesse nesse sistema é a satisfação do interesse dos sócios através da distribuição de dividendos (interesse social final). Nesse sentido, v. F. Galgano, *Diritto commerciale – Le società*, cit., p. 19.

5. V. L. Enriques, *Il conflito d'interessi degli amministratori di società per azioni*, Milano, Giuffrè, 2000, p. 187.

6. Na jurisprudência italiana, casos de conflito de interesses envolvendo administradores são frequentemente decididos com base na disciplina dos atos *ultra vires*. O perigo da equiparação das duas *fattispecies* é o de se chegar ao resultado paradoxal de considerar um ato alheio ao objeto social tão somente pelo fato de configurar um conflito de interesses, ou mesmo de considerar um ato inerente ao objeto social tão somente por não responder ao interesse do administrador ou de terceiro, mesmo se tratando do desenvolvimento de atividades incompatíveis com a persecução do ob-

Apesar de tudo isso, a análise empírica demonstra que paradoxalmente a regra de conflito tem papel muitíssimo pouco relevante no regulamento interno das sociedades. E a razão para essa incompatibilidade entre função e aplicação é simples. Constata-se que a aplicação de uma regra de conflito de interesses em linha com o princípio geral de conflito nos casos de gestão de patrimônio alheio não pode ser feita indistintamente para quem efetivamente gere o patrimônio de terceiro (controlador e administrador)[7] e aquele que não tem esse poder (exemplo: acionista minoritário). Consequência disso é em geral o deslocamento da reflexão para os chamados deveres fiduciários de administradores e controladores. Se gestores e não gestores têm posições jurídicas distintas é preciso impor obrigações especiais ao controlador e administrador (gestores) – os chamados deveres fiduciários –, exatamente por administrarem patrimônio alheio. Esses deveres não podem ou devem ser impostos aos demais sócios exatamente por não gerirem patrimônio alheio. Aqui não se está falando então propriamente de regra de conflito, mas de dever fiduciário.

O problema é que tal solução, ainda que correta, representa verdadeira *capitis diminutio* da regra de conflito, que acaba se transformando em uma regra fraca, exatamente por entender-se que o problema será resolvido via imposição de deveres fiduciários.[8] E a realidade exige exatamente o contrário. A discrepância entre posição jurídica e fática dos vários integrantes da pessoa jurídica (controladores e administradores de um lado e acionistas minoritários de outro) impõe que a regra de conflito não adote um critério *de minimis* de incidência. O que se diz é nada mais que o óbvio.

A regra deve ser elaborada visando a impedir a conduta conflitiva daquele que mais pode lesar a sociedade e não daquele que não pode

jeto social. Nesse sentido, v. L. Enriques, *Il conflitto d'interessi degli amministratori di società per azioni*, cit., pp. 453 e ss.

7. É admissível para esses fins a identificação entre controlador e administrador, dada a estrutura societária brasileira, que submete internamente o segundo ao primeiro. Cabe ainda ressaltar que a identificação da função de gestão do patrimônio social nos dois casos levou a lei acionária brasileira, em seu artigo 117, § 3º, a impor os mesmos deveres e responsabilidades a controlador e administradores: "o acionista controlador que exerce cargo de administrador ou fiscal tem também os deveres e responsabilidades próprios do cargo".

8. Nesse sentido, a lei acionária brasileira, ao estabelecer regras orientadoras das relações entre administradores e companhia e administradores e acionistas, impõe aos gestores do patrimônio social deveres de diligência, lealdade e informação.

fazê-lo. O direito societário deve então ser regido por um princípio geral de proibição a comportamentos conflitivos e não por uma série desconectada e aprincipiológica de deveres fiduciários. Esses últimos, muito mais que princípios em si, são critérios para aplicação da regra de conflito.

Dessa conclusão óbvia, a que, como se verá, não chegou o legislador brasileiro, decorrem consequências aplicativas importantes. A principal delas pode ser assim formulada: se a regra de conflito tem valor em si é então a partir dela que deve ser controlado o comportamento de administradores e acionistas. Evitam-se assim as infindáveis e com frequência infrutíferas discussões sobre o interesse social.[9]

A tradicional classificação entre hipóteses de conflito de interesse formal e material deve então ser revisitada.[10] Não para ser negada, mas sim para ser transformada em diferença entre situações em que se verifica forte perigo de comportamento incorreto e situações em que isso não ocorre. A diferença não é apenas semântica. Implica deslocar a questão da análise e comparação do ato e sua relação com o interesse social para a verificação da situação e dos deveres mínimos de cuidado de administradores e controladores. Retorna-se, como dito acima, portanto, aos deveres de cuidado e fiduciários não como disciplina substitutiva do conflito de interesse, mas como critério para sua apuração.

Na primeira hipótese de conflito, que de ora em diante denominar-se-á potencial ou formal, não é, portanto, necessário sequer indagar de lesão ao interesse social ou à sociedade. Exatamente como nos casos da gestão ou administração de negócios de terceiros em geral haverá conflito formal toda vez que *a priori* o agente tiver interesse direto no negócio ou ato. Como interesse direto deve-se entender toda aquela hipótese em

---

9. É cediço afirmar que o valor principal da discussão do interesse social está na conformação estrutural de órgãos societários (daí a sua importância dentro da solução estrutural) e no direcionamento geral da atividade social, e não na possibilidade de controle de cada ato societário individualmente considerado.

10. Essa nomenclatura é utilizada por A. Gambino no clássico artigo "La disciplina del conflitto di interesse del socio", in *Rivista di Diritto Commerciale* I, 1969, pp. 371 e ss. Na doutrina brasileira tem se preferido, para interpretar o artigo 115 da lei societária, adotar a nomenclatura proibição de voto e conflito de interesses, sendo portanto o termo conflito de interesses identificado apenas às hipóteses de conflito de interesses material (v. a respeito L. G. Leães, "Conflito de interesses", in *Estudos e pareceres sobre sociedades anônimas*, São Paulo, Ed. RT, 1989, p. 25; no mesmo sentido e com boa resenha das opiniões doutrinárias, E. Valladão França, *Conflito de interesses nas assembleias de S.A.*, São Paulo, Malheiros Editores, 1993, p. 91).

que o gestor for direta contraparte ou de qualquer forma tiver interesse maior na contraparte da sociedade. Outra característica necessária do conflito de interesse como princípio geral é que se aplica apenas aos gestores (administradores e controladores) e não àqueles que não têm esse mesmo poder.[11] Essa é, como se verá, uma das principais contradições da legislação societária brasileira (em especial de seu art. 115) e também um dos principais motivos da incoerência de sua aplicação.

O conflito de interesses substancial ou atual deve ao inverso ser aplicado de maneira uniforme para todos os sócios e administradores. É a regra geral de conflito que na verdade se reduz a um critério de culpa. É interessante notar que o critério não é mais o de culpa *in concreto* do antigo administrador de negócios romano. O critério é agora de uma culpa *in abstrato* identificada com uma razoabilidade de mercado. Entende-se que as transações de mercado (desde que esse mercado seja competitivo e não monopolizado) fornecem critério muito mais seguro para apuração da razoabilidade da transação (até porque não é frequente a hipótese em que há comportamentos anteriores do administrador obrando em seu próprio negócio).[12] Assim, como critérios de apuração

11. É interessante notar que esses dois requisitos estão presentes na doutrina americana em uma obra que, em linha com o pragmatismo anglo-saxão (muitas vezes criticável), propõe uma visão eminentemente prática do problema do conflito (v. nesse sentido R. Clark, *Corporate law*, New York, Aspen Law and Business, 1986, p. 147).

12. A evolução do conceito na doutrina privilegia a análise da culpa sob o ponto de vista abstrato. Enquanto no direito romano contrapunham-se os conceitos de culpa *in abstrato* e culpa *in concreto* (a culpa como fato dependente de uma situação individual e variável, em que se confronta a atuação do agente não a um modelo abstrato, mas às suas atitudes anteriores relativas às suas coisas ou interesses), a doutrina elevou o conceito de culpa a um princípio jurídico abstrato (v. R. von Jhering, *Études complémentaires de l'esprit du droit romain – De la faute en droit privé*, Paris, Editor A. Marescq, Ainé, 1880, pp. 54 e 55). Nesse sentido, o conceito de culpa (*Verschuldung*) contrapõe-se ao de diligência, representativo da conduta esperada do *bonus pater familias* (v. B. Windscheid, *Diritto delle Pandette*, vol. II, Torino, UTET, 1925, pp. 65 a 69). A mudança de paradigma representada pela adoção de modelos justifica-se pela necessária concretização da norma abstrata de conduta. A adaptação do modelo abstrato de conduta ao tempo e à natureza da atividade permite a correta correlação entre modelo e conduta do agente para fins de aplicação da norma específica (v. A. Azara e E. Eula, *Novissimo Digesto italiano*, 3ª ed., Torino, UTET, 1958, p. 598). Tal concepção foi claramente adotada pela lei acionária brasileira no seu artigo 153 em relação ao dever de diligência dos administradores: "O administrador da companhia deve empregar, no exercício de suas funções, o cuidado e diligência que todo homem ativo e probo costuma empregar na administração dos seus próprios negócios".

são geralmente mencionadas operações anteriores da própria sociedade ou operações semelhantes no mercado[13] (critérios evidentes de apuração de culpa *in abstrato* segundo padrões de mercado – são estes de resto os critérios previstos no artigo 156, § 1º da lei societária brasileira).

4. A posição secundária atribuída à matéria na lei de 1976

Para compreender o significado e extensão da regra de conflito na lei societária brasileira é preciso entender seus fundamentos econômicos.

Como já se afirmou no item 2.3 do Capítulo II, para onde remetemos o leitor, a lei acionária tinha objetivos muito específicos, tendo o legislador buscado incentivar a grande empresa[14] de duas maneiras diversas: com o auxílio à concentração empresarial e, em segundo lugar, facilitando a capitalização das empresas através do mercado acionário. Em consequência, tornou-se necessário criar regras que permitissem proteger os investidores contra o arbítrio dos sócios controladores, procurando-se criar um sistema de proteção das minorias acionárias, baseado, entre outras coisas, na institucionalização dos poderes e deveres do sócio controlador e dos administradores. Manifestação dessa tendência é o artigo 116, parágrafo único, que estabelece deveres genéricos para o acionista controlador com relação aos demais acionistas da empresa, aos trabalhadores e à comunidade em que atua. Sobre a utilidade desse tipo de declaração genérica, que não encontra tradução em regras organizativas, existem muitas dúvidas. Pode-se questionar se não acaba servindo, como ocorreu na Alemanha, para justificar atuações dos acionistas majoritários e seus representantes no interesse próprio, em nome de um mal definido interesse social.[15]

Sob essa inspiração não é de se estranhar a posição que a regra de conflito assume na lei. De um lado não há qualquer solução organizativa ou estrutural que permita dar vazão ao feixe de interesses envolvidos pela sociedade. O artigo 116 parágrafo único da lei permanece uma mera declaração de princípios.

13. Cf. R. Clark, *Corporate law*, cit., p. 147.
14. Cf. Exposição de Motivos 196, de 24.6.1976, do Ministro da Fazenda, em particular ns. 4 e 5, *b*, in *Diário do Congresso Nacional*, Seção 1, Suplemento ao n. 85, de 7.8.1976.
15. Para uma crítica da lei com respeito aos interesses dos acionistas minoritários v. M. Carvalhosa, *A nova lei*, cit., pp. 113 e ss.

De outro, a regra de conflito deixa de estabelecer critério claro sobre qual das formas de conflito a ser aplicada. Isso tem gerado inúmeras controvérsias doutrinárias a respeito da aplicação do artigo 115, § 1º da lei. Dúvidas não há sobre as primeiras duas hipóteses do dispositivo.

Sobre a última hipótese, no entanto, paira forte discussão doutrinária a respeito de sua caracterização como conflito de interesse formal ou material.[16] E note-se que essa é a hipótese mais importante, pois é nela exatamente que se formula o princípio geral de conflito repetido, de resto, corretamente no artigo 156 da lei (conflito de interesses dos administradores).[17]

O grande problema é, ainda aqui, o recurso à expressão "interesse conflitante com o da companhia". Mal definido e mal estabelecido estruturalmente como é o interesse social, uma tal menção só reforça posições jurisprudenciais tendencialmente avessas a intervir nos negócios sociais.[18]

16. Parte da doutrina classifica a hipótese do artigo 115, § 1º, como conflito formal, no sentido de que não poderia o acionista concorrer para a formação da vontade expressa em deliberação assemblear relativa "ao laudo de avaliação de bens com que concorrer para a formação do capital social e à aprovação de suas contas como administrador". A participação do acionista em duas posições jurídicas contrapostas é razão suficiente para a suspensão do exercício de voto. Nesse sentido, v. M. Carvalhosa, *Comentários à lei de sociedades anônimas*, vol. 2, São Paulo, Saraiva, 1997, pp. 410 e 411. Por outro lado, há a indagação se existiria, no dispositivo legal, uma efetiva violação a acarretar a nulidade do voto *per se* ou se a sanção legal de anulação somente seria aplicada na presença de conflito material de interesses, v. Valladão França, *Conflito de interesses nas assembleias de S.A.*, cit., p. 92. Este questionamento serve à parte da doutrina que considera necessária a avaliação de conflito de interesses *in concreto*, não bastando sua mera previsão formal: "cabe indagação relativamente ao mérito da incompatibilidade entre o exercício ao voto com a matéria submetida à deliberação da assembleia geral, de onde deva ser encarado casuisticamente, para efeito de sua anulação", v. L. G. Leães, "Conflito de interesses", in *Estudos e pareceres sobre sociedades anônima*, cit., p. 25. Por fim, há terceira posição no sentido de que embora o conflito de interesses deva ser apurado caso a caso, permanece a proibição do voto "quando se trata de uma das situações de conflito aberto de interesses, relacionadas no § 1º do art. 115", pois "trata-se, afinal, de mera aplicação do princípio *nemo iudex in causa propria*", v. F. K. Comparato, "Controle conjunto, abuso no exercício do voto acionário e alienação direta de controle empresarial", in *Direito empresarial: estudos e pareceres*, São Paulo, Saraiva, 1995, p. 91.

17. Como já visto anteriormente, o princípio geral de conflito de interesses é aplicável a todos os gestores de patrimônio alheio.

18. Tais posições baseiam-se exatamente na impossibilidade de definição judicial do interesse da companhia. As decisões proferidas por nossos Tribunais Su-

Basta centrar as atenções sobre o termo benefício particular contido na mesma terceira hipótese e consequentemente sobre o princípio geral de conflito (e não sobre a definição de interesse social) para entender que se trata de hipótese de conflito formal e não material. Os dois critérios acima especificados (maior interesse particular que social e poder efetivo de gestão) estão presentes.

O mesmo raciocínio pode-se fazer em relação ao conflito material. Como hipótese geral de conflito deve estar sujeito à culpa *in abstrato* sob padrões de mercado supradefinido (v. item 3) o que é, diga-se de passagem, fato com previsão pelo artigo 156, § 1º da lei.

Conclui-se, portanto, que falta à lei, de um lado, concretização estrutural do conceito institucional de interesse social para obter uma boa solução organizativa para o problema de conflito de interesses e, de outro, formulação clara do princípio de conflito para ter uma boa solução via regra de conflito. Como se verá, a contribuição da Lei 10.303 para ambas as soluções deixou a desejar.

5. *A reforma da lei das sociedades por ações e o problema do conflito de interesses*

Pode-se afirmar, sem medo de errar, que a última reforma da lei societária trouxe uma série de melhorias indiretas para o conflito de interesses, deixando, porém, de abordar diretamente a questão.

A razão está na gênese da própria Lei 10.303 e de seu projeto. A ideia foi evidentemente dar impulso ao combalido mercado de capitais brasileiro. A tramitação do projeto demonstrou, no entanto, que essa determinação não era forte o suficiente para alterar as estruturas internas da sociedade e tampouco as regras básicas de desenvolvimento de suas atividades.

O conceito de cooperação, tão ínsito à ideia de associação e de sociedade, claramente ainda não penetrou no espírito societário brasileiro. Forças de pressão e grupos de interesses impediram mais uma vez qualquer concessão a esse princípio.

periores manifestam alinhamento à interpretação dada pela doutrina à matéria, que considera o interesse da companhia como o interesse comum dos acionistas abstratamente considerados (*uti socii*) e não como a somatória de interesses individuais de cada acionista (*uti singuli*), ou mesmo como interesses estranhos à relação jurídica societária (v. *RT* 615/162, e TJSP, 18.11.1996, in N. Eizirik, *Sociedades anônimas – Jurisprudência*, Rio de Janeiro, Renovar, 1998, p. 175).

5.1 Ausência de soluções organizativas

A maior demonstração disso é a forma tímida através da qual os interesses conflitantes foram internalizados nas companhias. De um lado, a participação dos trabalhadores nos órgãos de administração das companhias, estimulados pela Constituição (art. 7º, inciso XI) e de tão bons resultados em outras jurisdições,[19] foi introduzido de

19. A incorporação, no direito alemão, do instituto da *Mitbestimmung* (cogestão) foi precedida de largo debate nas cortes alemãs nos anos 70. Entretanto, sua atual aceitação revelaria apenas que as empresas e trabalhadores teriam aprendido como viver sob sua disciplina. Dentre os aspectos negativos do instituto, o problema do conflito de interesses é considerado dos mais sérios, pois, se em teoria representantes de acionistas e de trabalhadores possuem os mesmos direitos e obrigações, na prática os conflitos de interesses suscitados, particularmente os que envolveriam representantes dos trabalhadores, permaneceriam sem solução. Dos efeitos positivos da *Mitbestimmung* para a empresa, a redução de greves e sua utilização como sistema de alarme prévio de eclosão de conflitos sociais contribuiriam no gerenciamento de crises coletivas (v. K. J. Hopt, "Labor representation on corporate boards: impacts and problems for corporate governance and economic integration in Europe", cit., pp. 203-214). É importante notar que no plano das consequências econômico-jurídicas, a coparticipação germânica tem sido criticada por literatura de forte viés neoclássico. Estudos de *corporate governance* norte-americanos enumeram quatro características negativas dos órgãos de representação: grande tamanho (enquanto seriam desejáveis órgãos compostos de número reduzido de representantes, com subcomitês especializados); encontros pouco frequentes; pequeno fluxo de informações e altos índices de conflitos de interesses. As principais consequências desse conjunto de fatores seriam a vagarosidade e burocratização das decisões e aumento de custos para a empresa. Aliada à tradição concentracionista das empresas alemãs, o sistema de cogestão administrativa seria também causa da fragilidade do mercado acionário alemão (para maior detalhamento, v. M. J. Roe, "German codetermination and German securities markets", in *Columbia Journal of European Law* 5, 1999, pp. 199-202 e 209-211). Esse tipo de crítica, de forte viés neoclássico, claramente subestima o valor da cooperação capital-trabalho na eficiência empresarial, e na criação de uma estrutura administrativa profissional em uma realidade econômica concentrada (onde o controlador tem poder incontrastável), como é o caso da realidade alemã e brasileira. Nesse sentido é interessante observar a avaliação fortemente positiva feita por Comissão de Professores que realizam a avaliação dos efeitos da *Mitbestimmung* para o governo alemão. Entre as principais vantagens mencionadas destacam-se: os efeitos positivos para a eficiência das empresas decorrentes da cooperação capital-trabalho (*Produktivität der Kooperation*) e a introdução de formas de gestão não hierárquicas e baseadas em constantes fluxos de informação. A conclusão é que "Die zukünftige Entwicklung der Mitbestimmung muss dem *Leitbild einer kooperativen, dezentralisierten, beteiligungsorientierten und informationsintensiven Unternehmenskultur* verpflichtet sein" (v. Bericht der Kommission Mitbestimmung, Bonn, entregue em 19 de maio de 1998, realizada por um grupo de Professores coordenado por W. Streeck, Max-Planck-Institut für Gesellschaftsforschung).

forma apenas propositiva no artigo 140, parágrafo único, da Lei 10.303 em relação ao Conselho de Administração ("o estatuto poderá prever a participação no conselho de representantes dos empregados, escolhidos por voto destes, em eleição direta, organizada pela empresa em conjunto com as entidades sindicais que os representam").

De outro, a proteção dos minoritários, bandeira eterna das legislações societárias brasileiras, continua a ser tratada como uma forma de proteção de um interesse externo à sociedade. Os benefícios criados em matéria de extensão do preço pago pelo controle (o art. 254-A, *caput*, prevê "a alienação, direta ou indireta, do controle de companhia aberta somente poderá ser contratada sob a condição, suspensiva ou resolutiva, de que o adquirente se obrigue a fazer oferta pública de aquisição das ações com direito a voto de propriedade dos demais acionistas da companhia, de modo a lhes assegurar o preço mínimo igual a 80% (oitenta por cento) do valor pago por ação com direito a voto, integrante do bloco de controle") e mesmo a possibilidade de participação no conselho de administração só fazem confirmar essa tendência.

A primeira, por deixar claro que a única alternativa para o minoritário no momento da aquisição do controle é deixar a sociedade. A possibilidade de controle de seus rumos e dos objetivos do novo controlador fica então completamente afastada.

De outro, é indiscutível que as regras sobre participação no conselho permitem no máximo uma maior oportunidade de informação e não de efetiva coparticipação nas decisões sociais mais importantes (v. art. 141, §§ 4º a 8º). Aliás, como se verá adiante, criam, isso sim, novas hipóteses de conflito de interesses por parte dos minoritários, que devem ser agora abordados. É o que se fará abaixo no subtópico relativo à afirmação da regra de conflito.

5.2 *Soluções baseadas na regra de conflito*

As regras acima mencionadas, que permitem a participação dos minoritários no Conselho de Administração da companhia, criaram um problema a mais de conflito.

É impossível através da regra societária proibir o concorrente de adquirir participação na companhia. É viável, no entanto, nessa hipótese como em outras, proteger o Conselho de Administração do conflito de interesses. Para tanto, o § 3º do artigo 147 da lei societária, em seu inciso

I, impede a participação no Conselho de Administração de administradores de empresa concorrente. O referido dispositivo faz só referência a cargos ocupados sem concorrentes. Evidentemente a posição de acionista controlador do concorrente deve em tudo e por tudo ser assemelhada à do concorrente, até por força do inciso II do mesmo parágrafo.

Esta última regra (inciso II), que prevê a impossibilidade de eleição do conselheiro que "tiver interesse conflitante com o da companhia", aliás, é a mais criticável da Lei 10.303 em matéria de conflito de interesse. Reaviva para o Conselho de Administração as incertezas implícitas no artigo 115, *caput*, da lei societária.

A situação de conflito (no caso, material) de interesse só pode ser apurada com uma competente, e corajosa, investigação da situação e, como visto acima, tratando-se de direito material, do comportamento culposo ou não do administrador.

Na verdade, essa regra cria uma grave incongruência na lei. A referida regra não é capaz de garantir qualquer poder para o minoritário, já que consagrado o critério material e afastado o formal será praticamente impossível afastar o representante do controlador de qualquer decisão importante, incluindo as hipóteses em que o conflito formal é evidente.

Sua situação permanece, portanto, a de um acionista completamente alheio aos negócios e à formação da vontade social, um acionista minoritário externo.

Finalmente, ainda entre as modificações que podem indiretamente influenciar a regra de conflito, procura o artigo 163, IV, criar nova competência para o Conselho Fiscal. Além de auditor interno das contas, passa a ser encarregado do cumprimento do interesse social. Passa a ser, portanto, um Conselho Fiscal híbrido, capaz de influir sobre as contas e méritos das decisões. Ocorre que naquele há poder de definir o mérito e, portanto, o interesse social. No Conselho Fiscal brasileiro a utilização do termo interesse social é dúbia. Não há, como visto (*supra*, item 3), forma conveniente de defini-lo, e, ainda que fosse possível, esta não poderia ou deveria dar-se no Conselho Fiscal.

A interpretação construtiva que pode ser dada à referida norma é no sentido de consentir em uma contribuição do Conselho Fiscal e para a interpretação do interesse social. Tal interpretação deverá fornecer subsídios a uma definição arbitral ou judicial do interesse social, solução que ora se impõe. Esse tipo de solução, ainda que imperiosa no caso, é sensivelmente inferior à organizativa. Acaba-se confiando a decisão sobre os rumos da empresa a ente não habituado e vocacionado a tal e que, sobretudo após o veto presidencial à Lei 10.303 (que impediu as modificações ao artigo 161 da lei societária), continua a ser dominado pelo controlador. A superioridade da solução organizativa, sobretudo aquela voltada a incluir todos os interesses envolvidos pela sociedade em sua representação interna, resulta evidente.

6. Conclusão

A conclusão só pode ser de frustração em relação às mudanças introduzidas pela Lei 10.303, de 31 de outubro de 2001, no tema em análise. O problema do conflito permanece sem solução. Em ausência de solução organizativa profunda, compatível com nossa realidade social e econômica, assim permanecerá sempre.

Os aportes trazidos pela Lei 10.303 em matéria de regra de conflito colaboram para o aumento da informação do minoritário e do mercado sobre a situação interna da sociedade e o comportamento de acionistas e administradores, que, no entanto, continuam a não ter o mínimo poder para utilizá-la em benefício da própria companhia. O interesse da companhia continuará, portanto, identificado ao interesse de seu controlador, a não ser que juízes e/ou árbitros reconheçam a existência da hipótese de conflito formal na parte final do artigo 115, § 1º da Lei de 1976 (não modificado na reforma de 2001).

De outro lado, como foi visto, a solução organizativa para o problema de conflito em maior grau e a solução através da regra de conflito em menor grau constituem importantes elementos para a redução das crises de excesso de concentração de poder e (falta de) confiança, que têm sido tão destrutivas para o mercado de capitais brasileiro. A sensação geral é, portanto, de – mais uma – oportunidade perdida.

Capítulo VII
CONFLITO DE INTERESSES: NOVAS ESPERANÇAS

1. Introdução: novo e antigo. 2. A recente evolução e as esperanças. 3. Conclusão: a solução e o mundo infantil.

1. Introdução: novo e antigo

Talvez de todos os temas abordados nesse livro, o do conflito de interesses seja o que traz em si, de maneira mais evidente, a fricção entre o novo e o antigo.

Tema discutido desde a lei de 1976, há trinta e cinco anos, recebeu durante trinta e quatro da doutrina e jurisprudência majoritárias um tratamento do passado.

Explico-me. O direito como um todo viveu durante muitos anos (e ainda vive), em consequência da absoluta prevalência da concepção positivista em sua doutrina e academia, sob o reinado do que se pode chamar de nominalismo ou conceitualismo vazio.

Certos conceitos eram – e muitos ainda são – tidos como fundamentais para a "ciência do direito – sem que jamais se indague de sua função ou dos interesses que são por eles protegidos (ou desprotegidos)". A consequência era e é um direito dos doutos, cheios de si ao indagar e exigir de alunos o conhecimento de conceitos cuja utilidade ou função jamais perquiriam. Só o cruzamento lógico entre tais conceitos fazia o bom professor e bom aluno, ainda que não se soubesse ao que essa ciência ensimesmada servia.

Com o conflito de interesse aconteceu algo bem parecido. A doutrina procurava fazer uma construção teórica elegante e justificar porque a disciplina da lei deveria ser entendida dessa ou daquela maneira. O descumprimento do texto expresso da lei (art. 115) era justificado em intimista e lógico encadear de conceitos. Tudo sem cuidado ou preocupação com os efeitos dessa regra sobre os interesses envolvidos.

O mundo prático, mais atento aos interesses envolvidos, aproveitou-se dessa cegueira teórica da doutrina para manter durante anos a posição do acionista – e particularmente do acionista controlador – inexpugnável a qualquer contestação.

Não era possível impedir o seu voto, mesmo nos mais claros casos de interesse pessoal envolvido na decisão. Por outro lado, o controle posterior do conteúdo da decisão não era e não é factível, seja pela demora de uma sentença definitiva de mérito seja pela aversão do Judiciário em entrar no mérito das decisões assembleares.

Essa posição confortável do controlador e acomodada (para dizer o mínimo) da doutrina começou a ser abalada com a grande crise do mercado de capitais brasileiro do início do ano 2000. A fuga em massa de empresas brasileiras para mercados mais consistentes em matéria de proteção dos investidores e consequentemente mais líquidos, levou muitas empresas a uma autocrítica de suas práticas internas, que teve sua representação mais concreta na criação do Novo Mercado da Bovespa.

Ora, um mercado que se quer novo não é compatível com as antigas práticas de voto em conflito. Daí porque a recente e auspiciosa mudança de rumo da CVM em matéria de conflito de interesses nada mais representa que uma adaptação aos novos tempos e ao novo tipo de mercado acionário que o Brasil precisa ter. À análise dessa mudança de posição e às suas razões que se dedicarão os tópicos a seguir.

2. *A recente evolução e as esperanças*

Os últimos anos assistiram a um interessante movimento de estímulo, por parte da Comissão de Valores Mobiliários, de novos padrões de comportamento ao ambiente corporativo e às relações tuteladas pelo direito societário.

Encontro o primeiro passo, ainda que tímido, desta trajetória na aprovação do Parecer de Orientação 34, de 18 de agosto de 2006, acerca do impedimento de voto do acionista controlador nos casos de operações de incorporação e incorporação de ações, em que sejam atribuídos diferentes valores para as ações detidas por controladores e minoritários e para ações de diferentes espécies ou classes. O reconhecimento de um benefício particular ao controlador nestas transações levou a autarquia a identificar hipótese de proibição de exercício do direito de voto. A relevância desse primeiro passo foi no entanto reduzida pela interpretação restritiva que foi dada ao artigo 115 abrangendo apenas os caso de benefício particular (relação de troca desproporcional) e não os casos de interesse conflitante (previsto de forma literal no mesmo artigo 115).

Outro passo relevante, mais ainda excessivamente cauteloso, foi dado no Parecer de Orientação imediatamente seguinte (35), que versou sobre os deveres fiduciários de administradores, em operações de fusão, incorporação e incorporação de ações envolvendo a sociedade controladora e suas controladas ou sociedades sob controle comum. A ideia de explicitar os deveres fiduciários em tais situações é louvável em vista da recomendação de procedimento voltado a evitar favorecimentos indevidos. A autarquia aconselha (i) que a negociação das operações seja feita por um comitê especial independente, que deve submeter recomendações ao conselho de administração da companhia, ou, alternativamente, (ii) que a operação seja aprovada pela maioria dos acionistas não controladores. Se a primeira das hipóteses presta-se a um cumprimento meramente formal, ou seja, corre-se o risco de constituição de comitês ligados ao controlador que legitimem operações contestáveis, a segunda sugere caminho interessante e bastante próximo ao reconhecimento do conflito de interesses formal. Ciente talvez da armadilha que havia criado para si mesma com a primeira das hipóteses de solução (a criação do comitê poderia servir para legitimar operações realizadas em conflito) o recente entendimento do colegiado da CVM foi no sentido de impor o segundo dos requisitos (aprovação pela maioria dos não controladores). Este entendimento da CVM, como se verá abaixo, traz esperança àqueles que se debruçam sobre a matéria.

Em sequência, houve o Caso Duratex,[1] em que se declarou o impedimento de voto por benefício particular em decorrência de diferença entre a relação de substituição de ações de minoritários e do controlador em caso de incorporação da companhia. No caso, não se admitiu a justificativa de que a disparidade na relação de troca teria como base a utilização, com relação ao valor aplicável aos minoritários, do percentual de prêmio de controle previsto no artigo 254-A da lei acionária. Con-

1. Processo RJ 2009-5811, julgado em 28.7.2009.

siderando-se o impedimento dos acionistas beneficiados, o Colegiado indicou que a companhia poderia convocar assembleia especial para que preferencialistas decidissem sobre a operação, caso todos os acionistas com direito a voto se encontrassem impedidos.

Em setembro 2010, assisti com alegria a um avanço, mais corajoso e expressivo. A CVM retomou o antigo entendimento de que o conflito de interesses é causa de impedimento de exercício do direito de voto e não deve ser apurado apenas após a participação do acionista conflitante na deliberação assemblear. O caso Tractebel[2] indica novos rumos especialmente à relação entre controladores e minoritários, ao esclarecer que em situações de conflito o acionista interessado deve necessariamente se abster e deixar aos demais a formação da maioria necessária para a aprovação da matéria. O processo foi iniciado por consulta da própria companhia, que questionava acerca da possibilidade de participação de acionista em deliberação destinada a aprovar a celebração de contrato bilateral em que o próprio acionista figurava como parte, especialmente se o conselho de administração da companhia criasse um comitê, formado por uma maioria de administradores independentes, que ficaria incumbido de negociar transações com partes relacionadas. Em decisão quase unânime, o Colegiado entendeu tratar-se de hipótese clara de conflito de interesses à qual se aplica o impedimento de voto previsto no artigo 115, § 1º, da Lei 6.404/76. Afastou-se, assim, o velho embate entre conflito material e conflito formal, afirmando-se a obrigatoriedade da abstenção do acionista conflitante.

Alguns temas tratados nos votos merecem destaque, motivo pelo qual haverá referência específica aos votos em que esses temas – aqui considerados relevantes – foram tratados.

O então Diretor Marcos Barbosa Pinto, relator do caso, sustentou seu posicionamento com base em diferentes tópicos, dentre eles a incompatibilidade da tese do conflito substancial com o texto da lei acionária e as vantagens econômicas decorrente da aplicação da regra de impedimento. Em primeiro lugar, indicou-se haver nítido antagonismo entre o dispositivo aplicável ("o acionista não poderá votar") e a ideia de que o conflito deve ser apurado *a posteriori*, ou seja, após a manifestação de voto pelo acionista, sendo certo que este posicionamento faria letra morta da lei na medida em que igualaria a hipótese de conflito

---

2. Processo RJ 2009-13179, julgado em 9.9.2010.

(art. 115, § 1º) ao abuso de voto (art. 115, *caput*). Da mesma forma, argumentou que a alegação de que o conflito depende da existência de interesses irreconciliáveis e, portanto, apuráveis após o exercício do voto, não pode ser admitida, pois, se assim fosse, casos nítidos de conflito, como o voto acerca da avaliação de bens contribuídos ao capital, não precisariam envolver impedimento do interessado sempre que a avaliação fosse correta e, assim, beneficiasse ambas as partes. Ainda em interpretação ao dispositivo legal, o Diretor ressaltou que as sanções legalmente previstas ao exercício de voto conflitante não favorecem a teoria do conflito material. Por um lado, a anulabilidade é o remédio jurídico usual para vícios de deliberações societárias e, por outro, não faria sentido determinar a devolução das vantagens obtidas pelo acionista em conflito caso se considerasse legal o prévio exercício de seu voto. Enfatizou, também, que a interpretação pelo conflito substancial autoriza exatamente a circunstância que a lei buscou evitar, qual seja, a criação de risco de prejuízos sociais pela atuação do acionista em benefício próprio. Sobre este aspecto, o voto corretamente observou que este risco é ainda maior no Brasil, local em que o Poder Judiciário não se encontra, em geral, preparado para lidar com questões societárias, as quais demandam julgamento acentuadamente célere. Também por este motivo, é imprescindível a proibição de voto em casos de conflito de interesses.

Argumentos econômicos intuitivos também foram utilizados para embasar a manifestação do mesmo Diretor. Para refutar a alegação de que o impedimento de voto levaria à perda de oportunidades empresariais pela companhia, lembrou que operações valiosas submetidas à assembleia não seriam vetadas caso fossem benéficas à companhia e, indiretamente, aos minoritários, simplesmente pelo fato de contarem com o controlador como contraparte. Sob a mesma lógica, a regra de vedação do exercício do voto, ao invés de afastar negociações eficientes, promoveria a eficiência econômica,[3] evitando que o controlador aprovasse negócios – estes sim, nitidamente ineficientes – que lhe seriam vantajo-

---

3. A utilização do termo eficiência é decorrência ainda, em minha opinião, da enorme pressão que exerce a ciência econômica tradicional e de seus conceitos sobre o mercado. O termo é amplo demais e despido de significado jurídico definido. Melhor seria ter simplesmente feito referência a decisões contrárias ou não ao interesse da companhia, pois nesse caso a identificação do interesse social não exige passeios teóricos, mas a simples negação do interesse pessoal do acionista.

sos em prejuízo à companhia ou ao menos em termos que seriam a ela menos favoráveis. Tema de extrema importância também foi abordado no voto do Diretor. Cuida-se do prejuízo ao mercado de capitais que decorre da ausência de punição aos controladores que atuam de forma a expropriar acionistas minoritários. A ausência de devida proteção a investidores promove um mercado menos robusto, menores níveis de investimento e, consequentemente, menor desenvolvimento nacional. Por fim, a experiência do direito comparado foi corretamente lembrada para indicar que em diversos locais, como no Reino Unido e nos Estados Unidos, controladores de companhias listadas não podem exercer o direito de voto nas situações em que detenham interesse.

Da mesma forma, parece interessante mencionar alguns dos assuntos abordados pelo Diretor Otavio Yazbek. Após cuidar do debate histórico travado na Itália acerca da interpretação do dispositivo de conflito de interesses, o artigo 115 da lei acionária brasileira foi analisado para demonstrar que não se pode confundir as figuras do voto abusivo e do conflito, sendo imperioso reconhecer as diferenças entre as regras lá e cá previstas. Aponta ser incorreto imaginar que o § 1º do artigo 115 faria previsão de hipóteses tão distintas, aplicando a vedação a algumas e a mera determinação de voto conforme o interesse social ao caso de conflito, sem proceder a qualquer qualificação. O voto, ademais, refuta o argumento de que o impedimento representaria afronta ao direito subjetivo de voto atribuído aos acionistas. Quanto ao tema, afirma-se corretamente que o direito de voto não pode ser tratado como fundamental e absoluto (ou seja não passível de qualquer limitação), devendo o seu exercício observar limitações legalmente previstas, dentre elas, a de se abster em caso de interesse conflitante com o da companhia. No que tange ao acionista controlador, o Diretor destacou, ainda, o caráter da regra, que age de forma a prevenir prejuízos causados por agente dotado de posição privilegiada em relação à companhia ou favorecido por assimetrias informacionais. Ao final, concluiu que a celebração de contratos com o controlador, tal qual no caso, constitui um dos clássicos casos de conflito de interesses a ser lidado mediante o impedimento do exercício do direito de voto do interessado.

Os termos da consulta da Tractebel e a sua decisão demonstram que o elogiável movimento verificado no âmbito da CVM e acima descrito inaugura novos fundamentos não apenas para os casos especificamente tratados nos normativos e decisões. É de se esperar que CVM mantenha-se firme nessa corajosa linha.

3. Conclusão: *a solução e o mundo infantil*

Soluções jurídicas parecem mais simples e naturais quando desencapadas da – muitas vezes inútil – vestimenta teórica e formuladas em termos simples.

É o caso do conflito de interesses e de sua aplicação no sentido formal, como proibição de voto, sentido no qual o sistema brasileiro, após 25 anos de cegueira, parece mover-se. Independentemente de toda a justificativa prática e teórica discutida acima, a verdade é que se trata, nada mais nada menos, de uma regra de conteúdo ético básico a ser aplicada no mundo empresarial ou fora dele.

A contraprova disso tive há pouco tempo, em uma conversa com meu filho de 8 anos. Por acaso, viu um texto meu em que falava de conflito de interesses, com aquele desagradável linguajar teórico tão típico do direito, e perguntou-me o que significava.

Ciente de minha pouca clareza, pensei em um exemplo para explicar-me. Perguntei a ele como se comportaria se quisesse vender um livro ou objeto qualquer seu para sua classe na escola e a classe fosse se reunir para deliberar sobre o assunto. Indaguei se gostaria ou não de participar da deliberação.

A resposta veio pronta: – De jeito nenhum. Eu me envergonharia.

Toda a construção teórica feita a favor ou contra o reconhecimento da proibição de voto perderia utilidade se o mundo empresarial apenas e simplesmente, sem floreios, adotasse os padrões éticos do mundo infantil e sentisse vergonha de situações de conflito.

Capítulo VIII
ACORDO DE ACIONISTAS COMO INSTÂNCIA DA ESTRUTURA SOCIETÁRIA

1. Acordo de acionistas como pacto parassocial. 2. Realidade e disciplina parassocietária no direito brasileiro. 3. A disciplina parassocietária do acordo de acionistas no sistema brasileiro: 3.1 A integração incompleta do artigo 118: 3.1.1 Limitação do objeto do acordo; 3.1.2 Eficácia do acordo; 3.2 A reforma da lei das sociedades e o acordo de acionistas. 4. Conclusão.

A discussão em torno do acordo de acionistas tem se centrado nos últimos anos em torno de temas aplicativos. A preocupação central tem sido a discussão sobre efeitos, abrangência e consequências do acordo, tudo naturalmente precedido da tradicional e inafastável análise de sua natureza jurídica.

A presente discussão tem uma proposta metodológica diversa. O ponto de partida é o raciocínio teórico sobre a função do acordo de acionistas dentro do sistema societário, proposta, portanto, eminentemente teórica para, a partir de então, estudar as formas de adaptação da disciplina prática a esse esquema teórico. É a partir da maior ou menor adaptação da disciplina jurídica à tipologia teórica do instituto, que será possível (utilizando-se aqui a tradicional metodologia de Larenz) avaliar a utilidade e coerência do tipo. Feito isso será possível, em conclusão, revisitar a disciplina do acordo de acionistas (e suas recentes modificações) em uma visão prospectiva, procurando interpretá-lo de forma consentânea com as funções a que é chamado a representar dentro e fora da sociedade.

1. Acordo de acionistas como pacto parassocial

O reconhecimento, mais ou menos pacífico em doutrina, da parassocialidade dos acordos de acionistas tem relevantes implicações teóricas. Implica reconhecer uma separação do acordo de acionistas da disciplina típica, legal e estatutária. Separação na fonte e na eficácia.

Na fonte, pois são negócios geneticamente distintos dos contratos de sociedade. Criados com intuito associativo, não podem ser tratados como contratos sinalagmáticos, exatamente porque a cooperação em torno de objetivo comum é, via de regra, o seu objetivo e característica principal. Também não é contrato de sociedade perfeito, por lhe faltar o registro e a tipicidade societária. Daí decorre sua caracterização frequente como sociedade de fato.

Ocorre que dessa classificação poucos efeitos aplicativos podem ser derivados. Pode-se fazer um ensaio de construção tipológica, refinando-se um pouco a *fattispecie*. Assim é possível caracterizar hipóteses de acordo de acionistas não escrito, onde a característica associativa decorre do comportamento comum (típica presunção no caso das sociedades de fato[1] – cf. *v.g.* o que previa o revogado artigo 305, inciso I, do Código Comercial brasileiro).[2] Mas, além dessas discussões de *fattispecie* não se pode chegar. Não é possível daí retirar qualquer luz para a disciplina. Exatamente porque a disciplina do acordo de acionistas depende basicamente do nível de reconhecimento societário atribuído a pactos parassociais.

Daí porque assume papel essencial a discussão da eficácia específica dos pactos parassociais. Quanto a esta, considera a doutrina que não tem o vínculo parassocietário a consistência típica das relações sociais onde, por exemplo, a impessoalidade das relações e a permanência do objeto e da identidade societária são características essenciais da relação entre os sócios. Consequentemente, não é de se imaginar que os vínculos parassociais possam modificar a relação societária.

1. Em doutrina, a caracterização do acordo de acionistas como sociedade de fato também encontra forte acolhida – "O negócio pelo qual um grupo de acionistas contrata exercer seu direito de voto de modo uniforme é de natureza societária, haja ou não personificação da sociedade" (cf. A. Lamy Filho, J. L. Bulhões Pedreira, "Acordo de acionistas", in *A Lei das S.A.*, Rio de Janeiro, Renovar, 1996, pp. 284 e ss.).

2. Era o que ocorria, por exemplo, na vigência da Resolução 401 do CMN sobre oferta pública de aquisição de ações e controle da companhia aberta. A previsão do artigo 1º de aplicação da disciplina caso houvesse transferência do bloco de controle, como tal entendido, além daquele constituído por acordo de acionistas, também aquele criado por comportamento e/ou voto idêntico de acionistas nas três últimas Assembleias, era sem dúvida aplicação do critério da "negociação promíscua em comum", utilizado para a caracterização de sociedades de fato.

Aqui, portanto, da teoria dos pactos parassociais é possível retirar a primeira conclusão útil para a análise dos acordos de acionistas. De sua característica parassocial decorre a impossibilidade destes modificarem a relação social. Podem apenas modificar as relações entre as partes, em certos casos com força vinculante para a sociedade.

O grau de vinculatividade para a sociedade dessas modificações parassocietárias dependerá diretamente do nível de reconhecimento legal dessas realidades. Aqui, portanto, encerra-se a utilidade da natureza parassocietária do acordo de acionistas, devendo os estudos da eficácia direcionarem-se para o regramento societário específico do acordo de acionistas.

Para entender quais os efeitos do acordo é preciso, portanto, entender seu modo de ligação à estrutura societária. Isto porque é através da estrutura societária que esses acordos de acionistas ganham relevância para o mundo exterior, pois seu objetivo é produzir efeitos e mudanças na sociedade. Por outro lado, é exatamente no relacionamento com a estrutura societária que o acordo de acionistas, como contrato parassocial, tem maior potencial de conflito.

Não por outra razão, são exatamente os defensores da natureza parassocietária do acordo que defendem com ardor a incoerência da produção de efeitos para terceiros ou para a sociedade.[3]

Tal tipo de opinião, que tem como fundamento axiológico a inconveniência do reconhecimento societário de centros parassocietários de poder, parece pecar pela falha de compreensão da força que a realidade dos fatos tem e deve ter sobre a disciplina jurídica do acordo.

Não é possível negar a existência de centros parassocietários de poder. É preciso então torná-los públicos e disciplina-los, exatamente para que não se tornem incontroláveis. Essa é a razão por que boa parte da discussão em torno dos acordos de acionistas acaba por centrar-se e deve se centrar em torno do tema de eficácia societária de tais acordos e dos requisitos para que venham a ter eficácia.

E é aí – e não na simples negativa de reconhecimento do caráter societário – que a ideia de pacto parassocietário mais frutifica. Permite selecionar o conteúdo dos acordos, impedindo que produzam efeitos

---

3. G. Oppo, "Le convenzioni parasociali tra diritto delle obbligazioni e diritto delle società", in *Diritto delle società – Scritti giuridici* II, Padova, Cedam, 1992, p. 180.

perante a sociedade e terceiros acordos que, parassocietários – sem a consistência do vínculo societário –, visem a diretamente substituí-lo. Não impedem, e não poderiam impedir, que se formem no interior das sociedades subvínculos societários entre sócios, conhecidos e bem disciplinados, desde que não afetem a matriz principal da relação societária. Esses centros parassocietários são também úteis e necessários do ponto de vista teórico, pois contribuem para a ampliação da tipologia interna da sociedade anônima,[4] possibilitando o aparecimento de um tipo de utilidade econômica jurídica múltipla.

4. Um acordo entre sócios terá natureza parassocial na medida em que tratar de temas relativos à sociedade, complementando (e não substituindo) a regulamentação (legal ou estatutária) que norteia a sociedade. O acordo parassocial é negócio jurídico autônomo com a nítida função de estabelecer vínculos tão somente entre os seus participantes – limitando-se seus efeitos à esfera pessoal dos que a ele se submetem –, tendo sua legitimidade e razão de ser fundadas no contrato de sociedade (sobre sua acessoriedade em face do contrato social, v. G. Rescio, "La distinzione del sociale dal parasociale", in *Rivista delle Società*, anno 36 (1991), marzo-giugno 2º-3º, pp. 596 e ss.). O ponto de distinção entre contrato social e pacto parassocial fundado na produção de efeitos adquire relevância na medida em que nem sempre há como delimitar com precisão características específicas à relação societária principal e específicas ao pacto parassocial. A diferenciação de ambos só poderia ser feita recorrendo-se a aspectos gerais. Nesse sentido, v. K. Larenz, ao comentar a caracterização do tipo contrato de sociedade: "Die im Gesetz vorangestellte Kennzeichnung, die keine und abschliebende und hinreichend genaue Definition darstellt, bedarf der Ergängung durch eine Veilzahl von Zügen, die sich durch Rückschlub aus der gesetzlichen Regelung ergeben Dieser Rückschlub steht unter Voraussetzung dab die gesetzlichen Regeln dem gemeinten Typus adäquat sind, dab sie auf ihn 'passen' (...) Dementsprechend kommt es bei der Zuordnung eines bestimmten Vertrages zum Vertragestypus nicht so sehr auf die Übereinstimmung in allen Einzelzügen, als auf die des Gesamtbildes an." (in *Methodenlehre der Rechtswissenschaft*, 6ª ed., G. Verlag, 1991, pp. 467-468 – "A caracterização antecipada na lei, que não impõe uma definição definitiva e suficientemente precisa, necessita de ser completada com uma multiplicidade de traços, que resultam por dedução da definição legal. Essa 'dedução' está subordinada ao pressuposto de que as regras legais possam se adequar ao tipo pensado, que 'se ajustam' a ele (...) De acordo com isto, a coordenação de um contrato determinado ao tipo contratual não depende tanto da coincidência em relação aos traços particulares, mas da 'imagem global'. Os desvios notórios da imagem global do 'tipo normal' classificar-se-ão como tipos especiais ou como 'configurações atípicas'. Onde reside em cada caso a fronteira, até onde é possível ainda uma coordenação a este tipo, não pode indicar-se de modo geral; quando as fronteiras são fluidas, como é geralmente o caso tratando-se do tipo, a coordenação só é possível com base numa avaliação global" – tradução retirada do livro *Metodologia da ciência do direito*, 3ª ed., Lisboa, Fundação Calouste Gulbenkian, 1997, pp. 665 e 666). À impossibilidade de rigidez tipológica dos contratos de sociedade corresponde a possibilidade de, a partir de um único

2. Realidade e disciplina parassocietária no direito brasileiro

Para compreender a filosofia legislativa brasileira em matéria de centros de interesse parassocietários é preciso rememorar certas características (de resto bem conhecidas) da realidade histórico-societária brasileira.

Os reais efeitos dos dispositivos societários só se tornam compreensíveis com conhecimento da realidade da situação societária no Brasil. O sistema de repartição de poderes da Lei 6.404 levou em conta tal realidade, tendo sido elaborado em torno da figura do acionista controlador, verdadeiro centro decisório da sociedade.[5] Como já afirmamos na passagem acima indicada, pode-se caracterizar a consagração de seu poder, sobretudo na criação de um órgão qualificável como intermediário entre os administradores e a Assembleia Geral. Trata-se do Conselho de Administração, composto exclusivamente por acionistas, ao qual foram atribuídas algumas das principais decisões sociais, dentre as quais a fixação da orientação geral dos negócios sociais (art. 142, inc. I) e

tipo, originarem-se diferentes modelos organizativos: "Alla tipizzazione della società – e qui si torna as assegnare al vocabolo *tipo* ed ai suoi derivati una valenza semantica che lo rende sinonimo di fattispecie contrattuale di un dato contenuto – il nostro diritto provvede operando su due piani: quello della funzione (o del *perchè* ci si associa) e quello dell'organizzazione (o del *come* si agisce in associazione). Ad un unico modello funzionale (quello descritto dall'art. 2.247 c.c.) sono ancorati più modelli organizzativi, i tipi, appunto, di società: la funzione societaria può insomma realizzarsi avvalendosi di uma pluralità – per di più 'aperta' quando ai c.d. rapporti interni – de codici organizzativi. La società per azioni è uno di questi codici" (P. Spada, "Dalla nozione al tipo della società per azioni", in *Rivista di Diritto Civile*, anno XXXI, 1985, parte I, p. 129). Ora, é exatamente em função dessa fluidez tipológica que o acordo de acionistas permite melhor caracterizar, multiplicando os modelos econômico-jurídicos de sociedade anônima: "Si è affermato, sia nella nostra letteratura che nella letteratura straniera, chi non vi sarebbe società di un qualche rilievo intorno alla quale non si intreccino accordi di questo tipo, con la funzione di adeguare lo schema societario all'intento e agli interessi concreti delle parti e quindi, in qualche modo, di 'personalizzare' la disciplina dell'istituto. Paolo Spada si è chiesto se non sia giunto il momento per pensare, più che *alla* società per azioni, *alle* società per azioni; e già in effetti ci pensiamo, alle più società per azioni, anche se per la verità in modo discorde. Forse a quell'interrogativo ci può in qualche misura sottrarre la valutazione e l'applicazione di questo tipo di accordi, i quali senza moltiplicare *le* società per azioni, moltiplicano le utilità pratiche *della* società per azioni" (G. Oppo, "Le convenzioni parasociali tra diritto delle obbligazioni e diritto delle società", cit., p. 177).

5. Cf. F. K. Comparato, "A reforma da empresa", cit., p. 68, que considera esse reconhecimento "um dos grandes méritos da reforma do direito acionário no Brasil em 1976", sobretudo porque permitiu a identificação do empresário.

a nomeação, destituição e fixação das atribuições dos administradores (art. 142, inc. II).[6]

Mas não apenas os órgãos administrativos são irrelevantes. A própria Assembleia Geral é muito esvaziada. Inexistente uma regra coerente sobre conflito de interesses dos acionistas (v. *supra*, Capítulo VI), esta se transforma em mero rito homologatório das decisões do controlador.

Consequência lógica de todo esse esvaziamento societário é a necessidade de reconhecimento de centros parassocietários de poder e de imputação de direitos e obrigações. Nada mais natural, dentro dessa lógica concentracionista da lei, do que ver na figura do controlador esse centro de poderes, deveres e obrigações. Daí a justificativa dos artigos 116 e 117 da lei societária. O artigo 116, parágrafo único, chega inclusive a conter verdadeira declaração de princípios parassocietária. Os objetivos institucionais, ao invés de, como seria natural, serem imputados à sociedade, são aos controlados.

Este é que deve "usar o poder com o fim de fazer a companhia realizar seu objeto e cumprir sua função social", sendo a companhia mero instrumento de passagem do exercício desse poder-dever. Note-se que, desde que admitida a visão pluralista de personalidade jurídica, deve-se atribuir certo grau de personificação ou de subjetivação jurídica à figura do controlador.[7]

6. Esse órgão de intermediação entre Assembleia e administração existe também na lei alemã. Trata-se do *Aufsichtsrat* que nas grandes empresas (mais de 2.000 dependentes) é composto, e aqui está a diferença mais relevante, por representantes dos empregados e dos sócios, com participação quase paritária. Diz-se quase paritária porque apesar de a representação ser numericamente igual, o presidente do colégio, ao qual é atribuído voto duplo em caso de empate, é um representante dos sócios (§ 29, 2 *Mitbestimmungsgesetz*, 1976).

7. A ideia de reconhecimento de personalidade jurídica a partir da imputação de direito e obrigações decorre da famosa crítica de W. Müller-Freienfels à teoria de R. Serick, na medida em que o primeiro afirma que o esquema regra-exceção do segundo errava ao ver na personificação jurídica, e consequentemente no seu contrário, a desconsideração, um fenômeno unitário. Para W. Müller-Freienfels, a pessoa jurídica nada mais é que um centro de imputação de direitos e deveres, sendo que a imputação do dever ou direito a esta ou aquela "pessoa" faz-se a partir da função da norma ("Denn es geht ja immer um die Frage, ob und inwieweit eine bestimmte Norm in einem konkreten Fall auf diese oder jene juristische Person ihren Sinn und Zweck nach im Zuge richtiger konkreten Fall charakteristischen Einzelheiten herausgearbeitet hat, darf man sich nicht zu verallgemeinerden Antworten verleiten lassen" – W. Müller-Freienfels, "Zur Lehre von sogennanten 'Durchgriff' bei juristischen Personen in Privatrecht", in *Archiv für die civilistiche Praxis*, 1957, p. 536).

Mesmo prescindindo dessa discussão teórica, é inegável que os artigos 116 e 117 são os principais elementos para a caracterização de deveres e responsabilidades em matéria societária, e que estes se referem a um centro parassocietário de poder – o controlador.[8]

Imperioso é então admitir a grande integração dessa instância parassocietária à realidade societária.

3. A disciplina parassocietária do acordo de acionistas no sistema brasileiro

Pode-se dizer que o acordo de acionistas, tanto quanto a figura do controlador, e até para reforço da figura do controlador, é reconhecido na lei brasileira como centro parassocietário de poder. O grau desse reconhecimento é o que se estudará a seguir.

3.1 A integração incompleta do artigo 118

Pode-se dizer que o artigo 118 da lei opera uma integração coerente entre as duas necessidades quase que opostas descritas acima.

De um lado, busca limitar a amplitude do acordo de acionistas, limitando-lhe o objeto. De outro, dá a esse acordo de acionistas com objeto limitado, reconhecimento e eficácia societária.

---

8. V. F. K. Comparato: "Na economia da nova sociedade anônima, o controlador se afirma como seu mais recente órgão, ou, se preferir a explicação funcional do mecanismo societário, como o titular de um novo cargo social. Cargo, em sua mais vasta acepção jurídica, designa um centro de competência, envolvendo uma ou mais funções. O reconhecimento de um cargo, em qualquer tipo de organização, faz-se pela definição de funções próprias e necessárias. Ora, tais funções existem vinculadas à pessoa do controlador, pelo menos do acionista controlador. No vigente direito acionário brasileiro, elas podem resumir-se no papel de orientar e dirigir, em última instância, as atividades sociais; ou, como se diz no art. 116, alínea *b* da Lei 6.404, no poder de 'dirigir as atividades sociais e orientar o funcionamento dos demais órgãos da companhia' (como reconhecimento implícito de que o acionista controlador é um dos órgãos da companhia). Trata-se de um feixe de funções indispensáveis ao funcionamento de qualquer entidade coletiva – como assinalamos anteriormente – e especialmente da sociedade anônima. Poderia, sem dúvida, o legislador manter essas prerrogativas funcionais diluídas no corpo acionário, tal como ocorria no passado. Preferiu, no entanto, desde a Lei 6.404, localizá-las no 'titular de direitos de sócio' que lhe assegurem, de modo permanente, a maioria dos votos nas deliberações da assembleia geral e o poder de eleger a maioria dos administradores da companhia" (*O poder de controle nas sociedades anônimas*, cit., p. 107).

3.1.1 Limitação do objeto do acordo

A primeira tendência corresponde ao reconhecimento do caráter parassocial do acordo e, portanto, da necessidade de limitar seu conteúdo a matérias que não influam na relação e na estrutura societária.

Das três matérias mencionadas no artigo 118 duas referem-se clara e exclusivamente à relação entre sócios (preferência e compra e venda) e uma à relação entre sócio e sociedade (voto).

Quanto às duas primeiras não há grandes problemas aplicativos. Tradicionais elementos de disciplina direta entre sócios, sequer cobertos pela lei societária (que não prevê disciplina para preferência na venda de ações e não traz disciplina de compra e venda, exceto o limite genérico do artigo 109), essas regras em nada afetam a relação ou estrutura societária.

A questão então que se poderia colocar em relação a essas duas matérias é a relativa à possibilidade de produção de efeitos para terceiros. Note-se, no entanto, que aqui não há qualquer divergência doutrinária. Como qualquer contrato, podem produzir efeitos para terceiros desde que registrados no órgão próprio. A oposição de G. Oppo à produção de efeitos perante a sociedade e terceiros pelo acordo de acionistas decorre muito mais de interpretação sistemática de dispositivos da lei italiana do que da natureza jurídica própria do acordo. Como em qualquer contrato, é possível a produção de efeitos/vinculação de terceiros, desde que existam órgãos de registro/publicidade próprios reconhecidos em lei. Tanto isso é verdade que o próprio autor reconhece a possibilidade de atribuição/caracterização do pacto parassocial como contrato a favor de terceiro, sendo o terceiro a própria sociedade.[9]

É evidente que essa produção de efeitos perante terceiros nem sempre leva a consequências isentas de problemas. Exatamente nessas hipóteses, como se verá, a integração do acordo de acionistas à realidade societária demonstra-se particularmente útil como cânone interpretativo.

Tome-se, por exemplo, o espinhoso caso da alienação indireta de ações (da empresa *A*) através da alienação de controle da *holding* (empresa *B*), que detém as referidas ações. Nessa hipótese, coloca-se tradicional questão em presença de cláusula de preferência: a alienação de controle de *B* representa alienação (indireta) de ações de *A*, a criar direi-

---

9. Cf. "Le convenzioni parasociali tra diritto delle obbligazioni e diritto delle società", cit., pp. 180 e 182.

tos de preferência para os demais acionistas de *A*? Em seguida, põe-se a pergunta: em caso de resposta positiva à questão anterior, qual o valor pelo qual deve ser exercida a preferência?

Ambas as dúvidas, analisadas sob o ponto de vista contratual, são de alta indagação e de difícil resposta, mesmo que se tenha em conta o caráter específico do contrato sob análise (plurilateral, associativo).

Analisado sob o prisma contratual, sobre a primeira questão sempre haverá a discussão da intenção das partes ao definirem a referida cláusula e dos dados objetivos que permitem presumir essa intenção. Discussões tópicas de direito privado que em muito dificultam a aplicação da cláusula.

Visto como integrante da estrutura societária a interpretação de um tal dispositivo se transforma. A natureza parassocietária passa a ser determinante para a definição da interpretação de uma tal cláusula.

Para que se integre à estrutura societária, mesmo sem modificá-la, é preciso determinar a característica societária do acordo. Criando verdadeira comunhão de objetivos, sociedade de fato entre os acordantes, é forte a probabilidade de imprimir caráter personalista à relação, o que leva à busca da identidade última dos sócios. Note-se que, em se tratando de pessoa jurídica, essa identidade pode ser descoberta apenas através de identificação da orientação do grupo empresarial ao qual pertence o detentor das ações. É, portanto, necessário garantir a identidade empresarial[10] do detentor das ações, pois é este que orienta a formação de uma sociedade personalista de fato dentro da pessoa jurídica. A identificação de alienações indiretas de ações para fins de aplicação da disciplina da preferência ganha assim em força e coerência.[11]

O mesmo ocorre, talvez com mais força, na avaliação do preço pelo qual deve ser exercida a preferência. O problema aí é mais sério, pois o acordo de acionistas via de regra não fornece parâmetros para a referida

10. Aqui identidade empresarial é usada no sentido de identidade de orientação de atividade do grupo de empresas considerado. Assim, alienações intragrupo não implicarão necessariamente uma alienação de ações, ao contrário das extragrupo, que via de regra terão esse efeito.

11. É de resto um raciocínio societário puro que faz doutrina e jurisprudência administrativa da CVM em peso reconhecer o fenômeno da alienação indireta de ações, aplicando a disciplina da venda de ações a essas hipóteses (v. nesse sentido Parecer/CVM/SJU 086/82: "é irrefutável, do ponto de vista econômico, que a alienação de poder de comando da sociedade controladora atinge, por via indireta, a transferência do controle da companhia controlada").

avaliação. Imagine-se novamente o caso complexo de alienação indireta de ações através da alienação do controle da *holding* mista. Como avaliar o valor das ações da empresa *A*, indiretamente alienada, se *B* tinha vários outros ativos? Como impedir que o adquirente em conluio com o vendedor fixe preço artificialmente alto por tal aquisição, atribuindo valor maior aos ativos em que há direito de preferência, para frustrar seu exercício? A resposta está novamente na correta integração e aplicação das regras societárias. A saída de acionista da sociedade de fato constituída pelo acordo de acionistas tem efeitos sobre a sociedade anônima (porque aquele integra a estrutura desta).

Devem-se, portanto, aplicar as regras gerais da avaliação de participação em companhias previstas no artigo 170 da lei societária.[12]

É interessante observar que as consequências da inserção do acordo de acionistas na estrutura societária parecem muito mais óbvias e naturais que a própria inserção como hipótese teórica.

A tendência é entender que a solução realmente não poderia ser outra a não ser utilizar o parâmetro legal existente. Compreender como isso implica (em um raciocínio indutivo) a inserção do acordo de acionistas como instância da estrutura societária não é tão curial.

Essa relação fica mais evidente e necessária naqueles casos em que, antes que naturais, as consequências da inserção do acordo na estrutura societária geram problemas doutrinários. É o que ocorre no que respeita aos acordos sobre exercício de voto (que são, de resto, o tipo mais comum). Aqui, de um lado, ressalta a característica societária (de fato) do acordo. De outro, a possibilidade de choque entre as disposições sobre voto dos estatutos e da lei.

A consequência desse aparente choque nada mais é que a contraprova da necessária inserção do acordo na estrutura societária. Os acordos (de voto) que têm a menor pretensão de legalidade são estruturados de forma a criar uma nova instância, anterior à instância propriamente societária em que o conteúdo de voto será definido, para predeterminação do voto.

12. Há, sem dúvida, longa discussão a respeito da aplicabilidade dos critérios de avaliação a cada hipótese societária específica (sobre a evolução, justificativas e utilização dos critérios de avaliação nas leis societárias brasileiras, v. M. Carvalhosa, *Comentários à lei de sociedades anônimas*, vol. 3, São Paulo, Saraiva, 1997, pp. 459 e ss.). Parece ser indubitável, no entanto, que a lista de critérios do artigo 170, acrescida do valor econômico previsto no artigo 45, é o conjunto básico de critérios para avaliação de qualquer participação.

Essa instância parassocietária é elemento fundamental para a legalidade[13] e coerência do próprio acordo.

Essa mesma inserção dos acordos de voto na estrutura societária tem outra consequência, não tão curial, sobre a sua disciplina. Exatamente por se inserir na estrutura societária, não pode contrariar sua disciplina obrigatória, mas apenas preencher suas lacunas. Assim, se dispositivo do acordo de voto for contrário à lei ou a disposição obrigatória do estatuto, não só o voto emanado segundo suas disposições é ineficaz perante a sociedade, mas também eventual descumprimento em Assembleia de voto predefinido em conformidade com o acordo não gera descumprimento contratual. Integrado à estrutura societária, o acordo é interpretado e sua eficácia depende destes (desde que, é claro, se pretenda que o acordo produza efeitos perante a sociedade).

Nota-se, portanto, que, quanto aos limites das matérias, a lei societária foi coerente na integração acordo/disciplina societária. O mesmo não se pode dizer em relação à disciplina da eficácia do acordo.

3.1.2 Eficácia do acordo

Em matéria de eficácia do acordo de acionistas, a lei não foi totalmente coerente (ao menos de forma expressa) com o objetivo (enunciado no item anterior) de integrar o acordo de acionistas à realidade societária.

A lei societária limitou-se a declarar (art. 118, § 1º) que, para produzir efeitos perante a sociedade, o acordo deve ser arquivado em sua sede, e para produzir efeitos perante terceiros, deve ser averbado no livro de registro de ações. Isso significa transformar a sociedade em órgão de registro oficial dos acordos, mas não significa reconhecer sua natureza parassocietária.

13. O exercício do direito de voto ou sua abstenção em contrapartida de vantagens patrimoniais (venda ou tráfico do voto) é conduta ilícita tipificada pelo Código Penal: "Incorre na pena de detenção, de 6 (seis) meses a 2 (dois) anos, e multa, o acionista que, a fim de obter vantagem para si ou para outrem, negocia o voto nas deliberações de assembleia geral" (art. 177, § 2º). Em harmonia com o tratamento dado ao direito de voto no direito societário brasileiro (v. nota 17, *infra*), não seria outra a solução legislativa para o comércio do voto, na medida em que afeta a essência do conceito de sociedade. Em sentido contrário, v. J. Dohm, *Les accords sur l'exercice du droit de vote de l'actionnaire*, Genève, Librairie de l'Université Georg & Cie., 1971, p. 82.

Note-se que essa característica da lei fez abalizada doutrina sustentar a existência de verdadeira divisão de registros por matérias. A averbação nos livros serviria somente para pactos ou preferência, já os acordos sobre direitos de voto demandariam apenas arquivamento na sede da sociedade. Isso porque os primeiros demandariam apenas a produção de efeitos perante terceiros, enquanto os últimos apenas efeitos perante a sociedade.[14] Essa opinião não parece poder ser compartilhada. Exatamente porque integrante da estrutura societária, o cumprimento do acordo de acionistas incumbe a seus órgãos. A sociedade não é mero oficial de registro de pactos de natureza não societária. Seus órgãos e administradores devem zelar pelo cumprimento do acordo, como o fazem pelo do estatuto, inclusive deixando de aceitar votos contrários a suas disposições. Desse modo, o pacto sobre preferência ou sobre compra e venda de ações é relevante para a sociedade (devendo ser nela registrado), pois a ela incumbe cumpri-lo. Do mesmo modo, o acordo de voto é relevante não só para a sociedade, mas também para os adquirentes, que poderão por ele obrigar-se. Assim, sua averbação no livro de transferência de ações é fundamental.

Da mesma forma que cabe aos administradores zelar pelo respeito ao estatuto e à lei, inadmitindo votos contrários a estes, cabe a eles também zelar pelo cumprimento do acordo (obviamente este último está subordinado, e pelas razões já expostas não pode modificar os dois primeiros). E isto, ainda que tenha sido objetivo implícito da lei de 1976,

---

14. Nesse sentido, v. F. K. Comparato: "Tais formalidades são de dois tipos: o arquivamento do instrumento do acordo na sede da companhia, e a averbação das obrigações e ônus deles decorrentes nos livros de registro e nos certificados de ações, se emitidos (art. 118, *caput* e § 1º). A interpretação sistemática desses dispositivos leva à conclusão de que as formalidades respectivas dizem respeito a objetivos distintos, exatamente aos dois objetivos assinalados na cabeça do mesmo artigo. O arquivamento do instrumento do acordo na sede da companhia procura estender à própria sociedade os efeitos da convenção naquilo em que ela entende, diretamente, com o seu funcionamento regular, isto é, o exercício do voto em assembleia. Já a averbação das estipulações dos acordos nos livros de registro e nos certificados acionários é apresentada como condição de sua oponibilidade a 'terceiros', vale dizer, não mais *interna corporis*, na atuação dos órgãos societários, mas perante não acionistas, interessados na aquisição de ações emitidas pela sociedade e vinculados a um acordo. Ela se refere, portanto, às estipulações sobre a compra de ações e a preferência para adquiri-las" ("Validade e eficácia de acordo de acionistas. Execução específica de suas obrigações", in *Novos ensaios e pareceres de direito empresarial*, Rio de Janeiro, Forense, 1981, p. 60).

não ficou claro em seus termos. Nesse ponto a reforma introduzida pela Lei 10.303, de 31 de outubro de 2001, trouxe relevante contribuição.

3.2 A reforma da lei das sociedades e o acordo de acionistas

Em matéria de acordo de acionistas, a reforma societária de 2001 trouxe relevantes mudanças que ajudam a dar mais coerência às regras sobre a matéria.

Em sua maioria, as disposições introduzidas pela Lei 10.303 meramente esclareceram interpretações já estabelecidas na vigência da lei anterior.

O artigo 118, § 6º, repetiu opinião firmada em doutrina e jurisprudência a respeito da impossibilidade de denúncia unilateral imotivada de acordos de acionistas por prazo indeterminado ou sob condição.[15]

Finalmente os §§ 8º, 9º, 10, e 11, procuraram inserir, de forma bastante incisiva, o acordo de acionistas na realidade societária.

O primeiro dispositivo (§ 8º) prevê a obrigação de não computar o voto proferido com infração a acordo de acionistas devidamente arquivado. Na verdade, bem observado, esse dispositivo nada mais é que explicitação do disposto no § 1º do mesmo dispositivo, já vigente na lei

---

15. É clara a posição da doutrina a respeito da vigência e rescisão dos acordos de acionistas, no sentido de que tais acordos só podem ser unilateralmente denunciados por justa causa ao defender que "nesse contrato tipicamente parassocial e plurilateral a possibilidade de extinguir-se por resilição unilateral. A denúncia dependerá de justa causa, ou seja, a quebra da *affectio*, por conduta incompatível ou dissídio de vontades das partes, ou ainda de interpretação das cláusulas do pacto, e qualquer outra que configure materialmente a desavença, ou ainda a deslealdade em face dos pactuantes e do interesse social" (M. Carvalhosa, "Acordo de acionistas", in *RDM* 106/21 e *Comentários à lei de sociedades anônimas*, vol. 2, cit., p. 481). No mesmo sentido, os argumentos de D. Bessone e L. G. P. B. Leães em pareceres publicados na *Revista Forense*, respectivamente vol. 300, pp. 123-130, e vol. 297, pp. 161-168; A. Lamy Filho, J. L. Bulhões Pedreira, "Denúncia unilateral de acordo por prazo indeterminado", in *A Lei das S.A.*, cit., pp. 313 e ss. Da mesma forma, trata-se de matéria acolhida pela jurisprudência de nossos Tribunais Superiores: "O entendimento segundo o qual o contrato por tempo indeterminado pode ser a qualquer tempo denunciado colide no caso do acordo de acionistas com a própria existência do vínculo contratual (...) a convenção de votos, por sua natureza, só manifesta sua força vinculativa (sua existência no mundo jurídico) quando, havendo divergência, uma das partes deve curvar-se diante da outra; se se entendesse que nesse momento – sendo a convenção por prazo indeterminado – ela pode denunciar o acordo, sustenta-se, na verdade, que essa convenção não teve efeito nenhum" (ACi 34.167, 6ª Câmara Cível do Tribunal de Justiça do Rio de Janeiro).

anterior, segundo o qual a companhia deve respeitar os acordos de acionistas arquivados na sua sede.

Devendo respeitar esses acordos, nada mais natural que a obrigação dos administradores de não aceitar votos que estejam em desacordo com este. Claro está, como de resto já observado, que como instrumento de organização de instância parassocietária o acordo de acionistas não pode contrariar a própria estrutura societária. Portanto, e essa observação é óbvia, não é admissível qualquer acordo que possa, de maneira direta ou indireta, ferir estatutos sociais ou lei.[16]

Os parágrafos seguintes só fazem reforçar essa relação estrutura societária – acordo de acionistas. O § 9º prevê a possibilidade de o acionista participante de acordo de acionistas votar em nome do acionista ou conselheiro ausente. A característica orgânica do acordo é aqui reforçada. Passa a ser possível, exatamente como ocorre com os órgãos sociais, obter uma manifestação única de seus membros, sem a existência de mandato. A peculiaridade aqui é a dispensa de investidura em acordo (como ocorre nas sociedades) de um representante orgânico. Em ausência de investidura em acordo parece difícil pressupor o interesse dos membros do acordo em se fazer representar. Impor sua representação, reforçando aqui o caráter institucional (por oposição ao contratual) do acordo para além do que é feito até mesmo com relação aos estatutos, parece sem dúvida um exagero. Note-se de resto que qualquer tipo de representação (seja contratual ou orgânica) em matéria de acordo de acionistas, referindo-se ao exercício do direito de voto, deve ser interpretada de maneira bastante restritiva, tendo em vista a proibição da transferência e venda de direitos de voto (Código Penal, art. 177, § 2º).[17]

16. Esse entendimento é decorrência direta da construção do acordo de acionistas como pacto parassocial. Admitida a natureza parassocial do acordo, este, evidentemente, não pode derrogar o pacto *social* (ou societário) – *i.e.*, o estatuto. Nesse sentido, expresso G. Oppo, "Per la stessa ragione il patto parasociale non può essere un patto 'antisociale', cioè un patto che distregga il sociale" ("Le convenzione parasociale", cit., p. 182). Consequência disso é que são absolutamente ineficazes, por exemplo, acordos que alterem quórum de votação e aprovação de matérias em Assembleia de Acionistas ou Conselho de Administração. Possível é apenas predefinir orientação de votos de acionistas e conselheiros (desde que vinculados pelo acordo como acionistas) em reuniões prévias, parassocietárias, que essas sim podem aprovar matérias com o quórum estabelecido em acordo.

17. Segundo A. Lamy Filho e J. L. Bulhões Pedreira, "O direito de voto é objeto, na Lei 6.404/76, de regulação imperativa e minuciosa, que visa a assegurar sua autenticidade e a responsabilidade dos que o exercem. As normas da lei implementam três princípios fundamentais, que podem ser assim enunciados: a) o direito

Tratando-se de um bem material, para que a transferência ocorra de fato, basta a possibilidade de seu uso por terceiros, o que sem dúvida ocorre na representação orgânica via mandato.

Finalmente, os §§ 10 e 11 estabelecem obrigações relacionadas à transferência e publicidade, fundamentais em uma relação que assumiu caráter tão *real*. Assim, o acordo de acionistas passa a ter de mencionar um representante dos acionistas para comunicar-se com a sociedade (§ 10) e a companhia, tutora e aplicadora do acordo, passa a ter direito a pedir às partes esclarecimentos sobre suas cláusulas (§ 11). Obviamente esse pedido deve ser prévio, *i.e.*, realizado logo após a averbação e anteriormente ao surgimento de qualquer litígio entre os acionistas. Caso o esclarecimento fosse anterior ao litígio, não havendo fonte interpretativa isenta, os esclarecimentos perderiam totalmente o valor.

4. Conclusão

Essa breve análise tópica sobre a inserção do acordo de acionistas na estrutura societária brasileira demonstrou virtudes e defeitos do modelo.

A maior virtude é ajudar a disciplinar a instância de poder societário – fundamental dentro da realidade de excessiva concentração de poder das S.A. brasileiras. Fazendo parte da estrutura societária, essa realidade é domesticada e submetida aos ditames maiores da lei e do estatuto (o que não tem sido o caso nos acordos de acionistas realizados em paralelo à sociedade).

De outro, a institucionalização e atribuição de caráter real ao acordo de acionistas não permitem aplicar disciplina que vá além do permitido ao próprio estatuto. Isso corresponderia a uma subversão de valores e a uma perigosa *mitificação* de instância privada de exercício e regulação do poder societário. É imperioso que interpretação coerente dos dispositivos introduzidos pela reforma de 2001 venha a afastar essa possibilidade nefasta.

---

de voto é conferido ao acionista para que, participando da Assembleia Geral na qualidade de membro da sociedade, contribua com a manifestação da sua vontade para a formação da vontade social; b) o direito de voto é incindível da ação e somente pode ser exercido pelo acionista; e c) a decisão sobre o conteúdo de cada voto é privativo do acionista e não pode ser transferido a terceiro" ("Acordo de acionistas", cit., p. 291).

Capítulo IX
"GOLDEN SHARE": UTILIDADE E LIMITES

1. Propriedade e controle. 2. Separação entre propriedade e controle na lei brasileira: contornos e limites. 3. As duas espécies de "golden share". 4. Conclusão.

1. Propriedade e controle

É conclusão pacífica da investigação societária moderna a dissociação operada pela economia capitalista entre propriedade e controle. Na medida em que a organização societária torna-se mais complexa e profissional, tanto menor torna-se a influência do acionista individual, transformado em mero investidor, nas decisões societárias.

Já em 1932, Berle e Means falavam em posições até mesmo antagônicas assumidas por proprietários e controladores.[1] Esse antagonismo aumenta na exata proporção em que diminui a participação acionária do controlador. Ou seja, quanto maior a dispersão acionária e menor a participação acionária necessária para que um determinado grupo ou pessoa possa ser considerado controlador, menor seu interesse como "proprietário" e maior seu interesse puro de "controlador".[2]

---

1. Referência é feita à famosa obra de A. Berle e G. Means, *The modern corporation and private property*, consultada em sua nova edição publicada por Transaction Publishers em New Brunswick em 1991, esp. a p. 116. No Brasil, a teoria da separação entre propriedade e controle na grande empresa capitalista foi desenvolvida por F. K. Comparato, *Aspectos jurídicos da macroempresa*, São Paulo, Ed. RT, 1970, pp. 69 e ss.

2. Os termos *propriedade* e *controle* são aqui utilizados de maneira metafórica e atécnica do ponto de vista jurídico, apenas para transmitir a ideia econômica básica, exatamente como feito por Berle-Means. A qualificação jurídica precisa de

A potencial contraposição de interesses que pode derivar de uma tal situação é óbvia. Quanto menor a participação percentual do controlador na sociedade controlada, maior será seu lucro em uma operação entre a sociedade e ele próprio (ou pessoas a ele ligadas) que seja feita em condições desvantajosas para a sociedade e favoráveis a ele.[3]

Do ponto de vista lógico, duas são as possíveis reações do ordenamento societário a essa conclusão. Em primeiro lugar, impedir a dissociação entre propriedade e controle, exigindo que o controlador de uma sociedade tenha nela grande empenho de capital, de modo a desestimular o comportamento estratégico acima descrito. Essa reação é, no entanto, obviamente ilógica e contrária ao próprio objetivo da sociedade anônima, que é o de possibilitar a agregação de capitais através da separação entre propriedade e controle.

A segunda alternativa seria admitir essa situação fática, aceitando a existência de um controlador com minoria no capital e procurando cercar essa situação de salvaguardas, através do estabelecimento de uma disciplina completa do conflito de interesses e do abuso de poder.

A lei brasileira optou claramente pela segunda alternativa. Como se verá logo abaixo, ao fazê-lo, sobretudo na forma escolhida, abriu caminho para uma séria de institutos mais ousados que visem a aprofundar a separação entre propriedade e controle.

---

ambos os tipos de situações (do "controlador" e do "proprietário") é extremamente difícil. A melhor definição do mero "interesse de proprietário" na sociedade anônima parece ser aquela de Comparato, ou seja, a de direito de crédito relativo aos lucros da sociedade, *i.e.*, o interesse do investidor (*O poder de controle na sociedade anônima*, Rio de Janeiro, Forense, 1983, p. 98, que, citando G. Ripert, fala em transformação operada pelo capitalismo moderno dos proprietários em credores). Quanto ao interesse do "controlador", ao contrário, pode-se falar em interesse do titular da "propriedade dinâmica", ou seja, da propriedade exercida sobre os bens de produção, que "não tem por objetivo a produção, mas a produção de outros bens e serviços, e, por isso mesmo, implica uma relação de poder sobre outros homens, na medida em que a produção sai da fase artesanal para a industrial" (p. 99). Vê-se, portanto, que nenhuma das posições jurídicas é, rigorosamente, redutível à do proprietário. O proprietário de Berle-Means é na verdade um credor e o controlador é um "proprietário" de bens de produção, com poderes e deveres especiais.

3. V. A. Berle e G. Means, *The modern corporation*, cit., p. 114, que exemplifica: "if such persons can make a profit of a million dollars from a sale of property to the corporation, they can afford to suffer a loss of $ 600,000 through the ownership of 60 per cent of the stock, since the transaction will still net them $ 400,000 and the remaining stockholders will shoulder the corresponding loss".

2. Separação entre propriedade e controle na lei brasileira: contornos e limites

O legislador brasileiro não se contentou em permitir a separação entre propriedade e controle, esmerou-se em incentivá-la. Na maioria das legislações o que existe é a admissão legal de formas de controle minoritário. No Brasil, criaram-se os instrumentos legais para o controle minoritário. A famosa regra que permite a existência de até dois terços do capital da empresa representados por ações preferenciais (sem voto) – artigo 15, § 2º, reduzida pela Lei 10.303, de 31.10.2001, a no máximo 50% do capital total – nada mais é que a consagração legal do controle minoritário. O sistema brasileiro pode, portanto, ser caracterizado como um sistema em que há opção clara pelo controle minoritário.

Ora, em presença de uma opção tão clara do legislador brasileiro a favor do reconhecimento do controle minoritário, seria impossível e ilógico propugnar por um princípio majoritário absoluto dentro do capital com direito a voto. Isso significa que seria ilógico afirmar que só acionistas detentores da maioria do capital votante da companhia podem ter o seu controle.

Por outro lado, é preciso bastante cuidado ao se falar em controle minoritário dentro do capital com direito a voto. Ele é profundamente diverso do controle minoritário referido ao capital total que foi mencionado acima. Deve-se pressupor que os adquirentes de ações com direito a voto têm interesse em compartilhar das decisões relativas aos destinos da companhia. Não são meros sócios capitalistas, que querem investir seus recursos sob administração de outrem. É preciso, portanto, respeitar em linha de princípio a vontade das maiorias, desde que essas se mostrem efetivamente interessadas nos negócios sociais.

Esse é de resto o sistema da lei societária, apesar de a formulação do artigo 129 poder induzir, à primeira vista, interpretação contrária. Prevê o referido dispositivo que "as deliberações da Assembleia Geral, ressalvadas as exceções previstas em lei, serão tomadas por maioria absoluta de votos, não se computando os votos em branco". Isso poderia fazer crer que não é permitida a votação por minoria dentro do capital votante.

Essa seria, no entanto, uma falsa interpretação da norma. Em primeiro lugar, porque o que o dispositivo pretende é apenas estabelecer uma regra procedimental para a Assembleia, prevendo que, tratando-se de Assembleia Geral, deverá votar favoravelmente a maioria dos presentes. A maioria ausente não é uma maioria, como deixam claro os artigos 125, 135 e 136 da mesma lei. O primeiro e o segundo, ao preverem quóruns especiais para a primeira convocação de Assembleias Gerais Ordinárias e Extraordinárias, deixam claro que a mesma Assembleia poderá instalar-se em segunda convocação com qualquer quórum, *i.e.* que pode prevalecer o voto da minoria caso a maioria esteja ausente.[4] O último dispositivo, ao prever a obrigatoriedade da aquiescência da maioria dos acionistas com direito a voto para as deliberações nele enumeradas, deixa claro, *a contrario sensu*, que as deliberações que ali não estejam enumeradas poderão ser aprovadas por acionistas representando a minoria do capital com direito a voto.

Em face de todas essas manifestações claras do legislador não é de espantar que a doutrina se negue a usar o termo acionista majoritário, afirmando que propositalmente o legislador só emprega o termo acionista controlador.[5] A redação do artigo 116 da lei das sociedades nada mais é do que uma confirmação desse fato. Muito discutida é a existência de dois requisitos para a qualificação do controle: em primeiro lugar, a existência de direitos de sócio que assegurem, de modo permanente, a maioria de votos na Assembleia Geral. Em segundo lugar, o uso efetivo do poder para dirigir as atividades sociais. Como demonstra a doutrina mais abalizada, esse dispositivo, em vez de consagrar o controle majoritário, claramente admite o minoritário. Isso porque, apesar de o primeiro requisito aparentemente indicar no sentido da exigência de controle majoritário, o segundo claramente é aplicável só a casos de controle minoritário. Em caso de controle majoritário, claramente irrelevante é o uso efetivo do poder: o acionista terá *status* de controlador e as responsabilidades dele decorrentes, seja por ação ou por omissão.[6]

Assim, a conclusão deve necessariamente ser no sentido de que o núcleo da definição de controlador reside no poder de determinar o sentido das deliberações sociais e da atividade social, independentemente de qual seja a origem desse poder.[7] Essa conclusão tem efeito direto sobre a repartição interna de poderes acionários, que passam agora a ser analisados.

4. Cf. K. Comparato, *O poder de controle*, cit., pp. 48-49, citando esses dispositivos como prova do reconhecimento legal do controle minoritário.
5. Cf. M. Carvalhosa, *Comentários à lei das sociedades anônimas*, vol. 2, cit., p. 625.
6. Cf. F. K. Comparato, *O poder de controle*, cit., p. 67.
7. Cf. F. K. Comparato, *O poder de controle*, cit., p. 67.

3. As duas espécies de "golden share"

Pergunta relacionada ao tema da separação entre propriedade e controle é a seguinte: como os artigos 16 e 18 da Lei 6.404 inserem-se na estrutura interna de poderes de uma sociedade anônima?

Para responder a essa pergunta é preciso, em primeiro lugar, verificar qual foi a *ratio* da introdução dos referidos dispositivos. A Exposição de Motivos da lei é bastante clara a respeito de ambas. Afirma: "o artigo 16 admite, nas companhias fechadas, mais de uma classe de ações ordinárias, em função dos elementos que enumera. Essa flexibilidade será útil na associação de diversas sociedades em empreendimento comum (*joint venture*), permitindo a composição de interesses e a proteção eficaz de condições contratuais acordadas. O parágrafo único do artigo 16 reforça a segurança jurídica dessas condições".

Já, quanto ao artigo 18, observa: "o artigo 18, sancionando práticas usuais, inclusive nas participações do BNDES, autoriza a atribuição a determinadas classes de ações preferenciais do direito de eleger representantes nos órgãos de administração e do poder de veto em modificações estatutárias".

Com as modificações introduzidas pela Lei 10.303, em especial o § 7º do artigo 17, a situação ficou mais clara. Poder de veto é faculdade exclusiva do ente desestatizante. Não pode ser incluída (e essa interpretação já se impusera na vigência da lei anterior) entre os direitos políticos atribuídos às ações preferenciais pelo artigo 18.

O que esses dispositivos têm em comum é a tentativa de eternizar[8] via estatuto dispositivos que muito bem e comumente, como afirma o próprio legislador, podem fazer parte de acordo de acionistas. Ao fazê-lo criam situação estrutural de divisão interna de poderes.

Pergunta-se então: é possível, a partir das referidas normas, inferir a possibilidade de transferência de controle da companhia? A resposta é mais complexa do que à primeira vista possa parecer. O objetivo explícito da norma, como já referido, era possibilitar que sócios precipuamente capitalistas, como grandes bancos estatais, pudessem fomentar o desenvolvimento de empresas com participação de capital, que não representassem endividamento para essas. A contrapartida era o interesse em poder participar, via poder de veto, de decisões estratégicas.

---

8. V., nesse sentido, W. Bulgarelli, *Regime jurídico da proteção às minorias nas sociedades anônimas*, Rio de Janeiro, Renovar, 1998, p. 130.

Mais tarde ainda esse dispositivo foi usado para permitir que o Estado mantivesse o poder de participar de decisões estratégicas de empresas privatizadas, como a Vale do Rio Doce. Aí é que essa ação adquiriu o hoje já famoso apelido de *golden share*, exatamente pelos direitos especiais que conferia.

Essa é a primeira forma possível de *golden share*, a do artigo 17, § 7º, que permite o controle externo de direito pelo ente desestatizante. Trata-se de um mecanismo regulatório-societário sem dúvida útil e relevante.

Permite acrescentar o instrumento societário à disciplina regulatória, internalizando o interesse público. A ideia se aproxima da concepção original do institucionalismo publicista de Rathenau, o que é totalmente consentâneo com as necessidades de setores regulados.

Interessa-nos, ora, mais de perto, o segundo tipo de *golden share*, do artigo 18 da lei societária.

Através dele é efetivamente possível estabelecer uma quinta forma de controle, não redutível a qualquer das quatro identificadas por Berle e Means. Trata-se do controle gerencial de direito, que não se confunde com o controle gerencial identificado pelos famosos autores, que decorre da mera diluição acionária.[9]

A forma do estabelecimento desse tipo de controle é bastante simples. Basta prever em estatuto, além da composição da diretoria e do Conselho de Administração, virtualmente todas as matérias relevantes para os negócios sociais, atribuindo, além disso, via estatuto social, substanciais poderes de direção dos negócios sociais aos órgãos de administração. Assim, com o poder de veto das alterações estatutárias e com o poder de eleger a maioria dos membros do Conselho pode-se controlar a sociedade.

Evidentemente que, nesse caso, o poder maior de decisão ficará nas mãos da administração, que não poderá ser atingida pelos acionistas. O bloqueio que pode ser feito pelos detentores da *golden share* serve para proteger a administração, mas não para exercer plenamente o controle. É por isso que se afirma que esse é um instrumento útil para a criação de uma forma de controle gerencial. Nas mãos da administração, sim, ele serve como importante instrumento para a garantia do controle (gerencial).

---

9. Cf. F. K. Comparato, *O poder de controle*, cit., p. 51.

Esse instrumento é e tem sido recentemente utilizado como eficaz meio de recuperação de empresas em dificuldades. Nesses casos, frequentemente a imagem do controlador encontra-se tão desgastada que para a obtenção de crédito é fundamental não apenas uma mudança da administração, mas uma mudança de controle. A *golden share* fornece então instrumento eficaz e relativamente indolor para o controlador, já que ao mesmo tempo em que garante que esse não possa influir na administração, perdendo virtualmente todos os seus poderes, não implica perda do "patrimônio" do controlador, *i.e.*, diluição ou redução de sua participação de capital na companhia.

A questão jurídica que resta nesse caso é indagar quem deverá ser caracterizado como controlador, segundo o artigo 116, para fins de aplicação das regras de responsabilidade previstas no artigo 117 da lei societária.

A questão é bastante delicada e a resposta é relativa. Sendo a posição do titular da *golden share* de mero bloqueio e nomeação dos cargos de administração, ele só poderá ser caracterizado como controlador na medida em que possa ele mesmo exercer o poder sobre a companhia, *i.e.*, na medida em que o controle seja gerencial. Só nesse caso se pode afirmar que usa o seu poder para efetivamente dirigir as atividades sociais. Através da proteção da inamovibilidade da administração e do bloqueio a qualquer alteração estatutária que possa diminuir seus poderes, a administração estará efetivamente controlando a companhia – no sentido de "uso efetivo do poder para dirigir as atividades sociais" (artigo 116, *b*). Quanto ao requisito mencionado na letra *a* do mesmo dispositivo, está preenchido enquanto requisito negativo, *i.e.*, enquanto poder de impedir que se tomem deliberações. Há também o poder de eleger a maioria dos administradores da companhia.

A inexistência de direitos permanentes que assegurem a maioria nas deliberações sociais não descaracteriza o controle. Apenas impõe uma aplicação seletiva do previsto no artigo 117. Evidentemente não podem ser imputadas ao detentor da *golden share* responsabilidades por ações positivas não imputáveis ao controlador. Se o referido poder é, por disposição estatutária, atribuído ao Conselho de Administração ou à Diretoria, estará esta sujeita aos deveres fiduciários previstos no capítulo próprio da lei (arts. 153 a 160).

Exceção a essa hipótese é aquela em que a atuação da diretoria tenha se tornado possível em função do exercício do poder de veto por parte do titular da *golden share*. Exemplo é a responsabilização pela orientação geral dos negócios da Companhia para fim estranho ao objeto social (artigo 117, § 1º, *a*), que pode existir na medida em que o exercício do poder de veto em deliberação da Assembleia, visando a reverter o negócio ou limitar os poderes da diretoria para fazê-lo, tenha permitido aos administradores realizar o ato lesivo. Sendo um poder em última análise exercido pela minoria acionária ele só será caracterizado em caso de ação positiva e não de omissão (v. nota 6 e texto).

Além disso haverá sempre a responsabilidade pela escolha dos administradores e pela colaboração com estes na prática de atos abusivos (arts. 117, *d* e *e*).

4. Conclusão

Em conclusão, é preciso abordar uma questão final muito importante. Espera-se ter demonstrado que o artigo 18 da lei societária permite a criação de ação privilegiada (*golden share*) que possibilita o verdadeiro controle gerencial das companhias.

Pergunta-se então: esse é o limite máximo das *golden shares*? Não é possível através delas estruturar um controle minoritário típico, ou seja, o artigo 18 é norma de ordem pública que não pode ser ampliada por via estatutária?

A resposta parece ser afirmativa. Sendo a regra geral a atribuição de poderes à Assembleia Geral (artigo 121) e a decisão pela maioria dos presentes, a conclusão sistemática a ser tirada é que a lei pretendeu reconhecer o controle minoritário apenas em caso de absenteísmo do controlador. Não pretendeu sistematizá-lo. Não é possível portanto afirmar que o titular da *golden share* pode decidir privilegiadamente e singularmente sobre todas as matérias societárias que aprouver aos formuladores do estatuto.

Essa faculdade é exclusiva do ente desestatizante, na segunda hipótese de *golden share*, agora expressamente reconhecida no artigo 17, § 7º, da lei societária.

Já o controle gerencial, que claramente pode ser obtido através de uma interpretação estrita do artigo 18, é plenamente admissível. É aliás plenamente compatível com a perspectiva institucionalista que permeia toda a lei societária brasileira.[10]

---

10. V. a respeito da relação institucionalismo/controle gerencial, F. K. Comparato, *O poder de controle*, cit., p. 54.

Capítulo X
ALIENAÇÃO DE CONTROLE:
O VAIVÉM DA DISCIPLINA E SEUS PROBLEMAS

1. Introdução. 2. Liberdade de disposição dos acionistas. 3. Alienação de controle e interesse dos minoritários. 4. Alienação de controle e interesse social: 4.1 Considerações gerais; 4.2 O papel dos administradores: 4.2.1 A solução norte-americana; 4.2.2 A solução alemã; 4.2.3 Conflito de interesses formal?; 4.2.4 Técnicas de defesa: legitimidade. 5. Conclusão.

1. Introdução

A privatização teve impacto direto e bastante paradoxal sobre a mudança legislativa ocorrida em matéria de alienação do controle societário. É o exemplo mais preocupante do casuísmo legislativo em matéria de direito societário. Nos anos 90, na tentativa declarada de facilitar e baratear o processo de privatizações, o governo fez aprovar a Lei 9.457, de 5 de maio de 1997. Esse projeto eliminou, como é sabido, a chamada oferta pública de aquisição de controle dos artigos 254[1] e 255 da lei societária, em uma tentativa de "baratear" as aquisições de controle.

Eliminando a extensão obrigatória da oferta pública aos minoritários permitiu, na prática, que se adquirisse o controle majoritário de companhias com a titularidade de ações representando, em situações limite, apenas 16,7% do capital total.[2]

1. V. a respeito do dispositivo e sua efetividade no antigo regime de oferta pública, R. Nioac Prado, "Da obrigatoriedade por parte do adquirente do controle de sociedade por ações de capital aberto de fazer simultânea oferta pública, em iguais condições, aos acionistas minoritários – Art. 254 da Lei 6.404/76 e Resolução CMN 401/76 – É efetivo mecanismo de proteção aos minoritários", in *RDM* 106/83, 1997.

2. A hipótese é de uma sociedade que esteja fazendo uso do limite legal de 1/3 de ações ordinárias e 2/3 de preferenciais.

Essa regra tem vários efeitos, econômicos e societários. Economicamente, sem dúvida, estimula aquisições. Por outro lado, pode desestimular os movimentos de crescimento interno. Como revela a doutrina, com base na experiência prática, é do regime mais ou menos *favorável* à aquisição de controle que depende a escolha entre expansão interna e externa. Em presença de uma regulamentação favorável, a tendência natural será a de preferir a expansão externa, feita através da aquisição de empresas, à expansão interna, feita através de investimentos e potencialização da própria atividade produtiva. Ora, essa última é, ao menos à primeira vista, mais eficiente do ponto de vista econômico concorrencial, já que importa em aumento da capacidade produtiva global.[3] Nota-se, portanto, que a regra pode ter efeitos econômicos inesperados e sem dúvida indesejáveis.

O mesmo se pode dizer em relação aos "efeitos colaterais" societários. Ao eliminar a regra da extensão obrigatória da oferta pública, a mudança legislativa então introduzida criou um problema relevante para os adquirentes do controle. Na verdade, sem o respaldo dos minoritários, abriu-se um largo campo para a discussão do interesse social na alienação de controle e de sua eventual possibilidade de contestação por minoritários, administradores da companhia ou terceiros.

Findas as privatizações, resolveu o governo inverter novamente a regra. A Lei 10.303, de 31 de outubro de 2001, prevê no dispositivo 254-A a extensão de 80% do preço da aquisição de controle aos acionistas titulares de ações com direito a voto.

Essa mudança, obviamente, não fez eliminar o conflito no momento da alienação de controle. Apenas definiu de forma diversa os polos, substituindo a oposição majoritário/minoritário pela outra, ordinaristas/preferencialistas. Agora, portanto, interesses de ordinaristas e preferencialistas parecem estar mais do que nunca distanciados.

2. *Liberdade de disposição dos acionistas*

A pergunta logicamente subsequente é: se essa afirmação é verdadeira, como possibilitar a tutela do interesse social nas aquisições de controle? A quem atribuir o dever de defendê-lo?

3. Cf. E. J. Mestmäcker, *Europäisches Wettbewerbrecht*, München, Beck, 1974, p. 110; U. Immenga, "Der Preis der Konzertierung", in *Festschrift für Böhm*, 1975, p. 253.

Existem duas alternativas distintas: ou reconhecer a existência de um dever fiduciário do controlador quanto à alienação de suas ações (ou seja, uma limitação no interesse da empresa de seu direito real de propriedade), ou atribuir aos administradores o poder-dever de tutelar o interesse social na alienação de controle.

Analisemos a primeira hipótese. O artigo 116 da lei societária faz referência ao dever do controlador de respeitar o interesse social, utilizando a palavra poder. Tal poder, decorrente do direito de propriedade do controlador sobre as ações, ainda que não redutível a ele, manifesta-se não apenas no seu uso (direito de voto) mas também em sua alienação (direito de disposição). Ademais, como explica F. K. Comparato, exercendo o controlador verdadeiro poder de disposição sobre os bens de outrem (os minoritários), "não somente tem uma função social, mas é uma função social. A atividade empresarial deve ser exercida pelo empresário nas sociedades mercantis, não no interesse próprio mas no interesse social, *i.e.*, de todos os sócios *uti socii*. Trata-se, portanto, de um poder-dever, a meio caminho entre o *jus* e o *munus*".[4]

A pergunta que então se coloca é: se esse poder-dever do controlador existe exclusivamente no âmbito das decisões societárias ou também prevalece no âmbito de negócios extrassocietários como na realização de negócios com ações representativas do capital da sociedade? Para os autores que pretendem reconstruir as relações entre sócios como relações fiduciárias ou ainda baseadas nos deveres de lealdade típicos do *trust*, a resposta é uma afirmativa simples. Decorre diretamente da amplitude dos deveres de lealdade no *trust*.[5]

A razão para a resposta afirmativa pode ser, no entanto, ainda mais direta e baseada na negativa da existência de negócio extrassocietário. Exatamente por ser um poder-dever ou uma função pública, os bens que instrumentalizam o controle devem estar aptos a desempenhá-la. Evidentemente, alienar o controle para pessoa ou grupo de pessoas que possam trazer prejuízo à organização empresarial não cumpre essa função. Assim, o negócio de alienação de controle, exatamente por não envolver apenas o bem "ações", mas o verdadeiro controle sobre a organização empresarial e consequentemente o controle de patrimônios e até destinos alheios, não pode ser considerado um negócio privado.[6]

---

4. Cf. F. K. Comparato, *O poder de controle*, cit., pp. 100-101.
5. V. E. Salomão Neto, *O trust e o direito brasileiro*, São Paulo, LTr, 1996, pp. 155 e ss.
6. V. H. Wiedemann, *Gesellschaftsrecht*, cit., p. 451.

A diferença entre a construção baseada no dever fiduciário e aquela baseada na função social do poder de controle não é, no entanto, meramente acadêmica. Tem relevantes consequências práticas. Enquanto a primeira vê no controlador um fiduciário ou um *trustee* dos acionistas minoritários,[7] a segunda impõe ao controlador marcadamente deveres relativos à comunidade em que atua e à própria sociedade.

Como já demonstrado em doutrina, ambas foram acolhidas pela lei societária. O artigo 116, parágrafo único, da lei é de resto demonstração flagrante dessa acolhida.

Se é assim, cumpre verificar as hipóteses e consequências das diferentes capitulações legais.

3. Alienação de controle e interesse dos minoritários

Em primeiro lugar, é preciso identificar a consequência do descumprimento de um dever fiduciário perante o minoritário. Trata-se, segundo doutrina e jurisprudência, da possibilidade de pleitear a divisão do sobrepreço obtido pelo acionista majoritário.[8] Esses dispositivos são mencionados inclusive como base para a criação da disciplina brasileira da oferta pública de aquisição de controle. Hoje, limitada a extensão da oferta pública aos detentores das ações com direito a voto, cumpre indagar se e em que casos seria possível a aplicação dos dispositivos referentes aos deveres fiduciários mesmo em ausência de lei.

De imediato, salta aos olhos que a proteção de deveres fiduciários, ainda que previstos em lei, por parte de terceiros prejudicados na alienação de controle só poderá ocorrer em presença de demonstração de existência de prejuízos. Trata-se portanto de uma espécie do gênero responsabilidade extracontratual societária, semelhante à prevista para os casos de abuso de poder e análoga, para os minoritários, ao previsto no artigo 246 da Lei das S.A. para a proteção da sociedade.

Ora, não se pode identificar a existência de prejuízos em qualquer alienação de controle. Por mais que se pretenda proteger os interesses dos minoritários com ações sem direito a voto, não é possível funda-

---

7. Cf. E. Salomão Neto, *O trust e o direito brasileiro*, cit., pp. 102 e ss., com transcrição de casos da jurisprudência anglo-saxônica em que o dever fiduciário na alienação de controle é definido como tendo como beneficiário o acionista minoritário (verdadeiro *cestui qui trust*).

8. Cf. *supra*, nota 6.

mentar a obrigatoriedade de extensão da oferta pública a todos, existente na lei antiga, na necessidade de evitar um prejuízo material para todos os minoritários. Trata-se, ao contrário, da tentativa justa, em face de um legítimo princípio de democracia acionária, de estender um benefício ao minoritário.

Essa é a regra geral. Mas então é possível perguntar: não existem casos em que a inclusão de todos os minoritários no processo de alienação de controle é obrigatória para evitar-lhe um prejuízo? A resposta é afirmativa. As hipóteses são de mais fácil identificação que à primeira vista possa parecer.

Uma primeira hipótese, bastante óbvia, é aquela em que a alienação de controle, por si só, é capaz de fazer baixar o valor das ações da companhia. Imagine-se, por exemplo, que a reputação do adquirente sugira ao mercado uma radical mudança de avaliação relativamente à companhia.[9] Nessa hipótese o prejuízo para os minoritários é bastante evidente.

Existem, no entanto, hipóteses menos claras e mais recorrentes em que o prejuízo é também relevante. Toda vez que em função da alienação de controle a sociedade sofrer alteração profunda a ponto de pôr em risco sua utilidade para o acionista, haverá sério potencial de prejuízo. Ora, como visto no Capítulo II desta obra, o interesse social identifica-se ao interesse à formação de uma organização a mais eficiente possível, *i.e.*, a que melhor capacidade tenha de organizar o feixe de contratos por ela envolvidos. Consequentemente existe um sério potencial de prejuízo para o minoritário quando essa organização é alienada ou de qualquer forma há o risco de que venha a desaparecer ou ser englobada por outra.

Um exemplo pode ajudar a esclarecer a hipótese aventada. Trata-se de decisão relativamente recente do STJ, ainda na vigência dos dispositivos societários, da regra original de 1976 sobre extensão da oferta pública aos acionistas minoritários.[10] Tratava-se de aquisição de controle de instituição financeira, aquisição esta destinada a posterior incorporação.

9. V., nesse sentido, G. Cunha Pereira, *Alienação do poder de controle acionário*, São Paulo, Saraiva, 1995, p. 60, que, após identificar esse possível prejuízo, afirma, justificando a então vigente regra da oferta pública: "Do ponto de vista contratual não é demais relembrar que cessão de controle se lhes assoma (aos minoritários) como *res inter alios acta*". Por isso a regulação societária da matéria (v. Capítulo II) preocupou-se em compor alguns desses interesses na companhia aberta, indo inclusive, nalguns aspectos, mais longe do que aqui se indica.

10. REsp 34.834-5-PR, 3ª Turma, Rel. Min. Waldemar Zweiter, j. 14.9.1993 (v. transcrição e comentário do acórdão em *RDM* 95/91, julho/setembro 1994).

Decidiu-se, contrariamente à orientação administrativa e jurisprudencial vigentes, que o valor do sobrepreço pago aos controladores e aos minoritários detentores de ações ordinárias deveria também ter sido pago aos detentores de ações preferenciais. Duas são, portanto, as peculiaridades do caso. Em primeiro lugar, o fato de tratar-se de hipótese em que misturado e talvez incindível do valor do controle, encontrava-se o valor objetivo e mensurável da carta patente. Em segundo lugar, o fato de, no momento da aquisição, já se saber que ela seria seguida de uma incorporação.

A decisão em análise é importantíssima e talvez pioneira em se tratando de jurisprudência brasileira no reconhecimento da diferença entre cessão de controle e cessão da organização empresarial. Essa diferença, identificada em doutrina já há algum tempo,[11] passa agora a ter reconhecimento jurisprudencial.

O acórdão, citando F. K. Comparato, afirma que há cessão da empresa no caso de alienação seguida de incorporação. Diz o acórdão que "tudo se passa como se a sociedade incorporadora houvesse adquirido a totalidade do acervo empresarial da incorporada, pagando a essa o preço dessa aquisição".

Nesse caso, admite o acórdão, ainda citando a doutrina, "ser antijurídico que esse preço total da aquisição da empresa (não o preço de aquisição do controle, simplesmente) seja distribuído aos acionistas da incorporada desproporcionalmente à sua participação no acervo empresarial".

É necessário indagar, no entanto, se apenas no caso de transferência do acervo empresarial, com desaparecimento da personalidade jurídica, esse tipo de prejuízo pode ocorrer. O simples dado formal, relativo à permanência ou não da personalidade jurídica, não pode ser considerado relevante, como de resto demonstram as tendências atuais de relativização do conceito de personalidade jurídica.[12]

11. A expressão "cessão da organização empresarial" foi introduzida por F. K. Comparato, *O poder de controle*, cit., p. 250, que a utiliza indiferenciadamente da expressão cessão da empresa e sempre no sentido de alienação seguida de incorporação. Como se tentará demonstrar abaixo, cessão da organização empresarial pode ocorrer em maior número de casos e não exclusivamente naqueles em que há desaparecimento posterior da personalidade jurídica.

12. Na doutrina italiana chega-se a considerar a discussão a respeito da personalidade jurídica encerrada para os comercialistas já a partir da metade dos anos 60, com a publicação dos trabalhos de F. Galgano e F. D'Alessandro (respectivamente

Inserir a sociedade em uma outra estrutura empresarial, ainda que com manutenção da personalidade jurídica, faz supor uma possível alteração da perspectiva de lucro do acionista. Quando essa inserção é acompanhada de uma mudança do direcionamento empresarial, essa perspectiva é ainda mais presente. Não é possível alterar a organização empresarial à qual aderiram em função de determinada expectativa de lucro sem atingir gravemente os interesses dos minoritários. Nesse sentido, eles são titulares não apenas do acervo empresarial, mas também da organização empresarial, tanto quanto os controladores, devendo receber o correspectivo pelo seu valor quando da alienação de controle.

Mas em que casos se pode dizer que ocorre uma cessão da organização empresarial? Para que isso ocorra é necessário que seja possível identificar, por parte do cessionário, a intenção de alterar substancialmente o direcionamento empresarial, de modo a alterar ou deslocar o centro de coordenação da influência recíproca entre os atos societários.[13]

Na verdade, o legislador já previu a maioria dos casos de alteração da organização empresarial nas hipóteses legais que justificam o direito de recesso (art. 136 c/c art. 137, *caput*, da Lei das Sociedades Anônimas): alteração do objeto, participação em grupo de direito, fusão, incorporação etc.[14]

Mas não todos. Existem hipóteses de cessão da organização empresarial não previstas entre os casos de direito de retirada. Duas são as hipóteses básicas em que isso pode ocorrer.

Em primeiro lugar a aquisição de controle seguida de incorporação. Nessa hipótese o legislador já previu compensação para o acionista minoritário. Nesse ponto foi bastante feliz a Lei 10.303, de 31 de outubro

"Struttura logica e contenuto normativo del concetto di persona giuridica", in *Rivista di Diritto Civile*, vol. I, 1965, e "Persone giuridiche e analisi del linguaggio", in *Studi Ascarelli*, Milano, 1963, p. 92), não podendo mais a personalidade jurídica representar "una premessa per il discorso operativo del giurista" (v. C. Angelici, "Recenti decisioni in tema di interesse sociale e personalità giuridica", in *Giurisprudenza Commerciale* 1, 1977, p. 948). Na Alemanha o mesmo ocorreu já nos anos 50, com a publicação do clássico trabalho de W. Müller-Freienfels, "Zur Lehre von sogenannten 'Durchgriff' bei juristischen Personen in Privatrecht", cit., p. 522; no Brasil essa tendência crítica é representada principalmente por J. L. Correa de Oliveira, *A dupla crise da personalidade jurídica*, São Paulo, Saraiva, 1979.

13. É essa coordenação que dá-se o nome de organização na teoria societária (v. P. Ferro Luzzi, *I contratti associativi*, cit., p. 179).

14. Como se verá no item 4, o direito de recesso não serve, no entanto, de substituto eficiente à oferta pública aos minoritários.

de 2001, ao eliminar as dúvidas criadas pela redação original da Lei 6.404/76 e deixar claro que o acionista terá sempre o direito de receber o reembolso de suas ações pelo patrimônio líquido avaliado a preços de mercado ou segundo seu valor econômico, à escolha do minoritário (v. a redação dada ao art. 264 pela Lei 10.303, de 31.10.2001).[15] Isso faz com que eventual valor pelo controle que tenha sido pago ao acionista majoritário deva necessariamente ser levado em conta na avaliação do patrimônio da companhia adquirida, ou seu valor econômico. Evidentemente, em se tratando de companhia aberta ou fechada, se sobrevalor foi atribuído à companhia pelo novo controlador, isso significa que esse é o valor de mercado da companhia ou a sua perspectiva de rentabilidade. Ora, reconhecer esse fato nada mais é do que admitir que o valor do controle pertence à companhia. Se não deve ser pago a ela, como defendido no clássico ensaio de Berle e Means,[16] ao menos deve ser repartido entre todos os acionistas.

A segunda hipótese é a de aquisição de controle com posterior constituição de grupo de direito. Não existe garantia de pagamento de preço justo, já que o valor da retirada pode ser igual e até mesmo inferior ao valor do patrimônio líquido (v. art. 45 da Lei 6.404/76). Por outro lado, como é sabido, a regulamentação brasileira dos grupos de direito permite a subordinação expressa dos interesses da sociedade e também a distribuição desigual de resultados e prejuízos (v. art. 276). Ora, é evidente então a cessão da organização, passando o feixe de interesses e contratos a ser centrado na sociedade controladora e não mais na controlada. Nesse caso, não há como não reconhecer aos minoritários sem direito a voto, no momento da alienação de controle, parte do sobrepreço oferecido aos controladores, sob pena de descumprimento de seus deveres fiduciários e prática de ilícito civil (por parte do antigo e do novo controlador, em coautoria), passível de indenização.

Além dessas hipóteses, seria de se cogitar de existência de cessão da organização naqueles casos de grupos de direito em que há a cla-

15. Na vigência da lei anterior isso nem sempre ocorria nas companhias abertas, pois a avaliação a preços de mercado a partir do valor de Bolsa, prevista no antigo artigo 264, § 3º, a, frequentemente era inferior ao atribuído à companhia quando da aquisição do controle. Isso ocorria sobretudo se a incorporação era deliberada algum tempo após a aquisição (o que, obviamente, com frequência ocorria), já que a lei previa a apuração dos preços de mercado nos últimos 30 dias antes da incorporação.

16. A. Berle e G. Means, *The modern corporation and private property*, New Brunswick/London, Transaction Publishers, pp. 216-217.

ra formação de um novo e único centro de interesses. Isso é bastante comum naqueles casos de aquisição de controle de concorrentes. Aí a subordinação de interesses é a regra. Como, no entanto, não existem elementos estruturais e legais claros a demonstrar a existência de cessão da organização (como o desaparecimento da personalidade jurídica no caso da incorporação e do desaparecimento da independência de decisões no caso de grupos de direito), não parece possível presumir a existência de cessão de organização. Os minoritários ficam portanto adstritos à proteção imperfeita e incompleta da regra de conflito de interesses da lei societária.

Em conclusão, pode-se afirmar que a limitação do sobrepreço pago pelo controle aos acionistas controladores – e minoritários com direito a voto (parcialmente) – justifica-se apenas quando esta é direta contraprestação do direito de voto. Ou seja, quando o comprador está pagando a mais meramente pelo interesse de empregar capitais sob gestão alheia (no sentido de gestão empresarial e não meramente administrativa). Nesse caso o sobrepreço é pura contraprestação do voto.

Ora, isso ocorre, exatamente, naqueles casos em que ao novo controlador não interessa dispor ou redirecionar a organização societária, mas sim mantê-la funcionando e operante, maximizando tanto quanto possível os lucros. Interessante é notar que nesses casos, normalmente, as avaliações realizadas para venda do controle não se fazem levando em conta diretamente o valor do patrimônio líquido somado aos valores imateriais, mas sim a perspectiva de rentabilidade da empresa, já que o interesse do adquirente não é dispor da organização, mas sim obter o lucro que esta pode gerar. Não há, portanto, valores imateriais que sejam sonegados aos acionistas minoritários. Não há, consequentemente, qualquer prejuízo.

Ao contrário, quando o controlador pretende radicalmente redirecionar a organização societária, o potencial prejuízo aos minoritários é evidente. Na nova organização, seu interesse passa a ser um interesse meramente externo, que, como tal, exige adequada e justa compensação.

4. *Alienação de controle e interesse social*

4.1 Considerações gerais

Uma vez determinado de que forma os interesses particulares dos acionistas minoritários podem ser afetados na alienação de controle, importa agora verificar como o interesse social pode ser atingido pela mesma operação. Para isso releva indagar como os vários titulares do interesse social podem ser atingidos pela operação, ou seja, é preciso atribuir um titular ao interesse social para que ele seja convenientemente protegido.

O primeiro grupo de interesses a ser analisado é o externo. Pergunta-se: qual é ou quais são os interesses externos dignos de tutela durante a aquisição do controle?

Dentro dos interesses chamados externos menciona-se, quase intuitivamente, o interesse público em geral. Também esse termo merece especificação. Pode-se em primeiro lugar imaginar a existência de um interesse público em geral na manutenção de um livre mercado de aquisições de companhias. Para os defensores dessa linha liberal, todos, acionistas, trabalhadores e investidores, seriam beneficiados pela alocação ótima dos fatores proporcionada pela existência de um livre mercado de participações acionárias. Segundo essa mesma linha, admitir que algum órgão societário, em especial a administração, possa tentar impedir alienações de controle implicaria aumentar os custos da operação e torná-la inconveniente em toda uma série de casos nos quais a perspectiva de lucro se torne menor que os custos da operação. Chega-se a afirmar inclusive que todas as normas que implicassem custos indiretos para o adquirente, como as que impõem ônus de publicidade e divulgação, seriam pouco eficientes em termos de otimização da alocação de recursos.[17]

A tais afirmações, baseadas nos precisos pressupostos juspolíticos dos quais parte a Escola de Chicago, pode-se opor que a contínua sujeição da empresa a ataques impede a programação e utilização dos recursos para investimentos a longo prazo. E são exatamente tais investimentos os mais úteis para a economia como um todo.

O segundo grupo de interesses é também o mais relevante, por ser independente de qualquer tipo de pressuposto juspolítico. Tal grupo é constituído pelos interesses internos, que por sua vez podem ser divididos em dois grupos de interesses básicos: o dos acionistas e o dos trabalhadores. A divisão *supra* não indica um necessário antagonismo ou diversidade de interesses. De um lado, o interesse dos trabalhadores inclui o interesse à manutenção da empresa (o que na Alemanha vem

17. Cf. R. Posner, *Economic analysis of law*, 2ª ed., Boston/Toronto, 1977, pp. 303 e ss.

caracterizado pela clássica expressão *Erhaltungsinteresse*[18]). De outro, o interesse dos acionistas não pode ser avaliado de maneira unívoca.

Devem-se diferenciar basicamente dois tipos de minoritário: o minoritário *especulador*, interessado no lucro a curto prazo e para o qual é tendencialmente suficiente o sobrepreço oferecido pelo potencial adquirente, e o minoritário *investidor*, interessado na manutenção de sua posição acionária e nos dividendos que a sociedade pode lhe proporcionar a longo prazo.

Esse último minoritário tem um interesse muito mais semelhante ao dos trabalhadores que ao do minoritário especulador. Seu interesse é basicamente a manutenção da empresa e o investimento produtivo, não sendo portanto minimamente tutelado por qualquer regra ou interpretação que venha a ele estender o sobrepreço pago pelo controlador.

A pergunta que se coloca é: em que medida e de que forma os interesses desses grupos são tuteláveis quando da alienação de controle? Poder-se-ia argumentar, por exemplo, que os acionistas que desejam permanecer na sociedade são protegidos pelas regras societárias a respeito da proteção dos minoritários, não necessitando de proteção especial quando da alienação de controle.

Tal tipo de afirmação traduz uma confusão entre o interesse do minoritário enquanto tal e o seu interesse enquanto titular do interesse social. O interesse social, como fórmula genérica, requer definição não somente do ponto de vista objetivo, mas também do subjetivo: minoritários investidores e trabalhadores são cotitulares do interesse à manutenção da empresa enquanto forma de manter a organização produtiva mais adequada. Assim, quando se fala em tutela dos interesses dos minoritários e trabalhadores na alienação de controle, quer-se significar ambos os grupos enquanto titulares do interesse social. O interesse dos dois grupos, enquanto tal, pode ser protegido por regras específicas de direito societário e trabalhista após e apesar da alienação de controle.[19] No entanto o seu interesse enquanto cotitulares do interesse social deve

18. Sobre o tema, v. M. Jürgenmeyer, *Das Unternehmensinteresse*, Heidelberg, Recht und Wirtschaft, 1984, especialmente pp. 104-105.

19. Com relação especificamente aos interesses dos trabalhadores, tem-se proposto a obrigação de discussão dos planos do novo adquirente com os representantes dos trabalhadores, desde que esses planos envolvessem modificações relevantes para os mesmos (como perda de empregos etc.). Em caso de divergência tem-se até sugerido o recurso a um Tribunal arbitral, sempre porém sem qualquer interferência na negociação do controle em si (cf. P. Behrens, "Rechtspolitische Grundsatzfragen

ser protegido no momento da aquisição, na medida em que essa ponha em risco a preservação de uma organização produtiva eficiente.

A casuística relativa à concreta periclitação do interesse social através de uma alienação de controle é muito expressiva. Imagine-se o caso de tentativa de aquisição de controle proveniente de pessoas cuja ligação ao nome da empresa pode ser negativo do ponto de vista comercial. A tentativa do crime organizado de adquirir poderio financeiro através de aquisições de controle é realidade de nossos dias. As consequências, danosas para a reputação da sociedade perante o mercado, são também inegáveis.[20] Não seria lícito aos administradores pôr em moto técnicas de defesa?

Ou imagine-se o caso, não pouco frequente, de aquisição financiada por terceiros em que há o razoável temor de que o adquirente não disponha de meios suficientes pare fazer frente aos débitos e venha a utilizar-se do patrimônio social para cobri-los – nesse caso o prejuízo patrimonial dos minoritários é evidente. Essa última hipótese se insere na casuística mais ampla de realização com a sociedade de negócios lesivos ao seu patrimônio.[21]

Pode-se finalmente cogitar do caso de aquisição por concorrente, em que os planos do adquirente são inserir a sociedade adquirida em uma estrutura grupal, em que perderá valor o seu interesse social em função do interesse de grupo.[22]

zu einer europäischen Regelung für Übernahmeangebote", in *ZGR* 4, 1975, pp. 433-449).

20. Nesse sentido, H. J. Mertens, *Kölner Kommentar zum Aktiengesetz*, vol. 2º, § 76, Rdn 26.

21. V. Mertens, *Kölner Kommentar zum Aktiengesetz*, cit.

22. V., em especial, dois casos que deram ensejo a interessantes debates sobre o tema, Pirelli – Continental AG e Vodafone AirTouch – Mannesmann. Em ambos os casos, a oferta de aquisição do controle de empresas alemãs se deu de forma hostil, contra a vontade de administradores e trabalhadores das empresas. As preocupações de administradores e trabalhadores, nos dois casos, diferiam daquelas dos acionistas, referentes ao valor de venda de suas ações ao grupo estrangeiro adquirente. Intensas discussões foram travadas a respeito do modelo renano de capitalismo e da estrutura orgânica empresarial alemã, essencialmente diversa daquela adotada pelo modelo anglo-saxão. Para administradores e trabalhadores, a polêmica sobre a alienação do controle não girava em torno do "por quanto" vender, mas, sim, "como" vender a empresa, e em que medida o controle por grupos estrangeiros afetaria a participação de administradores e trabalhadores na gestão empresarial. T. Baums, em palestra apresentada no Fórum de Governança Corporativa de Estocolmo, em dezembro de 1993, demonstrou de forma clara como a Alemanha abertamente defende seu mode-

4.2 O papel dos administradores

A pergunta logicamente subsequente é: como possibilitar a tutela do interesse social nas aquisições de controle? A quem atribuir o dever de defendê-lo?

O órgão historicamente encarregado dessa mediação entre interesses dos acionistas e interesse social é a administração. Ocorre, no entanto, que, como também a lição histórica tem demonstrado, nem sempre a administração tem se mostrado um mediador confiável. Frequentemente interesse do controlador e interesse social têm se confundido, e os administradores acabam sendo defensores dos primeiros com o escudo dos últimos.[23]

Pode-se dizer que duas condições são fundamentais para a existência de um grau confiável de independência da administração, que possa fazer pressupor sua imparcialidade. Em primeiro lugar, uma estrutura econômica de razoável diluição do controle. Em segundo lugar, uma es-

lo de gestão empresarial: "the attack launched by Italy's Pirelli on the German tire maker Continental AG has been warded off successfully by the support of German banks and the government of a Federal State (...) German industry as well as our government has always, until today, blocked plans of the EC-Commission to introduce legislation that would ease hostile takeovers. The debate whether and under what conditions hostile takeovers should be permitted is still continuing" (T. Baums, "Corporate governance in Germany – System and recent developments"). Em novembro de 1999, o debate sobre voltou à cena com a aquisição hostil da Mannesmann pela inglesa Vodafone AirTouch. Houve forte rejeição à oferta feita pela Vodafone por parte dos sindicatos de trabalhadores alemães e conselhos de trabalhadores da Mannesmann. Seu objetivo era a defesa da cultura empresarial alemã baseada no envolvimento dos empregados na gestão empresarial, tendo a classe trabalhadora recebido forte apoio dos principais partidos políticos da Alemanha. A reação da Vodafone foi uma campanha para obter a aceitação da sociedade alemã e a simpatia da classe trabalhadora. Em 24 de novembro, o presidente da Vodafone, Chris Gent divulgou carta aberta aos trabalhadores da Mannesmann, publicada nos principais jornais alemães, afirmando que a fusão das duas empresas: (i) não resultaria em demissões; (ii) os direitos dos empregados, sindicatos e conselhos de trabalhadores seriam plenamente reconhecidos e que o sistema de participação dos trabalhadores na gestão da Mannesmann seria mantido; (iii) a geração de futuros empregos favoreceria a região em que estava instalada a Mannesmann; (iv) as tradicionais divisões industriais da Mannesmann seriam separadas em companhias independentes sob a supervisão da administração atual, e decidida pelo corpo executivo e de supervisão da Mannesmann; e (v) divisão clara e independência entre a Mannesmann e o grupo Vodafone.

23. Foi o que aconteceu e foi tão criticado na lei societária alemã de 1965 (v. H. Wiedemann, *Gesellschaftsrecht*, cit., pp. 301-302).

trutura societária que garanta um mínimo de separação orgânica. Com a privatização, o Brasil fez muitos progressos no primeiro aspecto. Infelizmente, a Lei 10.303 perdeu a boa oportunidade de introduzi-los também no segundo.

Ainda assim e exatamente para que se torne possível a atuação independente dos administradores, é preciso verificar quais são as condutas possíveis e analisar sua legalidade e eficácia. Para isso o estudo do direito comparado é fundamental.

4.2.1 A solução norte-americana

Às perguntas formuladas acima, em dois casos foram dadas respostas diametralmente opostas. No primeiro caso, ocorrido nos Estados Unidos, tratava-se de estabelecer se, em vista de uma oferta pública da *Paramount* pelas ações do *Time*, a um preço quase 90 dólares superior a seu preço médio de negociação em Bolsa nos últimos dois meses, dever-se-ia admitir o comportamento hostil da diretoria do *Time* e, acima de tudo, o uso de uma articulada operação defensiva que tornava impossível a manutenção da oferta por parte da *Paramount* e que, consequentemente, privava os acionistas do *Time* da oportunidade de decidir quanto a aderir ou não à oferta e, por conseguinte, obter o sobrepreço oferecido. A Corte Suprema do Delaware, de grande reputação em matéria societária,[24] indo além de seu precedente entendimento, afirmou a legitimidade da ação dos administradores.[25] Esses não haviam descumprido os seus deveres (fiduciários), pois pertencia à sua exclusiva avaliação discricionária determinar a adequação dos termos da oferta pública (era, portanto, coberta pela *business judgement rule*), não existindo por parte dos administradores "any *per se* duty to maximize shareholder value in short term, even in the context of a take-over".

Essa decisão deve evidentemente ser entendida dentro do contexto norte-americano, onde ainda se confia plenamente no mercado como forma de tutela do interesse social. Em jurisprudência essa tendência é evidente. As decisões mais restritivas contra o operar dos administradores são aquelas que exigem do administrador a prova de sua boa-fé e de

---

24. Um conhecido autor norte-americano já se referiu, significativamente à referida corte como "our (nearly) Supreme Court of corporate law": J. Gordon, "Corporations markets and courts", in *Columbia Law Review* 91/1.931-1.932, 1991.
25. 571 A.2d 1.140 (del. 1989).

sua informação adequada (*good faith and reasonable investigation*) com relação ao uso de técnicas defensivas,[26] ou o dever de utilizar técnicas defensivas proporcionais à oferta do agressor (*reasonable in relation to the threat posed*).[27] Fornecida tal prova, poder-se-á valer da presunção, estabelecida pela *business judgement rule*, de que uma escolha consciente tenha sido feita no interesse da sociedade e não no interesse próprio em manter o cargo.

A jurisprudência prevalecente não opera nem mesmo essa inversão do ônus da prova. Deve demonstrar o conflito de interesses aquele que queira contestar as decisões do órgão administrativo.[28]

É importante notar que essa posição jurisprudencial é acidamente criticada pela doutrina, sobretudo aquela de vertente liberal (Escola de Chicago). Para esses teóricos defender a companhia contra potenciais aquisições de controle é sempre negativo. Segundo eles, o mercado de aquisições de controle é fundamental para garantir a eficiência da companhia e dos próprios administradores. Argumentam os teóricos mais extremados que o preço de uma ação é composto de dois valores: o preço que alguém está disposto a pagar por ela no presente e o preço que alguém estará disposto a pagar por ela no futuro. Para eles qualquer técnica que leve à resistência desincentiva potenciais ofertas futuras e, por-

---

26. Cf. "Cheff *vs.* Mathes", 199 A. 2d 548 (Del. 1964), e sobretudo "Unocal *vs.* Mesa Petroleum Co.", 493 A. 2d 946 (Del. 1985): "Because of this omnipresent specter that a board may be acting primarily in its own interests, rather than those of the corporation and its shareholders, there is an enhanced duty which calls for judicial examination at the threshold before the protections of the business judgement rule may be conferred. In the face of this inherent conflict directors must show that they had reasonable grounds for believing that a danger to corporate policy and effectiveness exited because of another person's stock ownership. However, they satisfy that burden by showing good faith and reasonable investigation" (pp. 954 e ss.).

27. V., novamente, "Unocal *vs.* Mesa Petroleum Co.", 493 A. 2d 946 (Del. 1985), p. 955, e também "Moran *vs.* Household International Inc.", 500 A. 2d 1346 (Del. 1985). Em alguns casos em que se considerou ilegítima a defesa utilizada pelos administradores por desrespeito ao dever de diligência v.: "Nolin Corp. *vs.* Rooney Pace Inc.", 744 F. 2d 264 (2d Cir. 1986), ambas com aplicação da lei do Estado de Nova York.

28. V., por todos, "Panter *vs.* Marshall Field & Co.", 646 F. 2d 271 (7th Cir. 1981); "Pogostin *vs.* Rice", 480 A. 2d 619 (Del. 1984): sempre com referência ao direito do Delaware. Em "Northwest Industries *vs.* B. F. Goodrich Co.", 301 F. Supp 706 (N.D. I 11, 1969) se sustenta que o *management* tinha o dever fiduciário de resistir às ofertas públicas que "in its best judgement, are detrimental to the company or its shareholders".

tanto, diminui o valor da companhia para os acionistas.[29] A opinião hoje prevalente em doutrina, apesar de liberal, é um pouco menos estremada. Considera-se que os administradores podem se opor a uma aquisição de controle apenas como forma de aumentar o valor de venda da companhia, isto é, em presença de uma proposta de aquisição eles podem (e devem) promover um leilão da companhia, obtendo para os acionistas o maior valor possível por suas ações.[30]

4.2.2 A solução alemã

O outro caso ocorreu do outro lado do Atlântico, na Alemanha, ambiente, como já mencionado, muito mais avesso às escaladas que os Estados Unidos.

Na Alemanha, os óbices à ação dos potenciais adquirentes são estruturais, ou seja, ligados à própria estrutura das grandes sociedades alemãs, o que torna a ação defensiva dos próprios administradores menos necessária.

Na verdade, sobretudo nos anos 70 com o enriquecimento dos países produtores de petróleo, certas tentativas de lá provenientes de adquirir o controle de sociedades alemãs deram lugar a reações de tipo nacionalista, tendentes à "Schulz der deutschen Wirtschaft gegen Überfremdung",[31] que se concretizaram na adoção pela maioria das grandes sociedades alemãs de medidas estatutárias de proteção.

Ainda que muitas delas tenham sido revistas e retiradas pelas próprias empresas e outras, como as limitações ao direito de voto (*Hochs-*

29. Para outras referências jurisprudenciais v. a resenha contida em M. Lipton, H. Steinberger, *Takeovers & Freezeouts*, v. IA, New York, NY, 1978 (edição permanente por fascículos, última atualização 1991), pp. 544 e ss.; F. Easterbrook e D. Fischel, "Management fiduciary duty and takeover defenses", in R. Romano, *Foundations of corporate law*, New York/Oxford, Oxford University Press, 1993, p. 267 (268).

30. R. Gilson, "Seeking competitive bids *versus* pure passivity in tender offer defense", in R. Romano, *Foundations of corporate law*, cit., p. 271.

31. Cf. H. J. Otto, "Übernahmeversuche bei Aktiengesellschaften und Strategien der Abwehr", in *Der Betrieb*, 1988, n. 12, pp. 1-6. À época chegou-se a sustentar, com argumento de escassa juridicidade, que com o enriquecimento dos países produtores de petróleo o preço das ações deveria ser considerado "kein regulativ mehr für eine angemessene Verteilung zwischen inländischen und ausländischen Engagements in der Bundesrepublik" (cf. M. Lutter, U. H. Schneider, "Die Beteiligung von Ausländern an inländischen Aktiengesellschaften-Möglichkeiten der Beschränkung und Vorschläge *de lege ferenda*", in *ZGR*, 1975, p. 182).

timmrechte) tenham sido proibidas por lei (§ 134(1, S.2) AktG permanece um óbice estrutural bastante grande às escaladas no direito alemão. Trata-se da estrutura bipartida da administração social. Como é sabido, quem escolhe a diretoria (*Vorstand*) é o *Aufsichtsrat*, órgão formado nas grandes empresas (mais de 2.000 empregados) por representação paritária entre trabalhadores e acionistas.[32] Caso o novo controlador quisesse modificar a composição do *Vorstand* antes do fim do mandato deveria, antes de tudo, destituir os representantes do sócio no *Vorstand* com minoria de dois terços (§ 103, Abs. 1, *AktG*), para depois tentar encontrar, através de seus novos representantes, uma razão relevante (*wichtiger Grund*) que justificasse a destituição dos administradores (§ 84, Abs. 3, *AktG*).

Não é necessário muito raciocínio para convencer-se que, em presença de uma tal estrutura, as escaladas contrárias à vontade dos administradores são praticamente impossíveis. Daí a quase inexistência na história societária recente alemã de decisões judiciais a respeito de disputas entre potenciais adquirentes e administradores quando de tentativas de aquisição de controle.[33]

Em presença de uma tal estrutura é interessante notar o tipo de reação que uma tentativa de escalada provocou na doutrina alemã. Trata-se da tentativa de aquisição por parte da *Pirelli* italiana da *Continental* alemã. O caso, análogo àqueles dos anos 70, nos quais investidores estrangeiros tentaram adquirir controle de sociedades alemãs contra a vontade dos administradores, provocou em doutrina opiniões contrárias a um

32. Trata-se de paridade relativa, pois em caso de empate em qualquer votação, o presidente, necessariamente um representante dos sócios, tem voto dobrado (§ 29, Abs. 2, *Mitbestimmungsgesetz*, 1976).

33. As decisões existentes, dos anos 60 e 70, são todas permissivas com relação à atuação defensiva dos administradores. Na decisão do BGH de 6.10.1960 admitiu-se um aumento de capital promovido pelo *Vorstand* com exclusão do direito de preferência dos acionistas (previsto no estatuto) com base na afirmação de que o sócio minoritário que tentava adquirir o controle "die Gesellschaft vernichten wolle": v. *BGHZ* 33/175. Em uma outra decisão, já no período "protecionista" (decisão do BGH de 6.2.1977), admitiu-se a introdução de limites ao direito de voto com base na afirmação (*obiter dictum*) que: "konnte von jeher für eine AG die Notwendigkeit auftreten, sich gegen eine Überfremdung von In-oder Ausland her abzuschirmen, die Unabhängigkeit des Vorstands zu stärken, Kleinaktionäre vor einen zu grosser Einfluss von Paketinhabern zu schützen und so den Charakter einer Publikumsgesellschaft dem ursprünglichen gesetzlichen Leitbild entsprechend zu wahren" (*NJW* 1978, p. 541).

papel autônomo dos administradores na alienação de controle.[34] Tal tipo de opinião assume tom claramente europeu. Basta notar que a recente diretiva prevê um estrito dever de abstenção por parte dos administradores de qualquer atuação tendente a impedir a efetivação da transferência.[35]

4.2.3 Conflito de interesses formal?

Cada uma das diferentes soluções apresentadas acima contém presunções não de todo aceitáveis, motivadas pelas peculiaridades juspolíticas dos respectivos ambientes que lhes deram origem. Assim é que a solução americana, ao confiar quase que totalmente na *business judgement rule* do administrador como critério para determinar se deve ou não agir, desconsidera a peculiar situação em que se encontra o administrador. O critério do administrador, ao decidir, pode não ser motivado exclusivamente por razões negociais, mas também por interesses próprios, de manutenção do cargo. Em uma tal situação, presumir a boa-fé dos administradores parece no mínimo arriscado.

A solução oposta também não pode ser aceita sem restrições. Proibir a atuação dos administradores implicaria presunção absoluta de con-

---

34. Trata-se do artigo de U. Immenga, "Des Spi*el von Conti* und Pirelli", in Frankfurter Allgemeine Zeitung, 9.3.1991. O autor, na realidade, afirma a necessidade de "Förderung eines grenzüberschreitendes Marktes für Unternehmenskontrolle" em vista da união europeia. O artigo marca também uma aparente revisão das opiniões expressas em um trabalho anterior ("Der Preis der Konzertierung", cit., p. 253) sobre a relação entre regulamentação societária da oferta pública e concentra.

35. O art. 9º da Diretiva 2004/25/CE do Parlamento Europeu e do Conselho de 21 de abril de 2004 relativa às ofertas públicas de aquisição (in *Jornal Oficial* n. L 142 de 30.4.2004, pp. 12-23) prevê que "2. No período referido no segundo parágrafo, o órgão de administração da sociedade visada é obrigado a obter a autorização prévia da assembleia-geral de accionistas para o efeito antes de empreender qualquer acção susceptível de conduzir à frustração da oferta, exceptuando a procura de outras ofertas e, nomeadamente, antes de proceder a qualquer emissão de valores mobiliários susceptível de impedir de forma duradoura que o oferente assuma o controlo da sociedade visada. Esta autorização é obrigatória, pelo menos a partir do momento em que o órgão de administração da sociedade visada recebe as informações referidas no primeiro período do n. 1 do artigo 6º e enquanto o resultado da oferta não for tornado público ou a oferta não terminar. Os Estados-Membros podem impor a antecipação do momento a partir do qual esta autorização deva ser obtida, por exemplo, logo que o órgão de administração da sociedade visada tomar conhecimento da iminência da oferta". Relatório da Comissão Europeia acerca da implementação da Diretiva indica que em ao menos dezoito dos Estados-Membros, a regra de neutralidade da administração foi ou estaria prestes a ser adotada (Commission of the European Communities, *Report on the Implementation of the Directive on Takeover Bids*, 2007).

flitos de interesse. Tal solução impediria a atuação dos administradores em casos extremos, em que é necessária sua atuação no sentido de proteger o interesse social. Normativa e intérprete são equilibrados quando tomam como parâmetro os casos típicos, sem no entanto usar fórmula que impeça a resolução dos casos extremos.

A falha de entendimento dos que veem na posição dos administradores um conflito de interesses formal está em contrapor o interesse dos administradores a permanecer em seus cargos com o interesse social na venda. Ocorre que, como visto *supra*, os componentes do interesse social na alienação de controle são vários e não permitem sua restrição ao interesse a eventual sobrepreço. Até porque, como é óbvio, este não reverte em benefício da sociedade, mas sim dos sócios. Se assim é, e não existindo por parte dos administradores, como com lógica afirmou a Delaware Supreme Court, "any *per se* duty to maximize shareholder value in short term, even in the context of a take-over",[36] não há porque impor aos administradores qualquer dever de abstenção.

Tampouco o interesse dos administradores é *a priori* identificável ao fracasso da aquisição de controle. Caso, em uma hipótese mais improvável, o administrador tenha se oposto aos interesses do controlador em vender suas ações, tal conflito não é sequer imaginável, pois o fracasso da tentativa de aquisição de controle é tão perigoso para sua manutenção no cargo quanto o sucesso.

Mas sequer no caso de tentado *take-over*, sem participação do majoritário (como visto acima, por não querer vender ou não existir), em que a atuação contrária do administrador não é contrária a qualquer posição majoritária interna, pode-se pressupor o conflito.

E aqui se chega ao segundo ponto relevante do problema. Diferenciar entre o conflito de interesse potencial e o efetivo.

Com relação aos administradores, o direito positivo brasileiro reconhece hipóteses de conflito de interesses formal, em que a própria natureza do negócio implica conflito de interesses.[37] É o caso de negócios jurídicos onerosos entre administrador e sociedade, em que a oposição de interesse fez parte de sua natureza. No entanto, ao reconhecimento da *fattispecie* em termos formais não corresponde uma definição for-

---

36. V., *supra*, nota 25.
37. Cf. M. Carvalhosa, *Comentários à lei das sociedades anônimas*, vol. 5º, São Paulo, Saraiva, 1982, *sub*. art. 156, p. 172. No mesmo sentido, v. decisão do colegiado da CVM no Proc. RJ 2004/5494, de 16 de dezembro de 2004.

mal da sanção. A aplicação das sanções depende da demonstração de o negócio ter sido prejudicial à sociedade. Ao administrador cabe afastar-se da deliberação ou operação em que considera estar em conflito de interesses com a sociedade (art. 156, *caput*). Não o fazendo, não será posteriormente objeto de verificação a sua posição na deliberação ou negócio, mas, sim, sua atuação. Assim é que será necessário demonstrar que o negócio foi feito em condições não equitativas para a companhia (art. 156, § 2º). Não basta um interesse potencial ou provável do administrador. É necessário que o conflito de interesses se concretize na atuação.[38]

Note-se que até agora só se falou de conflito de interesses em matéria de negócios realizados entre sócio e sociedade. Evidentemente as hipóteses de conflito de interesse não se resumem a esse caso. No caso típico que aqui interessa, não se cogita de negócio com a sociedade. Ao contrário, o administrador, através de sua atuação, tenta impedir um negócio que envolve a sociedade. Tratar-se-ia, no caso, de aplicar a regra genérica do artigo 156, *caput*, que prevê ser vedado ao administrador intervir em qualquer operação social em que tenha interesse conflitante com o da companhia. Aqui, novamente, em razão da supracitada desproporcionalidade entre definição da *fattispecie* e sanção, não pode ser dado ao dispositivo interpretação ampla a ponto de impedir a atuação do administrador. Até porque não é possível interpretar o dispositivo de forma conflitante com o artigo 155, III, que prevê entre os deveres de lealdade do administrador ser-lhe vedado "omitir-se no exercício ou proteção dos direitos da companhia". Uma eventual discrepância entre os dois textos só pode ser evitada admitindo-se uma verificação casuística do conflito.

Assim sendo, pode-se afirmar que, ao contrário do que é feito com relação ao controlador,[39] não existem hipóteses de presunção de existência de conflito de interesses. O conflito de interesses do administrador no direito brasileiro é de natureza substancial, devendo ser apurado casuisticamente. É exatamente essa característica que desloca o interesse principal para a análise das técnicas de defesa individualmente consideradas.

38. Cf. L. G. P. B. Leães, "Conflito de interesses", in *Estudos e pareceres sobre sociedades anônimas*, cit., p. 32.

39. Com relação ao controlador, o art. 115, § 1º, prevê hipóteses de vedação absoluta, em que o conflito de interesses é presumido.

4.2.4 Técnicas de defesa: legitimidade

Trata-se aqui de analisar técnicas de defesa em sua maioria importadas, já que, como foi dito, no Brasil, em face da concentração de poderes nas grandes companhias, raramente são utilizadas.

Isso não quer dizer, no entanto, que o seu estudo careça de utilidade. Pode-se, ao contrário, demonstrar um eficiente instrumento de incentivo exatamente à desconcentração acionária, na medida em que acionistas majoritários que participem da administração ou nela tenham confiança podem sentir-se encorajados a democratizar o capital da companhia, caso estejam seguros de que podem defender o controle em caso de tentativa de escalada.[40] É evidente que tal tipo de medida só será realmente eficiente se acompanhada de uma redução da participação proporcional das ações sem direito a voto no capital da companhia, que em seu atual valor (até dois terços do capital com relação às companhias constituídas antes de 31 de outubro de 2001, exceto as companhias fechadas que pretenderem abrir o capital após tal data, e metade do capital a partir de 1º de novembro de 2001, com relação às companhias constituídas a partir dessa data, ou no momento de abertura do capital social, com relação às companhias fechadas já existentes em 31 de outubro de 2001) permitem ao controlador capitalizar-se sem dispor de seu poder.

A breve análise que se seguirá será dividida em técnicas estruturais, ou seja, possíveis em decorrência da legislação societária, e aquelas chamadas estatutárias, tornadas possíveis através da introdução de cláusulas específicas nos estatutos, mais conhecidas como *poison pills*.

Dentro do primeiro grupo, o mais famoso meio de defesa é talvez aquele conhecido como *greenmail*, ou seja, a aquisição por parte da própria sociedade das ações por um preço tão alto a ponto de induzir o pretendente a renunciar a oferta. Trata-se de técnica evidentemente nociva na medida em que leva a sociedade à aquisição de seu próprio patrimônio, motivo pelo qual tem sido proposta a sua proibição nos Estados Unidos.[41] No Brasil, o artigo 30 da Lei das S.A. estabeleceu limites quantitativos para a negociação da companhia com as próprias ações (a aquisição não pode exceder o saldo de lucros ou reservas, exceto a

---

40. Cf. E. Salomão Neto, "Brazilian poison pills: rare but legitimate", in *International Financial Law Review*, vol. IX, fevereiro/1992, n. 2, p. 38.

41. Cf. nesse sentido J. Coffee, "Regulating the market for corporate control: a critical assessment of the tender offer's role in corporate governance", in *Columbia Law Review* 84, 1984, pp. 1.145 e ss.

legal). A Instrução CVM 10, de 14.2.1980, resolveu definitivamente a questão com relação às ofertas públicas, dispondo em seu art. 2º, *e*, a vedação de aquisição das próprias ações por parte da companhia, "quando estiver em curso oferta pública de aquisição de suas ações".

Outro importante meio de defesa utilizado no exterior é a disputa direta entre adquirente externo e administrador pelo controle. No direito positivo brasileiro não parece haver qualquer óbice *per se* a uma tal atuação dos administradores, desde que evidentemente não constitua aproveitamento de informações privilegiadas havidas em razão do cargo (art. 155, I, da Lei das S.A.). O artigo é aplicável, apesar de a operação envolver em linha direta apenas interesses dos eventuais alienantes, por prever um dever de abstenção independente de dano.

Falta ainda mencionar uma última e importante técnica estrutural, consistente nas alienações e aquisições de bens tendentes a tornar desinteressante a sociedade alvo para o potencial adquirente.

Devem-se analisar separadamente as alienações das aquisições. Caso típico do primeiro grupo é a alienação dos principais itens do ativo permanente da empresa. Evidentemente que tal venda não pode consistir na alienação da própria *azienda*, pois implicaria alienação simulada do controle da companhia. Pode consistir, no entanto, em venda de bens sem os quais a empresa perde interesse para o adquirente. Novamente aqui a análise deve ser casuística: a alienação de qualquer item que comporte diminuição da capacidade produtiva da empresa não pode ser considerada compatível com o interesse social. Não assim para vendas que objetivem livrar a sociedade de elementos não diretamente relacionados à sua atividade principal, mas que têm grande valor para o potencial adquirente. Nesse caso a alienação é até recomendável, pois evita um potencial desvirtuamento da atividade social futura em função dos interesses do adquirente. Há que se notar que, como já ressaltado, a alienação de bens do ativo permanente inclui-se entre as competências naturais do Conselho de Administração (art. 142, VIII). Dessa maneira, caso o único objetivo da aquisição seja o bem e haja fundado receio de desvio de atividade da companhia em caso de alienação de controle, o voto do conselheiro, acionista representante do grupo controlador, em sentido contrário à venda é passível de anulação com base em conflito de interesses (v. discussão *supra*).

Diferente é o caso da aquisição de controle de outras companhias. Tal técnica consiste frequentemente na aquisição de concorrente visando a criar óbices do ponto de vista concorrencial. No Brasil, seria necessário que a empresa resultante dominasse no mínimo 20% do mercado (o art. 54, § 3º, da Lei 8.884, de 11.6.1994).

O segundo grupo de técnicas de defesa é o que se convencionou chamar de técnicas estatutárias. Trata-se de técnicas conhecidas no direito norte-americano como *poison pills*. A mais comum é a emissão de títulos de vencimento condicionado a uma alienação de controle. Fala-se tanto na emissão de debêntures como de bônus de subscrição respectivamente resgatáveis e exercitáveis em caso de alienação de controle em condições muito favoráveis para o titular, de modo a impedir ou tornar desinteressante a aquisição para o potencial adquirente do controle.

Sua aplicação ao direito brasileiro levanta, no entanto, dúvidas de diversas naturezas. A primeira delas é quanto à sua conveniência. A emissão de tais títulos é geralmente acompanhada de cláusula que permite à administração da sociedade resgatá-los quando achar oportuno. Tal cláusula é necessária para impedir a utilização dos títulos inclusive naquelas ofertas amigáveis, não hostis à diretoria e à empresa. Ocorre que do ponto de vista puramente civil, tal cláusula seria de validade extremamente duvidosa, em face da vedação legal das condições meramente potestativas (art. 122, 2ª parte, do Código Civil).

Mas existe uma outra consideração a ser feita. Enquanto através das outras técnicas, ou da maioria delas, cogita-se de intervenção na relação comprador/vendedor no (potencial) interesse de um terceiro (a sociedade) sem que a conclusão do negócio jurídico possa ser considerada *per se* lesiva, através dessa técnica se cogita da inserção da sociedade em um dos polos do negócio jurídico (como emissora de ações ou devedora de debêntures) realizado necessariamente em condições favoráveis aos adquirentes para interferir na compra e venda. O potencial prejuízo que poderia ser causado por um futuro adquirente não parece ser suficiente a justificar o dano incorrido no negócio jurídico realizado com a sociedade. No conflito entre um interesse potencial e futuro e um interesse patrimonial atual, parece que a atuação do administrador favorável ao primeiro supera os limites da *business judgement rule*, caracterizando concreto descumprimento do dever de atuação no interesse da sociedade, previsto no art. 154, *caput*, e consequentemente induz à sua responsabilidade nos termos do art. 158, II da mesma lei.[42] A admissibilidade

---

42. Cf., com posição contrária, E. Salomão Neto, "Brazilian poison pills: rare but legitimate", cit., p. 38.

e efetividade da *poison pills* no direito brasileiro é portanto, no mínimo, bastante duvidosa.

Mais recentemente, cláusulas de *poison pill* passaram a ser inseridas em estatutos de companhias listadas, mediante a estipulação de que o acionista que angariasse determinada porcentagem do capital social votante deveria obrigatoriamente se oferecer para adquirir as ações dos demais acionistas sob condições vantajosas previamente delineadas.[43] Trata-se do que ficou conhecido como *poison pills* brasileiras e que se assemelha à regra de oferta obrigatória encontrada na Diretiva Europeia 2004/25.

Em geral, reconhece-se que em mercado de capitais razoavelmente estruturados e com companhias cujos valores mobiliários contam com algum grau de dispersão, as *poison pills* são previstas com dois objetivos principais. Um deles refere-se à garantia da dispersão acionária e o outro à proteção do controle já estabelecido.

Em cenários de concentração acionária como o brasileiro, situações de aquisição de controle exigem uma análise do uso das *poison pills* à luz de suas peculiaridades.[44] Ao contrário dos casos de tomada hostil em ambiente de completa dispersão, em que o futuro adquirente apresenta proposta de aquisição no mercado, ofertando determinado valor pelas ações da companhia, e a administração reage mediante o emprego de algum tipo de *poison pill*, as alienações de controle no Brasil são normalmente negociadas entre um acionista já controlador e o adquirente do controle. O controle é concebido como um "bem" de *titularidade* do controlador ou de sua família (muitas vezes há décadas).

Neste cenário, qualquer ameaça à situação de controle deve ser desestimulada. Nessa concepção tradicional, participação relevante não deve ser adquirida em Bolsa mas "negociada com seus *legítimos* proprietários". Assim, a previsão de que a obtenção de certa porcentagem do capital dispara a obrigatoriedade de apresentar oferta aos demais acionistas

---

43. V. Instituto Brasileiro de Governança Corporativa, *2ª Carta Diretriz: mecanismos de defesa à tomada de controle*, São Paulo, IBGC, 2009, p. 9, Parecer de Orientação CVM 36, de 23 de junho de 2009, e o Memorando de M. B. Pinto e O. Yazbek elaborado junto com a minuta desse Parecer de Orientação, disponível in *http://www.cvm.gov.br/port/infos/6491-0.asp#t20*.

44. Estudo específico sobre o tema aponta exatamente o caráter peculiar da previsão de *poison pills* em estatutos de companhias que contam com um acionista controlador (v. J. Vieira, E. Martins, L. P. L. Fávero, "*Poison pills* no Brasil: um estudo exploratório", in *Revista Contabilidade e Finanças* 50, 2009, p. 17.

desestimula o agente a angariar elevada participação, garantindo-se a manutenção do controle previamente existente e exigindo que, se quiser tomar o controle, negocie com o seu "titular" (o atual controlador).

Assim, se mesmo em mercados com companhias de capital notadamente disperso há a indicação de que as cláusulas são por vezes empregadas não apenas para manter essa dispersão mas também com o objetivo de manter o controle gerencial existente,[45] em situações de certa concentração acionária essa (dis)função das cláusulas de *poison pill* torna-se ainda mais nítida.[46] Elas passam a ser utilizadas especialmente para garantir o próprio controle, deixando-o mais estável, na medida em que aquisições de certa quantidade de participação ficam proibitivamente caras, desanimando qualquer forma de ameaça ao poder hegemônico do controlador. Nestes casos, não há vinculação entre a *poison pill* e a proteção da dispersão acionária, mas entre aquela e a proteção do controle.

Percebe-se, portanto, que o uso desta técnica de defesa no Brasil envolve dificuldades, especialmente quando aplicadas a companhias que não contam com capital disperso (a grande maioria). Sendo elas previstas com o propósito de proteger o controle societário, para que se evitem prejuízos aos minoritários, imperiosa se torna a sua incidência não só quando seus critérios formais são atingidos mas sempre que o poder de controle (de direito ou de fato) for de alguma maneira transferido ou compartilhado, mesmo mediante a aquisição da porcentagem prevista na cláusula de *poison pill*.[47]

Só assim é possível impedir a ocorrência de negócios jurídicos indiretos entre alienante e adquirente do controle, que podem tentar utilizar as negociações em Bolsa exatamente para evitar a incidência das regras mais rígidas sobre oferta pública aplicáveis em caso de alienação de controle (art. 254-A da Lei 6.404/76 e Instrução CVM 361/2002).

---

45. Cf. L. Cox, "Poison pills: recent developments in delaware law", in *University of Cincinnati Law Review* 58/611, 1989.

46. A 2ª Carta Diretriz do IBGC deixa claro que a manutenção do controle concentrado é *um dos* objetivos da previsão de cláusulas de poison pill: "os mecanismos foram percebidos pelo mercado como risco adicional de perpetuação do controle da companhia, de forma desvinculada dos méritos de *sua administração, fundada na onerosidade* de transfer"

47. Observe-se que mesmo uma participação que não represente controle de direito pode levar ao controle de fato da companhia, se for cumulada, como ocorre com frequência, com poderes especiais conferidos por acordo de acionistas.

É verdade que essa interpretação representa solução parcial, só aplicável às companhias que têm em seu estatuto a referida *poison pill* e nas quais as referidas regras estatuárias conferem uma proteção equivalente às regras sobre alienação de controle. Solução geral só ocorreria em caso de existência de regulamentação das escaladas em Bolsa, nos moldes da regulamentação europeia.[48]

5. Conclusão

Em ausência de uma regulamentação protetiva dos minoritários na alienação do controle, interesse do controlador e interesse social encontram-se potencialmente muito mais dissociados no momento da alienação. A Lei 10.303 nada fez para alterar essa situação. Aumentou apenas discretamente o "preço" da aquisição de controle (pela combinação entre redução do limite máximo de preferenciais e 50% do capital votante e extensão – limitada a 80% – do preço pago pelo controle aos detentores de ações com direito a voto). Por outro lado, manteve a exclusão dos acionistas sem direito a voto dos benefícios da oferta pública obrigatória. Permanece, portanto, o potencial conflito majoritário/minoritário sem voto na alienação de controle.

48. A Diretiva 2004/25/CE prevê, como medida de proteção aos acionistas minoritários, que o adquirente de determinada porcentagem do capital votante, legalmente considerada como representativa do controle da companhia, deve formular oferta para aquisição das ações dos demais acionistas a preço equitativo (art. 5º). Encontra-se, no ambiente europeu, ampla discussão acerca da utilidade da regra de ofe*rta obrigatória, espe*cialmente em vista da estrutura concentrada do capital da maioria das companhias da Europa Continental. Sobre o tema, v. Marco Ventoruzzo, "Takeover regulation as a wolf in sheep's clothing: taking U.K. Rules to Continental Europe", in U. Pa. J. Bus. & *Emp. L. 11*, 2008, pp. 135-173 (alegando que a aplicação de uma regulamentação das ofertas hostis criada para ambientes de dispersão acionária – tal qual a previsão de oferta obrigatória, inicialmente imaginada no ordenamento *inglês* – *poderia ocasionar* a manutenção do controle em mercados de controle concentrado e não a proteção a acionistas minoritários); Eddy Wymeersch, "The mandatory bid: a critical view", in Klaus J. Hopt, Eddy Wymeersch (eds.), European takeovers – Law and practice, London, Butterworths, 1992, pp. 361-363 (indicando que a oferta mandatória muitas vezes protege o controlador, na medida em que torna extremamente custosa a aquisição de participação relevante do capital); e Allen Ferrell, "Why Continental European takeover law matters", in Guido Ferrarini, Klaus J. Hopt, Jaap Winter, e Eddy Wymeersch, Reforming company and takeover law in Europe, Oxford, Oxford, 2004, pp. 565-566 *(defendendo que, em cenários de* elevados níveis de benefícios particulares do controle, a oferta

É preciso, portanto, elaborar em doutrina e jurisprudência uma tipologia de casos em que a atuação do controlador é claramente prejudicial aos minoritários e de casos em que há sério risco de pôr em cheque interesses vitais da empresa e de quais medidas podem ser tomadas para proteger ambos os interesses.

Nesse trabalho procurou-se demonstrar que a construção dessa tipologia deve ter por base os diferentes efeitos que a alienação de controle pode ter sobre a organização empresarial. Se o efeito for meramente a transformação de estrutura e não a sua destruição, o que deve ocorrer é a correta compensação daqueles grupos de interesses – no caso, os minoritários – que, de internos à organização, passam a representar um feixe de interesses por assim dizer externos ao interesse social, já que a mudança da forma organizativa é feita sem o seu consentimento.

Por outro lado, se o efeito potencial for a destruição da organização empresarial, perfeitamente legitimada estará a defesa da sociedade contra a própria alienação de controle. Toda a construção doutrinária do poder-dever do controlador ganha então sentido aplicativo. As técnicas que permite à administração defender-se contra a alienação de controle ganham, portanto, significado prático. O pleito de indenização perante o ex-controlador e os administradores diante de eventual fracassada defesa encontram plena base nos artigos 246 e 156 da lei das sociedades anônimas.

Viu-se, também que as técnicas utilizadas pelo controlador para defender-se de escaladas muitas vezes podem ser prejudiciais aos minoritários na medida em que podem permitir a realização de negócios indiretos em Bolsa. Assim, é necessário assemelhar os efeitos dessas técnicas de defesa aos efeitos das regras já existentes sobre proteção aos minoritários em matéria de alienação de controle. É também de se esperar que em um futuro breve, o país venha a contar com uma regulamentação das escaladas em Bolsa de companhias, prevendo a necessidade de realização de ofertas públicas nessas hipóteses.

Espera-se ter demonstrado que o que se defende não é uma aplicação indiscriminada das técnicas de defesa estatutárias ou legais. Parece clara a incoerência e periculosidade para o sistema econômico de um mercado de aquisição de controle absolutamente impenetrável. Por outro lado, a garantia de preservação e permanência da organização empresarial e o respeito aos outros interesses (que não exclusivamente os dos acionistas controladores) no momento da alienação de controle sugere um maior cuidado com as imperfeições desse mercado e uma maior preocupação em tutelar todos os interesses envolvidos em uma tentativa de alienação de controle, ainda que isso implique, em certos casos específicos, restringir ou até mesmo impedir a sua realização. Daí o fundamento desse Capítulo e o sentido dessas reflexões.

Capítulo XI
INFORMAÇÃO COMPLETA, DIREITO SOCIETÁRIO E MERCADO DE CAPITAIS

1. O princípio da informação completa: importância para o mercado de capitais: 1.1 A informação plena; 1.2 A informação acessível a todos. 2. A questão estrutural: poder de controle e assimetria de informação. 3. Conclusões.

Editadas no mesmo ano, as leis de mercado de capitais (Lei 6.385/76) e societária (Lei 6.404/76) partiram da concepção lógica de que uma não poderia ser compreendia e talvez sequer aplicada sem a outra. A própria exposição de motivos de ambas deixa clara sua complementaridade para a construção do mercado de capitais.[1]

1. Confira-se trecho da Exposição de Motivos da Lei 6.404: "4. O Projeto visa basicamente a criar a estrutura jurídica necessária ao fortalecimento do mercado de capitais de risco no País, imprescindível à sobrevivência da empresa privada na fase atual da economia brasileira. A mobilização da poupança popular e o seu encaminhamento voluntário para o setor empresarial exigem, contudo, o estabelecimento de uma sistemática que assegure ao acionista minoritário o respeito a regras definidas e equitativas, as quais, sem imobilizar o empresário em suas iniciativas, ofereçam atrativos suficientes de segurança e rentabilidade" (Exposição de Motivos 196, disponível in *www.cvm.gov.br*). V. também a seguinte passagem da Exposição de Motivos da Lei 6.385: "2. O texto anexo forma, em conjunto com o projeto de lei das sociedades por ações, um corpo de normas jurídicas destinadas a fortalecer as empresas sob controle de capitais privados nacionais. Com tal objetivo, ambos procuram assegurar o funcionamento eficiente e regular do mercado de valores mobiliários, propiciando a formação de poupanças populares e sua aplicação no capital dessas empresas. 3. O projeto de lei das sociedades por ações pressupõe a existência de novo órgão federal – a Comissão de Valores Mobiliários – com poderes para disciplinar a fiscalização do mercado de valores mobiliários e as companhias abertas" (Exposição de Motivos 197, *Diário do Congresso Nacional*, Seção 1, 10.8.1976, p. 6.974).

A evolução posterior da doutrina, jurisprudência e legislação pareceu descrer dessa ideia. As evoluções foram paralelas, sem jamais se fundir e raramente se aproximando. Excetuados alguns importantes escritos, a concepção dominante foi que, no tocante ao mercado de capitais, a garantia do livre fluxo de informação e a inexistência de manipulação do mercado seriam suficientes para o seu bom funcionamento. A legislação do mercado de capitais, aliada a órgãos regulamentares bem organizados e ativos, seriam suficientes para o funcionamento do sistema.

De outro lado, o direito societário comportou-se, ao menos durante vinte e cinco anos, como se desnecessário fosse indagar de sua relevância para o mercado de capitais. Concepções contratualistas clássicas não foram arejadas pela presença de acionistas futuros e incertos, como os investidores de mercado.

Essa surdez recíproca é uma das responsáveis pela crise do nosso mercado de capitais, que se agravou no final dos anos 90. Uma sociedade que aparenta ser "gerida em conflito" pelo controlador não é mais capaz de atrair investimentos.

Urge, portanto, elaborar estudos que se preocupem em integrar as duas esferas – que de resto jamais deveriam/poderiam ter se separado. A ideia desta obra é exatamente procurar explorar brevemente essa via em um tema típico do mercado de capitais: o princípio da informação completa.

1. O princípio da informação completa: importância para o mercado de capitais

Não parece exagerado afirmar que o princípio da informação completa é central para o funcionamento e a própria existência do mercado de capitais. Prova cabal disso é que recentes estudos comparatísticos têm revelado uma correlação positiva entre importância e desenvolvimento do mercado de capitais em cada país e o grau de proteção do princípio da informação completa.[2]

Essa correlação faz sentido do ponto de vista lógico. No mercado de capitais, a antiga máxima econômica de perfeita tradução nos preços da

---

2. Cf. a respeito, comparando os mercado americano e inglês com o continental europeu e o japonês, G. Hertig, R. Kraakman, E. Rock, "Issuer and investor protection", in *The anatomy of corporate law – A comparative and functional approach*, Oxford, Oxford University Press, 2005, pp. 213-214.

utilidade de cada produto só se perfaz se houver informação igualmente distribuída a todos. Assim sendo, proteção do fluxo de informação significa até mesmo proteção do investimento acionário. Sem essa proteção não há estímulo para compra de ações.

É, portanto, natural que esse princípio tenha a mais profunda proteção no mercado de capitais. Novamente, guardando coerência com o que foi dito no parágrafo anterior, informação completa não significa apenas que o conteúdo da informação deva ser o mais detalhado, completo e inteligível (padronizado)[3] possível. Significa também que essa informação deva ser acessível a todos. É nesse sentido que deve ser interpretado o princípio da informação completa previsto no artigo 4º, inciso VI, da Lei 6.385/76.

1.1 A informação plena

Ao se falar em informação plena sobre a sociedade, a primeira indagação que pode vir à mente é quantitativa. O quanto de informação é necessário para que se considere a informação plena.

Na verdade, a questão não é quantitativa, mas qualitativa. Para entender o porquê é preciso brevemente retornar ao próprio conceito de atividade societária. Relevante para acionistas e investidores serão todos os atos, ou conjunto deles, que tenham efeito direto ou indireto sobre as perspectivas da companhia e o valor de suas ações.

Consequentemente, sobre dois grandes grupos de atos deve haver informação total: aqueles atos patrimoniais direcionados a influenciar diretamente o valor, a forma, a propriedade ou os direitos das ações. É o caso de operação de cisão, incorporação e fusão e da quase totalidade das outras mencionadas no artigo 136, da Lei das S.A.

---

3. Note-se que a informação completa é também necessariamente informação compreensível. Daí a padronização de informações financeiras e também a existência de prazo mínimo para o estudo de informações econômicas complexas. É por essa razão que a lei societária prevê a disponibilização aos acionistas de informações econômicas e financeiras ao menos um mês antes da realização da Assembleia Geral Ordinária (art. 133, LSA) e a disponibilização para a CVM e para a Bolsa de Valores ao menos 15 dias antes da data marcada para a Assembleia (Instrução CVM 319, de 3.12.1999, art. 2º). Trata-se de prazo considerado mínimo para análise pelos acionistas do relatório sobre os negócios sociais (inciso I), dentre outros documentos.

Há, no entanto, também um segundo grupo bastante relevante. Trata-se das informações sobre os negócios da companhia, ao menos sobre aqueles negócios que possam influenciar sua lucratividade.

Essa interpretação do princípio da informação completa é bem recebida na regulamentação positiva brasileira. Na Regulamentação do Novo Mercado, atualmente o mais importante padrão ético em se tratando de mercado de capitais no direito brasileiro, a divulgação constante de projeções é a regra.[4]

Também para as empresas não cotadas no Novo Mercado, há a obrigatoriedade de prestação plena de informação. Ainda que não sejam obrigatórias reuniões públicas com analistas, o princípio da informação completa tem como consequência a previsão de regras sobre divulgação obrigatória de fato relevante. Essas regras se consubstanciam em deveres do administrador, previstos na própria lei das sociedades anônimas (art. 155) e na regulamentação específica da Comissão de Valores Mobiliários sobre o assunto (Instrução 358, de 3 de janeiro de 2002).

A regra geral estabelecida por referidos dispositivos é a seguinte: toda informação que possa afetar de modo relevante a cotação dos valores mobiliários, a decisão dos investidores de vender ou comprar valores mobiliários ou a decisão dos investidores de exercer quaisquer direitos inerentes à condição de titular de valores mobiliários emitidos pela companhia, deve ser divulgada (art. 2º, Instrução CVM 358). Basta ler a referida enumeração para entender o quão amplo é o dever de divulgar.

Não há também qualquer dúvida que o referido dispositivo engloba ambos os grupos de informações acima mencionados: (i) informações sobre alterações patrimoniais; e (ii) informações sobre os negócios da companhia. À luz desse dispositivo, não deveria haver dúvida de qualquer tipo a respeito da obrigatoriedade de divulgação, por exemplo, do plano de negócios de uma companhia.

A (aparente) dificuldade surge quando se adiciona a essa regra a única exceção para ela expressamente prevista. Trata-se da hipótese excepcional (exceção à imediata divulgação), prevista no artigo 6º da mesma Instrução, de que os atos ou fatos relevantes podem, excepcional-

---

4. O Regulamento de Listagem do Novo Mercado, em sua Seção VI ("Informações periódicas e eventuais que devem ser prestadas"), obriga a companhia a, entre outras informações: realizar reuniões públicas com analistas e interessados para divulgação de informações quanto à sua situação econômico-financeira, projetos e perspectivas (art. 6.6).

mente, deixar de ser divulgados, se puderem colocar em "risco interesse legítimo da companhia".

Em primeiro lugar, é importante sublinhar o óbvio: essa hipótese excepcional não diminui e nem poderia diminuir a importância da regra geral. A regra geral continua sendo a ampla divulgação. Aliás, existem duas razões de ordem pública muito importantes para que essa regra prevaleça sobre eventual interesse social na não divulgação. Uma política pública que obrigasse à divulgação de todos os fatos relevantes, inclusive aqueles que pudessem ser aproveitados por concorrentes, nada teria de maléfico à companhia, pois eventual dano da divulgação de fatos próprios seria compensado por melhor conhecimento da situação dos demais concorrentes (imaginando-se que em um mercado em funcionamento ótimo, o perfeito acesso à poupança através do mercado de capitais é necessário para todos os concorrentes e que seriam eles todos, portanto, também companhias abertas). No agregado, não seria possível dizer que haveria prejuízo.[5]

Essa primeira observação leva naturalmente a uma outra constatação. Do ponto de vista da política concorrencial, de há muito se reconhece a inconveniência da chamada concorrência secreta (*Geheimwettbewerb*), ou seja, a concorrência que se faz com base em pouco ou nenhum fluxo de informação. Por uma razão simples. Se fosse permitido com base em considerações de ordem concorrencial sonegar informações, o consumidor seria o primeiro e o maior prejudicado. É ele o destinatário e beneficiário principal de um fluxo de informações amplo. Aliás, a ampla circulação de informações para o consumidor é um dos requisitos principais para o funcionamento de uma ordem econômica equilibrada.[6] Assim, admitir um amplo princípio de limitação à informação com base no interesse social de se defender de um concorrente seria contrário a princípios fundamentais da ordem econômica (*v.g.*, proteção ao consumidor – art. 170, inciso V, CF).

A essa questão principiológica adiciona-se outra, já ressaltada. O que ocorre é que a informação que interessa ao mercado não é tipicamente a informação que interessa ao concorrente. Esse se interessa – em matéria de negócios sociais – por informações reveladoras das perspecti-

---

5. Cf. G. Hertig, R. Kraakman, E. Rock, "Issuer and investor protection", in *The anatomy of corporate law*, cit., p. 204.

6. Cf. C. Salomão Filho, *Direito concorrencial – As condutas*, São Paulo, Malheiros Editores, 2003, pp. 45 e ss.

vas de rentabilidade da companhia. Já os concorrentes se interessam por informações estratégicas da área comercial ou industrial. Consequentemente, pode-se concluir que na realidade inexiste em princípio tensão entre princípio da informação completa e proteção de informação frente aos concorrentes.

As observações teóricas (importância da informação) e práticas (inexistência de tensão prestação de informação – proteção estratégica) feitas acima levam a uma conclusão muito importante. A exceção prevista no artigo 6º da Instrução CVM 358/2002, *i.e.*, o direito de não prestar informações, não se justifica com base na proteção de informações estratégicas contra a concorrência. O interesse legítimo da companhia restringe-se, basicamente (ressalva feita a situações excepcionais aí não enquadradas), a danos de imagem ou reputação que podem surgir da não prestação de informação. Ainda assim a situação deve ser reversível, de modo a justificar que se aguarde sua reversão. Isso significa que é da própria divulgação da informação que pode decorrer dano e não dos fatos que lhe estão na origem (e que podem ser revertidos).

Assim interpretada de maneira restritiva (como devem ser, de resto, todas as exceções), a regra do artigo 6º assume sua função própria e permite dar vigência ao princípio da informação completa no mercado de capitais, prevista no artigo 4º, inciso VI, da Lei 6.385/76.[7]

1.2 A informação acessível a todos

Segundo elemento fundamental do princípio da informação completa é a garantia do pleno fluxo de informação a todos os participantes do mercado. Na verdade, esse princípio nada mais é que a garantia de reequilíbrio de uma situação de fato desequilibrada.

Os *insiders* da companhia, basicamente controlador e administradores, têm muito mais informações que os *outsiders* (minoritários e investidores de mercado). Em mercados de capitais concentrados, esse risco aumenta, pois, em ausência de informação a todos acessível, permite-se que o controlador, em especial dentro de grupos de empresas, tome medidas em detrimento dos *outsiders*. Regras de publicidade em geral

---

7. Acerca da adoção do princípio do *full disclosure* pelas Leis 6.404, de 15.12.1976, e 6.385, de 7.12.1976, v. comentários de L. G. Paes de Barros Leães, *Mercado de capitais e "insider trading"*, São Paulo, Ed. RT, 1982, p. 133. O mesmo autor menciona o papel nuclear do *disclosure* na regulação do mercado norte-americano, rebatendo as críticas tecidas à ampla aplicação do princípio (p. 100).

servem então para o reequilíbrio dessa situação de fato desequilibrada entre *outsiders* e *insiders*.[8]

Note-se que como já cabalmente demonstrado por respeitadíssima teoria econômica, o acesso diferenciado de participantes de uma relação jurídica a informações pode levar inclusive à deterioração dos bens oferecidos naquele mercado e em última instância ao desaparecimento do mercado.[9] Nos mercados de capitais, isso corresponde à diminuição de fluxo de investidores e de qualidade das empresas cotadas, acarretando a migração das melhores empresas (em se tratando de práticas societárias) e dos investidores mais sofisticados para os mercados em que há melhor acesso à informação.

Dessa gênese do princípio da informação acessível a todos decorrem algumas consequências jurídicas importantes. A primeira, óbvia, é a necessidade de imediata divulgação, em caso de vazamento de informação ainda não divulgada, bem como as regras sobre não aproveitamento de informação privilegiada ainda não divulgada. A isso se dedicam vários dispositivos (art. 155 da LSA, e art. 6º, parágrafo único, da Instrução CVM 358/2002).

Uma segunda consequência, talvez menos óbvia, é o especial cuidado que se deve ter com os atos ou fatos envolvendo relações entre majoritários e minoritários. Ainda que a informação ampla deva obrigatoriamente envolver todos, mesmo investidores não acionistas, quando a questão envolve interesses dos minoritários há um problema adicional. Trata-se, por assim dizer, do efeito modelo, ou algo semelhante ao descrito por Akerloff em relação aos adquirentes de carros usados ou vendedores de plano de saúde. O fato de a parte diretamente envolvida na relação (no caso da S.A., o minoritário) ser patrimonialmente prejudicado pela venda de ações, passa a atrair para aquisição do referido produto apenas investidores menos interessados, ou interessados em coisas diversas que não o investimento na companhia. São minoritários qualitativamente piores, ou especuladores.

O problema da assimetria de informação é, portanto, particularmente relevante – e preocupante – quando se tratar de operações societárias

---

8. Cf. H. Wiedemann, *Gesellschaftsrecht*, cit., p. 499, que inclui entre os *outsiders* também os credores.
9. A referência aqui é claramente ao clássico de G. Akerloff, "The market for lemons: quality uncertainty and the market mechanism", in *Quarterly Journal of Economics*, vol. 84, 1970, pp. 488 e ss.

envolvendo, de um lado, interesse de controladores e, de outro, interesse de minoritários e pequenos aplicadores.

2. A questão estrutural: poder de controle e assimetria de informação

Esse último tópico, de análise do pleno acesso à informação revelou um importante problema "estrutural". A relação controlador-minoritário gera uma assimetria de informação natural, de difícil disciplina pelo direito societário.

Difícil, pois a assimetria de informação é prévia à própria relação societária. O poder do controlador sobre a Assembleia Geral e sobre os órgãos de administração é tal que uma simples ideia que tenha, mesmo antes de apresentá-la aos órgãos responsáveis por sua aprovação, já é uma informação privilegiada. O acionista controlador sabe que será capaz de aprová-la e portanto pode aproveitar-se dela mesmo antes de submetê-la às aprovações societárias. Como regular então a própria subjetividade do controlador? Sem dúvida ampliar proibições ou estender a interpretação do significado de fato relevante é uma alternativa possível, mas claramente insuficiente em uma realidade de informações *estruturalmente* assimétricas. Transplantado mais uma vez para o mercado de capitais, o próprio raciocínio de Akerloff admitira dizer que essa realidade estrutural levaria ao desaparecimento dos investidores (o desaparecimento do mercado é o que prevê para o caso dos *lemons*[10]).

Nos mercados de capitais, as assimetrias de informação estão presentes e sem dúvida prejudicam o seu funcionamento regular. Sua presença, se não controlada, pode levar a um pernicioso processo de "seleção adversa" semelhante àquele descrito por Akerloff. É interessante, aliás, como o processo descrito por Akerloff adapta-se perfeitamente ao assunto ora em análise.

No modelo do famoso prêmio Nobel, a existência de assimetrias de informação entre vendedores e compradores de veículos usados faz com que os últimos não sejam capazes de identificar os veículos de má qualidade (pois têm menos informações que os vendedores sobre o es-

---

10. G. Akerloff demonstra como em certos setores a incerteza sobre a qualidade pode levar ao desaparecimento do próprio mercado – v. G. Akerloff, "The market for lemons: quality uncertainty and the market mechanism", cit., pp. 448 e ss.

tado do veículo). Isso faz com que o preço de veículos usados de boa e má qualidade seja substancialmente o mesmo, o que tende a afastar os veículos de boa qualidade do mercado, permanecendo apenas os ruins. Essa tendência à seleção adversa se dá em função da ausência de fluxos de informação.

No mercado de capitais ocorre algo muito semelhante, em especial através de operações societárias envolvendo controladores e não controladores. A diferença de informação entre os *insiders* da companhia (controladores e administradores) e os *outsiders* (minoritários e investidores) é imensa. Em especial em relação a informações econômicas e financeiras (de resto as mais importantes), a diferença se faz sentir principalmente em operações societárias (incorporação, fusão, etc.). Permitir a supressão de informação tende a fazer com que o mercado seja composto só de companhias de pior qualidade – em matéria de práticas de governança corporativa – pois não é possível para o comprador de ações ou o minoritário, que deve decidir entre permanecer na companhia ou não, diferenciar uma das outras, desaparecendo virtualmente o mercado para as boas companhias.

É interessante a solução aventada pelos teóricos da economia da informação para esse problema. Trata-se do uso da técnica chamada "*screening*" ou estimulo à promoção das qualidades.[11] É preciso reconhecer que essa técnica é difícil de ser implementada. Enquanto a seleção adversa traz benefícios individuais e imediatos (imagine-se a companhia que consegue incorporar outra por valor inferior ao real), o *screening* traz benefícios sociais mediatos. Esse é o caso da melhoria do padrão ético que beneficia a todos apenas depois de ter se expandido a todo o mercado (até lá, será sempre possível retornar à tendência à seleção adversa).[12]

Ora, uma das formas de estimular o *screening* e desestimular a seleção adversa é exatamente através de sua certificação por agentes independentes. Isso se dá através da constante elaboração de projeções econômicas e sua verificação e certificação por analistas de mercado independentes.[13]

11. V. a respeito J. Stiglitz, "Information and capital markets", cit.
12. A prova dos benefícios do processo de *screening*, especialmente quando realizado de forma coletiva, está no sucesso até agora obtido pelo Novo Mercado e pelas companhias nele cotadas.
13. Cf. J. Stiglitz, "Information and capital markets", cit, p. 42.

Da análise acima resultam certas conclusões relevantes para a disciplina jurídica: (i) *insiders* têm informações sobre as perspectivas da companhia que são incomparáveis e por natureza melhores que as dos demais participantes do mercado; (ii) tendências opostas (seleção adversa e *screening*) existem quanto à divulgação de informações, a primeira é mais naturalmente perseguida que a segunda. É preciso, portanto, criar estímulos para que a segunda possa aflorar.

Um bom exemplo aplicativo está na recorrente discussão sobre a obrigatoriedade ou não de divulgação de planos de negócios da companhia em contradição com laudos de empresas avaliadoras. Nessa hipótese, convive tendência ao *screening* com tendência à seleção adversa. Mais que isso, o *screening* é feito por *insiders* (projeções feitas por administradores), enquanto a informação geradora de seleção adversa é com frequência feita por terceiros, contratados pela companhia a partir de decisão do Conselho de Administração (por sua vez dominado pelo controlador). É interessante que ambas as situações, respectivamente o *screening* e a seleção adversa, são capazes de gerar ganho. Absolutamente em linha com a teoria *supra* exposta, há, no primeiro caso, ganho mediato e coletivo, decorrente da valorização das ações de todos os acionistas e aumento do valor da companhia. No segundo caso, por seu turno, o ganho na incorporação seria imediato e individual para os *insiders*. Também em sintonia perfeita com a teoria *supra* exposta, a tendência é com frequência a escolha da projeção que gera maior ganho para o controlador (por hipótese, a externa).

Ocorre que, nessa hipótese, o direito tem instrumentos para estimular o primeiro e desestimular o segundo. Basta aplicá-los. A existência de projeções sobre a perspectiva de rentabilidade futura da companhia é por si só uma informação capaz de influenciar a decisão de comprar e vender ações. É, sem dúvida, um fato relevante para os fins do artigo 2º, inciso II, da Instrução CVM 358/2002. Como visto acima, não há justificativa possível para sua não divulgação, pois não há tipicamente nesse tipo de divulgação qualquer risco para o interesse social (v. *supra*, item 1.1).

Se assim é, é possível imaginar que, a não ser que as referidas projeções iniciais fossem absolutamente errôneas, uma vez divulgadas as projeções, o valor de mercado da companhia se aproximaria do valor da projeção. Como é sabido, eliminada a assimetria, o preço em concorrência perfeita tende a se aproximar do valor real do bem.

3. Conclusões

Este Capítulo tem mais relevância analítica do que preceptiva. De um lado, é importante refletir de maneira integrada sobre questões de direito societário e mercado de capitais. O estudo do princípio da informação completa oferece um bom exemplo. É importante reconhecer que existem assimetrias estruturais de informação advindas da estrutura societária, entre controladores e não controladores, especialmente em companhias com o grau de concentração acionária encontrado na realidade brasileira.

Nesse contexto, alternativas como a interpretação extensiva da disciplina do fato relevante, ainda que úteis, são meros paliativos.

Soluções institucionais (como os promovidos pelos índices de companhias com melhores práticas societárias), que permitam um maior estímulo à ampla transmissão de informações, criando valor para a companhia, são importantes. Fundamental e transformadora será, no entanto, apenas a introdução de estruturas societárias que sejam capazes de separar efetivamente a esfera administrativa do controle da sociedade, mesmo em companhias de controle concentrado. Só aí haverá resposta à altura da gravidade do problema.

Terceira Parte
Nova Responsabilidade

Capítulo XII – *Deveres Fiduciários do Controlador*
Capítulo XIII – *Formas Societárias e Não Societárias de Limitação de Responsabilidade do Comerciante Individual*
Capítulo XIV – *A Teoria da Desconsideração da Personalidade Jurídica*
Capítulo XV – *Responsabilidade Penal e Conceito de Pessoa Jurídica*

Capítulo XII
DEVERES FIDUCIÁRIOS DO CONTROLADOR

1. Introdução. 2. Deveres fiduciários no direito societário: 2.1 A realidade societária brasileira; 2.2 Os deveres fiduciários do acionista controlador; 2.3 Deveres fiduciários e conflito de interesses do controlador; 2.4 Deveres fiduciários do controlador enquanto administrador direto e indireto da sociedade. 3. Limites e deficiências.

1. Introdução

Na tradição dos sistemas de *civil law*, como de resto na *Common Law*, a *fidúcia* em seu sentido técnico-jurídico corresponde ao sentido original da raiz etimológica do termo, de confiança (*trust*).[1]

Apesar dessa ligação na origem, a noção jurídica tem contornos especiais. Assim, já no direito romano a fidúcia indicava forma especial de negócio jurídico, em que o devedor transferia a propriedade do bem ao credor como garantia de pagamento.

Essa desproporção entre fim e meio marcará o instituto da fidúcia no campo negocial até os dias de hoje. Ela significa que o credor adquire mais direitos que precisaria para garantir os seus direitos. Na sua origem, essa característica fazia da fidúcia um vínculo ético-social bem amplo, para em seguida ser garantida por uma ação, a *actio fiduciae*, na qual o pretor deveria basicamente decidir se o credor (ou seja, aquele que tinha

---

1. Confira-se: "fidúcia – etim. lat. *fiducia, ae* 'confiança, segurança'" (A. Houaiss, M. de S. Villar, F. M. de M. Franco, *Dicionário Houaiss da língua portuguesa*, 1ª ed., Rio de Janeiro, Objetiva, 2001, p. 1.338); "fidúcia. [Do lat. *fidúcia*] S.f. 1. confiança, segurança, fiúza" (Aurélio Buarque de Holanda Ferreira, *Novo Dicionário da Língua Portuguesa*, 2ª ed., rev. e aum., Rio de Janeiro, Nova Fronteira, 1986, p. 775).

as obrigações fiduciárias) tinha agido *ut inter bonos bene agier oportet* (ou seja, como deve se comportar entre pessoas de bem).[2]

A menção às origens não é meramente acadêmica, mas sim muito importante para fins aplicativos. Duas características jurídicas se firmam desde as origens e passarão a marcar a evolução do instituto tanto no campo privado como no campo do direito dos negócios e também mais tarde no campo do direito societário. A primeira é a desproporção entre fins econômicos e meios jurídicos utilizados, geralmente transmissão da propriedade.[3] A segunda, decorrente da primeira, é a natureza ampla, plena de deveres de natureza ética, do fiduciário em relação ao fiduciante. Ambas inteiramente presentes na alienação fiduciária em garantia do direito brasileiro.[4]

Serão exatamente elas a moldar o instituto dos deveres fiduciários no direito societário. Daí porque, como se verá, ele terá como caracterís-

2. Cf. G. Pugliese, *Istituzioni di diritto romano*, 2ª ed., Torino, Giappichelli, 1990, p. 497.

3. Cf. destacado por J. C. Moreira Alves, *Da alienação fiduciária em garantia*, 3ª ed., rev., atual. e aum., Rio de Janeiro, Forense, 1987, p. 8, nota 11: "Não é demais observar que, não fosse assim, e os negócios fiduciários – que se caracterizam, como dizia Regelsberger ('Zwei Beiträge zur Lehre von der Cession', in *Archiv für die civilistische Praxis*, vol. 63, p. 173), pela desproporção entre o fim e o meio – seriam sempre simulados".

4. A relevância do fator confiança na alienação fiduciária em garantia é destacada por Orlando Gomes: "Em sentido lato, a *alienação fiduciária* é o negócio jurídico pelo qual uma das partes adquire, em *confiança*, a propriedade de um bem, obrigando-se a devolvê-la quando se verifique o acontecimento a que se tenha subordinado tal obrigação, ou lhe seja pedida a restituição. (...) Do negócio de alienação fiduciária nasce uma relação jurídica entre fiduciante e fiduciário, que se distingue pelo fator *confiança*. O fiduciante confia em que voltará a ser dono da mercadoria no momento em que pagar a dívida" (*Alienação fiduciária em garantia*, 4ª ed., São Paulo, Ed. RT, 1975, pp. 18 e 21). Após examinar a estrutura da alienação fiduciária nos termos na Lei 4.728/65 e do Decreto-lei 911/69, J. C. Moreira Alves aponta que "se trata de negócio jurídico bilateral, que visa a transferir a propriedade de coisa móvel com fins de garantia (*propriedade fiduciária*)" (*Da alienação fiduciária em garantia*, cit., p. 51). A legislação brasileira trata do tema no artigo 66 da Lei 4.728, de 14.7.1965 (alienação fiduciária em garantia no âmbito do mercado financeiro e de capitais), conforme redação alterada pela Lei 10.931, de 2.8.2004, no Decreto-lei 911, de 1º.10.1969, que estabelece normas processuais acerca da alienação fiduciária, e na Lei 9.514, de 20.11.1997, que cuida, dentre outros assuntos, da alienação fiduciária de coisa imóvel ("Art. 22. A alienação fiduciária regulada por esta lei é o negócio jurídico pelo qual o devedor, ou fiduciante, com o escopo de garantia, contrata a transferência ao credor, ou fiduciário, da propriedade resolúvel de coisa imóvel").

ticas básicas o seccionamento entre propriedade e poder e a consequente elaboração de amplos deveres (ético-jurídicos para os detentores do poder). É o que se verá a seguir.

2. Deveres fiduciários no direito societário

2.1 A realidade societária brasileira

Seria incorreto e inútil tentar explicar o significado e extensão dos deveres fiduciários no direito brasileiro sem antes conhecer a realidade societária circundante.

O controle extremamente concentrado é um dado histórico e determinante da realidade societária brasileira. Em face dessa realidade, o legislador brasileiro procurou ser realista. O sistema foi elaborado em torno da figura do acionista controlador, tratado como verdadeiro centro decisório da sociedade.[5]

Consagrou seu poder absoluto ao permitir sua presença em um órgão administrativo – o Conselho de Administração – intermediário entre a diretoria e a Assembleia geral, composto exclusivamente por acionistas, ao qual foram atribuídas algumas das principais decisões sociais, dentre as quais a fixação da orientação geral dos negócios sociais (art. 142, inc. I), a nomeação, destituição e fixação das atribuições dos administradores (art. 142, inc. II). A influência sobre a esfera administrativa é completa, indo desde a definição da orientação dos negócios sociais até a própria influência sobre a competência da diretoria. Seu poder é, portanto, amplo e o dos administradores limitado.

Assumindo responsabilidade direta pela condução dos negócios sociais, inclusive na esfera administrativa, era óbvia a necessidade de reforçar sua estrutura de responsabilidade. Daí a longa lista de deveres prevista nos artigos 115, 116 e 117 da lei societária, que, como se verá a seguir, constituem verdadeiros deveres fiduciários do acionista controlador.

2.2 Os deveres fiduciários do acionista controlador

Essas características, bastante peculiares da lei brasileira, levam a consequências também específicas do direito brasileiro.

---

5. Cf. F. K. Comparato, "A reforma da empresa", cit., p. 68, que considera esse reconhecimento "um dos grandes méritos da reforma do direito acionário no Brasil em 1976", sobretudo porque permitiu a identificação do empresário.

Nos sistemas societários, em geral, é o administrador que tem seus deveres qualificados como fiduciários. É ele que administra o patrimônio alheio, assumindo, portanto, funções semelhantes às do credor fiduciário nos negócios fiduciários. Daí porque ser assemelhado, em especial nos sistemas de *common law*, ao *trustee*.

Ocorre que em função da realidade societária supradescrita, o controlador é o administrador por excelência do patrimônio alheio. Em especial no direito brasileiro, onde além de determinar seu destino último, também o administra na prática.

É natural, portanto, que a lei cerque o exercício de funções de deveres fiduciários.[6] São eles protegidos em três dispositivos diversos.

Em primeiro lugar, a cláusula geral prevista no artigo 116, parágrafo único, da lei societária. Esse dispositivo é que fundamenta boa parte das normas de proteção dos minoritários em face dos controladores. A ideia de deveres fiduciários encontra-se no trecho final do dispositivo, que faz referência à obrigação do controlador para com os minoritários, trabalhadores e comunidade em que atua "cujos direitos e interesses deve lealmente respeitar e atender". Respeitar e atender lealmente interesses dos minoritários é nada mais nada menos que a formulação clássica dos deveres fiduciários.

O segundo grupo de regras de proteção é formado pelas hipóteses de abuso do poder de controle previstas no artigo 117. Interpretadas *a contrario sensu* fornecem interessante lista de deveres fiduciários a serem seguidos pelo controlador no exercício de suas funções.

6. Note-se que a imposição de deveres fiduciários, pautados pelo principal objetivo de tutelar o interesse social, pode ser igualmente adotada em ambientes de dispersão ou de concentração acionária. Não por outro motivo, R. C. Clark lembra que muitas vezes os deveres fiduciários são impostos não apenas aos administradores, como também aos acionistas controladores: "Directors, officers, and, in some situations, controlling shareholders owe their corporations, and sometimes other shareholders and investors, a fiduciary duty of loyalty" (*Corporate law*, cit., p. 141). De fato, nada mais correto do que, em cenários de controle concentrado, exigir que controladores observem os deveres fiduciários. Tanto isso é verdade que a jurisprudência dos Estados Unidos, tão acostumada a lidar com companhias de controle disperso, ao cuidar de sociedades que contam com acionista controlador, não hesita em aplicar a ele a disciplina dos deveres fiduciários (v. Burt v. Burt Boiler Works, Inc., 360 So.2d 327 (Ala.1978)). Também a doutrina corrobora a exigência de deveres de lealdade dos acionistas controladores (cf. H. Wiedemann, "Vínculos de lealdade e regra de substancialidade: uma comparação de sistemas", in M. V. von Adamek, *Temas de direito societário e empresarial contemporâneos – Liber amicorum Prof. Dr. Erasmo Valladão Azevedo e Novaes França*, São Paulo, Malheiros, 2010, pp. 155 e ss.).

Finalmente, a última regra de proteção é a que trata do conflito de interesses interno à sociedade (art. 115).

Na verdade, a grande importância de se compreender todos esses dispositivos como componentes de um quadro maior, de deveres fiduciários, não é nada desprezível.

É preciso recordar agora as duas características gerais dos deveres fiduciários supramencionadas: a desproporção (necessária) entre objetivo do negócio e garantias e a ampla natureza ética das obrigações do fiduciário.

No caso do controlador, isso significa que o especial poder a ele conferido, deve estar sujeito a deveres muito amplos, não sujeitos a enumeração exaustiva.[7] Isso é decorrência direta da cláusula geral do artigo 116, que, ao falar em respeitar e atender fielmente os interesses dos acionistas minoritários, dos trabalhadores e da comunidade, transforma o controlador em portador de deveres fiduciários amplos em relação a todas essas categorias.

Indiscutível, por outro lado, é também que os deveres fiduciários, em especial aqueles devidos aos minoritários – muitos de natureza ética –, para serem compreendidos e aplicados, têm de estar ligados a alguns princípios comuns.

No caso do controlador, o principal deles é sem dúvida a rígida separação de esferas patrimoniais e de interesse entre controlador e sociedade controlada. É essa separação que justifica a atribuição de poderes ao controlador – dando sentido próprio, portanto, ao próprio "negócio fiduciário" representado pela compra das ações pelos demais acionistas

---

7. Sobre o tema, confira-se trecho do voto proferido pelo diretor da CVM Pedro Oliva Marcilio de Sousa no Processo CVM RJ2005/1443, julgado em 21.3.2006, ao tratar dos deveres a que deve ser submetido o controlador nos termos do parágrafo único, do artigo 116, da lei societária: "o disposto na segunda parte do parágrafo único tem importantes consequências jurídicas. Ele fala em 'deveres e responsabilidades para com os demais acionistas da empresa, os que nela trabalham e para com a comunidade em que atua, cujos direitos e interesses deve lealmente respeitar e atender'. Ou seja, estabelece a necessidade de o acionista controlador ser leal para com acionistas, trabalhadores e comunidade. Além disso, determina que a atuação do acionista controlador respeite e atenda direitos dessas pessoas. (...) Embora delimitar a extensão e profundidade da necessidade de se levar em consideração os interesses de empregados e da comunidade na decisão empresarial imponha a mesma dificuldade enfrentada na observância da função social, não pode haver dúvida, no entanto, de que os interesses deles devem ser levados em consideração, de alguma forma, quando se toma uma decisão".

não controladores. Ora, é essa ideia de separação ampla de esferas que faz com que os deveres fiduciários se liguem, de um lado, à proteção contra o conflito de interesse do controlador, quando do exercício de seu voto na sociedade, e, de outro, à garantia de separação de esferas na sua atividade como administrador da sociedade e mesmo nas suas atividades extrassocietárias.

2.3 Deveres fiduciários e conflito de interesses do controlador

Para bem compreender como o conflito de interesse enquadra-se na categoria dos negócios fiduciários é preciso aprofundar o estudo de seu conceito.

A tradicional classificação entre hipóteses de conflito de interesse formal e material deve então ser revisitada.[8] Não para ser negada, mas sim para ser transformada em situações em que se verifica forte perigo de comportamento incorreto e situações em que isso não ocorre. A diferença não é apenas semântica. Implica deslocar a questão da análise e comparação do ato e sua relação com o interesse social para a verificação da situação e dos deveres mínimos de cuidado de administradores e controladores. Retorna-se, como dito acima, portanto, aos deveres de cuidado e fiduciários não como disciplina substitutiva do conflito de interesse, mas como critério para sua apuração.

Na primeira hipótese de conflito, que de ora em diante denominar-se-á potencial ou formal, não é, portanto, necessário sequer indagar de lesão ao interesse social ou à sociedade. Exatamente como nos casos da gestão ou administração de negócios de terceiros em geral haverá conflito formal toda vez que *a priori* o agente tiver interesse direto no negócio ou ato. Como interesse direto deve-se entender toda aquela hipótese em que o gestor for direta contraparte ou de qualquer forma tiver interesse maior na contraparte da sociedade. Outra característica necessária do

---

8. Essa nomenclatura é utilizada por A. Gambino no clássico artigo "La disciplina del conflito di interesse del socio", cit., pp. 371 e ss. Na doutrina brasileira tem se preferido, para interpretar o artigo 115 da lei societária adotar a nomenclatura proibição de voto e conflito de interesses, sendo portanto o termo conflito de interesses identificado apenas às hipóteses de conflito de interesses material (v. a respeito L. G. Leães, "Conflito de interesses", in *Estudos e pareceres sobre sociedades anônimas*, cit., p. 25; no mesmo sentido e com boa resenha das opiniões doutrinárias, E. Valladão e França, *Conflito de interesses nas assembleias de S.A.*, cit., p. 91).

conflito de interesse como princípio geral é que se aplica apenas aos gestores (administradores e controladores e não àqueles que não têm esse mesmo poder).[9] Essa é, como se verá, uma das principais contradições da legislação societária brasileira (em especial de seu art. 115) e também um dos principais motivos da incoerência de sua aplicação.

O conflito de interesses substancial ou atual deve ao inverso ser aplicado de maneira uniforme para todos os sócios e administradores. É a regra geral de conflito que na verdade se reduz a um critério de culpa. É interessante notar que o critério não é mais o de culpa *in abstrato* definida por uma razoabilidade de mercado. Entende-se que as transações de mercado (desde que esse mercado seja competitivo e não monopolizado) fornecem critério muito mais seguro para a apuração da razoabilidade da transação (até porque não é frequente a hipótese em que há comportamentos anteriores do administrador obrando em seu próprio negócio).[10] Assim, como critérios de apuração são geralmente mencionadas operações semelhantes no mercado[11] (critérios evidentes de apuração de culpa *in abstrato* segundo padrões de mercado – são estes de resto os critérios previstos no art. 156, § 1º, da lei societária brasileira).

9. É interessante notar que esses dois requisitos estão presentes na doutrina americana em uma obra que, em linha com o pragmatismo anglo-saxão (muitas vezes criticável), propõe uma visão eminentemente prática do problema do conflito (v. nesse sentido R. Clark, *Corporate law*, cit., p. 147).

10. A evolução do conceito da doutrina privilegia a análise da culpa sob o ponto de vista abstrato. Enquanto no direito romano contrapunham-se os conceitos de culpa *in abstrato* e culpa *in concreto* (a culpa como fato dependente de uma situação individual e variável, em que se confronta a atuação do agente não a um modelo abstrato, mas às suas atitudes anteriores relativas às suas coisas ou interesses), a doutrina elevou o conceito de culpa a um princípio jurídico abstrato (v. R. von Jhering, *Études complémentaires de l'esprit du droit romain – De la faute em droit prive*, cit., p. 55). Nesse sentido, o conceito de culpa (*Verschuldung*) contrapõe-se ao de diligência, representativo da conduta esperada do *bonus pater familias* (v. B. Windscheid, *Diritto delle Pandette*, vol. II, cit., pp. 65 a 69). A mudança de paradigma representada pela adoção de modelos justifica-se pela necessária concretização da norma abstrata de conduta. A adaptação do modelo abstrato de conduta ao tempo e à natureza da atividade permite a correta correlação entre modelo e conduta do agente para fins de aplicação da norma específica (v. A. Azara e E. Eula, *Novissimo Digesto italiano*, 3ª ed., Torino UTET, 1958, p. 598). Tal concepção foi claramente adotada pela lei acionária brasileira no seu artigo 153 em relação do dever de diligência dos administradores: "O administrador da companhia deve empregar, no exercício de suas funções, o cuidado e diligência que todo homem ativo e probo costuma empregar na administração dos seus próprios negócios".

11. Cf. R. Clark, *Corporate law*, cit., p. 147.

2.4 Deveres fiduciários do controlador enquanto administrador direto e indireto da sociedade

Por mais perfeitas que fossem as regras sobre conflito de interesses no exercício do voto (e não o são), ainda assim seriam insuficientes. E por uma razão simples. Como visto acima, o poder do controlador sobre a administração é tão grande e tão estruturado pela própria lei (através do Conselho de Administração) que nenhuma regra de separação de esferas poderá ser coerente sem ter em conta a influência – direta e indireta – do controlador na administração.

Se isso é fato – e ninguém pode sustentar com consciência tranquila o contrário na realidade brasileira – então duas consequências decorrem do ponto de vista lógico. Em primeiro lugar, todo ato de administradores tomado por influência do controlador deve ser também a ele imputado. Caso não respeitada a garantia da separação de esferas, deve ele ser responsabilizado (em muitos casos, ao lado do administrador). É esse o sentido, por exemplo, de boa parte dos incisos do artigo 117 da lei societária, que contém variadas formas de influência do controlador sobre os administradores (inclusive sua eleição, uma vez dolosa – alínea *d*).

De outro lado, ao controlador devem ser aplicados todos os deveres fiduciários aplicáveis ao administrador. Não há dúvida que tais regras devem ser aplicadas também ao controlador por força do princípio geral previsto no artigo 116, parágrafo único, da lei societária.[12] Não só

---

12. A jurisprudência da CVM ressalta que as vedações previstas no artigo 155 da lei societária também devem ser aplicadas aos controladores que exerçam funções na administração da companhia controlada. Confira-se: "Creio que a melhor interpretação desse dispositivo *[art. 117, § 3º, da Lei 6.404/76]* é que o acionista controlador-administrador, na qualidade de acionista controlador, também está sujeito aos deveres dos administradores e, com isso, deve obedecer aos arts. 153 a 156, quando vota. Por esse motivo, perde a capacidade de votar no interesse próprio (quando for parte, por qualquer forma, beneficiada pela deliberação), mesmo que sem violar os arts. 115 a 117, pois é isso que dispõem os arts. 154, § 1º, e 155, que serão analisados mais adiante" (trecho do voto do Diretor Pedro Oliva Marcilio de Sousa, proferido no Processo CVM RJ 2005/1443). O mesmo entendimento foi proferido no Processo CVM RJ 2004/5494, em que, não obstante a absolvição do acusado na matéria, em vista da maioria dos diretores ter considerado a inexistência de indícios suficientes à condenação, a usurpação de oportunidade pelo controlador-administrador foi reconhecida como infringente ao disposto no artigo 155, I, da Lei 6.404/76. Ademais, os tribunais já reconheceram a aplicação do dever de lealdade à sociedade controladora: "A sociedade controladora é, em relação ao grupo, um verdadeiro administrador que

da lei, mas também da pura lógica decorre tal conclusão. Imagine-se, a título exemplificativo, a proibição de aproveitamento em benefício próprio de oportunidades negociais da sociedade (art. 155 da lei societária). Muito incongruente seria a lei que vedasse conflito e aproveitamento de oportunidades pelo administrador mas não pelo controlador, sobretudo em uma realidade societária de tal concentração de poderes, com pouco dispêndio de capital – o que torna a separação entre propriedade e controle, na nomenclatura de Berle e Means, mais marcante e, portanto, a possibilidade de conflito mais acentuada.[13]

recebe de cada uma delas poderes para atuar no seu interesse com isenção. O abuso de poder da controladora mantém estreita analogia com o desvio de poder do administrador de que a lei trata nos arts. 154 e ss. E a disposição do art. 155, I, sobre o dever de lealdade do administrador, cabe perfeitamente dentro dos deveres da sociedade controladora" (Ac. un. da 6ª Câm. Civ. do TJRJ, na Ap. 23.598, Rel. Des. Basileu Ribeiro Filho, j. em 8.11.1982, *RJTJRJ* 50/189, cit. in D. A. Miranda Júnior, *Dicionário jurisprudencial da sociedade por ações: Lei n. 6.404, de 15.12.1976*, São Paulo, Saraiva, 1990, p. 695).

13. Como bem sabido, Berle e Means falavam em posições até mesmo antagônicas assumidas por proprietários e controladores (cf. A. Berle e G. Means, *The modern corporation and private property*, New Brunswick, Transaction Publishers, 1991, p. 116). Esse antagonismo evidentemente aumenta na exata proporção em que diminui a participação acionária do controlador (ou seja, sua participação como "proprietário" de ações é menor). Daí a relevância da questão na realidade societária brasileira, que permite alto grau de concentração de poder com relativamente pouca participação no capital: 1/3 até 2001 (prazo que não se aplica às companhias constituídas antes de 31 de outubro de 2001, as quais podem manter ações preferenciais representativas de até 2/3 do capital social, exceto as companhias fechadas que pretenderem abrir o capital após tal data), e 1/2 a partir de 1º de novembro de 2001, com relação às companhias constituídas a partir dessa data, ou no momento de abertura do capital social, com relação às companhias fechadas já existentes em 31.10.2001. Cf. art. 15, § 2º, da Lei 6.404/76 ("Art. 15. As ações, conforme a natureza dos direitos ou vantagens que confiram a seus titulares, são ordinárias, preferenciais, ou de fruição. (...). § 2º. O número de ações preferenciais sem direito a voto, ou sujeitas a restrição no exercício desse direito, não pode ultrapassar 50% (cinquenta por cento) do total das ações emitidas") e art. 8º, § 1º, da Lei 10.303/2001 ("Art. 8º. A alteração de direitos conferidos às ações existentes em decorrência de adequação a esta Lei não confere o direito de recesso de que trata o art. 137 da Lei n. 6.404, de 1976, se efetivada até o término do ano de 2002. § 1º. A proporção prevista no § 2º do art. 15 da Lei n. 6.404, de 1976, será aplicada de acordo com o seguinte critério: I – imediatamente às companhias novas; II – às companhias fechadas existentes, no momento em que decidirem abrir o seu capital; e III – as companhias abertas existentes poderão manter proporção de até dois terços de ações preferenciais, em relação ao total de ações emitidas, inclusive em relação a novas emissões de ações").

3. Limites e deficiências

É indiscutível que a compreensão dos variados deveres do controlador, desde a abstenção de abuso do controle até o conflito de interesse, como manifestações de deveres fiduciários mais amplos, é útil. Do ponto de vista teórico, permite identificar princípios comuns a orientar a aplicação da disciplina.

Também não deixa de ter utilidade aplicativa. A compreensão do artigo 116 como definição de uma *fattispecie* geral de deveres fiduciários permite incorporar uma série de deveres necessários para a correta separação de esferas, como, por exemplo, a aplicação ao controlador dos deveres fiduciários definidos em lei para os administradores.

Esses benefícios teóricos e práticos não significam, no entanto, que a disciplina dos deveres fiduciários seja suficiente para disciplinar a atuação do controlador. Na verdade, qualquer disciplina visando a sancionar condutas padece de uma deficiência inicial de fundo.

Trata-se da insuficiência do sancionamento de condutas em presença de estruturas de poder extremamente concentradas. Como a teoria concorrencial indica, é da racionalidade de qualquer situação de poder agir no sentido de potencializar os ganhos decorrentes dessa situação. Por essa razão é que alhures já se afirmou que a tolerância estrutural com as situações de poder leva a que o poder substitua o direito na disciplina das relações econômicas.[14] Isso significa, do ponto de vista prático, que, devido à diversidade dos atos em proveito próprio que decorrem da própria racionalidade econômica do detentor do poder, a disciplina de condutas, qualquer que seja (deveres fiduciários ou outros), é de utilidade bastante relativa para contê-los.

Não é de espantar, portanto, os ótimos resultados obtidos por sistemas em que ocorreu diluição de controle (v. *supra* Capítulo IV). Ausente o poder e, portanto, ausente a racionalidade de proveito em benefício próprio de utilidades e oportunidades societárias e negociais, a própria disciplina de condutas (deveres fiduciários) ganha mais força e utilidade aplicativa.

Mas não apenas dessa deficiência geral padece a disciplina dos deveres fiduciários. A lei cria ainda uma outra, cuja solução exigirá re-

---

14. Cf. C. Salomão Filho, "Poder econômico: a marcha da aceitação", in F. K. Comparato e C. Salomão Filho, *O poder de controle na sociedade anônima*, Rio de Janeiro, Forense, 2005, pp. 1-23.

flexão e elaboração por parte da doutrina e jurisprudência. Trata-se da discrepância entre o princípio geral dos deveres fiduciários previstos no artigo 116 e sua aplicação específica nos artigos 115, 117 e mesmo nos artigos 154 a 157 (deveres dos administradores).

Segundo o artigo 116, parágrafo único, o acionista controlador "tem deveres e responsabilidades para com os demais acionistas da empresa, os que nela trabalham e para comunidade em que atua, *cujos direitos e interesses deve lealmente respeitar e atender*". O enunciado deixa claro que os deveres fiduciários não existem apenas para proteger a companhia e os demais acionistas, estendendo-se também aos trabalhadores e à comunidade em que atua a companhia.

Ocorre que, como já antes destacado, chegada a hora de dar aplicação a esse princípio geral, os dispositivos específicos já mencionados referem-se, em sua maioria, aos deveres fiduciários em relação ao patrimônio da sociedade e aos interesses dos demais acionistas. Mesmo os dispositivos (*v.g.*, o art. 115) cuja letra permitira uma maior aderência a interesses institucionais mais amplos, não vêm sendo interpretados nesse sentido (v. *supra* Capítulo VI).

Assim limitados na prática, os deveres fiduciários poderão servir de garantia patrimonial para a companhia e para os acionistas não controladores. As esperanças de aplicação de um princípio institucional mais amplo e mais inclusivo de outros interesses (como os dos trabalhadores ou da comunidade) permanecem ainda nas mentes dos aplicadores bem intencionados e de homens de empresa capazes de ver adiante de seu tempo.

Capítulo XIII
FORMAS SOCIETÁRIAS E NÃO SOCIETÁRIAS DE LIMITAÇÃO DE RESPONSABILIDADE DO COMERCIANTE INDIVIDUAL

1. O problema da limitação de responsabilidade do comerciante individual: origem da discussão atual: 1.1 A teoria ficcionista; 1.2 As teorias do patrimônio de afetação; 1.3 A concepção de Gierke; 1.4 Relatividade histórica e valor atual da discussão. 2. A separação patrimonial do comerciante individual no direito moderno. 2.1 Colocação do problema; 2.2 Formas de limitação de responsabilidade do comerciante individual: 2.2.1 As críticas à fórmula societária; 2.2.2 As tentativas de construção em forma não societária; 2.2.3 Conclusão: sociedade unipessoal "vs." empresa individual; 2.3 A limitação de responsabilidade do comerciante individual no Brasil: 2.3.1 Patrimônio separado; 2.3.2 Sociedade unipessoal; 2.4 Conclusão.

1. O problema da limitação de responsabilidade do comerciante individual: origem da discussão atual

Para compreender a razão de certos preconceitos atuais relativos à limitação de responsabilidade do comerciante individual é necessário verificar de início as origens dogmáticas desses preconceitos e o contexto histórico em que surgiram. A análise está limitada à pandectística alemã do século XIX. Duas são as razões: primeiro, porque uma análise histórica completa requereria o estudo da experiência romana e medieval (sobretudo canonística) com relação à pessoa jurídica e às sociedades, não em via incidental mas principal, o que foge aos objetivos do presente trabalho. Depois, porque foi na pandectística que os problemas relevantes para a presente pesquisa encontraram elaboração teórica e, consequentemente, foi também ali que os preconceitos teóricos tiveram origem.

Duas são as questões tratadas. A primeira é a possibilidade de personificação (no sentido de criação de um novo centro de imputação de direitos e deveres) de um ente não coletivo. A segunda diz respeito à possibilidade de separação de uma parte do patrimônio da pessoa natural para o exercício de uma determinada atividade. Inicialmente são expostas as ideias dos líderes das principais escolas de pensamento (a teoria ficcionista de Savigny, a teoria do patrimônio de afetação de Brinz e Bekker e a chamada "teoria da associação" de Gierke) e depois é analisada sua relevância para a discussão atual.

1.1 A teoria ficcionista

A capacidade jurídica conferida à pessoa jurídica não é, segundo Savigny, plena. Savigny a reduz à capacidade patrimonial, abrindo caminho para a concretização da superposição mencionada *supra* entre personalidade jurídica e limitação de responsabilidade. Para ele, a ficção do legislador não pode ter qualquer influência sobre as razões éticas e prenormativas de relações jurídicas anômalas como as que envolvem direitos das pessoas ou o direito de família.[1]

As concepções de Savigny são explicáveis menos à luz de rígidas posturas dogmáticas e mais em função das condições econômicas e sociais vigentes à época. Em 1835, sobretudo na Alemanha, vigorava ainda um modo de produção pré-industrial, caracterizado pela inexistência de mercado nacional e de sistema bancário e creditício. Isso fazia com que existisse, de um lado, grande necessidade de instrumentos que permitissem o agrupamento de recursos e, de outro, grande preocupação com a solvência das pequenas (e frequentemente subcapitalizadas) empresas.[2] Daí a preocupação em facilitar a criação de novos centros de imputação de direitos e deveres e a preocupação em negar a possibilidade de separação patrimonial livre.

---

1. Cf. F. C. Savigny, *System des heutigen römischen Rechts*, Berlin, Bei Deit und Comp., 1840, p. 340 e o comentário de F. Wieacker, "Zur Theorie der juristischen Person des Privatrechts", in *Festschrift Huber*, Göttingen, Schwartz, 1973, p. 362.

2. Cf. E. Schanze, *Einmanngesellschaft und Durchgriffhaftung als Konzeptionalisierungsprobleme gesellschaftrechtlicher Zurechnung*, Frankfurt, Metzner, 1975, pp. 46-47, com outras referências bibliográficas.

1.2 As teorias do patrimônio de afetação

Sob esse nome, agrupam-se as teorias de Brinz e Bekker, que procuraram uma via alternativa, crítica com relação à teoria ficcionista, para escapar do impasse criado pelo naturalismo ao concentrar a reflexão jurídica sobre o homem.

Ambos os autores reafirmam o princípio naturalista segundo o qual apenas as pessoas humanas podem ser sujeitos de direitos e obrigações. Admitem, como os ficcionistas, a existência de patrimônios que não podem ser atribuídos aos homens. Ao contrário desses, no entanto, não veem uma solução para o problema na extensão do conceito de sujeito de direito.[3]

Para Brinz, através de um sujeito ficto, apenas uma situação ficta pode ser criada.[4] Procura, portanto, alargar o conceito de titular de um patrimônio (*Vermögensträger*). Segundo o autor, para a existência de um patrimônio é necessária não apenas a existência de bens, mas também uma relação de *atribuição*. Essa relação não existe exclusivamente entre pessoas e bens, mas também entre fins e bens. O ordenamento pode determinar que uma coisa "zu etwas oder für etwas ist und gehört" (a alguma coisa ou para alguma coisa é ou pertence).[5] Brinz não é contrário a que esse patrimônio seja em seguida personificado. Na realidade, ele também admite uma ficção em um segundo momento, quando se trata de personificar tal patrimônio. O autor, consciente da aparente incoerência dessa sua declaração com a crítica precedente, declara que desse modo a personificação é subordinada ao patrimônio de afetação, e não o contrário, tornando-se claro que as coisas pertencem não a um determinado ente, ficto, mas, sim, a um fim.[6]

Evidentemente, partindo de uma tal definição, o autor deve negar a distinção entre fins e comunidade de pessoas que serve de base à classificação das pessoas jurídicas. Para ele, o patrimônio de afetação deve ser diferenciado segundo a intensidade da *atribuição*. Os casos de reconhecimento são também mais limitados que na teoria ficcionista, pois se

---

3. Cf. W. Henkel, *Zur Theorie der juristischen Person im 19 Jahrhundert*, Göttingen, 1973, p. 163.
4. Cf. A. Brinz, *Lehrbuch der Pandekten*, II, 1, Erlangen, 1860, p. 982.
5. A expressão é de W. Henkel, *Zur Theorie*, cit., p. 149; v. também A. Brinz, *Lehrbuch*, cit., p. 980.
6. Cf. A. Brinz, *Lehrbuch*, cit., p. 997.

reconhecem casos de afetação natural, como o Estado, as comunidades e as próprias corporações, sem necessidade de autorização estatal. A esse maior liberalismo corresponde uma menor diferenciação com respeito à responsabilidade. Para o autor, a pessoa humana pode estar no máximo em uma relação de representação com o patrimônio. Sua responsabilidade subsiste com relação ao fim para o qual o patrimônio existe.[7]

É por causa das dificuldades teóricas em admitir a atribuição de um patrimônio a um fim,[8] e também por causa dos problemas práticos criados pela não diferenciação quanto à responsabilidade, que Bekker tenta uma solução intermediária entre a teoria do patrimônio de afetação e as teorias ficcionistas.[9] O autor procura colocar o patrimônio de afetação no centro da discussão sobre a personalidade jurídica, sem contudo negar a possibilidade e utilidade do emprego desse último conceito.[10]

Sua construção não é, porém, menos artificiosa. O autor identifica o conteúdo da personalidade jurídica na disponibilidade e possibilidade de fruição de direitos (*Verfügungsbefügniss und Rechtgenusses*). Afirma que o que é exclusivo do homem não é a possibilidade de fruição, mas sim a própria fruição dos direitos. Possibilidade de fruição podem ter também coisas materiais ou relações imateriais.[11] O ponto fraco é óbvio. A atribuição da possibilidade de fruição feita pelo legislador reveste-se de discricionariedade ainda maior que o das teorias ficcionistas.

A personalidade jurídica é para ele *Zwecksatzung mit Apparat*. Através do termo *Apparat*, o autor tenta exprimir o conceito de administração, as pessoas através das quais o objetivo pode ser atingido. Com *Zwecksatzung*, ao contrário, o autor vislumbra um *Artenwechsel der Verfügung* (mudança de forma da fruição), ou seja, aquele (ou aqueles) que constitui o patrimônio de afetação e determina o seu fim abre mão, através desse ato, de uma parte de seu poder de disposição (não apenas

---

7. Cf. A. Brinz, *Lehrbuch*, cit., p. 1.132.
8. Cf. F. Wieacker, "Zur Theorie", cit., p. 365.
9. Dois são os seus trabalhos a respeito do tema: "Zweckvermögen, insbesondere Peculium, Handelsvermögen und Aktiengesellschaften", in *ZHR* 1861, p. 499, e "Zur Lehre vom Rechtssubjekt", in *Jahrbücher für die Dogmatik des heutigen römischen und deutschen Privatrechts* XII, Jena, 1872.
10. Cf. T. Raiser, *Das Unternehmen als Organisation*, Berlin, de Gruyter, 1969, p. 75.
11. Cf. E. I. Bekker, *Zur Lehre*, cit., p. 12.

seu, mas de todos) sobre os bens. Em sua construção, o fim serve como modo de restringir o poder do fundador (ou fundadores) da sociedade.[12]

É interessante notar que, liberando a construção da necessária atribuição do patrimônio a um fim, o autor consegue distinguir a disciplina desses patrimônios segundo o tipo de vínculo existente com seu titular. Na sociedade por ações, a separação patrimônio/titular é máxima, sendo-lhe possível, portanto, atribuir responsabilidade limitada. No caso do comerciante individual, ao contrário, a identidade entre objetivo particular e objetivo patrimonial não permite tal conclusão.[13]

Na diferenciação sociedade anônima/comerciante individual, verifica-se na teoria ficcionista de Savigny a mesma correspondência às exigências econômicas da época observada acima. Portanto, a diferença permanece meramente de princípio, ou seja, mesmo chegando a resultados práticos semelhantes com relação ao comerciante individual, Bekker afirma o princípio contrário ao de Savigny, ou seja, a possibilidade de separação do patrimônio pessoal.

A prevalência real do princípio da unidade do patrimônio no século XIX é, assim, evidente. Trata-se do princípio que mais se adaptava aos ideais individualistas da época.[14] A possibilidade efetiva de separação do patrimônio individual em duas massas diversas atribuídas ao mesmo sujeito teve de esperar o século XX para ter reconhecimento positivo.

1.3 A concepção de Gierke

Gierke concentra suas críticas no individualismo incorporado pela pandectística, que leva a reconhecer o poder absoluto do Estado ao lado de uma soma de vontades autônomas dos indivíduos. Afirma que esse individualismo burguês, de inspiração francesa, é contra a tradição e a história do povo germânico, construída a partir dos corpos econômicos intermediários.[15]

---

12. Cf. E. I. Bekker, *Zur Lehre*, cit., p. 17, v. também o comentário de W. Henkel, *Zur Theorie*, cit., pp. 160-161.
13. Cf. T. Raiser, *Das Unternehmen*, cit., p. 75.
14. Cf. E. Schanze, *Einmanngesellschaft und Durchgriffhaftung*, cit., p. 47; e, sobretudo, T. Raiser, *Das Unternehmen*, cit., 22, pp. 81-82, que vê na teoria do patrimônio de afetação um capítulo da luta pela autonomia do direito comercial com relação ao direito romano no século XIX.
15. "Das germanistische Recht konnte daher nicht, wie das römische, von der Nebeneinanderstellung einer absoluten Willensordnung des Staates und eine Summe

Sua *Genossenschaftstheorie* deve ser compreendida à luz dessa concepção político-ideológica, determinada pelas vicissitudes históricas de seu tempo e também pelas peculiaridades do processo de unificação alemão. São exatamente essas premissas sociopolíticas que explicam a convivência em sua teoria de ideias sociais avançadas com concepções nacionalistas e patrióticas ultrapassadas.[16]

Descrever a teoria de Gierke como uma teoria da pessoa jurídica não é totalmente correto. Na verdade, para ele a pessoa jurídica tem pouca importância. Mais relevante é a realidade que está à base desse instituto jurídico.[17] É por isso que a principal característica destacada na teoria de Gierke é o retorno da concepção do fenômeno associativo

souveräner Einzelwillen ausgehen. Sein Ausgangspunkt vielmehr musste ein einheitlicher Willensbegriff sein, der die Merkmale der Freiheit und der Beschränkung, des Fürsichseins und des Füreinanderseins, des Individuellen und des Gemeinheitlichen gleichmässig umschloss. Es war daher der freie, aber sittliche gebundene, der *sittlich freie Wesen*, welche die Seele der germanistischen Persönlichkeit bildete. Und Persönlichkeit bestand in der Annerkennung eines sittlich freien Wesens als der Träger von Recht" (v. O. von Gierke, *Deutsches Genossenschaftsrecht*, II, Berlin, Weidmannche Buchhandlung, 1873, p. 33). A afirmação é feita no vol. II, quando da análise do direito germânico antigo, para fundamentar a impossibilidade de existência de uma personalidade jurídica de direito privado (no sentido proposto por Savigny). A referência ao "sittlich freie Wesen" é, no entanto, sem dúvida o ponto de partida para a construção da *Verbandsrealität* dos vols. III e IV. Sobre a filosofia político-social que está à base do pensamento de Gierke (v. F. Wieacker, *Privatrechtsgeschichte der Neuzeit*, Göttingen, Vandenhoeck & Ruprecht, 1952, pp. 267-269).

16. É interessante a observação de Wieacker sobre a obra e a personalidade de Gierke: "Dass Gierke nicht müde wird, aus den Bildern des Organismus, der Organe und der Verbandspersönlichkeit unmittelbare rechtliche Folgerungen zu ziehen stellt ihn zu der älteren Tradition der romantischen Stattsmetaphysik, dass es aber diese Anschauungen mit starken Wirklichkeitssinn aus der historischen Wirklichkeit und dem Sozialleben seiner Zeit belegt, macht ihn zum Vorläufer einer sehr wirklichkeitsnahen naturalistischen Rechtssoziologie. Gierkes Bewusstsein selbst hat diese Entscheidung nicht vollzogen, da er die metodische Strenge des Gedankens durchweg dem kraftvollen Ausdruck eines neuen Lebens-und Organismusbegriff gegen die juristische Logik oder mit den romanischen Rechtsquellen für einen sozialen Arbeitsvertrag kämpft. So überwiegt in diesen 'grossen Menschen mit seinem Widerspruch' wohl die Entscheidung für die Gesellschaft der Zukunft. Und doch ist es sein (typisch deutsches) Schicksal, dass sein Tatwille sich nicht lossagen will von der romantischen Tradition wie von der nationalstaatlichen Gegenwart, so dass sein Lebenswerk auf den ersten Blick als veraltet erscheinen kann. Otto v. Gierke ist, wie einige andere bedeutende deutscher Denker, von 'gestern und morgen': er hat 'noch kein Heute'" (*Privatrechtsgeschichte*, cit., p. 269).

17. Cf. W. Flume, *Allgemeiner Teil des bürgerlichen Rechts, 1, 2, Die juristische Person*, Berlin/Heidelberg/New York/Tokio, Springer, 1983, p. 17.

como "realidade social".[18] O mérito de sua teoria está menos na coerência dogmática e mais no fato de ter chamado atenção para o perfil interno das associações. Muitos dos aspectos por ele levantados são ainda hoje elementos centrais da teoria societária. A valorização da discussão sobre a estrutura e organização da sociedade é um exemplo.[19] Outro exemplo é o organicismo, consequência direta da afirmação da vontade própria da sociedade.[20] Também à sua decidida crítica à possibilidade de definir uma personalidade jurídica exclusivamente de direito privado[21] (a *Vermögensfähigheit* de Savigny) prende-se a discussão a respeito da capacidade delitual da pessoa jurídica.[22]

Quanto aos passos necessários à afirmação dessa ampla capacidade das pessoas jurídicas, a teoria é de difícil avaliação, do ponto de vista jurídico, e não totalmente convincente, do ponto de vista lógico. Procedendo de maneira inversa, ou seja, partindo do reconhecimento da capacidade jurídica para depois chegar à justificativa da realidade existente, pode-se dizer que o primeiro passo de Gierke é tão ficcionista quanto o das teorias criticadas. Na realidade, quanto mais Gierke revela a capacidade dos fenômenos associativos de terem vontade própria, tanto mais a questão do reconhecimento da sua capacidade é deixada a cargo do legislador.[23] Ocorre que esse tipo de questão não pode ser transcurado, principalmente quando se parte de uma crítica às teorias ficcionistas. A diferença com relação à teoria de Savigny, que como visto também não nega a *realidade* do fenômeno associativo, estaria apenas naquilo que se *finge*: Savigny *finge* que esses fenômenos são iguais aos homens, os únicos que, por natureza, são sujeitos de direito; Gierke *finge* que a capacidade de ter vontade própria atribui *realidade* ao fenômeno asso-

---

18. Cf. F. Wieacker, "Zur Theorie", cit., p. 367.
19. Cf. F. Rittner, *Die werdende juristische Person*, Tübingen, Mohr, 1973, p. 184.
20. Cf. F. Wieacker, "Zur Theorie", cit., pp. 369-370.
21. Comentando o antigo direito germânico, afirma: "Dieser umfassenderen Rechtsidee musste von vorherein auch ein umfassenderer Personenbegriff korrespondieren. Persönlichkeit konnte nicht wie bei den Römern Privatrechtsfähikeit sein. Vielmehr musste sich im Personenbegriff die Fähigkeit zu öffentlichem und privatem Recht vereinigen, wobei Anfangs beides ungeschieden darin enthalten sein, später darin zwei verschiedene Seiten derselben Persönlichkeit gefunden werden mussten" (O. Gierke, *Deutsches Genossenschaftsrecht*, cit., p. 33).
22. Cf. F. Wieacker, "Zur Theorie", cit., p. 371.
23. Cf. F. Rittner, *Die werdende juristische Person*, cit., p. 75.

ciativo, segundo ele o único parâmetro para atribuição de personalidade jurídica.[24]

Mas também o critério utilizado por Gierke para identificar uma *vontade própria* no fenômeno associativo parece insuficiente e muito idealizado. O autor identifica o elemento que confere vontade própria à sociedade na pluralidade de componentes.[25]

Em consequência, Gierke compara a redução a um só sócio à morte da pessoa jurídica. Uma sociedade não pode para ele permanecer com apenas um sócio, porque não chega a ter uma vontade comum (*Gemeinwillen*) distinta da de seu sócio.[26]

O mesmo não ocorre com relação às associações e fundações, cujo vínculo ao objetivo (e não entre as pessoas) permite inclusive o desaparecimento de todos os seus membros.[27] Com efeito, é com base em uma visão associativa das corporações (*anstaltlichen Auffassung der Korporation*) que Gierke critica os trechos do Digesto (D. 3, 4, 7, 2) e do *Allgemeines Landrecht für die Preussischen Staaten* (A.L.R. II, 6, SS 177, 179) que admitem a sobrevivência da *Körperschaft* com um só membro. Essas tendências seriam contrárias ao *modernen Genossenchaftsrecht*, ao qual repugna qualquer ligação direta membro/patrimônio.[28] A sobrevivência seria possível como patrimônio separado especial e mesmo nesse caso apenas na medida e durante o tempo necessário para a obtenção dos resultados pretendidos, devendo ser em seguida transferido a um terceiro patrimônio ou misturado com o patrimônio

---

24. Cf. W. Flume, *Allgemeiner Teil*, cit., que afirma à página 18: "So ist auch die Lehre Gierkes von der realen Verbandspersönlichkeit in Wirklichkeit eine 'Fiktionstheorie', wenn diese Lehre die Persönlichkeit der juristischen Person kraft Willens – und Handlungsfähigkeit als Wirklichkeit behauptet".

25. O. von Gierke identifica a alma da corporação (sociedade) na vontade comum "(...) ihre Seele ist ein einheitlicher Gemeinwille, ihr Körper ein Vereinsorganismus" (v. *Deutsches Privatrecht*, 1, Leipzig, Duncker & Humblot, 1895, p. 474).

26. O realismo antropomórfico de Gierke torna-se bastante evidente na sua metafórica descrição da morte da pessoa jurídica: "knüpft das Recht, wie den Untergang der Einzelpersönlichkeit an die Zerstörung des naturlichen Organismus den Tod so den Untergang der Verbandspersönlichkeidt regelmässig an die Zerstörung ihres sozialen Organismus" (*Die Genossenschaftstheorie und die deutsche Rechtsprechung*, Berlin, Weidmann, 1887, p. 830; v. também E. Schanze, *Eimanngesellschaft und Durchgrif-fhaftung*, cit., pp. 43-44).

27. Cf. O. Gierke, *Die Genossenschaftstheorie*, cit., p. 834.

28. O. Gierke, *Die Genossenschaftstheorie*, cit., pp. 835-836.

particular de seu titular.[29] Com relação às sociedades de capital, ao contrário, nem mesmo a permanência por um período limitado como patrimônio separado seria admissível. A redução a um só sócio implica a nulidade da sociedade.

1.4 Relatividade histórica e valor atual da discussão

É difícil transportar as teorias expostas acima a realidades históricas diversas. Cada uma parte de princípios que hoje nos parecem juridicamente bastante arbitrários e que encontram justificativa apenas nas condições socioeconômicas da época. É o caso, particularmente evidente na teoria de Savigny, do princípio da unidade do patrimônio. A precariedade do sistema creditício da época e a necessidade de encontrar meios capazes de agregar capital (como, por exemplo, as grandes sociedades anônimas) está à base de sua formulação.

O mesmo pode-se dizer das demais teorias. Ainda que partindo de princípios diametralmente opostos dos da teoria ficcionista, as teorias do *Zweckvermögen* terminam por negar a possibilidade de separação patrimonial. No caso de Brinz, através de uma obscura regra geral de responsabilidade do representante com relação ao fim, que admite tanto uma interpretação absolutamente restritiva quanto uma responsabilidade ilimitada genérica. Em Bekker, através da também arbitrária distinção entre graus de pertinência, que justifica a limitação de responsabilidade na sociedade anônima, mas não para o comerciante individual. Percebe-se nesta última afirmação o papel determinante assumido pelo fator econômico, que termina por tornar importante o elemento pessoal para a determinação da regra de responsabilidade, em uma teoria que se preocupa exatamente em negar o valor explicativo de tal elemento.

Finalmente, em Gierke pode-se verificar a preocupação com os corpos intermédios, elemento fundamental da sua concepção nacionalista das relações sociais. Tal concepção explica-se, em parte, pelas circunstâncias do processo da unificação alemã, nação que por tradição não se construiu em torno de um polo central de poder e cuja unificação constituiu um movimento eminentemente centrífugo.

Em consequência, parece bastante arriscado procurar em qualquer dessas teorias princípios para a decisão sobre o reconhecimento ou não

29. Cf. O. Gierke, *Die Genossenschaftstheorie*, cit., p. 836.

da limitação de responsabilidade do comerciante individual e sobre a forma preferida, personificada ou não, de sua organização. A regra da unidade do patrimônio perde seu caráter absoluto se confrontada com as condições econômicas da segunda metade do século XX, onde a questão do crédito transformou-se de um problema de oferta em um problema de demanda. Relativiza-se também o realismo de Gierke em presença dos Estados unificados atuais e da existência autônoma do direito público (cuja negação é o ponto de partida para a afirmação da *realidade* da vontade autônoma dos agrupamentos).

O fato de que as teorias não sejam relevantes como tentativas de explicação global do fenômeno não diminui seu valor para o esclarecimento da limitação de responsabilidade do comerciante individual. Essas teorias são, com efeito, capazes de ajudar a formulação de um modelo complexo, que não incorpora totalmente nenhuma delas, mas se constrói a partir de todas, levando em consideração os pontos problemáticos revelados por cada teoria.[30]

Assim é que, em Savigny, é de particular importância o destaque dado aos pressupostos normativos para o reconhecimento da personalidade jurídica.[31] É através do reconhecimento da possibilidade da subsistência da sociedade que se tornou unipessoal e da afirmação da suficiência das garantias legais exigidas para a atribuição da personalidade jurídica que se abriu caminho para o reconhecimento generalizado da sociedade unipessoal.[32] O próprio Savigny não elaborou esses pressupostos com relação à sociedade unipessoal, cuja constituição não admitia. Isso se fez, sobretudo depois, como decorrência das reflexões doutrinárias sobre a organização societária.

30. Cf. P. Wieacker, "Zur Theorie", cit., p. 372, para quem "Theoriebildungen in Wahrheit Entfaltungsstufen der Problemreflexion sind (*ambulanto solvitur*)".
31. Cf. F. Wieacker, "Zur Theorie", cit., p. 371.
32. Cf. E. Schanze, *Einmanngesellschaft und Durchgriffhaftung*, cit., pp. 49-52, citando as famosas decisões do Reichsgericht de 1888 (in *RGZ* 23, 202), onde se faz referência aos textos romanos no mesmo sentido utilizado por Savigny e do famoso caso "Salomon *vs.* Salomon & Co." (in *Law Reports, Appeal Cases* 1897, p. 22) onde os juízes fazem referência à irrelevância do número de sócios "provided, in each case, the requirements of the statute have been complied with and the company has been valid constituted" (p. 44). Ambas as decisões demonstram, com efeito, além de uma resposta às exigências práticas já à época reveladas, uma clara utilização dos pressupostos ficcionistas (ainda que, como no caso da decisão inglesa, de maneira inconsciente).

Na teoria de Gierke, ao contrário, deve-se destacar o fato de ter sido chamada a atenção para a realidade interna das sociedades,[33] que influencia até hoje as concepções orgânicas do fenômeno societário. Entre os teóricos do patrimônio de afetação, destaca-se a preocupação com a relação entre responsabilidade e subjetividade jurídica. Com efeito, na tentativa de distanciar-se da discussão a respeito da personalidade jurídica, devem enfrentar o problema de como admitir a limitação de responsabilidade sem garantir uma esfera negocial autônoma para o patrimônio de afetação criado. A questão principal é evidentemente formulada em sentido inverso: como admitir que um terceiro, que negocia diretamente com o titular do patrimônio (já que, por hipótese, o patrimônio não é sujeito de direitos), possa ter conhecimento da situação de limitação de responsabilidade.[34] É interessante notar que Brinz, após ter construído sua teoria independentemente do conceito de pessoa jurídica, a ele retorna. O autor afirma que o importante é destacar a submissão da personalidade ao escopo.[35] Essa problemática é extremamente relevante para a discussão a ser exposta a seguir sobre a "empresa individual com responsabilidade limitada". Como se verá, tais entes, normalmente qualificados como patrimônio separado, por implicar uma subjetividade jurídica mais limitada que a solução personificada, gozam apenas de uma parcial limitação de responsabilidade.[36]

2. A separação patrimonial do comerciante individual no direito moderno

2.1 Colocação do problema

A expressão *patrimônio separado* é equívoca. Tem na doutrina atual dois sentidos: em primeiro lugar, fala-se em patrimônio separado com relação àquelas massas patrimoniais que ficam sujeitas a um regime

---

33. Cf. F. Wieacker, "Zur Theorie", cit., p. 371; W. Flume, *Allgemeiner Teil*, cit., p. 18; E. Schanze, *Einmanngesellschaft und Durchgriffhaftung*, cit., p. 53.
34. Cf. O. Kuhn, *Strohmanngründung bei Kapitalgesellschaften*, Tübingen, Mohr, 1964, p. 65.
35. Cf. F. Wieacker, "Zur Theorie", cit., p. 371.
36. A referência é feita não apenas ao instituto proposto na França ou ao adotado em Portugal, que estudar-se-ão a seguir, mas também ao instituto da *Einmannvorgesellschaft* alemã, entendida como patrimônio separado.

distinto dos demais componentes do patrimônio de uma pessoa. Assim, por exemplo, o dote e os bens dos cônjuges em comunhão.[37]

Mas o sentido mais comum em que é entendida a expressão "patrimônio separado" é o que de alguma forma vincula a expressão à limitação de responsabilidade.[38]

Deve-se dizer *de alguma forma*, pois limitação de responsabilidade tem por sua vez vários sentidos. Pode significar impossibilidade de responsabilizar o *patrimônio separado* pelas dívidas do seu titular (é o caso do bem de família, por exemplo). Pode ainda significar que os credores por dívidas oriundas dos bens separados não terão acesso aos bens de seu titular (é o caso do espólio em relação ao herdeiro). Pode por fim significar ambas as coisas, ou seja, a limitação em ambos os sentidos.

É esse o significado que mais interessa a este estudo, já que é o mais ligado à gênese da separação patrimonial em matéria empresarial, individualizada na sua afetação a determinada atividade A separação patrimonial instrumental a essa afetação é exatamente aquela que permite ao comerciante limitar seu risco (impedindo que dívidas oriundas de sua atividade comercial ameacem seu patrimônio pessoal) e garante os credores por dívidas oriundas da atividade praticada com o patrimônio separado (assegurando que aquele patrimônio é a garantia de sua dívida e que portanto, eles não terão a *concorrência* dos credores particulares do titular do patrimônio). Nesse sentido é normalmente entendida a expressão *patrimônio separado*. E é contra esse uso que tradicionalmente se levantam os defensores da unidade do patrimônio.

A teoria da unidade do patrimônio do indivíduo (comerciante) reinou na França do século passado. O subjetivismo antropocentrista do Código Napoleão impedia que se distinguisse personalidade e patrimônio. A cada pessoa podia corresponder um só patrimônio. Aquele que desejasse limitar sua responsabilidade deveria necessariamente submeter-se

---

37. Esse é o sentido atribuído ao termo, na doutrina brasileira, por V. Rao, *O direito e a vida dos direitos*, São Paulo, Max Limonad, 1960, p. 367, e por O. Gomes, *Introdução ao direito civil*, 10ª ed., Rio de Janeiro, Forense, 1991, p. 209.

38. V. nesse sentido S. M. Machado, *Problemas de direito mercantil*, São Paulo, Max Limonad, 1970, p. 97, que, citando Ferrara, afirma que "o único critério seguro para reconhecer a existência do patrimônio separado é o da responsabilidade pelas dívidas".

à forma societária e a seus requisitos (entre eles, a existência de mais de um sócio).[39]

Nessa concepção, o patrimônio acabava por pouco distinguir-se da personalidade.[40] É nessa confusão sujeito/objeto que se baseiam as principais críticas teóricas.[41] Mas é sobretudo na necessidade de permitir aos comerciantes a *afetação* de parte de seu patrimônio a fins específicos, permissão que de resto está absolutamente em linha com os princípios da autonomia da vontade estabelecidos pelo próprio Código Civil francês, que se baseiam as principais críticas ao princípio da unidade do patrimônio.[42]

A superação dos preconceitos existentes contra a separação patrimonial do comerciante individual não é obra, portanto, exclusivamente da falta de coerência sistemática das teorias que os defendiam. Aliás, no direito comercial moderno, poucos são os institutos rejeitados exclusivamente por incoerência sistemática. Normalmente, a incoerência sistemática é, e é conveniente que seja, consequência de considerações de ordem econômica.

O sistema do direito comercial e sobretudo o sistema societário não é autointegrado. Não é possível simplesmente, como se fez na época das codificações e de certa forma ainda se faz no sistema civil atual, considerar que a regra de analogia baste para resolver todos os casos não previstos e ao mesmo tempo permitir a evolução do direito.

A legislação comercial e societária forma um todo indissolúvel com as práticas comerciais costumeiras e os imperativos de ordem econômica. Prova disso é que o Código Civil, ao tentar a ele incorporar regras de direito comercial, prevê expressamente no artigo 113 a aplicação dos usos (costumes) do lugar da celebração do negócio. Já a influência do fator econômico é tão marcante que chega a ponto de colocar ramos inteiros do direito, como o direito concorrencial e do mercado de capitais, em uma zona cinzenta entre o direito econômico e o comercial.

---

39. V. a respeito G. Ripert e R. Roblot, *Traité élémentaire de droit commercial*, Paris, LGDJ, 1986, Capítulo II, Seção II, § 2, p. 168.

40. Para os unitaristas, quatro são os princípios a reger o patrimônio: (a) só as pessoas naturais ou jurídicas podem ter patrimônio, (b) toda pessoa tem necessariamente um patrimônio, (c) cada pessoa só pode ter um patrimônio, (d) o patrimônio é inseparável da pessoa (v. O. Gomes, *Introdução*, cit., p. 227).

41. V. o crítico O. Gomes, *Introdução*, cit., p. 227.

42. Cf. S. M. Machado, *Problemas*, cit., p. 99.

Daí as legislações recentes que trataram do assunto da limitação de responsabilidade do comerciante individual manifestarem expressa preocupação com os fatores de ordem econômica que justificam sua introdução. Entre eles figura o incentivo às empresas que isso acarretaria, tanto porque é historicamente comprovado que muito do sucesso da sociedade anônima é devido à limitação de responsabilidade, como porque a limitação de responsabilidade constitui "uma força de resistência mais segura à tentação de confundir contabilidade comercial e pessoal".[43]

O incentivo econômico, no caso da empresa individual, dirige-se mormente aos pequenos e médios empresários, maiores usuários da forma empresarial unipessoal. Nesse sentido, a referência expressa da Exposição de Motivos da 12ª Diretiva Comunitária. A admissão da sociedade unipessoal com responsabilidade limitada fez parte do programa comunitário de incentivo à pequena e média empresa. Sobre os motivos de apoio a tal tipo empresarial, diz textualmente a versão italiana: "L'incoraggiamento dell'accesso degli imprenditori unici alla forma societária, che rappresenta il contesto migliore per lo sviluppo degli affari nel mercato inferno, rientra in questa politica. La Risoluzione del Consiglio de 22 Dicembre 1986 sul programma d'azione per la crescita dell'occupazione sottolinea parimenti la necessità di incoraggiare l'impresa individuale".[44]

Do ponto de vista econômico, o problema que se coloca é saber até onde a limitação de responsabilidade pode implicar uma perda de crédito por parte da empresa, decorrente da diminuição da garantia patrimonial oferecida aos credores. Tal crítica pode ser contestada empiricamente, afirmando que é impossível determinar se o desaparecimento da concorrência dos credores pessoais do sócio sobre o passivo social (outra decorrência da limitação de responsabilidade) não contrabalança ou até supera essa aparente desvantagem.[45] De todo modo parece claro que a contrapartida mínima da limitação de responsabilidade é a garantia do capital social. Assim sendo, deve ser escolhida uma forma jurídica que permita a total separação econômica de esferas.

43. V. C. Champaud, "L'entreprise personelle à responsabilité limitée", in *Revue Trimestrielle de Droit Commercial*, 1979, p. 579.
44. Cf. "Relazione introduttiva alla proposta di dodicesima Direttiva del Consiglio in materia di diritto delle società", in *Rivista delle Società*, 1988, p. 823.
45. Cf. A. Grisoli, *La società con un solo socio*, Padova, Cedam, 1971, p. 64, nota 3.

2.2 Formas de limitação de responsabilidade do comerciante individual

Afirmada a utilidade jurídico-econômica da limitação de responsabilidade, o problema que em seguida se apresenta é o de determinar qual a melhor forma de instrumentalizar a introdução de tais objetivos. Para isso uma ressalva inicial é de rigor. As categorias civilísticas de patrimônio separado e universalidade até agora utilizadas não se adaptam perfeitamente ao fenômeno empresarial. Isso porque "se incluem nela as oportunidades e probabilidades, como a clientela, a fama, a propaganda, e pois a empresa é mais que a soma de direitos".[46] Consequência disso é que não pode haver *direito real* sobre a empresa.

Assim sendo, qualquer utilização de conceitos civilísticos como patrimônio separado à organização de uma empresa requer as adaptações necessárias a essa *fattispecie* específica.

É, portanto, necessário analisar cuidadosamente as formas alternativas de organização empresarial. Sobretudo as não societárias, cuja gênese não está ligada necessariamente à organização de estruturas empresariais.

A ligação entre sociedade e empresa, com efeito, é tradicional a ponto de a organização jurídica do fenômeno econômico empresa ser identificada com a própria sociedade. A empresa é vista como conceito econômico, como "organização objetiva dos fatores de produção", e a sociedade como conceito jurídico, ou "organização jurídica da exploração empresarial".[47]

As tentativas de encontrar um sucedâneo ou, ao menos, um concorrente para a sociedade, como forma de organização, aparecem no campo das organizações unipessoais, sobretudo pelos problemas teóricos relacionados ao reconhecimento de uma sociedade com apenas um sócio. Cumpre analisar a razoabilidade das críticas e a viabilidade das propostas alternativas, em função da suprainvocada natureza específica do fenômeno empresarial.

---

46. Cf. F. C. Pontes de Miranda, *Tratado de direito privado*, t. V, 3ª ed., Rio de Janeiro, Borsói, 1970, p. 366, e V. Rao, *O direito e a vida dos direitos*, cit., p. 366.

47. Cf. F. K. Comparato, "Exclusão dos sócios nas sociedades por quotas de responsabilidade limitada", in *RDM* 25/39.

2.2.1 As críticas à fórmula societária

No primeiro grupo estão as críticas mais tradicionais à sociedade unipessoal. Trata-se do que a lei portuguesa sobre o "estabelecimento comercial com responsabilidade limitada"[48] chama de "coerência sistemática". A exposição de motivos tenta demonstrar como a solução do problema da limitação de responsabilidade do comerciante individual em termos societários é distante da tradição do direito societário português, que além de não admitir a unipessoalidade superveniente é também fortemente contratualístico. Essa é a principal razão enunciada pelo legislador português para a escolha da nova fórmula: considerou-se muito menos traumática a introdução da limitação de responsabilidade do comerciante individual, através de um forma não societária de patrimônio separado,[49] qual seja, o estabelecimento individual com responsabilidade limitada.

---

48. Decreto-lei 248/86, Exposição de Motivos I, in *Boletim do Ministério da Justiça*, Suplemento ao n. 359, Lisboa, 1986, julho e agosto, p. 384 (385).

49. É interessante reproduzir a comparação feita pelo legislador com a situação do direito alemão, que teria permitido a introdução da sociedade unipessoal com responsabilidade limitada naquele país:
Foram duas, no essencial, as razões que levaram o legislador alemão a optar pela solução consagrada na GmbH Novelle de 1980:

a) A grande difusão que a *Gesellschaft mit beschränkter Haftung* unipessoal conhecia na prática: há longo tempo admitida pela doutrina e jurisprudência, o próprio legislador a tinha já reconhecido (assim, o § 15 da *Unwandlungsgesetz* de 6 de novembro de 1986). Mas há mais. A práxis não legitimava apenas a sociedade de responsabilidade limitada que num certo momento, em virtude de vicissitudes normais de sua existência jurídica, ficara reduzida a um só sócio: ia bastante mais longe, pois coonestava as próprias sociedades *ab initio* constituídas por um único sócio verdadeiro, secundado (por via das aparências) por um ou mais testas de ferro (*Strohmänner*).

b) A maior facilidade em delinear um regime jurídico para essa situação: com efeito, a admissão da sociedade de responsabilidade limitada de um único sócio (*Einmann-GmbH*) apenas implicaria a adaptação de algumas normas do regime da GmbH, ao passo que a outra opção – criação da empresa individual de responsabilidade limitada – levantaria muito mais graves dificuldades.

Em seguida, o legislador comenta as implicações institucionalistas de tal escolha e, afinal, fez a comparação com o ordenamento português:
"Quanto, porém, ao nosso país, as coisas não se apresentavam do mesmo modo: as razões apontadas no número anterior não valem aqui com a mesma intensidade.
"É certo que a ideia de sociedade com um único sócio encontra hoje aceitação generalizada tanto na doutrina quanto na prática, e até o Novo Código das Socieda-

O pragmatismo da crítica (aliás, expressamente assumido pelo legislador português) é evidente.

Totalmente diferente é a justificativa do projeto francês de limitação de responsabilidade do comerciante individual, cronologicamente anterior à lei portuguesa. Trata-se do chamado projeto Champaud, que leva o nome do presidente da comissão constituída em 26 de outubro de 1977 pelo Ministro da Justiça francês para estudar a possibilidade e a forma mais conveniente de introduzir a limitação de responsabilidade do empresário individual no ordenamento francês. O relatório final, de fevereiro de 1978, apresenta pontos de grande interesse, sobretudo pela análise das razões jurídicas que aconselham a escolha da forma *não societária*.

O legislador francês, ao contrário do português, parece plenamente convencido, por razões dogmáticas, da superioridade da fórmula não societária. Argumenta que é preciso evitar as ficções societárias, consistentes em Assembleias Ordinárias, gestão colegiada etc., e que sobretudo nas sociedades unipessoais representam mera formalidade, contribuindo mais "para enganar terceiros que para assegurar-lhes coerência, integridade e objetividade das decisões de gestão do patrimônio afetado à empresa social".[50]

---

des Comerciais, vencidas algumas hesitações, lhe dará consagração igual àquela que um importante setor da doutrina nacional de há muito vinha preconizando.

"Mas, em contrapartida, não deixa de ser verdade que entre nós (diferentemente do que acontece na Alemanha) nunca se admitiu – entre outras razões por fidelidade à ideia de sociedade contrato – a unipessoalidade originária. E não menos certo é, por outro lado, que (e também ao invés do que se passa naquele país) as contribuições doutrinais portuguesas sobre a regulamentação jurídica específica das sociedades de um único sócio são escassas. A hipótese configurada no artigo 488 daquele novo Código repercute um regime excepcional, que não altera essa forma de ver as coisas.

"Eis porque, tudo pesado, não parece que a figura da sociedade unipessoal, nos latos termos em que passou a ser admitida no direito alemão e francês, seja em Portugal o instrumento jurídico mais apropriado para a solução do problema da limitação de responsabilidade do empresário individual. Mais lógico e mais conforme com os princípios tradicionais do nosso direito se apresenta o outro caminho apontado: a criação de um novo instituto jurídico – o estabelecimento mercantil individual com responsabilidade limitada. Essa se afigura ser a solução preferível, apesar da inovação que representa e das acrescidas dificuldades de regulamentação que determina" (*Boletim*, cit., pp. 388 a 390).

50. Cf. C. Champaud, "L'entreprise personelle", cit., p. 607.

2.2.2 As tentativas de construção em forma não societária

As mais recentes e mais famosas tentativas de resolução do problema em forma não societária são exatamente a francesa e a portuguesa.

A francesa, não aprovada, merece destaque pela originalidade do projeto apresentado, que propõe a criação de três massas patrimoniais. A primeira, destinada à empresa, não poderia servir para garantir os credores pessoais do sócio. A segunda porção não seria destinada *ab initio* à empresa, mas poderia sê-lo por iniciativa dos credores insatisfeitos (*i.e.*, que não conseguiram receber seus créditos) ou do próprio empresário individual. A terceira parcela é o assim chamado *patrimoine indisponible e insaisissable*, o mínimo necessário à sobrevivência do empresário e de sua família. Para proteger a integridade desse patrimônio prevê-se até mesmo a nulidade das garantias pessoais prestadas. Em compensação, para a tutela dos credores prevê-se a adesão obrigatória a uma *Caisse de Garantie*, uma caixa comum à qual os empresários devem contribuir em proporção ao seu pecúlio.

Os objetivos econômicos são evidentes. Em primeiro lugar, evitar o abalo de crédito descrito acima, através da existência de uma parte *flexível* do patrimônio. Em segundo lugar, eliminar os privilégios dos credores com maior poder de barganha, como os bancos, que podem exigir garantias pessoais do empresário individual. O próprio projeto reconhece, no entanto, que uma garantia efetiva não foi criada. Sendo as quotas da *Caisse de Garantie* transferíveis, é óbvio que os credores economicamente mais fortes poderão exigi-las como garantia.[51]

A empresa individual, no projeto francês, não é dotada de personalidade jurídica. Tal característica dificulta sua transferência, tanto *inter vivos* como *mortis causa*. A regra, na verdade, é a liquidação da empresa por morte do titular,[52] podendo ser modificada apenas em caso de previsão específica no estatuto da empresa. Já a cessão *inter vivos* é possível, desde que tenha como objeto a empresa inteira. Nesse caso, considera-se existente uma cessão de débito e atribui-se direito de oposição aos credores.[53]

As desvantagens de um tal sistema são claras. Em primeiro lugar, a perda de liquidez da empresa. O interesse do empresário a uma for-

---

51. Cf. C. Champaud, "L'entreprise personelle", cit., p. 605.
52. C. Champaud, "L'entreprise personelle", cit., p. 630.
53. C. Champaud, "L'entreprise personelle", cit., p. 636.

ma organizativa de difícil transferência só poderia ser reduzido. Somando-se a tudo isso o sistema exageradamente complicado de separação patrimonial,[54] entende-se perfeitamente o porquê de sua rejeição e da prevalência da solução societária na Lei 85.697, de 11 de julho de 1985, que introduziu no ordenamento francês a sociedade unipessoal com responsabilidade limitada, conforme previsto no artigo 1.832 do *Code Civil*.

Já a lei portuguesa tem um menor preconceito contra a forma societária. Seu maior pragmatismo revela-se não apenas na exposição de motivos, mas também nas regras específicas. Nota-se um grau muito maior de aproximação das regras societárias. É o caso, por exemplo, das regras relativas às formalidades e aos efeitos da constituição do estabelecimento (arts. 2-7), das regras sobre a integralização, modificação e proteção do capital social (arts. 12-26).

Os problemas relativos à circulação permanecem, porém, os mesmos do projeto francês. E não se poderia esperar outra coisa de um organismo dotado de limitado grau de autonomia negocial e patrimonial relativamente ao seu titular.[55]

A morte do titular não implica a liquidação imediata da sociedade, como no projeto francês. No entanto, se em noventa dias os herdeiros não conseguirem chegar a um acordo sobre o destino a ser dado ao estabelecimento, qualquer um pode requerer sua liquidação (art. 23, n. 3). A continuação da empresa pode, consequentemente, ser considerada na prática uma exceção.

Problemas existem também com relação à circulação *inter vivos*. Não na medida dos existentes com relação ao projeto francês, pois a transferência não é considerada cessão de crédito. Mas tanto lá como aqui é possível apenas a venda total do estabelecimento (art. 21). Não existe qualquer dispositivo relativo à cessão parcial, o que faz pensar que não seja possível sem mudança de forma (ou seja, conversão para a forma societária).

---

54. A respeito do funcionamento prático do sistema v. R. Weigmann, "La società unipersonale: esperienze positive e prospettive di diritto uniforme", in *Contratto e impresa*, 1986, p. 830 (841).

55. Cf. *Boletim*, cit., pp. 390 e ss. Exposição de Motivos 7, onde o legislador se preocupa em definir o "estabelecimento" como patrimônio separado, negando-lhe qualquer tipo de personificação – com relação à definição do estabelecimento com patrimônio separado v., em sentido crítico, J. O. Ascenção, "Estabelecimento comercial e estabelecimento individual de responsabilidade limitada", in *Revista da Ordem dos Advogados* (Portugal), 1987, p. 10.

Como no projeto francês, a limitação de responsabilidade está sujeita a restrições. Funciona em um único sentido, impedindo que os credores do *estabelecimento* tenham acesso aos bens particulares do comerciante (art. 11, n. 1). O *estabelecimento*, ao contrário, responde pelos débitos particulares do sócio caso seus bens sejam insuficientes (art. 22). Trata-se de solução tida pela doutrina como coerente com a caracterização do *estabelecimento* como patrimônio separado no ordenamento português.[56] Parece, no entanto, que tal construção só seria verdadeiramente coerente se o patrimônio separado não fosse dotado de subjetividade jurídica própria. Não é o que ocorre. O estabelecimento participa do comércio em nome próprio (v. art. 9). Parece assim bastante arriscado admitir a concorrência de outros credores sobre essa garantia, sobretudo considerando-se os interesses dos credores que negociaram com o estabelecimento com base na garantia oferecida pelo capital social.

É interessante destacar, finalmente, a solução proposta pelo legislador peruano (Decreto Ley 21.621), em muitos aspectos mais equilibrada que a francesa e a portuguesa. Em primeiro lugar, vincula a aplicação da lei diretamente às dimensões da empresa ao fazer referência, em seu artigo 1º, à pequena empresa, que por sua vez vem definida segundo as suas dimensões econômicas. O legislador peruano copia claramente as regras das sociedades, adaptando-as quando necessário: assim, são órgãos sociais obrigatórios o titular e a gerência (art. 36). De outro lado, tenta obviar os problemas de transferência da empresa. Prevê que o direito do titular sobre o patrimônio é um bem móvel incorpóreo (art. 25), que pode ser transferido por ato *inter vivos* ou sucessão *mortis causa* (art. 27). Para o caso da sucessão *mortis causa*, os herdeiros têm um prazo de quatro anos para decidir a respeito do destino do empreendimento, período durante o qual a empresa será administrada por aquele a quem corresponderia a inventariança do espólio (art. 31). Dentro desse período, a empresa deverá ser transferida a um terceiro, adjudicada a um dos herdeiros ou então transformada em uma sociedade comercial de responsabilidade limitada.

O grande mérito é, ao mesmo tempo, o grande defeito da legislação peruana: a especificidade das regras. O legislador reescreveu uma lei de sociedades para o empresário individual, quando poderia ter atin-

---

56. J. O. Ascenção, "Estabelecimento comercial", cit., que fez a afirmação, bastante discutível, segundo a qual a responsabilidade do estabelecimento pelos débitos do comerciante não inquina a sua qualificação como patrimônio separado, porque "essa depende apenas da imunidade do patrimônio pessoal".

gido o mesmo objetivo através da introdução de disposições específicas que criassem e regulassem a sociedade unipessoal.[57] Decorrência direta desse problema é a questão da aplicação residual de regras. Adotando a formulação societária, as regras e princípios organizativos do direito das sociedades serão sempre aplicáveis. Não ocorre o mesmo quanto à solução não societária: as lacunas legais dão excessiva liberdade organizativa às partes, criando um clima de incerteza para terceiros, credores ou não.

2.2.3 Conclusão: sociedade unipessoal vs. empresa individual

De um certo modo já foi adiantada a conclusão a ser tirada. Deve primeiramente ser afastada de plano a escolha de uma ou outra forma baseada em considerações de ordem principiológica. Teorias como a do contrato organização permitem superar qualquer óbice teórico ao reconhecimento da sociedade unipessoal. Ademais, hoje a doutrina predominante renega a ideia da unidade do patrimônio, que impedia o reconhecimento de formas não personalizadas de patrimônio especial. Falar em princípio da unidade do patrimônio implica confundir as noções de patrimônio e a de personalidade. Se o patrimônio é necessariamente uno, ele não seria um conjunto de bens, mas sim a própria aptidão para ter direitos e contrair obrigações. Nesse momento, tornar-se-ia um conceito inútil.[58] A doutrina moderna, seguindo e desenvolvendo a teoria de Brinz, tende a considerar o vínculo do patrimônio *objetivo* e não *subjetivo*. Define-se patrimônio como "o conjunto de bens coesos pela afetação a fim econômico determinado",[59] admitindo portanto patrimônios gerais e patrimônios especiais.

Afastada também deve ser a contraposição entre patrimônio separado e personalidade jurídica. Isto porque este último termo permite captar apenas um dos aspectos envolvidos pela realidade empresarial (a capacidade negocial), nada dizendo em relação ao regime de responsabilidade (existem pessoas jurídicas com e sem responsabilidade limitada), fundamental para os objetivos do presente trabalho.

---

57. A semelhança é tão grande a ponto de induzir o observador estrangeiro a considerá-la sociedade – é o que acontece com D. Moremanns, "Recepción de la sociedad unipersonal de responsabilidad limitada en el proyecto de unificación civil e comercial en la Argentina – Protección de los acreedores", in *Revista del Derecho Comercial y de las Obligaciones*, 1990(a), p. 171.

58. Cf. O. Gomes, *Introdução*, cit., p. 209.

59. Cf. O. Gomes, *Introdução*, cit., p. 210.

Daí a contraposição ser sempre feita entre *fattispeci* que envolvam ambos os aspectos (capacidade negocial e limitação de responsabilidade). E são elas a empresa individual e a sociedade unipessoal, respectivamente um patrimônio separado qualificado por regras sobre capacidade negocial e uma pessoa jurídica dotada de responsabilidade limitada (vale lembrar que neste trabalho a referência é sempre às sociedades limitadas e por ações).

Afastados os problemas principiológicos, a análise de ambas as formas organizativas (sociedade unipessoal e empresa individual) deve ser feita com base em elementos sistemáticos e aplicativos. Como visto, os dois textos legislativos analisados fizeram surgir duas críticas à sociedade unipessoal com responsabilidade limitada. A primeira refere-se ao seu caráter potencialmente fraudulento. Trata-se de crítica que não se sustenta. Basta observar que tudo depende da normativa escolhida para proteger os terceiros, que pode ser introduzida tanto através do *nomen iuris* sociedade unipessoal quanto através da empresa. Aliás, se um juízo apriorístico devesse ser feito, seria necessariamente favorável à sociedade, forma organizativa dotada de plena subjetividade jurídica e com vocação específica para a separação de esferas.

A segunda crítica, de ordem sistemática, refere-se à inadaptabilidade da sociedade unipessoal a ambientes fortemente contratualísticos, onde seria mais indolor a introdução de um tipo organizativo não societário.

Trata-se, porém, de argumento que pouco prova. Como se verá mais adiante, mesmo nos sistemas mais contratualísticos, como o italiano, vem-se hoje admitindo a sociedade unipessoal, com base na teoria do contrato organização.

Mas o argumento mais forte a favor da solução societária parece vir da prática. Com efeito, argumentos de caráter sistemático podem sustentar-se somente em situações ideais. No caso ora em análise, dever-se-ia imaginar uma realidade de empresários que exercitam todos a atividade em nome próprio e querem escolher a forma organizativa mais conveniente para o exercício do comércio. Nesse caso, e somente nesse caso, poder-se-ia pensar em escolhas de política legislativa, como a de manter a coerência sistemática, ainda que em prejuízo de um maior incentivo à pequena e média empresa.

Uma tal situação, porém, não existe. E são os próprios legisladores a admitir. A introdução de uma forma de limitação de responsabilidade do comerciante individual decorre exclusivamente do reconhecimento de uma situação de fato, consistente na utilização de sociedades fictícias, com um ou mais homens-de-palha (*Strohmann*), introduzidos com o único objetivo de permitir a limitação de responsabilidade.[60]

Frente a uma tal situação, é necessário levar em consideração, em primeira linha, as vantagens relativas de cada uma das hipóteses. Em caso de instituição de uma forma que não ponha à disposição do empresário as mesmas vantagens da sociedade, esse continuará a fazer uso das sociedades fictícias.[61] E o interesse perseguido pelo empresário não é, evidentemente, apenas a limitação de responsabilidade. Se fosse, em muitos dos ordenamentos citados a figura do bem de família já serviria como parcial substituto à empresa individual ou à sociedade unipessoal. Na verdade, da maneira como é concebido nos sistemas que o reconhecem, o bem de família permite a separação de um ou mais itens (normalmente imóveis) necessários à sobrevivência da família e que não podem servir de garantia aos credores.[62]

---

60. Cf. C. Champaud, "L'entreprise personelle", cit., p. 594, que, analisando a situação francesa, afirma: "On peut estimer que les 2/3 de quelques 140.000 S.A. françaises (elles ne sont que 2 a 3.000 en Allemagne) sont, en fait, des entreprises personelles. Une ênquete realisée en 1972 auprès de 200 experts comptables révèle que 53% au moins des 8.000 societes qu'ils conaissaient parfaitement bien étaient, en réalité, des entreprises purement individuelles revêtues d'une forme sociale".

Na Alemanha, estima-se que antes da introdução da GmbH Novelle de 1980 um quarto das GmbH fossem na realidade sociedades unipessoais: v. H. Wiedemann, *Gesellschaftsrecht*, vol. 1, cit., p. 6, nota 7.

À luz de uma tal situação de fato parece indispensável a existência de um coordenamento entre os novos instrumentos e a realidade concreta. Nesse sentido a crítica de Ascenção ao texto português: "Ha uns anos tornou-se célebre essa *boutade* de Pittigrilli: a melhor maneira de acabar com uma tentação é ceder-lhe. Talvez nela se tenha inspirado o legislador português. Preocupado com o número de sociedades fictícias, com as quais se procurava afinal obter o resultado da limitação de responsabilidade mediante sócios pintados, o legislador entendeu que a melhor maneira de acabar com elas seria acabar com a ilimitação de responsabilidade do comerciante em nome individual. Criou-se para isso a E.I.R.L. – sem, curiosamente estabelecer nenhuma ponte pela qual se integrassem nestas as sociedades fictícias existentes" ("Estabelecimento comercial", cit., p. 7).

61. V. A. Grisoli, *La società con un solo socio*, cit., p. 68; v. também as dúvidas levantadas por J. O. Ascenção para o qual o mesmo tipo de raciocínio levaria a defender a eliminação dos impostos para resolver o problema da fraude fiscal ("Estabelecimento comercial", cit., p. 7). Trata-se no entanto de um evidente exagero, na medida em que não é possível sequer comparar os efeitos jurídicos e econômicos da eliminação dos impostos e do reconhecimento da sociedade unipessoal.

62. Para o direito francês v. a Loi du 12 juillet 1909, *sub* artigo 2.093, Code Civil. No Brasil, a figura é reconhecida nos artigos 70 a 73 do Código Civil. Na

Para o empresário, é de importância fundamental dispor de um instrumento que lhe permita ao mesmo tempo organizar-se administrativamente, ter acesso ao crédito, e que seja enfim separado de sua pessoa. Os exemplos estudados demonstram que se o primeiro objetivo (e consequentemente o segundo, que acompanha a criação de uma organização adaptável à separação patrimonial) pode ser conseguido até mesmo com uma forma não societária, através da criação de uma organização semelhante à societária, o último, pela subversão sistemática que importaria, não é normalmente admitido.

A consequência das fórmulas não societárias é uma drástica redução da capacidade de circulação da empresa e de sua liquidez. Esses problemas traduzem-se na impossibilidade de venda parcial da empresa sem transformação de forma, ou seja, sem transformá-la previamente em sociedade. Torna-se, portanto, mais difícil a venda parcial com manutenção do controle, objetivando mera capitalização. De outro lado, reduz-se a possibilidade de preservação da empresa em caso de morte do empresário. Objeto da sucessão são diretamente os bens da empresa e não, como nas sociedades de capital, "os bens de segundo grau" representados pelas ações e pelas quotas.

Foi exatamente com base na convicção de que a circulação e a continuidade da empresa são dois elementos jurídicos básicos para que a forma organizativa seja realmente atrativa e proporcione verdadeiro incentivo às pequenas e médias empresas que a Comissão da Comunidade Europeia optou pela forma societária como modelo base de organização da empresa individual.[63] Evidentemente, como ato relativo

verdade, após a edição da Lei 8.009, de 29.3.1990, a residência do casal constitui item impenhorável por disposição legal (art. 1º), não precisando ser constituído e registrado como tal por disposição de vontade das partes.

63. "Afin de améliorer le cadre juridique des très petites entreprises, la Comission a présenté au Conseil en mai 1988 une proposition de directive visant à permettre, dans l'ensemble de la Comunauté, la creation de societés à un seul associé. Cette mesure est destinée à aider les individus à créer leur propre entreprise e a encourager aussi le travail indépendant. Elle permet à un homme d'affaire de passer du status de commerçant individual à celui de societé sans l'obligation de trouver des partenaires fictifs ou de gérer une societé multipersonelle. Cette proposition prévoit une distinction entre les avoirs professionels et personnels, une information claire des tiers sur les status de l'entreprise *et facilite le transfert de l'entreprise en cas de décès du proprietaire ou dans d'autres circonstances*. La société à un seul associé peut ainsi constituer une étape sinificative dans le développement d'une entreprise" (*Une politique de l'entreprise pour la Communauté*, agosto de 1989, Comissão CEE, p. 24).

a uma comunidade de Estados, foi necessário levar em conta, para a escolha, a situação dos diversos ordenamentos que deveriam sofrer seus efeitos. Verificou-se que a maioria (França, Alemanha, Bélgica, Holanda e Dinamarca) já reconhecia a forma societária com responsabilidade limitada e que apenas Portugal admitia uma forma não societária. Na versão final, adotou-se uma forma de compromisso político, estabelecendo a forma societária como paradigma para os Estados que não a reconheciam, mas admitindo a manutenção (art. 7) da forma não societária nos ordenamentos que já a reconheciam antes da emanação da Diretiva (Portugal).

Também com respeito à limitação de responsabilidade, as soluções não societárias apresentam problemas. Como visto acima, a definição como patrimônio separado é equívoca, não permitindo identificar com precisão a regra de responsabilidade. Patrimônio separado pode existir tanto quando não há responsabilidade do titular por dívidas oriundas da atividade realizada com o patrimônio como quando o patrimônio separado não responde pelas dívidas particulares de seu titular, ou ainda quando ocorrem ambas as limitações. Enquanto a solução portuguesa leva a uma limitação unilateral (o comerciante individual não responde pelas dívidas do estabelecimento, mas o contrário não é verdadeiro), na França, apenas alguns bens particulares do sócio não respondem pelos débitos da empresa. Esse tipo de limitação apenas parcial não atinge o duplo objetivo de impedir que a ruína empresarial traga consigo a ruína pessoal (irresponsabilidade do patrimônio pessoal pelas dívidas empresariais) e garantir aos credores sociais a integridade do patrimônio empresarial, impedindo a concorrência dos credores particulares (irresponsabilidade do patrimônio empresarial pelas dívidas particulares).

Todos esses problemas decorrem na verdade da já mencionada inadaptabilidade do instituto civilístico do patrimônio separado ao fenômeno empresarial. Inadaptabilidade consistente exatamente na impossibilidade de existência de *direito real* sobre a empresa, com reflexo direto nas formas de transmissão. É necessária uma forma jurídica que permita intermediar a relação entre empresário e empresa. Forma que deve também permitir levar em conta ativos não componentes do *patrimônio*, como a clientela, por exemplo.

Soluções parciais como o patrimônio separado não parecem capazes de resolver o problema da proteção dos credores, nem tampouco de fornecer um meio de incentivo à atividade do pequeno comerciante individual. Caso se queira insistir na forma não societária, a solução mais aceitável e realista parece ser a de uma organização tão vizinha à societária e dotada de uma capacidade jurídica tão ampla, que chamá-la ou não de sociedade torna-se uma questão terminológica.

A conclusão no sentido da prevalência da forma societária não implica que essa esteja isenta de problemas. O principal deles parece ser a "ambiguidade funcional de fundo" da sociedade unipessoal com responsabilidade limitada, consistente exatamente no fato de que ela se apresenta objetivamente não apenas como expressão de um favor para a pequena e média empresa individual, mas também como instrumento de racionalização organizativa dos grandes grupos, capaz de lhes permitir a diversificação através de uma linha direta, simples e econômica, e de erigir obstáculos (de responsabilidade), permitindo circunscrever os episódios de crise.

Essa possibilidade de utilização ambígua cria suspeitas sobre a eficácia de uma disciplina unitária para a sociedade unipessoal que não leve em conta tais diferenças. O que se sustenta é muito simples: enquanto nos grupos a hipótese típica é a do sócio único, que é, ele próprio, uma empresa (*Unternehmen*), com interesses empresariais próprios e que pode, eventualmente, perseguir objetivos conflitantes com os da sociedade unipessoal, as sociedades unipessoais não de grupo caracterizam-se pela coincidência total (ao menos *a priori*) entre interesse empresarial do sócio único e interesse social.[64]

Evidentemente, para ser coerente com a assertiva acima, o conceito de grupo utilizado deve ser mais amplo, não incluindo apenas as sociedades unipessoais cujo sócio único é uma outra sociedade, mas também aqueles casos de sócio único, pessoa física que tem interesses empresariais em outras sociedades nas quais detém uma participação relevante. Em ambos os casos, existe a pluralidade de interesses empresarias, sendo provável a utilização de uma sociedade no interesse da outra. O conflito de interesse decorre, nesse caso, *ipso iure* da posição do sócio e consequentemente exige regras mais rigorosas de salvaguarda dos direitos de terceiros.[65] Foi reconhecendo essas diferenças que a XII Diretiva Comunitária deu liberdade aos países-membros para prever regras mais

---

64. Cf. P. Behrens, "The one man company, report on German law", *XIII International Congress of Comparative Law*, Canada, 1990, pp. 5 e ss.

65. Cf. V. Emmerich e L. Sonnenschein, *Konzernrecht*, München, Beck, 1989, p. 47.

rigorosas relativamente às sociedades unipessoais de grupo (entendida no sentido mais amplo especificado acima).

2.3 A limitação de responsabilidade do comerciante individual no Brasil

Nas páginas anteriores foram abordadas duas questões intimamente ligadas: a conveniência e as consequências econômico-jurídicas da limitação de responsabilidade do comerciante individual e a melhor forma de organizar a limitação de responsabilidade do comerciante individual.

Verificou-se que o debate hoje, na Europa, desenvolve-se predominantemente em torno da segunda questão. No Brasil, ao contrário, ainda não se chegou a um consenso a respeito da primeira.

2.3.1 Patrimônio separado

No Brasil, já há muito tempo se debate a respeito da conveniência ou não de se fazer uma exceção ao princípio da responsabilidade integral da pessoa pelos seus débitos.[66]

Pela própria forma como se colocava a primeira questão, a segunda, dela dificilmente cindível, vinha respondida em termos não societários. As opiniões favoráveis à limitação de responsabilidade tendiam, de início, a defender a limitação de responsabilidade através da forma não societária. Os poucos projetos legislativos apresentados, nenhum deles aprovado, eram todos nesse sentido.[67] A isso contribuía também o tom bastante contratualista do direito positivo em geral relativamente às sociedades.

Considerações de ordem sistemática impediram a aceitação da forma não societária para a organização da atividade do comerciante individual. A principal delas encontra-se no próprio artigo 44 do Código Civil: elencando referido dispositivo, de forma taxativa, apenas as sociedades,

---

66. Cf. contra W. Ferreira, *Tratado de direito comercial*, vol. 2, *O estatuto do comerciante*, São Paulo, Saraiva, 1960, pp. 261 e ss. e W. Bulgarelli, *A teoria jurídica da empresa*, São Paulo, Ed. RT, 1985, p. 416; a favor, S. M. Machado, *Limitação de responsabilidade do comerciante individual*, São Paulo, 1956; J. M. Othon Sidou, "A atividade negocial no anteprojeto do Código Civil", in *RT* 465/11; E. S. Carmo, "Sociedade unipessoal por quotas de responsabilidade limitada", in *RF* 303/23.

67. Cf. W. Ferreira, *Tratado*, cit., p. 261; e J. M. Othon Sidou, "A atividade negocial", cit., p. 14, este último comentando o projeto "Orlando Gomes".

as associações e as fundações como pessoas jurídicas, surgiu o problema de como garantir ao empresário a subjetividade necessária para o exercício de suas atividades.

O velho problema da unidade do patrimônio retornava com outra face. Admitida a possibilidade de existência de patrimônios especiais não personificados, coloca-se o problema de como atribuir a necessária subjetividade ao patrimônio separado. Ainda que fosse possível, como demonstrado, aproximá-lo da forma societária, atribuindo-lhe capacidade negocial, a perpetuidade e a transferibilidade não poderiam ser conseguidas sem a plena personificação. Tais características são obviamente de interesse para o empresário que pretende separar uma parte de seu patrimônio pessoal para a atividade empresarial. Em consequência, surge o dilema: personificar o patrimônio, adotando a forma societária, ou mantê-lo na forma não societária e não subjetivada (plenamente), o que diminui enormemente sua utilidade. Por esse motivo, afirmou-se anteriormente que o problema da unidade do patrimônio assume outra face: feita a distinção entre pessoa jurídica e patrimônio separado, o patrimônio passa a não ser mais necessariamente uno. O conceito, no entanto, ao menos para os fins empresariais, perde muito de sua utilidade, ao dificultar a transmissão e a perpetuação da empresa.[68]

O legislador processual de 1973 pareceu tomar partido expresso na questão. O artigo 591 do Código de Processo Civil contém a regra geral de responsabilidade patrimonial integral do devedor pelos seus débitos, à exceção das previsões legais contrárias. Essas exceções legais expressas são as previstas no artigo 649 do mesmo código. Nelas não se encaixa a hipótese de patrimônio separado para fins de exercício de atividade de empresa. Nenhuma disposição existe quanto aos itens destinados a uma determinada atividade comercial.

O único dispositivo que poderia se aproximar da hipótese aqui discutida é o inc. I do artigo 649 do Código de Processo Civil, que diz serem impenhoráveis os bens inalienáveis e os bens declarados, por ato voluntário, não sujeitos à execução. Poder-se-ia ter a impressão que o legislador teria aberto uma brecha para a separação voluntária de patrimônios. Não foi o que ocorreu, no entanto. Em primeiro lugar, o dispositivo refere-se aos bens absolutamente impenhoráveis. Assim sendo, caso um comerciante pretendesse utilizá-lo para formação de seu *patrimônio*

---

68. V. também opinião de C. M. Silva Pereira, *Instituições do direito civil*, vol. 1, 12ª ed., Rio de Janeiro, Forense, 1991.

separado, qualificando como não sujeitos à execução os bens nele compreendidos, a consequência seria pura e simplesmente que esses bens não seriam tampouco penhoráveis pelas dívidas comerciais. Ou seja, na prática, o comerciante não teria bens livres para dar em garantia e, consequentemente, não teria crédito.

Mas essa hipótese, além de sua inviabilidade prática, é também sistematicamente inadmissível. Com efeito, tal interpretação seria incompatível com o artigo 591 do Código de Processo Civil, segundo o qual as exceções à responsabilidade patrimonial integral decorrem da lei e não da vontade das partes. Isso porque, nesse caso, a impenhorabilidade estaria sendo claramente utilizada como artifício para obter a limitação de responsabilidade. A conclusão é, portanto, na regra geral, pela inexistência de reconhecimento legislativo do patrimônio separado (como *retro* definido) no Brasil.

Uma relevante exceção deve ser mencionada, ainda que não tenha sido instituída em benefício ou para incentivo do comerciante individual. Trata-se do regime especial de patrimônio separado estabelecido pela Lei 9.514, de 20 de novembro de 1997. Esta lei estabelece regras para o chamado Sistema de Financiamento Imobiliário (SFI). Entre elas destaca-se a que estabelece a possibilidade de criação de um regime fiduciário para os créditos securitizados (créditos contra os quais foram emitidos títulos de crédito e/ou valores mobiliários). Os créditos são considerados patrimônio separado em sentido pleno, não podendo ser atingidos judicial ou extrajudicialmente pelos credores da companhia securitizadora (da qual o patrimônio se destacou) – artigo 11, inciso IV –, não sendo tampouco possível atingir os bens da sociedade securitizadora em caso de insolvência do patrimônio separado.

2.3.2 Sociedade unipessoal

Se essa é a regra geral relativamente ao patrimônio separado, diversa é a situação relativamente à sociedade unipessoal. Na lei societária de 1976, o legislador abriu a porta para a introdução da fórmula societária. O institucionalismo ali introduzido, ainda que limitado nos seus efeitos, fez duas concessões à sociedade unipessoal com responsabilidade limitada: em primeiro lugar, admitindo a constituição unipessoal quando o sócio único é uma sociedade comercial (art. 251); em segundo lugar, admitindo, nos demais casos, a manutenção por um ano da sociedade reduzida a um só sócio (art. 206, I, *d*).

Da mesma forma que o já citado parágrafo do *Digesto* (D. 3, 4, 7,2) serviu, na Alemanha do século passado, de porta de entrada para o reconhecimento jurisprudencial da sociedade unipessoal, esses dispositivos passaram desde então a servir de base para uma série de decisões relativas às sociedades por quotas de responsabilidade limitada reduzidas a um só quotista. Essas decisões ampliaram consideravelmente a aceitação da sociedade unipessoal no país.[69] Outro fator que muito contribuiu para a difusão das sociedades unipessoais, dessa vez exclusivamente entre as sociedades anônimas (já que entre as limitadas jamais houve imposição de número mínimo de quotistas), foi a redução do número mínimo de acionistas para a constituição da sociedade de 7 para 2 (art. 80, inc. I, da lei acionária de 1976). Dessa maneira, facilitou-se tremendamente a constituição das chamadas *Strohmanngesellschaften*, sociedades de dois sócios, sendo um fictício, meramente nominal.[70]

2.4 Conclusão

Se fosse necessário hoje descrever a situação do sistema brasileiro, deveria ser dito que não existe o reconhecimento legislativo genérico e abrangente da limitação de responsabilidade do comerciante individual. O que existe é apenas uma forma de limitação de responsabilidade – a subsidiária integral –, idealizada para os grupos, que não atende aos interesses da pequena empresa individual e que sobretudo não permite a diferenciação de disciplina exposta acima. A interpretação jurisprudencial tem tentado cobrir essa lacuna, sobretudo através da aplicação analógica dos princípios introduzidos pela Lei das Sociedades Anônimas às sociedades limitadas.

Portanto, hoje em dia o sistema brasileiro tende mais para o reconhecimento da limitação de responsabilidade através da forma societária.

69. V. Tribunal de Justiça de São Paulo, j. 7.12.1989, in *RT* 651/79 e j. 31.10.1989, in *RT* 649/70; Tribunal de Justiça do Rio Grande do Sul, j. 1º.11.1988, in W. Bussada, *Código Civil brasileiro interpretado pelos tribunais*, vol. IV, t. XII, *sub*. artigo 1.399, n. 2.152, p. 256; Supremo Tribunal Federal, j. 23.4.1985, in *RTJ* 114/851, j. 3.4.1979, in *RTJ* 92/884.

70. Cf. J. L. Correa de Oliveira, *A dupla crise da personalidade jurídica*, cit., pp. 566-567.

Capítulo XIV
A TEORIA DA DESCONSIDERAÇÃO DA PERSONALIDADE JURÍDICA

1. Antecedentes. 2. A teoria unitarista. 3. Resultados aplicativos: desconsideração e falência. 3. Resultados aplicativos: desconsideração e falência. 4. A teoria dos centros de imputação. 5. Resultados aplicativos: a casuística: 5.1 Desconsideração atributiva; 5.2 Desconsideração para fins de responsabilidade; 5.3 Desconsideração em sentido inverso; 5.4 Desconsideração em benefício do sócio. 6. Interpretação e aplicação da teoria da desconsideração no Brasil. 7. A desconsideração da personalidade jurídica como problema e como método. 8. Os custos da desconsideração: 8.1 Responsabilidade limitada e livre mercado; 8.2 Responsabilidade limitada em situação de concorrência imperfeita; 8.3 Desconsideração como forma de redistribuição de riscos; 8.4 Recepção legislativa das teorias no Brasil; 8.5 Os limites econômicos da desconsideração.

1. Antecedentes

O conceito de personalidade jurídica, teoricamente elaborado pela pandectística, foi durante longo tempo considerado intocável. Essa rigidez demorou muito a ser superada. Apenas na segunda metade da década de 50, com a publicação do trabalho de R. Serick, ganharam impulso teorias que admitiam desconhecer a personalidade jurídica.

Não se pretende aqui analisar com profundidade todas as teorias que trataram do assunto.

O objetivo é analisar apenas as teorias mais importantes relacionadas ao tema aqui tratado, enquadrando-as segundo critérios úteis para a reflexão teórica e para sua aplicação prática ao estudo que se pretende realizar.

É por isso que, antes de tratar das teorias da desconsideração propriamente ditas, parece importante mencionar uma teoria, de grande difusão nos anos 50, que procurou atingir os mesmos efeitos da desconsideração – e daí o seu pioneirismo – sem no entanto lidar com o conceito de pessoa jurídica Trata-se da teoria de W. Bigiavi, centrada na figura do "sócio tirano", ou seja, do sócio que faz uso da sociedade como "coisa própria".[1] O autor chega à responsabilidade ilimitada do sócio tirano através de sua equiparação à figura do empresário oculto, para o qual já havia deduzido uma regra de responsabilidade pessoal.[2] Essa equiparação é feita com base no domínio por ele exercitado sobre a sociedade, domínio qualificado, verdadeira tirania, segundo o autor, que o transforma em empresário indireto.[3] A esse ponto parece já estar claro

1. A teoria foi exposta por W. Bigiavi no livro, hoje clássico, *L'imprenditore occulto*, Padova, Cedam, 1954. Seguiram-se uma série de outros trabalhos do autor sobre o assunto, entre os quais destaca-se, pelo tratamento específico do tema do presente trabalho, "Società controllata e società adoperata come cosa propria", in *Giurisprudenza Italiana* 1, vol. I, 1959, pp. 623 e ss.

2. Para deduzir essa regra, o autor parte do artigo 147, inc. II, da lei falimentar italiana, que nos casos de falência de uma sociedade de pessoas prevê também a falência do sócio ilimitadamente responsável, cuja existência era anteriormente desconhecida dos credores. O autor identifica nessa regra o princípio da responsabilidade pessoal do sócio oculto de uma sociedade. O segundo passo consiste em trabalhar com a hipótese de uma sociedade com dois sócios, um dos quais é oculto. Trata-se, consequentemente, também nesse caso, de uma sociedade oculta (de fato), já que na Itália não se admitem sociedades de pessoas unipessoais. Para permitir a aplicação do artigo 147 ao caso concreto (não há por que não o fazer, se o artigo 147 não contém qualquer exceção para a sociedade com dois sócios), é necessário admitir a responsabilidade pessoal do sócio oculto de uma sociedade oculta. O autor identifica a *ratio* dessas duas normas na responsabilização da pessoa "sul patrimonio della quale i terzi non hanno contato nel momento in cui sorgeva l'obbligazione, sempre che s'intende quella persona avesse la possibilità di dirigere l'impresa su cui grava l'obbligazione" (W. Bigiavi, *L'imprenditore occulto*, cit., p. 31). Assim, o autor consegue formular uma regra geral, válida tanto para o empresário individual quanto para o empresário coletivo que exerce sua atividade através de uma sociedade de capitais ou de uma sociedade de pessoas.

3. Cf. W. Bigiavi, "Società controllata", cit., p. 624, onde o autor enumera os requisitos para que uma sociedade possa ser considerada tiranizada: "È risaputo, infatti, che ad essa si potrà fare ricorso non già quando il socio sovrano si sia limitato a spadroneggiare nell'ambito della società, creata magari all'unico scopo di consentirgli il ricorso (indiretto) al beneficio della responsabilità limitata, ma quando abbia degradato la società a suo mero strumento, intendendo dire, con queste parole, che egli ha usato della società come di 'cosa propria' (...).

"Anche in tal caso il socio (e perché no un terzo) è il sovrano della società, ma ne è per così dire il 'sovrano qualificato', il tiranno che ha messo in non cale tutte le regole del diritto societario, tale che egli può essere considerato l'imprenditore indiretto dell'impresa societaria. Come tale, egli deve rispondere con tutto il suo patrimonio personale e, nel caso, fallire."

que o modelo típico de tirania, o sócio único, deve ser invocado para sustentar a teoria. Com efeito, o artigo 2.362 do *Codice Civile* italiano, que prevê a responsabilidade ilimitada do sócio único, é visto como uma confirmação do princípio da responsabilidade ilimitada do sócio tirano, a ponto de o legislador criar uma presunção *iuris et de iure* de tirania.[4]

A desconsideração da personalidade jurídica que essa teoria implica é bastante evidente, ainda que assim não seja qualificada expressamente.[5] Atualmente é pequeno o seu reconhecimento jurisprudencial, tendo em vista a interpretação restritiva que vem sendo dada ao artigo 2.362 do *Codice Civile*.[6]

2. A teoria unitarista

Na metade dos anos 50 aparece a primeira sistematização da teoria da desconsideração da personalidade jurídica, feita pelo alemão Rolf Serick. É a seus estudos e, sobretudo, a sua teorização da jurisprudência americana que se deve atribuir o desenvolvimento moderno da teoria da desconsideração da personalidade jurídica. Em seu trabalho, *Rechtsform und Realität juristischer Personen*, o autor define a desconsideração como um conceito técnico específico, contraposto e excepcional com relação ao princípio da separação patrimonial.

O autor adota um conceito unitário de desconsideração, ligado a uma visão unitária da pessoa jurídica como ente dotado de uma essência pré-jurídica, que se contrapõe e eventualmente se sobrepõe ao valor específico de cada norma.[7] O unitarismo de Serick revela-se também em

4. Cf. W. Bigiavi, *L'imprenditore occulto*, cit., p. 193.
5. Cf. F. Galgano, "Struttura logica e contenuto normativo del concetto di persona giuridica", cit., p. 553 (581, nota 93), que critica a confusão da teoria de Bigiavi com a da desconsideração, exatamente porque a primeira não parte de uma discussão crítica do conceito de pessoa jurídica com seus requisitos e pressupostos de aplicação. Deve-se destacar, no entanto, a opinião de S. Scotti-Camuzzi, segundo o qual a própria teoria de Galgano nada mais é "che la traslazione e opportune trasformazione, sul piano societario, della teoria che il Bigiavi aveva mantenuto sul piano dell'impresa" (cf. "Osservazione in tema di responsabilità dell'unico azionista", in *Jus* 1977, p. 169).
6. Cf., entre tantos outros, Cass., 29 de novembro de 1983, in *Giurisprudenza Commeciale*, vol. II, 1982, p. 694, que afirma que o artigo 2.362, como regra excepcional, não seria passível de aplicação analógica ou interpretação extensiva.
7. Trata-se daquilo que Schanze chama de "qualifizierten Wesenbestimmung der juristischen Person" (definição qualificada da essência da pessoa jurídica) (cf. E. Schanze, *Einmannagesellschaft und Durchgriffhaftung als Konzeptionaliesierungs-*

outro plano: a não distinção entre tipos de pessoa jurídica, com relação à organização interna, motivo pelo qual não vê nenhum motivo que justifique um tratamento diferenciado para a sociedade unipessoal.[8]

Dentro desse grupo podem-se identificar dois subgrupos, segundo o modo de justificação da desconsideração. Existem aqueles que tentam justificar a desconsideração de um ponto de vista objetivo-institucional,[9] utilizando critérios, não sempre de fácil determinação, como *ordnungswidrige, funktionswidrige oder Zweckentfremdete Verwendung der juristischen Person*[10] (utilização contrária aos estatutos, à função ou ao objetivo da pessoa jurídica).

Uma outra corrente, na qual se inclui o próprio Serick, tenta justificar a desconsideração a partir do assim chamado *subjektiver Rechtsmissbrauch*, identificando o elemento intencional na utilização fraudulenta da forma societária.[11]

Nessa última corrente inclui-se ainda Galgano. Mesmo partindo de uma declaração de princípios eminentemente antiunitária, a proximidade de resultados entre a sua teoria e a de Serick é evidente. O autor rejeita qualquer tipo de assimilação entre pessoa física e jurídica. Nega também que a personalidade jurídica seja fundada em uma concessão de

probleme gesellschaftsrechtlicher Zurechnung, cit., p. 60), que se traduziria em uma concepção pré e supranormativa da personalidade jurídica, caracterizada na seguinte afirmação: "der Eigenwert des Rechtsinstituts der juristischen Person steht dem Zweckwert einer einzelnen Norm gegenüber" – "o valor próprio da pessoa jurídica se contrapõe (e sobrepõe) ao objetivo de uma norma específica" (R. Serick, *Rechtsform und Realität juristischerPersonen*, 2ª ed., Berlin, Mohr-de Gruyter, 1955, p. 24). Na verdade, Schanze parece exagerar ao se referir a um caráter *pré* e supranormativo. Serick reconhece expressamente que a pessoa jurídica não é uma entidade pré-moldada (*keine vorgegebene Erscheinung*) – entenda-se, pré-jurídica –, mas sim uma criação do ordenamento (*eine Schöpfung der Rechtsordnung*). Não há dúvida, no entanto, que ao falar em valor próprio da personalidade jurídica, aproxima-se das teorias realistas da pessoa jurídica, criando por assim dizer um realismo normativo que acaba por desembocar no unitarismo supramencionado.

8. Cf. R. Serick, *Rechtsform und Realität*, cit., pp. 20-22.

9. Representante de tal teoria é, por exemplo, U. Immenga, *Die personalistische Kapitalgesellschaft*, Bad Homburg, Atheneum, 1970.

10. Cf. a respeito V. Emmerich, *Scholz Kommentar zum GmbH-Gesetz*, 7ª ed., Köln, Schmidt, 1986, § 13, *Rdn.* 80, afirmando que a indeterminação dos critérios é uma das maiores razões para as críticas doutrinárias que são feitas a essa teoria hoje em dia.

11. A esse grupo pertence não apenas o próprio Serick mas também U. Drobnig, com seu clássico trabalho *Haftungsdurchgriff bei Kapitalgesellschaften*, Berlin/Frankfurt, Metzner, 1959.

subjetividade jurídica aos grupos organizados por parte do legislador. Em uma análise muito próxima à tradicional doutrina instrumentalista,[12] Galgano define a personalidade jurídica como "la speciale disciplina che, in deroga al diritto comune, la legge ha previsto per determinati gruppi", disciplina consistente em uma "somma di privilegi che, ricorrendo specifici presupposti, il legislatore ha concesso ai membri".[13]

O autor faz duras críticas à teoria de Serick, que vê na personalidade jurídica um fenômeno unitário, ou seja, a regra, e na sua desconsideração, a exceção. Argumenta que esse tipo de raciocínio regra/exceção, sem uma conveniente crítica do conceito de pessoa jurídica, levaria a admitir a desconsideração com base em princípios vagos e de difícil determinação como os de equidade e justiça.[14]

12. Cf., *v.g.*, T. Ascarelli, "Considerazione in tema di società e personalità giuridica", in *Studi in onore di Giuseppe Valeri*, vol. I, Milano, Giuffrè, 1955, p. 21; G. Arangio-Ruiz, *La persona giuridica come soggetto strumentale*, Milano, Giuffrè, 1952.

13. Cf. F. Galgano, "Struttura logica", cit., pp. 553-567.

14. F. Galgano, "Struttura logica", cit., pp. 579-580. É interessante aqui fazer um confronto da teoria de Galgano com a de Müller-Freienfels, o mais conhecido crítico da teoria de Serick na Alemanha. Ambos partem de uma crítica severa do pressuposto fundamental da teoria de Serick, o unitarismo do conceito de pessoa jurídica, concebido como sujeito de direito pleno (*vollwertiges Rechtssubject*), equiparável às pessoas físicas. Enquanto, porém, Galgano nega que as pessoas jurídicas sejam sujeitos de direito e procura um conceito unitário substitutivo, o de responsabilidade limitada, Müller-Freienfels não se preocupa em negar a subjetividade jurídica, mas sim em demonstrar o relativismo de tal subjetividade. A pessoa jurídica concebida como um centro de imputação de normas é sustentável como tal apenas na medida em que o escopo de cada regra o permita: "Die juristischer Person ist sonach nur ein bequemer, zusammenfassender Ausdruck für bestimmte Einheiten ein 'passendes Symbol'. Sie bilden nur ein gedankliches Zusammenfassung von Tatbeständen, Beziehungen und Normen, ein leicht begreifbares Vorstellungsbild (...)" (cf. "Zur Lehre von sogennanten 'Durchgriff bei' juristischen Personen in Privatrecht", cit., p. 529).

Essas diferenças de opinião em dois sistemas que têm realidades legislativas semelhantes (tanto na Alemanha como na Itália a personalidade jurídica é concedida apenas às sociedades de capital) explicam a diferença de extensão entre as duas teorias, sobretudo com relação à desconsideração da personalidade jurídica. Enquanto Galgano retorna ao conceito de abuso para a admissão da desconsideração, limitando sua aplicação aos casos de atribuição de responsabilidade patrimonial ao sócio limitadamente responsável, Müller-Freienfels, como visto acima, procura determinar o escopo de cada norma em particular para determinar a qual sujeito (sócio ou sociedade) ela deve ser aplicada. Tal teoria encontra hoje reflexo na riquíssima série de hipóteses de desconsideração reconhecidas na doutrina e na jurisprudência alemãs.

Mas quando chega o momento não mais de criticar, mas, sim, de definir o conteúdo normativo de seu conceito de pessoa jurídica, ou seja, em suas próprias palavras, a soma de privilégios que constituem a personalidade jurídica, o autor cria seu próprio unitarismo: reduz o conteúdo normativo do conceito de pessoa jurídica à responsabilidade limitada dos seus membros.[15] Assim procedendo, desconhece um elemento que, ainda que insuficiente, é necessário à configuração da personalidade e da própria subjetividade. A desconsideração por ele imaginada mostra-se possível apenas em caso de abuso e para o fim de atribuição de responsabilidade a sujeito diferente do devedor. Consequentemente, mesmo partindo de pressupostos diversos, chega a resultados muito semelhantes aos da teoria por ele criticada.

3. Resultados aplicativos: desconsideração e falência

A aceitação integral da teoria unitarista tem duas implicações necessárias: em primeiro lugar, admitir a desconsideração apenas para atribuir *responsabilidade* a sujeito diverso do devedor e, em segundo lugar, admitir a desconsideração, como evento excepcional que é, apenas em último caso, ou seja, em caso de insolvência (e não impontualidade) do devedor.

Levar a teoria unitária a suas últimas consequências implicaria admitir a desconsideração apenas em caso de falência da sociedade, na hipótese em que, mesmo depois de levantados os bens, ainda assim o patrimônio não fosse suficiente ao pagamento das dívidas. Isso tudo é decorrência do fato de que para a teoria unitária fundamental é a tutela da personalidade jurídica e, por consequência, do próprio devedor. Esse desdobramento, por mais esdrúxulo e incompatível com a teoria da desconsideração que possa parecer, é consequência necessária da aplicação da teoria unitarista.

Tanto isso é verdade que no ordenamento italiano, fortemente influenciado pela teoria unitarista, essa foi a solução adotada para a sociedade unipessoal. Como já visto, o artigo 2.362 do *Codice Civile* prevê, para o caso de redução da sociedade a um só sócio, a responsabilidade ilimitada do sócio único em caso de falência.

O relacionamento necessário entre desconsideração e falência levanta certos problemas que devem ser considerados. Surge em primeiro

---

15. Cf. F. Galgano, "Struttura logica", cit., pp. 609 e ss.

lugar a questão da proteção dos interesses dos credores particulares. Pergunta-se: não seria mais justo realizar a *par conditio creditorum* também com relação aos credores particulares do sócio?[16]

Em caso de resposta positiva, uma série de outras indagações se seguiriam. Por exemplo: em que posição na lista de credores entrarão os credores particulares do sócio?

Raciocinando do ponto de vista da análise econômica do direito, poder-se-ia argumentar que aqueles credores que negociaram com a sociedade e tinham como garantia o seu capital exigiram para isso o pagamento de uma taxa de risco (risco de insolvência na sociedade), e que consequentemente não é correto que sejam privilegiados com relação aos credores particulares que não tiveram tal benefício. Pode-se ainda argumentar que isso não se aplica aos credores não negociais, sobretudo aos credores por débitos trabalhistas, e ao fisco, com relação aos quais não foi *negociada* qualquer taxa de risco (até por que isso seria materialmente impossível).

A solução, portanto, pareceria caminhar para o reconhecimento do privilégio de débitos fiscais e trabalhistas também com relação aos credores particulares do sócio. Esse privilégio não poderia beneficiar, no entanto, os credores quirografários. Nesse caso, correr-se-ia o risco de haver desencadeado uma sucessão de processos de insolvência sem qualquer resultado prático, pois é bem possível que em presença dos credores particulares os credores sociais resultassem tão insatisfeitos quanto ocorreria caso não tivesse sido desconsiderada a personalidade jurídica.

Esse tipo de argumentação esbarrava em alguns obstáculos no sistema brasileiro. O sistema falimentar brasileiro, diferentemente do italiano, não reconhecia a possibilidade de declaração de falência sem insolvência (ou impontualidade) própria do devedor. O artigo 5º do diploma falimentar revogado (Decreto-lei 7.661, de 12 de junho de 1945) previa que sequer os sócios ilimitadamente responsáveis poderiam ser formalmente declarados falidos em caso de falência da sociedade. Dispunha também que se estenderiam a eles os efeitos jurídicos da sentença declaratória de falência, o que na prática implicava que os bens pessoais dos sócios também fossem arrecadados.[17] A atual Lei de Recuperação de

16. Cf., nesse sentido, A. Nigro, *Il fallimento del socio illimitatamente responsabile*, Milano, Giuffrè, 1974, p. 536.
17. A inconsistência da norma que aplica aos sócios os efeitos da falência foi criticada, aliás, por W. Ferreira, que chegou a fazer proposta de modificação do dis-

Empresas e Falência (Lei 11.101, de 9.2.2005) prevê, em seu artigo 81, a falência dos sócios ilimitadamente responsáveis em caso de falência da sociedade e a sujeição deles aos mesmos efeitos jurídicos produzidos em relação à falida, o que torna, ao menos em teoria, a eles aplicável a ideia de universalização da falência na direção também dos credores pessoais.

Quanto aos sócios de sociedade com responsabilidade limitada, doutrina e jurisprudência eram uníssonas ao afirmar a impossibilidade de arrecadação dos bens do sócio (ou, na eufemística expressão do legislador, "extensão dos efeitos da falência ao sócio").[18]

A desconsideração não costumava ser admitida durante a falência exatamente com base na vedação da extensão dos efeitos da falência ao sócio limitadamente responsável. Exige-se que a massa falida faça valer os seus direitos através de processo de conhecimento.[19-20]

Pelos motivos acima expostos, essa interpretação parece bastante correta. Não se pode dizer o mesmo com relação à justificativa encontrada. A desconsideração não é admissível na falência, não porque não seja possível a extensão dos efeitos da falência ao sócio limitadamente responsável. Em caso de desconsideração, o sócio de responsabilidade limitada é equiparado ao sócio de responsabilidade ilimitada.

A desconsideração poderia relacionar-se com a falência também em caso de insolvência própria do sócio. É bastante provável que a soma de agressões a seu patrimônio pessoal decorrentes do reconhecimento a vários credores da possibilidade de acesso direto a essa massa patrimonial exigisse a decretação de sua insolvência civil. A ocorrência de tal evento é, aliás, bastante provável na medida em que, como se verá mais adiante, uma das particularidades da aplicação da doutrina da desconsideração é que a fraude é caracterizada por uma atividade e não necessariamente por um ato específico. Assim é, em muitos casos, bastante difícil admitir

---

positivo por um outro que previsse expressamente a declaração de falência do sócio, projeto que, no entanto, não foi aprovado (cf. R. Requião, *Curso de direito falimentar*, vol. 1, 3ª ed., São Paulo, Saraiva, 1978, pp. 46-47).

18. Cf. TJGB, 22.2.1973, *apud* R. Requião, *Curso de direito falimentar*, cit., p. 50.

19. Decisão cit., nota anterior.

20. No estado atual do direito positivo e da jurisprudência brasileira, pode-se afirmar que o sócio único (de sociedade unipessoal limitada ou de sociedade por ações que não seja subsidiária integral) deveria, *de lege lata*, ser enquadrado entre os sócios ilimitadamente responsáveis, sendo-lhe portanto estendidos os efeitos da falência da sociedade (inclusive com arrecadação de seus bens).

a desconsideração somente com relação a um credor, já que ao não pagamento de sua dívida não pode ser relacionado qualquer ato específico.[21]

O real motivo que deve guiar a não vinculação da teoria da desconsideração à falência da sociedade é teleológico. Desconsideração e falência são conceitos antinômicos. A desconsideração é, como se verá, um método para permitir exatamente a continuação da atividade social.

A consequência da subordinação da desconsideração à insolvência seria a imposição aos credores de uma difícil escolha: a tentativa de receber o seu crédito excluiria necessariamente a continuação da sociedade e das relações comerciais.

Mais grave que isso é que em tal dilema encontrar-se-iam apenas aqueles credores mais interessados na continuação das relações com a sociedade. Isso porque, esses credores – via de regra fornecedores – são em geral credores quirografários, sem garantia. Os credores com garantia real, geralmente bancos, não precisam fazer uso da desconsideração, pelo simples fato de gozarem de garantias reais ou pessoais.[22]

21. Em termos civilísticos, pode-se dizer, portanto, que a aplicação da doutrina da desconsideração da personalidade jurídica independe da demonstração do nexo de causalidade entre a conduta e o não recebimento do crédito pelo devedor – daí a impossibilidade de confusão entre desconsideração e responsabilidade extracontratual.

22. É preciso reconhecer que não é incomum a descoberta de elementos justificadores da desconsideração após a abertura do processo de recuperação ou mesmo falimentar. Assim, a jurisprudência tem se movido corretamente no sentido de admiti-la durante o processo falimentar, desde que respeitado o devido processo legal, e presentes os requisitos previstos no artigo 50 do Código Civil. Os seguintes julgados exemplificam esse posicionamento jurisprudencial: "Esta Câmara, na esteira de julgados do STJ (REsp 228.357-SP, Ministro Castro Filho, publicado em 2 de fevereiro de 2004; RMS 16.274-SP, Ministra Nancy Andrighi, publicado 2 de agosto de 2004), tem admitido a desnecessidade de ação autônoma, isto é, à parte do processo falimentar em curso, para a responsabilização dos sócios da falida, ou de empresa pertencente ao mesmo grupo econômico legalmente ou de fato, sem, contudo, abrir mão do devido processo legal (art. 5º, LIV e LV, da CF). Neste sentido, os acórdãos por mim relatados, nesta Câmara, no AI 475.195.4/3 e AI 633.477.4/1, julgados, respectivamente, em 25 de abril de 2007 e 18 de agosto de 2009, com votos vencedores dos segundo e terceiros juízes. Embora não esteja sendo questionada a legitimidade do Ministério Público para requerer a extensão da falência a terceiros, ambos os acórdãos mencionados a admitiram" (TJSP, AI 0280900-74.2009.8.26.0000, Rel. Des. Lino Machado, j. 1.2.2011); "Agravo de Instrumento. Falência. A desconsideração da personalidade jurídica da sociedade falida, para atingir o patrimônio particular de sócios de responsabilidade limitada, pode ser declarada incidentalmente no processo de falência, desde que observada a ampla defesa, o contraditório e o devido processo legal, devendo ser comprovados os requisitos do art. 50 do Código Civil. Não ob-

Ainda um aspecto deve ser recordado. A vinculação do insucesso econômico do empresário à sua ruína pessoal é sem dúvida um *custo muito alto* que desincentiva a atividade empresarial. Se a posição político-jurídica do ordenamento é de reforço da proteção dos credores, isso deve ser feito através de formas que impeçam que se atinja a situação falimentar e não de formas que associem à assunção do risco empresarial a possibilidade de ruína pessoal.[23] Também por isso parece criticável a solução italiana, que fez com que necessariamente, ainda que em ausência de fraude, a falência da sociedade unipessoal implique agressão aos bens do sócio único. Uma disciplina da desconsideração que sancione eficazmente o sócio que se utilize da sociedade para atingir objetivos pessoais, prevenindo e até certo ponto ajudando a impedir a chegada à situação de insolvência (frequentemente provocada por essa indissociação interesse social/interesse pessoal) é sem dúvida mais útil também do ponto de vista do devedor.

4. *A teoria dos centros de imputação*

Essa segunda corrente doutrinária, hoje dominante principalmente na Alemanha, talvez devesse ser denominada *antiunitária*. Isso porque o seu surgimento remonta a uma crítica, mais precisamente a uma recensão ao trabalho de R. Serick, publicada pelo Prof. Müller-Freienfels no ano de 1957. Nesse trabalho, o autor afirma que o esquema regra/exceção de Serick erra ao ver na personificação jurídica, e consequentemente no seu contrário, a desconsideração, um fenômeno unitário. Para ele,

servados os princípios constitucionais impõe-se a anulação da decisão e a revogação da ordem de constrição dos bens particulares dos sócios. Agravo provido" (TJSP, AI 990.10.399532-5, Rel. Des. Pereira Calças, j. 14.12.2010); e "A desconsideração da personalidade jurídica da sociedade, não pode decorrer da simples constatação da insuficiência do patrimônio social, para responder pelas obrigações da falida. Indispensabilidade da prova do abuso da personalidade jurídica, caracterizado pelo desvio de finalidade ou confusão patrimonial, para aplicar-se *disregard teory*. Agravo improvido" (TJSP, AI 990.10.219657-7, Rel. Des. Pereira Calças, j. 23.11.2010).

23. Solução diametralmente oposta a essa é a do legislador paraguaio, que preferiu limitar a possibilidade de assunção de risco, prevendo no artigo 25 da *ley del comerciante* (v. nota 4) que a empresa deverá ser dissolvida quando tiver perdas acumuladas de mais de 50% de seu capital ou quando o capital tenha sido reduzido ao mínimo legal estabelecido pelo artigo 21. Trata-se de solução que, optando pela limitação do risco, evidentemente diminui a possibilidade de reerguimento da empresa e restringe a própria atratividade do instituto (talvez tanto quanto a não limitação de responsabilidade).

respeitar ou não a separação patrimonial depende da análise da situação concreta e da verificação do objetivo do legislador ao impor uma determinada disciplina.[24]

Esse posicionamento permite uma visão menos rígida da desconsideração, que passa a incluir não apenas situações de fraude, mas, também, quando necessário, situações em que, à luz da importância e do objetivo da norma aplicável, é conveniente não levar em conta a personalidade jurídica. A desconsideração não é, portanto, apenas uma reação a comportamentos fraudulentos, mas também uma técnica legislativa ou uma técnica de aplicação das normas (*Regelungstechnik*) que permite dar valor diferenciado aos diversos conjuntos normativos.[25]

A teoria de Müller-Freienfels postula não apenas um maior pluralismo externo na aplicação diferenciada das normas, mas também um pluralismo interno, com uma avaliação diferenciada dos diversos tipos de sociedade. Defende assim um tratamento diferenciado das pessoas jurídicas segundo as diversas funções econômicas que desempenham.[26-27]

24. Cf. W. Müller-Freienfels, "Zur Lehre", cit., p. 536: "Denn es geht ja immer um die Frage, ob und inwieweit eine bestimmte Norm in dem konkreten Fall auf diese oder jene juristische Person ihren Sinn und Zweck nach im Zuge richtiger Gestaltung der sozialen Ordnung anwendbar ist. Auch dann, wenn man die für den konkreten Fall charakteristischen Einzelheiten herausgearbeitet hat, darf man sich nicht zu verallgemeinernden Antworten verleiten lassen (...)".

25. Cf. P. Behrens, "Der Durchgriff über die Grenze", in *Rabels Zeitschrift*, 1982, pp. 308-314.

26. W. Müller-Freienfels, "Zur Lehre", cit., p. 532: "Die Einmanngesellschaft, die aus Gründen der Haftungsbeschränkung betrieben wird, verdiente nicht mit einer Familien GmbH gleichbehandelt zu werden, die als Erbengemeinschaft ein erebtes Handelsunternehmen fortführt. Diese Familiengesellschaft wiederum muss wieder anders bewertet werden, wenn sie einen oder mehrere Geldgeber als Mitgesellschafter aufnimmt. Von dieser sich zur 'normalen' GmbH entwickelnden Einheit ist schliesslich die GmbH als Verwaltungeinheit eines grossen Konzerns oder als Verkaufeinheit eines Syndikats zu unterscheiden usw" ("A sociedade unipessoal, utilizada em função da limitação de responsabilidade, não pode receber tratamento indiferenciado de uma sociedade familiar, que como comunidade de herdeiros sucede o empreendimento comercial herdado. Essa sociedade familiar, por sua vez, deve ser avaliada diferentemente quando ela aceita um ou mais prestadores de capital como sócios. Finalmente deve também ser diferenciada a *GmbH* normal da sociedade utilizada como unidade administrativa de um grande grupo ou então como unidade de vendas de um sindicato").

27. É interessante observar que, quanto à sociedade unipessoal, as posições de Serick e Müller-Freienfels representam na realidade a transposição para um am-

A teoria de Müller-Freienfels tem hoje grande aceitação doutrinária e jurisprudencial na Alemanha, podendo ser considerada dominante.[28] Controvertida é ainda sua classificação como uma teoria sobre a desconsideração da personalidade jurídica. Alguns autores propõem a distinção entre problemas de mera aplicação das normas existentes no direito civil e problemas de desconsideração em sentido próprio, para cuja caracterização seria necessário que de uma forma ou de outra o princípio da separação patrimonial fosse atingido.[29]

Na doutrina nota-se uma crescente preocupação em distinguir os casos segundo o método e as consequências jurídicas dele provenientes. Ao mesmo tempo a personalidade jurídica como conceito técnico perde importância, sendo hoje considerada como mero *Stichwort*.[30]

É interessante observar as opiniões desses teóricos a respeito da sociedade unipessoal. Antes da *GmbH Novelle*, que como visto consagrou a possibilidade de constituição unipessoal, considerava-se a sociedade unipessoal como um problema típico de atribuição de normas. A sociedade unipessoal era, portanto, considerada não como uma esfera totalmente separada do sócio, mas, sim, como sujeita a um *variables Nor-*

biente em que já se reconhece a necessidade prática da *Einmanngesellschaft*, da controvérsia que a corrente pandecística de Savigny e a *handels–und gesellschaftsrechtlich orientierte*, escola germanística de Gierke, tinham sustentado no século XIX com relação à unipessoalidade. O tratamento que Müller-Freienfels dá à sociedade unipessoal é muito próximo da teoria do *Sondervermögen*, e a aplicação específica da teoria da desconsideração para a sociedade unipessoal que defende corresponde, *mutatis mutandis*, à impossibilidade de permanência da *Körperschaft* em ausência de pluralidade de componentes, sustentada por Gierke. A posição unitária e o raciocínio regra/exceção de Serick avizinham-se, ao contrário, da teoria ficcionista de Savigny (cf. E. Schanze, *Einmanngesellschaft und Durchgriffhaftung*, cit., esp. pp. 19 e 61).

28. Cf. H. J. Mertens, *Hachenburg Grosskommentar zum GmbH Gesetz*, 8ª ed., Berlin/New York, de Gruyter, 1990 (1. Lieferung, Anh. 13, Rdn. 30).

29. Nesse sentido, E. Rehbinder, *Konzernaussenrecht und allgemeines Privatrecht*, Berlin/Zürich, Gehlen, 1969, p. 108.

30. Cf. H. J. Mertens, *Hachenburg Grosskommentar*, cit., Anh. § 13, Rdn. 36; K. Schmidt, *Gesellschaftsrecht*, Köln/Berlin/Bonn/München, Carl Heymanns Verlag, 1991, pp. 193-194; também nesse sentido, propondo a distinção hoje largamente aceita entre *Haftungsdurchgriff* e *Zurechnungsdurchgriff*, v. H. Wiedemann, *Gesellschaftsrecht*, München, Beck, 1980, pp. 221 e ss. O primeiro termo é empregado para os casos de *Missbrauch* (fraude), entendida no sentido objetivo, e o segundo, nos casos de imputação de normas. O primeiro tem caráter eminentemente sancionatório, enquanto no segundo prevalece o perfil regulamentar.

manwendungkonzept, ou seja, como um ente dotado de individualidade própria, dependendo do escopo da norma a ser aplicada.[31]

Depois da admissão da constituição unipessoal, a sociedade unipessoal deixou de receber um tratamento metodologicamente distinto. Não se trata mais de um caso paradigmático de atribuição de normas, sendo ao contrário incluída no tratamento geral da desconsideração, ainda que continue a merecer tratamento especial na casuística da desconsideração.[32]

5. Resultados aplicativos: a casuística

5.1 Desconsideração atributiva

Com essa expressão procura-se traduzir o mais fielmente possível a aplicação da teoria da desconsideração de modo a permitir a aplicação de certas normas em forma coerente com o escopo do legislador.

São os seguintes os casos mais típicos de desconsideração atributiva (*Zurechnungsdurchgriff*):

– características pessoais do sócio podem ser atribuídas à sociedade. Assim são passíveis de anulação por erro essencial quanto à pessoa do destinatário declarações tendo como destinatária a sociedade, em que haja erro essencial quanto à pessoa do sócio único;[33-34]

---

31. H. J. Mertens, *Hachenburg Grosskommentar*, cit., § 13, Anh. 1, Rdn. 41-42, E. Schanze, *Einmanngesellschaft und Durchgriffhaftung*, cit., p. 15.

32. Interessante é notar que Mertens, no seu comentário precedente à *GmbH Novelle* (*Hachenburg Grosskommentar*, 1979), intitulava o Anh § 13 *Einmanngesellschaft und Durchgriffhaftung*, enquanto no comentário posterior (*Hachenburg Grosskommentar*, 1990) o título passou a ser *Durchgriffhaftung*.

33. Cf. Emmerich, *Scholz Kommentar zum GmbH Gesetz*, 7ª ed., Köln, Schmidt, 1986, cit., § 13, Rdn. 72; G. Hueck, *Baumbach-Hueck Kurz-Kommentar zum GmbH Gesetz*, München, Beck, 1988, § 13, Rdn. 16, p. 199.

34. Existe interessante exemplo de aplicação desse princípio na jurisprudência brasileira. Trata-se da decisão que revogou outra concessiva da concordata de uma empresa, transformando-a em falência, com base na falta de idoneidade do controlador, afirmando que "a não idoneidade do controlador contamina de descrédito o pedido de moratória da controlada". No caso, além da inexistência dos requisitos econômicos para a concordata, foram levados em conta os fortes indícios de que o controlador, através da concordata de empresa *holding* por ele controlada, pretendesse pôr a salvo ações adquiridas com cheques sem fundos (v. *RT* 657/86, TJSP, acórdão de 25.4.1990).

A TEORIA DA DESCONSIDERAÇÃO DA PERSONALIDADE JURÍDICA   245

– comportamentos do sócio podem ser atribuídos à sociedade. Assim, por exemplo, no caso de dolo de terceiro, que para constituir vício do ato jurídico exige que dele tenha ou devesse ter conhecimento a parte a quem dele aproveite (art. 148, CC). Para aplicação desse dispositivo o sócio não seria considerado terceiro em relação à sociedade;[35]

– conhecimentos do sócio podem, em certos casos, ser atribuídos à sociedade. O caso típico de aplicação dessa regra decorre de uma peculiaridade do sistema alemão, qual seja, a existência de uma regulamentação específica para a aquisição de propriedade em boa-fé. Nos negócios entre sócio único e sociedade não se aplicam as regras de aquisição de boa-fé, pois não é possível sustentar que o sócio único possa ignorar a existência do precedente vínculo contratual entre essa e um terceiro (ou vice-versa).[36] No Brasil, devido à inexistência de uma tal regra, o fato de o negócio ter sido realizado entre sócio único e sociedade poderia induzir no máximo a uma presunção simples de simulação, cabendo às partes no negócio (sócio e sociedade) demonstrar o contrário;

– proibições impostas ao sócio podem ser estendidas também à sociedade (e vice-versa). É o caso das proibições de concorrência impostas ao sócio que gravam também a sociedade.[37]

Ainda com relação à desconsideração para atribuição de normas deve-se mencionar a hipótese da aplicação à venda de todas as quotas da normativa referente aos vícios da compra e venda.

5.2 Desconsideração para fins de responsabilidade

Como já ressaltado acima com relação a essa hipótese, ao menos nos casos normais não é razoável fazer qualquer distinção *a priori* entre sociedade unipessoal e pluripessoal. Os três casos paradigmáticos que

35. Cf., comentando regra análoga contida no 123, Abs. 2 BGB, v. V. Emmerich, *Scholz Kommentar*, cit., § 13, Rdn 13.
36. Cf. E. Schanze, *Einmanngesellschaft und Durchgriffhaftung*, cit., p. 104. V. ainda V. Emmerich, *Scholz Kommentar*, cit., § 13, Rdn. 73, que considera requisito para a aquisição em boa-fé a existência de uma transferência não apenas do ponto de vista jurídico, mas também econômico.
37. Nesse campo, atualmente regulado pelo artigo 86 do Tratado CEE, a Corte de Justiça da Comunidade já firmou opinião de que se aplicam à sociedade filha (seja ou não unipessoal) as proibições existentes com relação à sociedade mãe (v. decisão da Corte de Justiça da CEE de 6.3.1974, n. 6-7/63, in *Foro Italiano*, IV, 1974, c. 261. No mesmo sentido, sentença do Tribunal de Catânia, de 25 de janeiro de 1977, in *Rivista di Diritto Commerciale*, II, 1977, p. 103).

serão tratados – confusão de esferas, subcapitalização e abuso de forma – podem se configurar tanto em uma como em outra hipótese.

A identificação dessas três hipóteses parece ligar-se intimamente a uma configuração objetiva da desconsideração. No entanto, como se verá na formulação dos requisitos para a configuração das referidas hipóteses, fez-se necessário misturar elementos objetivos e subjetivos, o que fez com que na prática não se conseguisse eliminar totalmente os inconvenientes contidos na teoria subjetiva.

A confusão de esferas caracteriza-se em sua forma típica quando a denominação social, a organização societária ou o patrimônio da sociedade não se distinguem de forma clara da pessoa do sócio, ou então quando formalidades societárias necessárias à referida separação não são seguidas. Com relação ao primeiro caso (confusão de denominação), pode-se mencionar o emprego de nomes semelhantes ou de fácil confusão com o nome da sociedade controladora para designar a sociedade controlada. Evidentemente a hipótese aproxima-se bastante dos casos de aplicação da teoria da aparência.[38] Na verdade, só será possível distinguir ambos os casos mais adiante, depois da definição do *método* de desconsideração da personalidade jurídica. Já os demais modos de identificação da confusão de esferas baseiam-se sobretudo em critérios formais, como a existência de administração e contabilidade separadas entre sócio e sociedade.[39]

Com relação à subcapitalização, é preciso fazer a distinção entre subcapitalização simples e qualificada. Na última, o capital inicial é claramente insuficiente ao cumprimento dos objetivos e da atividade social e consequentemente o perigo criado pelo(s) sócio(s) no exercício do comércio é suficiente para caracterizar a responsabilidade. Quando, ao contrário, a subcapitalização não é evidente, é necessário demonstrar o elemento subjetivo, ou seja, a culpa ou dolo do(s) sócio(s) em não prover o capital suficiente à atividade social. A óbvia dificuldade de produzir tal prova fez com que na maioria dos casos de subcapitalização simples a desconsideração seja negada.[40]

Sancionar a subcapitalização nessas hipóteses parece de um rigor excessivo. Com efeito, se o legislador não impõe obrigação de capital

---

38. Cf. H. Wiedemann, *Gesellschaftsrecht*, cit., p. 224.
39. H. Wiedemann, *Gesellschaftsrecht*, cit., p. 224.
40. Cf. E. Schulte, "Rechtsprechungübersicht zum Trennungsprinzip bei juristischen Personen", in *WertpapierMitteilungen*, Sonderbeilage, 1979, n. 1, p. 7.

mínimo, é difícil exigir do sócio que faça a previsão correta no momento de constituição da sociedade. O mais correto parece ser considerar a fixação do montante do capital como componente da *business judgement rule* do sócio e admitir a desconsideração somente nos casos em que a subcapitalização for extremamente evidente (qualificada). Até porque, como será visto, existe remédio mais eficaz contra a subcapitalização.

É muito mais conveniente nesses casos adotar uma visão realista e ampla do capital, considerando como tal todos aqueles empréstimos (e não são raros) feitos pelo sócio à sociedade em situações de crise.

Enfim, há ainda o abuso de forma. Pode-se distinguir ainda entre o abuso de forma individual e o institucional. No primeiro caso há a utilização da personalidade jurídica com o objetivo específico de causar dano a terceiro. Nesse caso só ele será legitimado a pleitear a desconsideração da personalidade jurídica. Trata-se do caso clássico de desconsideração da personalidade jurídica baseada em critérios subjetivos. O segundo, ao contrário, caracteriza-se por uma utilização do privilégio da responsabilidade limitada contrária a seus objetivos e à sua função (*zweck und funktionswidrige Ausnutzung des Haftungsprivilegs*) e tem como característica diferencial o fato de implicar a possibilidade de desconsideração a favor de qualquer credor.[41] Exatamente porque o que ocorre, como se verá mais adiante, é a desconsideração em sentido estrito (ou talvez próprio), ou seja, aquela que vai buscar seus motivos na atividade social e não em um determinado ato.

5.3 *Desconsideração em sentido inverso*

Esse tipo de desconsideração merece tratamento distinto, em função da peculiaridade dos princípios envolvidos e de suas consequências sistemáticas particulares, ainda que metodologicamente seus casos possam ser enquadrados em uma ou outra das categorias mencionadas acima.

Na doutrina e jurisprudência alemãs, a hipótese é de aplicação restrita às sociedades unipessoais. O conceito de "pertinência econômica" do patrimônio social ao sócio, formulado pela jurisprudência, aplica-se apenas quando todas as quotas pertencem a um só sócio.[42]

---

41. Cf. H. Wiedemann, *Gesellschaftsrecht*, cit., p. 228.
42. Cf. E. Schulte, "Rechtsprechungsübersicht zum Trennungsprinzip bei juristischen Personen", cit., n. 1, p. 8, citando decisão do *OLG Hamburg*, de 10 de novembro de 1976.

A aplicação exclusiva à sociedade unipessoal não parece correta, principalmente tendo-se em vista sua justificativa: impedir que seja causado prejuízo aos demais sócios. Ora, na sociedade unipessoal, o prejuízo também existe. Apenas não será dos demais sócios, mas sim dos credores sociais. Aliás é exatamente a necessidade de proteção do capital social, como garantia dos credores, uma das principais razões invocadas para a limitação da desconsideração em sentido inverso. Fala-se em incompatibilidade de uma tal desconsideração com as regras societárias de conservação do capital. Por esse motivo, parte da doutrina admite a desconsideração em sentido inverso apenas quando se trata de aplicar ao sócio regras sobre *Vertrauenshaftung*, ou seja, no caso em que o sócio tenha criado a aparência de negociar em nome da sociedade.[43] Retorna aqui o problema da superposição entre institutos civilísticos e a desconsideração. Com efeito, a situação parece situar-se muito mais no campo da aplicação da teoria da aparência do que da teoria da desconsideração.[44]

Mas esse não é o defeito de fundo de tais contestações. Na verdade, a mencionada incompatibilidade entre desconsideração em sentido inverso e conservação do capital existiria apenas se fosse constituída uma obrigação sem contrapartida. Não é o que ocorre. A contrapartida existe e consiste no benefício já auferido pela sociedade em função da transferência patrimonial que justificou a desconsideração, motivo pelo qual não é razoável que a responsabilidade da sociedade ultrapasse o valor dessa transferência.

Mesmo em relação aos credores sociais, a desconsideração em favor de um credor particular não representaria qualquer preferência.

No caso imaginado, de transferência indevida de recursos à sociedade, a simples devolução da contrapartida dessa transferência ao credor (devolução essa evidentemente limitada ao valor da transferência) não

---

43. V. H. J. Mertens, *Hachenburg Grosskommentar*, cit., Anh. 13, Rdn. 23 e ss., p. 583.

44. Cf. K. W. Canaris, *Die Vertrauenshaftung im deutschen Privatrecht*, München, Beck, 1971, p. 179, segundo o qual não se configura a desconsideração, por não haver modificação no polo ativo da obrigação, mas sim procura do verdadeiro devedor. O autor ressalta, no entanto, o fato de que a *Vertrauenshaftung* é mais facilmente aplicável à responsabilização do sócio por dívidas da sociedade do que vice-versa. A razão seria que, no primeiro caso, a aparência de unidade é criada pelo representante e não pelo representado, o que permite a aplicação das regras sobre representação. Nesse caso, a aparência não seria mais meramente fática, mas também jurídica.

representaria qualquer diminuição de garantia. Nem mesmo qualquer agressão, direta ou indireta, ao capital da sociedade (já que a hipótese que se está imaginando é a de uma transferência sem contrapartida real, excluindo-se portanto, inclusive, o caso de contrapartida consistente em aumento de capital contra emissão de ações ou quotas). Não há, assim, qualquer lesão aos credores sociais.

Mas pode-se ainda perguntar: mesmo nessas hipóteses e ainda que não disponha o sócio de qualquer patrimônio pessoal livre, tudo não se resolveria através da hoje largamente admitida penhora da participação social do sócio (quotas ou ações)?[45] Essa não substituiria a desconsideração?

A resposta decorre diretamente das considerações anteriores. O interesse do credor é o recebimento de seu crédito e não a participação em ou mesmo a venda de quotas de uma sociedade a respeito da qual não tem qualquer informação. Mesmo o exercício do direito de retirada (*dissolução parcial*) admitido em alguns casos pela jurisprudência pode não ter qualquer utilidade, caso a sociedade tenha patrimônio líquido negativo. Na verdade, essa constatação contábil nada mais é do que um reflexo da diferença jurídica entre penhora de quotas e desconsideração, qual seja, respectivamente, a existência ou não de concorrência com os credores sociais. No caso de penhora de quotas, a preferência é dos credores sociais, já que o pagamento dos haveres se fez pela participação proporcional no saldo positivo do patrimônio líquido.

5.4 *Desconsideração em benefício do sócio*

Desconsideração em benefício do sócio ocorre nos casos de atribuição de legitimidade ao sócio único para postular em nome próprio o ressarcimento de danos sofridos pela sociedade. Dois são os requisitos necessários para sua configuração: o primeiro é que a sociedade não possa obter ressarcimento em nome próprio, o segundo, que se trate de sociedade unipessoal.

Quanto ao primeiro requisito, eloquente é a decisão do *BGH*, de 13 de novembro de 1973,[46] na qual se concede indenização ao sócio em

---

45. Com relação às sociedades de capitais, a jurisprudência é praticamente unânime no sentido da admissibilidade da penhora (v., por exemplo, *RT* 655/172, TARS, j. 29.3.1990; *RT* 645/109, 1º TACivSP, acórdão de 26.6.1989, ou então *RTJ* 95/837, STF, j. 21.10.1980).

46. *BGHZ* 61, 380.

virtude da revogação de créditos concedidos à sociedade por um banco. O réu, mandatário do sócio único, tinha por negligência causado dano à reputação financeira do sócio único, o que havia provocado a revogação de créditos concedidos à sociedade.

Trata-se de uma construção que permite contornar a conhecida dificuldade do ordenamento alemão em tutelar danos meramente patrimoniais (patrimônio, ou *Vermögen*, segundo essa construção, é tudo aquilo que não pode ser caracterizado como objeto de propriedade).[47] Como para a sociedade seria impossível obter ressarcimento, já que o § 826 *BGB* não tutela tal tipo de dano, é necessário recorrer à desconsideração, que permite incluir entre os danos contratuais (mandato) sofridos pelo sócio, o dano causado à sociedade.

Quanto ao segundo requisito e suas razões, o *BGH* foi expresso em outra decisão.[48] O Tribunal faz uma diferença clara entre sociedade unipessoal e pluripessoal. Apenas na primeira poder-se-ia calcular como dano diretamente causado ao sócio os danos sofridos pela sociedade, porque apenas nesse caso o sócio único decide sozinho a respeito da distribuição de dividendos, tendo no final das contas o poder de decidir se deve continuar a gerir aqueles valores na forma de patrimônio separado ou, então, transferir-lhes para seu patrimônio pessoal. No caso concreto, era necessário permitir ao sócio, incapaz de trabalhar (como administrador) em consequência de um acidente rodoviário, pleitear em nome próprio ressarcimento do dano sofrido pela sociedade em consequência do abandono da gestão. A desconsideração novamente permite, portanto, incluir entre os danos materiais causados ao sócio os danos meramente patrimoniais causados à sociedade.

O *BGH* confirmou ambos os requisitos.[49] Foi concedida indenização ao sócio por danos decorrentes do abandono da gestão social decorrente de sua prisão, mais tarde revogada. Seria impossível à sociedade obter ressarcimento, já que o § 7º da Lei das Indenizações por Condenações Penais (*Gesetz über die Entschädigung für Strafverfolgungsmassnahmen*) protege apenas o réu injustamente penalizado. Por outro lado, a legitimidade do sócio foi admitida apenas por tratar-se de sociedade

---

47. Cf. K. Zweigert e H. Kötz, *Einführung in die Rechtsvergleichung* 11, Tübingen, Mohr, 1984, pp. 340 e ss.
48. Decisão de 8 de fevereiro de 1977, in *Neue Juristische Zeitschrift*, pp. 1.283 e ss.
49. Decisão de 6 de outubro de 1988, in *Der Betrieb*, 1989, p. 371.

unipessoal, considerada verdadeiro patrimônio separado (*Sondervermögen*) do sócio único.⁵⁰ Ainda que admitida a conclusão, a justificativa não parece sustentável do ponto de vista teórico, na medida em que desconsidera a diferença existente entre patrimônio separado e forma societária, expressamente admitida pelo ordenamento alemão ao reconhecer a sociedade unipessoal.⁵¹

A aplicação de tal tipo de raciocínio ao direito brasileiro parece, no momento, de pouca utilidade. Com efeito, a jurisprudência brasileira parece muito mais inclinada a ampliar o conceito de dano do que a reconhecer formas indiretas de legitimação extraordinária (tendo em vista sobretudo o disposto no artigo 6º CPC, que prevê a excepcionalidade da legitimação extraordinária).

No Brasil, a desconsideração benéfica para o sócio ou a sociedade parece mais útil no campo contratual, para extensão de conceitos, como o de proprietário, por exemplo, do sócio para a sociedade e vice-versa. Um exemplo está na Súmula 486 do Supremo Tribunal Federal, que permite o despejo, para uso da sociedade, de um imóvel de propriedade do sócio único (estendendo-se, portanto, o conceito de proprietário que passa a ser aplicado não apenas ao efetivo *dominus*, mas também à sociedade por ele controlada, ou vice-versa).⁵²

6. Interpretação e aplicação da teoria da desconsideração no Brasil

A jurisprudência brasileira não conhece uma casuística tão rica como a acima exposta. A razão é muito provavelmente o fato de que, no Brasil, a discussão a respeito da desconsideração continua centrada no problema da essência e da função da personalidade jurídica. As soluções, mesmo sem admiti-lo, tendem sempre a um raciocínio regra/ exceção. Assim, por exemplo, no pioneiro estudo de R. Requião, em que se sentem fortemente os reflexos da teoria de Serick, o autor identifica

---

50. "Der Kläger braucht nicht über diesen Rahmen hinaus noch dazu legen, dass seine Anteile an der Korporation durch die gegen ihn gerichteten Strafverfolgungsmassnahmen eine Wetteinbusse erfahren habe. Der Kläger hat bereits dadurch einen eigenen Schaden erlitten so dass ihn der im Gesellschaftsvermögen als seines Sondervermögens eingetretene Schaden selbst trifft" (in *Der Betrieb*, 1989, p. 376).

51. V., com opiniões semelhantes, críticas com relação a esse tipo de fundamentação, H. Wiedemann, *Gesellschaftsrecht*, cit., p. 239; H. J. Mertens, *Hachenburg Grosskomentar*, cit., Anh § 13, Rdn. 27; C. Angelici, "Recenti decisioni in tema di interesse sociale e personalita giuridica", cit., p. 960.

52. Cf. a respeito F. K. Comparato, *O poder de controle*, cit., p. 285.

hipóteses de desconsideração em todos os casos em que a separação patrimonial é utilizada com abuso de direito ou para praticar uma fraude à lei.[53] No fim do seu trabalho, inclui ainda uma advertência contra o emprego exagerado da teoria, que poderia levar a "destruir o instituto da pessoa jurídica".[54] Não é surpreendente, portanto, que seu trabalho seja invocado pela maioria das decisões que tentam limitar a desconsideração à sociedade unipessoal.

Menos evidente é o unitarismo na obra de F. K. Comparato. O autor nega a possibilidade de utilização do instituto da fraude à lei como elemento central da desconsideração, afirmando que pode ocorrer a desconsideração também a favor do sócio (v. exemplo supracitado).

Para justificar sua opinião não faz referência, entretanto, ao objetivo da norma.[55] Invoca o desvio de função da pessoa jurídica como justificativa da desconsideração. A função da personalidade jurídica seria a criação de um centro de interesses autônomo.[56] Quando esse centro de interesses não estivesse presente, a desconsideração seria a solução.

Na identificação dos critérios que caracterizam a inexistência de um centro de interesses autônomo, Comparato substitui, em uma análise na verdade semelhante àquela de Galgano, o unitarismo subjetivo, por ele mesmo criticado, por um método objetivo, mas da mesma maneira unitário. Põe o controle ao centro de sua teoria.[57] Vê nos grupos (de direito) um controle qualificado, merecedor de tutela especial. Quanto à sociedade unipessoal, a desconsideração não seria baseada em qualquer abuso, mas sim na inexistência dos "pressupostos legais da personalidade jurídica".[58] Esses pressupostos inexistiriam na sociedade unipessoal singular – pois a lei fixa um prazo máximo para a permanência da unipessoalidade –, e na sociedade unipessoal de grupo (subsidiária integral)

---

53. Cf. R. Requião, "Abuso de direito e fraude através da personalidade jurídica", in *RT* 410/15.

54. Cf. R. Requião, "Abuso de direito", cit., p. 24.

55. No caso da regra que prevê a possibilidade de despejo para uso próprio, invocada na Súmula 486, esse objetivo é claramente a proteção, a mais ampla possível, do proprietário.

56. Cf. F. K. Comparato, *O poder de controle*, cit., p. 286.

57. Cf. F. K. Comparato, *O poder de controle*, cit., p. 284, que afirma: "um dado porém é certo. Essa desconsideração da personalidade jurídica é sempre feita em função do poder de controle societário. É esse o elemento fundamental, que acaba predominando sobre a consideração da pessoa jurídica, como ente distinto dos seus componentes".

58. Cf. F. K. Comparato, *O poder de controle*, cit., p. 350.

em que existe a confusão patrimonial.[59] A confusão patrimonial é, aliás, o critério básico no raciocínio de Comparato para a desconsideração no caso de sociedade pluripessoal normal, não dotada de qualquer elemento *qualificativo*. Permanece obscuro como se pode, em uma tal teoria, enquadrar o exemplo supracitado da Súmula 486, típico dos defensores da teoria dos centros de imputação. Qual seria o critério a identificar o desvio de função? A verdade é que no momento que se identifica na pessoa jurídica uma função unitária, torna-se bastante difícil, pelo menos do ponto de vista teórico, flexibilizar a desconsideração.

No mesmo sentido propugnado por Comparato, orienta-se a análise de J. L. Correa de Oliveira. Em sua teoria, a análise da desconsideração como consequência de uma disfunção da personalidade jurídica é ainda mais evidente. A construção teórica da desconsideração e sua rica aplicação prática são vistas pelo autor como sintomas de uma crise de função da pessoa jurídica. Para ele, a principal função da personalidade jurídica é a separação patrimonial,[60] que por sua vez é vista como indicador da existência de um centro autônomo de interesses. Mesmo admitindo a não coincidência entre personalidade jurídica e responsabilidade limitada, identifica na limitação de responsabilidade a função básica da pessoa jurídica. Uma tal limitação da função da personalidade jurídica à separação patrimonial talvez se justifique pelo objetivo, explicitado pelo autor, de analisar a crise da pessoa jurídica apenas com relação à sociedade com responsabilidade limitada.[61]

Do ponto de vista teórico, Correa de Oliveira parte da negação do unitarismo de Serick, com base no raciocínio pluralista de Müller--Freienfels. Do pluralismo desse autor utiliza-se, no entanto, apenas da primeira consequência, ou seja, a necessidade de tratamento diferenciado das diversas pessoas jurídicas. Faz referência à sociedade unipessoal e aos grupos de sociedades como casos especiais, nos quais é maior o risco de confusão patrimonial.

O segundo e mais inovador aspecto da teoria de Müller-Freienfels, isto é, a crítica à concepção da personalidade jurídica como fenômeno unitário com relação a todas as normas que lhe devem ser aplicadas,[62] não é utilizado por J. L. Correa de Oliveira. O autor nega que se possa

---

59. Cf. F. K. Comparato, *O poder de controle*, cit., p. 350, nota 30.
60. Cf. J. L. Correa de Oliveira, *A dupla crise*, cit., p. 263.
61. Cf. J. L. Correa de Oliveira, *A dupla crise*, cit., p. 262.
62. Cf. W. Müller-Freienfels, "Zur Lehre", cit., p. 529.

explicar a desconsideração como um problema de imputação.⁶³ Procura, portanto, distinguir os casos em que há imputação de um fato próprio, os quais deveriam ser resolvidos através da aplicação de institutos civilísticos, da aplicação da teoria da desconsideração, em que haveria responsabilidade por débito de terceiro.⁶⁴

Chegado porém o momento de definir os casos de desconsideração em sentido próprio, Correa de Oliveira retorna ao conceito por ele anteriormente negado, admitindo que mesmo nessas hipóteses os problemas são frequentemente de imputação.⁶⁵ A única diferença real para o autor entre desconsideração e *mera* imputação de atos parece, portanto, residir no fato de que nos casos de desconsideração ocorre imputação de responsabilidade por dívida alheia, o que não se verifica nos demais casos em que há imputação de ato próprio, com relação aos quais dever-se-iam aplicar os institutos civilísticos.⁶⁶

Deixando por um momento de lado a discussão sobre a possibilidade de aplicação da teoria dualista à desconsideração (o que se fará mais adiante), é importante ressaltar que permanece pouco claro o motivo da utilização dessa teoria por Correa de Oliveira. Com efeito, é ele próprio que aponta, no processo de desconsideração, um modo de fazer prevalecer a "realidade sobre a aparência", identificando a pessoa que "realmente está a agir".⁶⁷ Trata-se de afirmação muito mais próxima à

---

63. J. L. Correa de Oliveira, *A dupla crise*, cit., p. 610: "Desde logo, portanto, não podem ser entendidos como verdadeiros casos de desconsideração todos aqueles casos de mera imputação de ato".

64. Cf. J. L. Correa de Oliveira, *A dupla crise*, cit., pp. 610-612.

65. Cf. J. L. Correa de Oliveira, *A dupla crise*, cit., p. 613, nota 82, onde afirma: "Os problemas ditos de 'desconsideração' envolvem frequentemente um problema de imputação. O que importa basicamente é a verificação da resposta adequada à seguinte pergunta: no caso em exame, foi realmente a pessoa jurídica que agiu, ou foi ela mero instrumento nas mãos de outras pessoas, físicas ou jurídicas?".

66. O que parece ficar claro nos seguintes trechos:

"Para que se possa falar de verdadeira técnica desconsiderante, em tema de responsabilidade, será necessária a presença do princípio da subsidiariedade, explicitado à luz de uma concepção dualista da obrigação: a responsabilidade subsidiária por dívida alheia" (p. 610).

"Se essa separação não é escrupulosamente mantida, poderá haver caso de imputação de ato ao controlador da sociedade – para fins de responsabilidade civil – ou mesmo (se em autêntica técnica desconsiderante) de mera imputação de responsabilidade por dívida alheia sendo a dívida da sociedade e a responsabilidade (subsidiária) do controlador" (p. 611).

67. Cf. J. L. Correa de Oliveira, *A dupla crise*, cit., p. 613.

imputação de uma atividade a uma determinada pessoa do que da responsabilidade sem dívida propugnada pela teoria dualista.

Na jurisprudência, fazem-se sentir fortemente as influências dessa impostação funcional-unitária da doutrina. Característico da jurisprudência brasileira é o valor paradigmático atribuído à pessoa jurídica, que fez com que a separação patrimonial seja frequentemente reafirmada e sua desconsideração só seja admitida em presença de previsão legal expressa ou de comportamentos considerados fraudulentos.[68] As decisões brasileiras não são, consequentemente, classificáveis segundo o tipo de atuação a justificar a desconsideração (confusão de esferas, subcapitalização ou abuso de forma), mas segundo o fundamento jurídico invocado para fundamentar a não consideração da personalidade jurídica societária. Os casos mais recorrentes de desconsideração para fins de responsabilização são basicamente de dois tipos. Um primeiro grupo fundamenta a desconsideração em dispositivos legais: é o caso da desconsideração prevista na legislação trabalhista, a favor dos trabalhadores, e no Código Tributário Nacional, em favor da Fazenda, por débitos tributários da sociedade.[69] Incluem-se ainda nesse grupo aquelas decisões que, no

68. Cf., v.g., acórdãos do 1º TACivSP, respectivamente de 14.8.1973 e de 29.8.1973, in RT 456/151 e 457/141; preocupa-se em afirmar o valor da personalidade jurídica também o principal defensor da teoria legalista da desconsideração, segundo o qual a desconsideração só seria possível em presença de disposição legal expressa. Cf. C. Ramalhete, "Sistema de legalidade na desconsideração da personalidade jurídica", in RT 586/9.

69. Com relação aos débitos fiscais, a responsabilidade funda-se no artigo 135 do Código Tributário Nacional. A interpretação tradicional era no sentido de restringir a aplicação do dispositivo aos casos de dissolução irregular e comprovada fraude do sócio-gerente. V. TJSP, j. 17.4.1990, in RT 654/95; 1º TACivSP, j. 19.6.1987, in RT 620/122, expresso: "a penhora em bens particulares dos sócios só deve ser feita quando presentes condições excepcionais justificadoras (inexistência de bens da sociedade, conduta lesiva ao patrimônio alheio, dissolução irregular da sociedade, etc.). A responsabilidade dos sócios, com aplicação da teoria da desconsideração da personalidade jurídica, depende de prova de comportamento impróprio"; v. também, nesse sentido, C. C. Orcesi da Costa, "Responsabilidade dos sócios pelas dívidas da sociedade", in RDM 56/64.

Posteriormente, o legislador tributário orientou-se no sentido de estender a aplicação do dispositivo, definindo impostos cujo simples não recolhimento implicaria a responsabilização. É o caso da Portaria 99, de 5 de fevereiro de 1980 (DOU de 5.2.1980): "são solidariamente responsáveis com o sujeito passivo os acionistas controladores, os diretores, gerentes ou representantes de pessoas jurídicas de direito privado, pelos débitos decorrentes do não recolhimento do Imposto sobre Produtos Industrializados (IPI) e do Imposto de Renda (IR) descontado na fonte (Decreto-lei 1.736, de 20 de dezembro de 1979, art. 8º)". A jurisprudência incluiu, ao lado do IPI

campo da responsabilidade civil, procuram um fundamento legal no sistema civilístico para justificar a desconsideração. Recorre-se às regras e do IR, as contribuições previdenciárias (v. STJ, j. 17.6.1992, in *RSTJ* 36/306, em que se responsabiliza o diretor presidente de uma sociedade anônima pelo referido débito).

A fundamentação desse tipo de decisão é que a infração à lei, mencionada no artigo 135 do CTN, caracteriza-se já no não recolhimento do imposto. É evidente que tal princípio, para que não implique um princípio geral de responsabilidade objetiva dos sócios (e diretores), incompatível com a regra geral de limitação de responsabilidade, deveria ser aplicado exclusivamente com relação ao(s) sócio(s) e/ou diretor que praticou o ato em infração à lei, ou seja, que determinou o não pagamento. Não é essa, no entanto, a tendência jurisprudencial. Em acórdão de 28.12.1988, o Tribunal de Justiça de São Paulo (7ª Cam.) responsabilizou todos os sócios pelos débitos tributários, com base exclusivamente no fato de que uma alteração contratual não tinha sido registrada, transformando portanto a sociedade em irregular (*RT* 639/78) – e note-se que aqui a referência é a qualquer tipo de tributo e não apenas aos mencionados acima.

Também o Superior Tribunal de Justiça já manifestou entendimento que, se confirmado, implicaria importante restrição ao princípio da limitação de responsabilidade nas sociedades com responsabilidade limitada: "assim, mesmo que dissolvida legalmente a sociedade, as obrigações remanescentes permanecem, mormente quanto ao fisco, sob responsabilidade dos sócios" (j. 5.8.1991, in *RT* 677/231).

Entretanto, tais tendências jurisprudenciais foram afastadas mais recentemente. O Superior Tribunal de Justiça pacificou a questão ao afirmar, em diversos acórdãos, que a responsabilidade tributária do sócio-gerente não depende apenas do não recolhimento do imposto. Nesse sentido, v. alguns julgados: "É dominante no STJ a tese de que o não recolhimento do tributo, por si só, não constitui infração à lei suficiente a ensejar a responsabilidade solidária dos sócios, ainda que exerçam gerência, sendo necessário provar que agiram os mesmos dolosamente, com fraude ou excesso de poderes" (AgRg no REsp 346.109-SC, Rel. Min. Eliana Calmon, j. 19.3.2002); "Os sócios-gerentes são responsáveis, por substituição, pelos créditos referentes a obrigações tributárias decorrentes da prática de ato ou fato eivado de excesso de poderes ou com infração de lei, contrato social ou estatutos, ou quando tenha ocorrido a dissolução irregular da sociedade, comprovada, porém, a culpa. 2. O simples inadimplemento de obrigações tributárias não caracteriza infração legal" (REsp 724.077-SP, Rel. Min. Francisco Peçanha Martins, j. 20.10.2005); "Tributário. Execução Fiscal. Redirecionamento para o Sócio-Gerente. Art. 13 da Lei 8.620/93. Matéria decidida pelo Acórdão Recorrido sob Enfoque Constitucional. Art. 135, III, do CTN. Dissolução Irregular da Sociedade. Inadimplemento da Obrigação de Pagar Tributos. (...) 2. Se o Tribunal de origem se manifestou expressamente pela ausência de indícios da dissolução irregular da sociedade, a análise da violação ao art. 135, III, do CTN, importaria no revolvimento de aspectos fáticos e probatórios, o que é vedado no âmbito do recurso especial, consoante o enunciado contido na Súmula 7/STJ. 3. O mero inadimplemento tributário não configura violação à lei apta a ensejar o redirecionamento da execução fiscal contra os sócios. Precedentes" (REsp 836.668-PR, Rel. Min. Castro Meira, j. 3.8.2006); e "1. A orientação da Primeira

sobre a nulidade, a anulação e o fim ilícito, contidas no Código Civil.[70] Nesse tipo de decisão a sociedade unipessoal é usada como âncora para os casos de desconsideração. A desconsideração é admitida por ser a sociedade tida como fictícia, com base normalmente na insignificância das participações remanescentes ou na existência de ligações de parentesco entre sócios majoritário e minoritário. A desconsideração, nesse caso, é baseada na impossibilidade legal de exercício do comércio em nome individual com limitação de responsabilidade.[71]

O segundo grupo de casos é aquele em que não existe qualquer fundamento legal – nem mesmo a analogia com a sociedade unipessoal –, a "ancorar" a desconsideração. Nessa hipótese, procura-se demonstrar a existência de abuso ou fraude à lei no comportamento do sócio majoritário.[72] Finalmente, última característica da jurisprudência analisada é a pouquíssima frequência da desconsideração das sociedades anônimas.[73] Tal postura é criticável. Como se verá mais adiante, a dife-

Seção do STJ firmou-se no sentido de que, se a Execução Fiscal foi promovida apenas contra pessoa jurídica e, posteriormente, redirecionada contra sócio-gerente cujo nome não consta da Certidão de Dívida Ativa, cabe ao Fisco comprovar que o referido sócio agiu com excesso de poderes, infração a lei, contrato social ou estatuto, ou que ocorreu dissolução irregular da empresa, nos termos do art. 135 do CTN" (REsp 1.217.705, Rel. Min. Herman Benjamin, j. 14.12.2010).

Com relação às dívidas trabalhistas, existe a possibilidade, expressamente prevista em lei, de responsabilização das demais sociedades componentes do grupo (de fato) – artigo 2º, § 2º, CLT. Além disso, a jurisprudência, seguindo os passos das decisões exaradas em matéria tributária, tem permitido a responsabilização dos sócios, até mesmo independentemente da demonstração de fraude. V., nesse sentido, R. M. B. Carvalho, "Da responsabilidade dos sócios por dívidas da sociedade: sociedade anônima e por quotas de responsabilidade limitada", in *RDM* 73/27, com referências jurisprudenciais.

70. Cf. C. Ramalhete, "Sistema da legalidade", cit., p. 13.

71. V. acórdão de 8.5.1984, do TJRS, in *RT* 592/172; 1º TACivSP, acórdão de 25.6.1985, in *RT* 599/133.

72. Critério para identificação do abuso é frequentemente a confusão patrimonial (v. acórdão de 3.3.1982, do 1º TACivSP, in *RT* 560/109); com fundamento na fraude à lei superou-se a personalidade jurídica da sociedade e responsabilizou-se pessoalmente o sócio que tinha emitido um cheque sem fundos em nome da sociedade (v. TJRS, 5.4.1990, in *RT* 654/182). É importante notar que nesse caso se fala em desconsideração para atribuição de responsabilidade em via principal, e não subsidiária, ao sócio único.

73. Em jurisprudência, diferencia-se frequentemente entre sociedade anônima e sociedade por quotas, dando-se claramente mais força ao princípio da limitação de responsabilidade na primeira do que na segunda forma. É o caso da referida decisão in *RT* 639/78, em que os sócios foram responsabilizados sob alegação de que em se

renciação das regras de responsabilidade segundo os tipos organizativos baseia-se na recíproca complementaridade entre regras organizativas e regras de responsabilidade. Isso fez com que, onde menos presentes as primeiras, mais devam estar as últimas. A maior abrangência das regras organizativas nas sociedades anônimas poderia no máximo justificar a não aplicação a elas de critérios objetivos de desconsideração. Entretanto, não permite afastar em absoluto a desconsideração (como parece ocorrer pela pouquíssima frequência dos casos), sobretudo em caso de atividade irregular ou fraudulenta.

É preciso notar, antes de concluir a análise da desconsideração no Brasil, que a reforma do Código Civil[74] introduziu definição de desconsideração da personalidade jurídica que contribui para colocar a questão da desconsideração em moldes teóricos mais corretos. O artigo 50 do Código Civil dispõe que "em caso de abuso da personalidade jurídica, caracterizado pelo desvio de finalidade, ou pela confusão patrimonial, pode o juiz decidir, a requerimento da parte, ou do Ministério Público quando lhe couber intervir no processo, que os efeitos de certas e determinadas relações de obrigações sejam estendidos aos bens particulares dos administrados ou sócios da pessoa jurídica".

Evidentemente, a desconsideração é reduzida às hipóteses de responsabilidade patrimonial. Há, no entanto, possibilidade de seleção e imputação de relações obrigacionais específicas para aplicação da teoria. Há, portanto, aparente recepção conjunta das teorias unitária e pluralista. Para entender como isso é possível, é necessário separar o problema da desconsideração de seu método.

7. *A desconsideração da personalidade jurídica como problema e como método*

As perplexidades geradas pela discussão acima são, na verdade, fruto de uma confusão conceitual. Quando se fala em desconsideração da personalidade jurídica, é necessário distinguir o *problema* do *método*.

---

tratando de sociedade por quotas, que tem natureza pessoal (sociedade de pessoas), a inexistência de registro de alteração contratual transforma a sociedade em irregular – afirmação cuja coerência lógico-sistemática é impossível captar, já que a falta de registro tem como consequência a não produção de efeitos perante terceiros e não a transformação de uma sociedade já constituída em irregular.

74. O Código Civil foi instituído pela Lei 10.406 de 10 de janeiro de 2002, entrando em vigor a partir de 10 de janeiro de 2003.

O *problema* da desconsideração é algo muito mais amplo que o *método* e surge sempre que se trata de imputar certa norma, dever ou obrigação a pessoa diversa de seu destinatário normal.[75] A razão dessa definição em modo aparentemente mais abrangente do problema da desconsideração está na noção *não essencialista* de pessoa jurídica *supra* adotada. A doutrina mais moderna já afirma, aliás, que, com relação à pessoa jurídica, juízos de essência não permitem identificar resultados aplicativos específicos.[76] Essa constatação não deve conduzir a uma posição relativista, mas apenas a admitir que existe um problema de desconsideração sempre que se trata de imputar uma norma ao sócio ou à sociedade sem que esses sejam seus destinatários específicos.

Se hoje é largamente reconhecido que pessoa jurídica e responsabilidade limitada não são conceitos necessariamente coincidentes, é preciso admitir que qualquer tipo de discussão a respeito da imputação de direitos e obrigações (e não apenas da responsabilidade patrimonial) implica investigar os limites de cada *centro de imputação* e, consequentemente, a respectiva possibilidade de desconsideração.[77]

75. V., a respeito da distinção entre *problema* e *método*, o que diz K. Schmidt, *Gesellschaftsrecht*, cit., p. 194: "Wer Durchgriffsprobleme zu lösen vorgibt, indem er Rechtsträger im entscheidenden Moment ausblendet, verstösst ohne Not gegen das Gebot juristischer Seriosität. Die Differenzierungsmöglichkeiten des geltenden Rechts sind so gross, das Durchgriffsprobleme in aller Regel ohne die Durchgriffsmethode bewältigt werden können. Ob dann der eine oder andere Betrachter die so gefundene Ergebnisse doch als 'Durchgriff' bezeichnen will, weil ein Durchgriffsproblem gelöst worden ist, ist dann nur noch ein terminologisches Problem und kein Sachproblem mehr"; no mesmo sentido H. G. Mertens, *Hachenburg Grosskommentar*, cit., Anh. § 13, Rdn. 36: "Verbindet sich mit dem Wort Durchgriff weder ein normativ bedeutsamer Argumentationsgrundlage noch eine in ihre Voraussetzungen oder Folgen definierte juristische Operation und sind die möglichen Fölleeiner Relativierung der juristischen Person so vielfältig, dass ihre Systematisierung von einem bestimmten Prinzip her nicht möglich erscheint, so kann dem Begriff des Durchgriffs heute nicht mehr eine Stichwortfunktion zugewiesen werden".

76. Nesse sentido, v. C. Angelici, "Recenti decisioni in tema di interesse sociale e personalità giuridica", cit., p. 498.

77. Não parece aceitável, nesse ponto, a posição de J. L. Correa de Oliveira, *A dupla crise*, cit., pp. 608 e ss. (em especial p. 612), que limita a desconsideração aos casos de imputação de responsabilidade. O próprio autor está, aliás, consciente da não coincidência entre responsabilidade limitada e personalidade jurídica, não apenas nos sistemas por ele caracterizados como maximalistas (Itália, Alemanha), onde apenas as sociedades de capital com responsabilidade limitada têm personalidade, mas sobretudo em sistemas minimalistas como o Brasil, onde a personalidade jurídica é atribuída a todas as sociedades, com ou sem responsabilidade limitada (p. 261). Sua definição do problema da desconsideração torna-se portanto aplicável

Dessa maneira, constituem problemas de desconsideração da personalidade todos os casos de imputação, como, por exemplo, o contido na Súmula 486 do Supremo Tribunal Federal, que considera uso próprio o uso a ser feito pela sociedade controlada pelo proprietário do imóvel. O mesmo se pode dizer com relação aos casos de aplicação de institutos civilísticos, como a teoria da aparência. Sem dúvida, está-se diante de um problema de imputação de uma obrigação a um sujeito diferente do formalmente participante do ato. Coloca-se assim um problema de desconsideração, ainda que sua solução não seja societária.

Coisa diversa é o "método" de desconsideração da personalidade jurídica. Esse é dotado de pressupostos específicos de aplicação. Com relação a ele, não é possível misturar questões de responsabilidade e de imputação. Essas últimas referem-se, o mais das vezes, a situações potencialmente conflituais (v., *supra*, o item a respeito da desconsideração atributiva). Ora, fazendo-se uma avaliação preventiva (e não sancionatória) dos interesses a proteger, verifica-se que é possível configurar apenas duas situações: ou existe um interesse externo que justifique a atribuição das normas diretamente ao sócio e então é indiferente o número de sócios, bastando a situação de controle,[78] ou então não existe tal norma (ou tal interesse).

Nesse último caso, a atribuição de situações subjetivas ao sócio somente se justificará em circunstâncias em que seria irracional e formalístico presumir o contrário. E aqui a casuística demonstra que a hipótese mais comum é a sociedade unipessoal – v. por exemplo a atribuição de comportamentos, características e conhecimentos do sócio à sociedade (ou vice-versa).

A sociedade unipessoal é o exemplo clássico de aplicação da desconsideração atributiva, não porque constitua protótipo de fraude à lei, mas porque a imputação diferenciada de normas permite o *controle ex-*

---

apenas admitindo-se a função de máxima separação de esferas por ele atribuída à pessoa jurídica, o que, do ponto de vista positivo, é arriscado e, do ponto de vista histórico-sistemático, incerto.

78. Novamente aqui, bom exemplo está na Súmula 486, já várias vezes referida. Nela, o interesse em proteger o proprietário leva à equiparação da sociedade ao sócio que detém o controle, para fins de aplicação do artigo 8º da Lei de Luvas (Decreto 24.150/34). A referida lei foi revogada pela Lei 8.245, de 18.10.1991 que consolidou todas as regras existentes sobre locação de imóveis urbanos. O artigo 52 que regula a mesma matéria incorporou o ensinamento jurisprudencial. O inciso II admite expressamente que o uso próprio pode ser tanto do locador quanto de empresa cuja "maioria do capital social" a ele pertença.

terno da *sociedade*, constituindo uma verdadeira disciplina supletiva da normativa societária. Seu emprego, útil mesmo em países como a Alemanha, que dispõe de disciplina organizativa específica para a sociedade unipessoal, é imprescindível em países como o Brasil, que reconhecem a sociedade unipessoal (subsidiária integral), mas cujo ordenamento não prevê para ela qualquer disciplina organizativa especial.

Na verdade, essa aplicação nada mais é do que consequência das considerações desenvolvidas no Capítulo XIII, a respeito da relação entre organização e personalidade jurídica. O ordenamento, como visto, através da atribuição da personalidade jurídica, reconhece diversos graus de organização, atribuindo-lhes capacidade jurídica diferenciada. Seria bastante coerente o sistema que, a um grau menor de organização societária fizesse corresponder menor atribuição de capacidades. Em um ordenamento como o brasileiro, que reconhece a sociedade pessoal sem regular-lhe a organização, a desconsideração atributiva deve ser utilizada como disciplina complementar, apta a suprir a lacuna de regras organizativas. Ao fazê-lo, está indiretamente regulando a capacidade jurídica da sociedade, na medida em que imputa a titularidade de certas relações jurídicas (*i.e.*, certos direitos) ao sócio e não à sociedade.

Com relação à desconsideração atributiva, no entanto, ainda que lhe seja atribuída importância para a regulamentação da sociedade unipessoal, não há possibilidade de ser definido um método. Para ela, muito mais relevante é a importância relativa de cada norma e a razoabilidade ou não da preservação das formalidades.

Quanto às questões de responsabilidade, ao contrário, é possível e útil definir um método. Para precisá-lo, é necessário fazer certas exclusões. A desconsideração entendida como *método* não pode ser confundida com uma aplicação da teoria dualista da obrigação, ou seja, da imputação da responsabilidade a pessoa diferente do devedor.

Importante para os defensores desse tipo de equiparação é, sobretudo, distinguir os casos de desconsideração das soluções baseadas na aplicação do direito civil.[79] Não pode ser esse o caráter distintivo da desconsideração. Em primeiro lugar, do ponto de vista metodológico parece bastante incorreto definir uma hipótese legal a partir da disciplina que não se quer (ou não se pode) aplicar.

Mas existe uma razão de fundo muito mais importante. Característica fundamental da responsabilidade sem dívida é a possibilidade

---

79. Nesse sentido, J. L. Correa de Oliveira, *A dupla crise*, cit., p. 611.

de ressarcimento do sujeito obrigado a pagar perante o devedor.[80] Nas hipóteses de desconsideração aventadas, evidentemente não é possível imaginar a possibilidade de ressarcimento do sócio perante a sociedade. Até mesmo do ponto de vista equitativo. Basta pensar que, em se admitindo o regresso do sócio contra a sociedade, essa seria onerada por uma situação que teve como beneficiário apenas o acionista controlador.[81]

Não é esse, portanto, o elemento distintivo da desconsideração. Nela, o sujeito responde por dívida própria, decorrente não de um ato mas de uma atividade abusiva. Trata-se da *responsabilidade societária*, que não pode ser confundida com a responsabilidade civil nem tampouco com a responsabilidade civil aplicada ao direito societário. Seu caráter distintivo está na prática de uma atividade lesiva e no fato de que o responsável será sempre seu beneficiário, que não se confunde necessariamente com os executores da *atividade lesiva*. Assim, em uma sociedade isolada, a desconsideração atingirá o patrimônio do controlador e não do administrador que executou suas ordens. Em uma sociedade pertencente a um grupo em que o benefício foi transferido a outra sociedade controlada e não à *holding*, será aquela e não esta última a ser atingida pela desconsideração.

Nota-se, portanto, que o elemento característico do *método* de desconsideração da personalidade jurídica está em buscar seu fundamento na *atividade* societária e não em um determinado ato. Assim, por exemplo, na confusão de esferas no abuso de forma ou no desvio de finalidade (todos termos consagrados na definição do art. 50 do Código Civil). Não se pode excluir, no entanto, que a lesividade da atividade caracterize-se através de um único ato de natureza societária. Nesse caso, será preciso que o ato exija participação da organização societária, servindo o próprio procedimento societário de aprovação do ato para deslocá-lo para o campo da desconsideração da personalidade jurídica.

Apenas na ausência de participação da organização societária aplicar-se-iam os institutos civilísticos em detrimento da teoria da desconsideração. Exemplo típico é a teoria da aparência. Ali, trata-se de ato (ou sequência de atos) atinente às relações externas da sociedade, em que não há participação da organização societária.

80. Cf. F. K. Comparato, *Essai d'analyse dualiste de l'obligation en droit privé*, Paris, Dalloz, 1964, p. 212.
81. A iniquidade é mais clara na sociedade pluripersonal, por causa da coexistência dos interesses dos sócios minoritários, mas existe também na sociedade unipessoal, bastando para isso admitir-se a concepção institucionalista.

Outra característica do método da desconsideração é seu caráter casuístico. A vantagem da desconsideração é exatamente a flexibilidade, que permite modelar a separação patrimonial. Uma regra geral de responsabilidade, como aquela do artigo 2.362 do *Codice Civile* italiano, pode influir sobre a caracterização tipológica da sociedade dentro do sistema societário, não sendo, no entanto, manifestação do método de desconsideração da personalidade jurídica. Evidentemente, essa avaliação casuística não pode ser feita sem parâmetros. Em forma aproximativa, pode-se dizer que os parâmetros são aqueles mesmos que foram presumidos para a atribuição da personalidade jurídica, ou seja, é necessário demonstrar, *a contrario sensu*, que a organização criada não foi suficiente para garantir a existência de um centro de decisões autônomo. Isso pode ocorrer em uma série de situações.

Não só a *fattispecie*, mas também a disciplina da desconsideração é específica. A primeira característica da disciplina, decorrente da negação do dualismo, é que o sujeito atingido pode ser responsabilizado em via principal pelo credor. É devedor e não apenas garante ou responsável. Pelos mesmos motivos, é impossível o exercício de direito de regresso contra a sociedade (ou o sócio).

A desconsideração também não implica qualquer alteração nas esferas envolvidas. Assim, de um lado, permanece intacta a personalidade jurídica, valendo a desconsideração apenas para aquele caso específico. Nesse sentido, a desconsideração é um eficaz antídoto contra as situações falimentares, já que permite a proteção do patrimônio social. Ou seja, ver na pessoa jurídica um centro de imputação de direitos e deveres, como fazem com correção os seguidores de Müller-Freienfels, permite utilizar a desconsideração como meio até mesmo de evitar um pedido de falência, preservando a empresa. É possível desconsiderar a pessoa jurídica para um determinado fim, preservando-a quanto aos restantes (o que seria inviável para os adeptos da teoria unitarista, ao menos em sua forma pura). De outro lado, a desconsideração não influi sobre a validade do ato ou atos praticados, o que permite preservar direitos e interesses de terceiros de boa-fé.

Finalmente, a desconsideração é instrumento para a efetividade do processo executivo. Essa característica, aliada ao supracitado caráter substitutivo da desconsideração em relação à falência, tem uma consequência importantíssima. A desconsideração não precisa ser declarada ou obtida em processo autônomo. No próprio processo de execução, não nomeando o devedor bens à penhora ou nomeando bens em quantidade insuficiente, ao invés de pedir a declaração de falência da sociedade (art. 94, inc. II, da Lei 10.101, de 9.2.2005), o credor pode e deve, em presença dos pressupostos que autorizam a aplicação do método da desconsideração, definidos acima, pedir diretamente a penhora em bens do sócio (ou da sociedade, em caso de desconsideração inversa). A desconsideração nesse caso, além de atender melhor aos próprios interesses do credor, que seguramente não pretenderá sujeitar-se ao concurso falimentar com os demais credores, tem consequências benéficas para a comunidade, na medida em que evita a falência.

8. Os custos da desconsideração

Em um campo como esse, parece imprescindível fazer uma análise jurídico-econômica das consequências de um método casuístico como o acima definido. Evidentemente, trata-se de verificar quais são os custos em termos de perda de segurança nas relações que um método cuja aplicação é "rare, severe and unprincipled"[82] importa, bem como os meios para combater ou minimizar esses custos. Subsídio para esse estudo será a *análise econômica do direito*, criada nos Estados Unidos e que nos últimos anos tem sido desenvolvida também na Alemanha.

8.1 Responsabilidade limitada e livre mercado

Os estudos originais sobre os custos da responsabilidade limitada e de sua desconsideração foram feitos pela Escola de Chicago, em particular por R. A. Posner. Para ele, a responsabilidade limitada encontra sua justificativa econômica no negócio jurídico realizado entre credor e sociedade.[83] O credor assume o risco da responsabilidade limitada (ou da ausência de responsabilidade dos sócios), exigindo uma contraprestação por isso, consistente na taxa de risco e traduzida normalmente em juros mais elevados.

Dois são os pressupostos de tal teoria: em primeiro lugar, a plena informação de todos os agentes e, em segundo, a hipótese de que os agentes, informados, possam negociar com a sociedade.

---

82. A frase, com certa dose de exagero, é de F. Easterbrook e D. Fischel, "Limited liability and the corporation", in *University of Chicago Law Review* 52/89.

83. Cf. R. A. Posner, "The rights of creditors of affiliated corporations", in *University of Chicago Law Review* 43/501.

Posner, atento ao primeiro problema, considera necessário diminuir os custos de informação e de *supervisão* da manutenção do capital social por parte dos credores. Pensa em regras de publicidade dos atos sociais que possam permitir melhor informação para terceiros.

A admissão como dado do segundo pressuposto deriva diretamente de sua concepção liberal, que presume um mercado em concorrência perfeita e ampla possibilidade de negociação. Por isso, admite uma exceção apenas para os credores que de direito e de fato não negociaram com a sociedade, ou seja, os credores oriundos de atos ilícitos (delitos civis) praticados pela sociedade.[84]

Dentro dessa perspectiva do autor, a desconsideração parece agir negativamente sobre a expectativa das partes e sobre os riscos que assumiram e pelos quais foram remunerados. Dessa forma, dever-se-ia admitir a desconsideração em benefício dos credores negociais apenas em casos excepcionais, nos quais o abuso cria um risco adicional, não previsto pelas partes.[85]

O tratamento de ambos os pressupostos na teoria de Posner tem sido objeto de cerrada crítica na doutrina mais recente. Duas são as vertentes principais.

8.2 Responsabilidade limitada em situação de concorrência imperfeita

Uma primeira vertente, ainda vinculada à visão econômica liberal, aceita a justificativa principal de Posner para a responsabilidade limitada, ou seja, a livre negociação dos riscos entre as partes. Argumenta, no entanto, que a realidade dos credores que se apresentam na falência é muito diversa da imaginada pelo autor. Trata-se, em sua maioria, de credores pequenos e não profissionais, para os quais os *custos de informação* (*i.e.*, de obtenção de informações sobre a sociedade) são muito altos e que, ainda que informados, não teriam condições de negociar com a sociedade, exatamente por seu pequeno poder de barganha.[86]

A segunda e hoje predominante linha doutrinária, pelo menos em ambientes não influenciados pelas ideias liberais da Escola de Chicago, ataca a premissa básica da teoria de Posner.

---

84. Cf. R. Posner, "The rights of creditors", cit., pp. 507-508.
85. V. R. Posner, "The rights of creditors", cit., pp. 524 e ss.
86. Cf. J. L. Landers, "Another word on parents, subsidiaries and affiliates in bankruptcy", in *University of Chicago Law Review* 43/529.

Para essa corrente, a justificativa de Posner para a responsabilidade limitada, *i.e.*, a livre negociação entre as partes, exige que sejam feitas várias distinções. A primeira, óbvia, entre credores de contrato e de delito. Mas mesmo dentro do grupo de credores contratuais, é necessário destacar dois tipos de credores que já à primeira vista não podem estar sujeitos aos princípios gerais formulados por Posner: os fornecedores, que por sua dependência da sociedade (sobretudo quando essa é de grandes dimensões) não têm condições de negociar taxas de risco; e os empregados, tratados na falência como credores, mas que são na realidade os maiores interessados na sorte da sociedade, aos quais de toda forma não é permitido negociar tal risco.[87]

Mas o dado mais interessante e forte contra a teoria de Posner parece ser o prático, levantado por seus críticos. A análise evolutiva das taxas de juros bancários não demonstra uma diferença entre taxa de risco exigida pelos bancos para as sociedades com e sem responsabilidade limitada.[88]

Derrubado o principal pressuposto da teoria de Posner, a livre negociação dos riscos entre as partes, resta determinar qual a justificativa da responsabilidade limitada em um sistema que admite expressamente a inexistência de um mercado em livre concorrência.

Para isso, é necessário analisar um dos pressupostos básicos da escola de Chicago para orientação das normas jurídicas, o chamado *princípio da eficiência*. Segundo esse princípio, as normas jurídicas são "eficientes quando permitem a maximização da riqueza global, mesmo que isso seja feito à custa de prejuízo a um agente econômico específico".[89] Em termos econômicos, essa definição liberal de eficiência consiste na negação da definição de eficiência de Pareto, segundo a qual uma solução é eficiente quando traz vantagens a um dos participantes sem prejudicar os outros. O fundamento é a afirmação da insustentabilidade da definição de Pareto em um sistema de direito privado, cuja ideia básica é a autonomia da vontade e não a igualdade.[90]

87. Cf. G. Roth, "Zur economic analysis der beschränkten Haftung", in *ZGR*, 1986, p. 375.
88. Cf. "Stellungsnahme von M. Lehmann", sobre o artigo de Roth, in *ZGR*, 1985, p. 382.
89. Cf. A. Kronman, "Wealth maximization as a normative principle", in *The Journal of Legal Studies* 9, 1980, p. 232; F. Kübler, "Effizienz als Rechtsprinzip", in *Festschrift Steindorff*, Berlin/New York, de Gruyter, 1990, p. 694.
90. V. F. Kübler, "Effizienz als Rechtsprinzip", loc. cit.; R. Posner, "Utilitarism, economics and legal theory", in *The Journal of Legal Studies* 8, 1979, pp. 116-117.

Como solução, invoca-se o teorema de Kaldor-Hicks, segundo o qual uma solução é injusta apenas quando o ganho dos favorecidos supera a perda dos prejudicados e os primeiros não estão prontos a indenizar os últimos. É importante destacar que, para os defensores dessa teoria, a indenização é potencial e não necessariamente real, ou seja, basta que teoricamente haja ou possa haver indenização. Evidentemente, um teorema assim formulado é absolutamente idêntico, nos resultados práticos, ao teorema liberal da maximização de riqueza (ou eficiência).[91]

O argumento básico contra esse tipo de teoria é que um princípio geral de maximização de riqueza leva necessariamente à transferência de riquezas àqueles que possuem maior poder de barganha nas transações, ou seja, àqueles que já possuem riqueza. Consequentemente, a teoria da eficiência levaria à concentração de riquezas.[92]

---

91. Cf. A. Kronman, "Wealth maximization", cit., p. 238.

92. Um exemplo muito claro de Kronman demonstra a iniquidade a que pode levar a adoção de uma tal teoria: "Assume that no one owns anything, even his body or labour power, and that the rights to all this things are held in trust by an auctioneer who proposes to sell the various entitlements he holds to the highest bidder. The outcome of the auction is certain to satisfy the principle of wealth maximization since each right will be assigned to the person willing and able to pay the most for it. But how can people bid at the auction before they have any rights and therefore any wealth? Since no one owns anything, a bid can be nothing more than a promise to pay for something out of the anticipated future income which the bidder hopes to realize from its use. Let us assume the auctioneer is prepared to extend credit to each of the bidders by assigning them rights before the rights have been paid for (in the same way a seller of goods might extend credit to the buyer). Of course the amount of credit the auctioneer extend to a particular bidder bidding on a particular entitlement will depend upon the auctioneer's estimate of the magnitude of the income which the asset in question is likely to generate if this ownership is given to the bidder rather than another".

O resultado é que, segundo o autor, os créditos dirigir-se-ão àqueles naturalmente mais dotados. Esses seriam os resultados de seu hipotético leilão: "Even in the hypothetical auction designed to allocate rights of the most basic sort, the principle of wealth maximization works to accentuate, rather than temper, nature's prior distribution of advantages and disadvantages. These advantages and disadvantages are not themselves entitlements. They do not become entitlements until the auction is concluded. For that reason they cannot be eliminated by simply wiping away the legal landscape and returning to the imaginary state in which no one yet owns anything at all" (p. 242).

Os resultados absurdos a que pode levar a teoria da maximização de riquezas ficam claros quando se observa que Posner admite expressamente que a própria escravidão encontre justificação, em casos extremos, na maximização da riqueza (v. R. Posner, *The ethical and political basis of efficiency norm in Common Law*, apud A. Kronman, "Wealth maximization", cit., p. 42). A consequência seria concluir

Parece fundamental, portanto, buscar um caminho intermediário que permita aliar à eficiência a justiça distributiva.[93] A esse último valor deve-se atribuir obviamente muito mais importância relativa em países de acentuadas desigualdades sociais e mais ainda naqueles casos em que as consequências das diversas alternativas com relação à maximização e alocação de riquezas são incertas. Foi baseado em um raciocínio muito semelhante que o *Bundesverfassungsgericht* alemão afirmou a constitucionalidade da lei de participação operária nas empresas, afirmando em suas razões que era duvidosa e não demonstrada a perda de eficiência das empresas em função da cogestão operária.[94]

Segundo essa teoria, portanto, o direito não deve assumir uma atitude neutra em relação ao mercado, mas sim nele influir, tentando minimizar os desequilíbrios existentes.

8.3 Desconsideração como forma de redistribuição de riscos

Negado o teorema de Kaldor-Hicks, desaparece a justificativa encontrada por Posner para a responsabilidade limitada. Com efeito, é o princípio da eficiência que justifica para Posner a responsabilidade limitada. Para ele, admitida a livre negociação entre as partes, prejuízos eventualmente causados aos credores pela limitação de responsabilidade encaixam-se perfeitamente na ideia liberal de maximização de riquezas.

Já em uma visão que procure equilibrar a eficiência com a justiça distributiva (elemento que para Posner, como para Smith, é obtido pela mão invisível do mercado), é preciso buscar outras justificativas para a responsabilidade limitada.

Ao contrário da teoria liberal, passa-se a ver na regra da responsabilidade limitada a exceção. Trata-se de uma exceção que leva a externalidades negativas em caso de falência, mas que se justifica na necessidade, absoluta do ponto de vista macroeconômico, de proporcionar aos agentes uma porta de saída do mercado sem custos insuportáveis (como

---

que a norma que impõe a escravatura é eficiente e defensável do ponto de vista jurídico.

93. Cf., nesse sentido, G. Calabresi, "About law and economics: a letter to R. Dworkin", in *Hofstra Law Review*, 1980, p. 558.

94. V. o famoso *Mitbestimmungsurteil*, de 1.3.1973, in *VerfGE* 50, pp. 290-322, comentada por F. Kübler, "Effizienz als Rechtsprinzip", cit., p. 700.

são aqueles da ruína pessoal).[95] A responsabilidade limitada é, portanto, uma distribuição de riscos, forçada, mas necessária, feita pelo legislador. Consequentemente, a desconsideração, segundo essa visão, não interfere (negativamente) em uma distribuição de riscos livremente negociada entre as partes, mas apenas redistribui os riscos, retomando a repartição desejada pelo legislador. Ou, mais claramente, a desconsideração enquadra-se em uma regra geral de repressão ao comportamento de *free-rider*. Como *free-rider* define-se o agente que quer gozar das vantagens mas não dos custos da responsabilidade limitada, ou seja, aquele agente que usa a responsabilidade limitada não passivamente, como um meio de salvação no caso extremo de falência, mas ativamente, como elemento estratégico para a externalização de riscos em maneira diversa daquela prevista no ordenamento.[96] O ordenamento deve intervir, consequentemente, para eliminar esses abusos e repristinar a distribuição de riscos desejada.

Essa perspectiva intervencionista (que vê no direito não um corpo de regras que devam buscar a neutralidade do ponto de vista econômico, mas sim que devam influir nos desequilíbrios naturalmente criados pelo mercado) facilita a aplicação mais ampla da desconsideração. A própria desconsideração atributiva torna-se aceitável, desde que existam razões econômicas (*v.g.*, a proteção dos interesses de grupos particularmente fracos etc.) a justificar uma diversa distribuição dos riscos (o que claramente não seria aceitável na visão liberal).

8.4 Recepção legislativa das teorias no Brasil

No Brasil, destaca-se a recepção tardia e ainda apenas parcial dessa teoria *intervencionista*, sem dúvida mais adaptável a sua realidade econômica.

A lei acionária de 1976 adotou plenamente a teoria de Posner. A responsabilidade limitada nos grupos de direito e nas sociedades unipessoais (subsidiárias integrais), desacompanhada de qualquer regra especial de organização interna ou de desconsideração, é justificada pelo

---

95. Cf. M. Lehmann, "Das Privileg der beschränkten Haftung und der Durchgriff in Gesellschafts- und Konzernrecht – eine juristische und ökonomische Analyse", in *ZGR*, 1986, p. 352.

96. Cf. M. Lehmann, "Das Privileg der beschränkten Haftung", cit., pp. 362-363.

legislador com base na livre negociação realizada entre credor e devedor, afirmando-se que o credor normalmente exige garantias pessoais do sócio ou da sociedade controladora.[97] É pressuposta, evidentemente, a existência de um poder de negociação entre as partes. O resultado é o prejuízo da grande massa de pequenos credores que, como visto, não têm condições de negociar com a sociedade.

Apenas no Código de Defesa do Consumidor nota-se uma menor preocupação com a neutralidade das leis e sua utilização com função substitutiva (*Ersatzfunktion*) nas relações em que o mercado em si não consegue estabelecer um equilíbrio entre as partes. O artigo 28 prevê uma série de razões para a desconsideração: abuso de direito, excesso de poder, fato ou ato ilícito, violação dos estatutos ou do contrato social, ou liquidação da sociedade por má administração. Os §§ 2º ao 4º impõem a responsabilidade subsidiária das sociedades de grupo controladas e consorciadas pelos débitos perante o consumidor sem qualquer demonstração de culpa. Finalmente, o § 5º contém uma fórmula geral, capaz de dar liberdade ao juiz, que prevê a desconsideração sempre que a personalidade jurídica for, de qualquer modo, um óbice ao ressarcimento dos danos causados ao consumidor.

A amplitude das hipóteses é incompatível com a tese liberal, mesmo admitindo-se o reconhecimento de uma maior dificuldade de informação por parte dos consumidores. Até porque o Código amplia grandemente o acesso à informação, diminuindo fortemente seus *custos*. Se o pressuposto fosse liberal, bastariam as regras de informação, não sendo necessária a desconsideração.

Mais recentemente, como já observado, o Código Civil (art. 50) adotou definição que, bem interpretada pela jurisprudência, poderá limitar ainda mais a aplicação da tese liberal em nosso país.[98]

97. V. Exposição justificativa do Ministro da Fazenda à Lei 6.404, cap. 21.

98. Os requisitos do artigo 50 têm encontrado aplicação nos tribunais brasileiros, como bem exemplificam os seguintes julgados: "Processual civil e civil. Recurso especial. Ação de execução de título judicial. Inexistência de bens de propriedade da empresa executada. Desconsideração da personalidade jurídica. Inviabilidade. Incidência do artigo 50 do CC/2002. Aplicação da Teoria Maior da Desconsideração da Personalidade Jurídica. – A mudança de endereço da empresa executada associada à inexistência de bens capazes de satisfazer o crédito pleiteado pelo exequente não constituem motivos suficientes para a desconsideração da sua personalidade jurídica. – A regra geral adotada no ordenamento jurídico brasileiro é aquela prevista no artigo 50 do CC/2002, que consagra a Teoria Maior da Desconsideração, tanto na sua vertente subjetiva quanto na objetiva. – Salvo em situações excepcio-

8.5 Os limites econômicos da desconsideração

Definiu-se acima um método de desconsideração que permite um certo grau de direção externa da sociedade. É necessário, no entanto, sistematizar os limites, todos já mencionados, sob pena de criar-se uma insegurança jurídica insuportável para os operadores econômicos.

O primeiro e mais relevante é constituído pelos próprios requisitos objetivos necessários para a aplicação da teoria da desconsideração. Um sócio que queira assegurar-se de não ver seu patrimônio pessoal envolvido no insucesso do seu negócio deve dotar a sociedade do mínimo de capital necessário ao exercício de sua atividade, assegurar a rigorosa separação de sua esfera patrimonial pessoal da esfera social, bem como

nais previstas em leis especiais, somente é possível a desconsideração da personalidade jurídica quando verificado o desvio de finalidade (Teoria Maior Subjetiva da Desconsideração), caracterizado pelo ato intencional dos sócios de fraudar terceiros com o uso abusivo da personalidade jurídica, ou quando evidenciada a confusão patrimonial (Teoria Maior Objetiva da Desconsideração), demonstrada pela inexistência, no campo dos fatos, de separação entre o patrimônio da pessoa jurídica e os de seus sócios. Recurso especial provido para afastar a desconsideração da personalidade jurídica da recorrente" (STJ, REsp 970.635, Rel. Min. Nancy Andrighi, j. 10.11.2009); "A desconsideração da pessoa jurídica, mesmo no caso de grupos econômicos, deve ser reconhecida em situações excepcionais, quando verificado que a empresa devedora pertence a grupo de sociedades sob o mesmo controle e com estrutura meramente formal, o que ocorre quando diversas pessoas jurídicas do grupo exercem suas atividades sob unidade gerencial, laboral e patrimonial, e, ainda, quando se visualizar a confusão de patrimônio, fraudes, abuso de direito e má-fé com prejuízo a credores" (STJ, REsp 968.564, Rel. Min. Arnaldo Esteves Lima, j. 18.12.2008). V., ainda, REsp 744.107, Rel. Min. Fernando Gonçalves, j. 20.5.2008, e REsp 876.974, Rel. Min. Nancy Andrighi, j. 9.8.2007. A atual interpretação jurisprudencial do artigo 50 do CC caminha inclusive para a sua aplicação aos casos de desconsideração inversa, desde que os requisitos de *confusão patrimon*ial ou desvio de finalidade estejam presentes: "IV – Considerando-se que a finalidade da *disregard doctrine* é combater a utilização indevida do ente societário por seus sócios, o que pode ocorrer também nos casos em que o sócio controlador esvazia o seu patrimônio pessoal e o integraliza na pessoa jurídica, conclui-se, de uma interpretação teleológica do artigo 50 do CC/2002, ser possível a desconsideração inversa da personalidade jurídica, de modo a atingir bens da sociedade em razão de dívidas contraídas pelo sócio controlador, conquanto preenchidos os requisitos previstos na norma. V – A desconsideração da personalidade jurídica configura-se como medida excepcional. Sua adoção somente é recomendada quando forem atendidos os pressupostos específicos relacionados com a fraude ou abuso de direito estabelecidos no artigo 50 do CC/2002. Somente se forem verificados os requisitos da sua incidência, poderá o juiz, no próprio processo de execução, 'levantar o véu' da personalidade jurídica para que o ato de desapropriação atinja os bens da empresa" (STJ, REsp 948.117, Rel. Min. Nancy Andrighi, j. 22.6.2010).

não usar da forma societária para benefício próprio. Deve, portanto, assegurar que a organização societária constitua realmente um centro autônomo de decisões, como presumido pelo ordenamento.

Mas é possível ir mais adiante. Ambas as teorias sobre a análise econômica da responsabilidade limitada são úteis para determinar os limites da desconsideração. Aqui, não se trata de preferir uma à outra, mas sim de utilizar os aspectos relevantes de cada uma delas.

Assim é que se podem individuar dois grupos de credores, cada um deles internamente heterogêneo, mas que podem sujeitar-se, sem grande risco de erro, aos pressupostos básicos de cada uma das teorias.

O primeiro grupo é composto pelos credores profissionais ou institucionais, geralmente instituições financeiras. Com relação a eles é possível pressupor a existência de livre mercado. Portanto, com relação a eles pode-se presumir a possibilidade de, com emprego da diligência normal do bom comerciante, informar-se sobre o risco envolvido na transação e, ao mesmo tempo, negociar esse risco com a sociedade. Note-se aqui que basta a possibilidade efetiva de negociação. Se realmente essa negociação existiu ou não e se realmente foi cobrada uma taxa de risco é absolutamente irrelevante para a hipótese analisada.

O segundo grupo, ao contrário, é composto de todos aqueles credores aos quais não se pode aplicar a hipótese da concorrência perfeita. Nele estão compreendidos, portanto, tanto os credores de delito, que não negociaram com a sociedade, como os credores que tiveram a possibilidade teórica mas não efetiva de informar-se sobre a situação da sociedade – ou, em termos mais técnicos: não têm o dever de informar-se em face de seus escassos meios econômicos e do alto custo da informação.[99-100]

99. Hoje parece ser conclusão pacífica a existência de diversos graus de diligência exigíveis segundo as possibilidades econômicas do sujeito. Não é mais compatível com a sociedade moderna a aplicação do grau médio de diligência do *bonus pater familias* como faziam os romanos e nem tampouco o conceito único de diligência do comerciante dos medievais.

O critério de diligência a ser aplicado depende da possibilidade econômica do agente. Esse princípio já é de há muito reconhecido na jurisprudência alemã (v. decisão do *BGH*, de 17.9.1958). Para afirmação do mesmo princípio na doutrina v. P. Buchmann, *Registerpublizität und Gläubigerschutz bei der Einmanngesellschaft*, Frankfurt/Bern, Lang, 1984, que é expresso à p. 76: "Erfahrungsgemäss sehen nicht alle, insbesondere weniger geschäftsgewandte Gläubiger (Kleingläubiger), vor Geschäftsabschluss das Handelsregister ein. Das gilt vor allen bei Geschäften geringeren Unfangs. Erst den Grossgläubiger ist es als Obliegenheitsverletzung anzurechnen, wenn er sich auf die Firma verlässt und das Handelsregister nicht einsieht" ("A expe-

E também aqueles que, mesmo informados, não teriam condições de negociar com a sociedade.

Esse grupo é composto tipicamente por pequenos fornecedores e empregados. Os primeiros, sempre raciocinando-se em termos de *fattispecie* típica, não têm nem a obrigação nem a possibilidade de informar--se e, mesmo informados, não têm possibilidade de negociar *taxas de risco* com um cliente do qual na maioria dos casos dependem. Quanto aos últimos, claramente não lhes é possível informar-se nem muito menos negociar *taxas de risco* com os empregadores. Mesmo em presença de poderosos sindicatos, que podem fazer presumir a possibilidade de uma negociação coletiva, a íntima ligação entre sucesso da empresa e destino dos empregados faz com que a negociação de uma taxa de risco seja pouco provável. Ao contrário, a experiência demonstra que, em situações de crise, é comum a concordância dos sindicatos com mudanças desfavoráveis aos trabalhadores.

Essa distinção entre credores tem influência direta sobre a desconsideração. Em face dela pode-se sustentar uma aplicação mais restritiva da desconsideração com relação àqueles credores, como os credores institucionais (profissionais) que têm o dever de verificar a situação econômica do devedor e têm a possibilidade de negociar uma taxa de risco. O mesmo deve ser dito com relação a outros credores, se do contrato

riência demonstra que nem todos os credores, sobretudo poucos pequenos credores, verificam o registro comercial antes do fechamento do negócio. Sobretudo em caso de negócios de pouca monta. Apenas da parte do grande credor caracteriza-se o descumprimento de um dever quando ele confia na firma e não verifica os registros").

É interessante notar que, na Alemanha, existe inclusive uma obrigação dos bancos de verificar a situação econômica do devedor nos empréstimos superiores a € 750.000 (*Gesetz über das Kreditwesen*, § 18), obrigação que inclui, segundo a doutrina, também a verificação dos registros. V. P. Buchmann, *Registerpublizität und Gläubigerschutz bei der Einmann-Gesellschaft*, cit., p. 76, nota 53.

100. Uma aplicação parcial de tal princípio na jurisprudência brasileira pode ser encontrada na interessante decisão do Tribunal de Justiça do Rio Grande do Sul. Desconsiderou-se a personalidade jurídica de uma sociedade imobiliária, com base no fato de que o nome da sociedade controladora figurava nos contratos de venda de imóveis como uma espécie de garantidora dos negócios – ao menos essa era a impressão que poderia causar aos pequenos e desinformados compradores de moradias populares (já que não havia qualquer cláusula contratual expressa que o caracterizasse como garante). Desconsiderou-se a personalidade jurídica sem qualquer indício de fraude, apenas com base na ausência dos pressupostos para a manutenção da personalidade jurídica: no caso, tendo-se em vista sobretudo a diminuta possibilidade de informação dos pequenos compradores (cf. *RT* 631/197, TJRS, j. 11.5.1988).

pode-se depreender claramente a existência de um controle prévio das condições econômicas do devedor e a assunção do risco. Nesse caso, será admissível a desconsideração apenas com base em um aumento superveniente e imprevisível dos riscos, de modo a modificar substancialmente a situação inicial.

Assim, a desconsideração não será mais do que uma repristinação da distribuição de riscos pretendida pelas partes, um caso, portanto, de aplicação da cláusula *rebus sic stantibus* com relação à solvabilidade do devedor. Ficaria afastada nesse caso, por exemplo, a possibilidade de desconsideração baseada em capitalização insuficiente, pois essa consistiria numa condição já existente e verificável no momento da conclusão do contrato.

Com relação ao segundo grupo, no entanto, a desconsideração poderia basear-se em qualquer fato já existente no momento da contratação ou mesmo, caso o objetivo da norma a ser aplicada justificasse, na própria utilidade de imputar uma determinada relação também ao sócio. É o caso, já exemplificado, das disposições a respeito da desconsideração constantes do Código do Consumidor.

Capítulo XV

RESPONSABILIDADE PENAL E CONCEITO DE PESSOA JURÍDICA

1. As teorias sobre a pessoa jurídica e sobre a formação da vontade no seu interior: 1.1 A teoria da ficção e o contratualismo; 1.2 A teoria realista e o institucionalismo. 2. A influência dessas teorias na polêmica sobre o crime da pessoa jurídica: 2.1 O direito comparado; 2.2 A posição do direito brasileiro: 2.2.1 No direito societário: entre contratualismo e institucionalismo; 2.2.2 Crime da pessoa jurídica: reconhecimento positivo; 2.2.3 Crime de pessoa física através da pessoa jurídica: a Lei 8.137/90. 3. Conclusão.

1. As teorias sobre a pessoa jurídica e sobre a formação da vontade no seu interior

A doutrina, ao se debruçar sobre o tema da responsabilidade penal da pessoa jurídica, costuma se limitar a considerações sobre as teorias que explicam o reconhecimento jurídico de sua existência. Refiro-me às teorias da ficção e realidade, atribuídas a Savigny e Gierke, respectivamente.

Averiguar historicamente as concepções sobre a constituição das pessoas jurídicas é um trabalho fundamental ao estudioso que pretenda indagar sobre a possibilidade de responsabilização penal e sobre o conteúdo dessa responsabilidade. Isto porque a personificação de um ente, no sentido de criação de um centro de imputação de direitos e deveres, é o primeiro passo rumo ao reconhecimento de sua responsabilidade, ainda que em termos genéricos.

1.1 A teoria da ficção e o contratualismo

Para entender bem a concepção de Savigny sobre as pessoas jurídicas,[1] é necessário ter bem clara a realidade dogmático-jurídica que o autor tinha diante de si. A ele cabia explicar as pessoas jurídicas em um sistema que reconhecia no homem o centro *natural* de direitos e deveres. Devia fazê-lo, porém, não mais com base nos postulados liberais[2] da escola naturalista, mas sim com base em conceitos jurídicos precisos, que a "vocação de seu tempo para a ciência jurídica" impunha. Era preciso, portanto, dar ao conceito uma tonalidade mais jurídica, liberando-o do *realismo social* a ele atribuído pelo racionalismo jurídico.[3]

A opção de Savigny pela explicação ficcionista ou normativa da pessoa jurídica justifica-se. A ficção é para ele um meio de afirmar o caráter artificial de tal atribuição, sem negar a realidade própria dos agrupamentos humanos aos quais é atribuída a personalidade jurídica. Savigny nunca negou a *soziale Realität des Verbandes* (realismo social da associação). Acreditava, no entanto, que tal realismo, por ser excessivamente múltiplo, não pertencia ao conceito de pessoa jurídica.[4]

Segundo Savigny, a capacidade jurídica conferida a esses entes não é plena. O autor a reduz à capacidade patrimonial, o que é explicável menos à luz de rígidas posturas dogmáticas, e mais em função das condições econômicas e sociais vigentes à época.

1. Faz-se referência, obviamente, à teoria exposta no *System des heutigen römischen Rechts*, II, cit..
2. No sentido de não ligação a nenhum direito tradicional a ele atribuído por H. Coing, *Zur Geschichte des Privatrechtsystems*, Frankfurt, Klostermann, 1962, p. 23, que esclarece as consequências de uma tal afirmação: "Die Hemmungen, die dem Streben nach systematischer Einheit die historische Gestalt des römischen Rechts entgegensetzen musste, wurden damit überwunden".
3. Cf. F. Wieacker, "Zur Theorie", cit., p. 363.
4. Cf. W. Flume, *Allgemeiner Teil des bürgerlichen Rechts, 1, 2, Die juristische Person*, cit., p. 4. O autor vê, ao contrário, na teoria de Windscheid uma ficção no sentido próprio do termo porque ali se nega efetivamente a realidade pré-jurídica das corporações: "Der Unterschied zur Lehre Savignys besteht darin, dass nach Savigny den als juristische Person in Frage kommenden sozialen Gebilden, deren Existenz nicht in Frage steht, durch die Fiktion nur die Eigenschaft der Rechtsfähigkeit = Vermögensfähigkeit beigelegt wird, wahrend Windscheid nicht von der Wirklichkeit der Gebilde, sondern von der von ihm angenommenen Subjektslösigkeit der Rechte ausgeht und die Fiktion der juristischen Person nach Windscheid nur ein Bedürfnis der juristischen Technik befriedigt" (p. 16).

Como já afirmamos, em 1835, sobretudo na Alemanha, vigorava ainda um modo de produção pré-industrial, caracterizado pela inexistência de mercado nacional e de sistema bancário e creditício. Isso fazia com que existisse, de um lado, grande necessidade de instrumentos que permitissem o agrupamento de recursos e, de outro, grande preocupação com a solvência das pequenas (e frequentemente subcapitalizadas) empresas. Daí a preocupação em facilitar a criação de novos centros de imputação de direitos e deveres e a preocupação em negar a possibilidade de separação patrimonial livre.

Assim é que, em Savigny, é de particular importância o destaque dado aos pressupostos normativos para o reconhecimento da personalidade jurídica. Como a capacidade patrimonial era o dado mais importante, a pessoa jurídica permanecia uma ficção do direito, incapaz de gerar uma vontade própria.

O artificialismo da pessoa jurídica reconhecida por Savigny nada mais é que uma consequência da concepção, não expressamente declarada, da sociedade como um ente capaz de atribuir personalidade jurídica aos interesses dos sócios como um conjunto. Esse conceito de pessoa jurídica é o que melhor se coaduna com os princípios contratualistas de direito societário. Para que se possa compreender essa afirmação, deve-se fazer uma análise mais detida do contratualismo.

O contratualismo é a concepção do interesse social que sustenta ser ele coincidente com o interesse do grupo de sócios. Como é sabido, foi na doutrina e jurisprudência italianas que a concepção contratualista teve seu maior desenvolvimento.

É necessário, no entanto, fazer uma análise separada da lei, na qual a concepção contratualista manifesta-se de forma prevalecente, mas não exclusiva,[5] e de uma particular (e hoje majoritária) interpretação doutrinária, que veio se afirmando sobretudo a partir da metade dos anos 60, que vê na disciplina societária uma disciplina exclusivamente contratual.

Deve-se, no entanto, esclarecer os sentidos que pode assumir o termo *contratualismo*. Pode-se dizer que o sistema italiano é tradicionalmente contratualístico na medida em que nega que o interesse social

---

5. Sobre a individualização dos traços institucionalistas no ordenamento societário italiano, v. F. Galgano, *Diritto commerciale – Le società*, cit., pp. 361 e ss.

seja hierarquicamente superior ao interesse dos sócios. Trata-se, portanto, de um contratualismo definido por contraposição ao institucionalismo.[6]

Talvez sua representação mais sugestiva seja a feita por Asquini no famoso artigo intitulado "I battelli del Reno", cujo ponto de partida é exatamente uma frase atribuída a um administrador do *Norddeutscher Lloyd*, "il quale avrebbe dichiarato in forma polemica che scopo della sua società era non di distribuire utili agli azionisti, ma di fare andare i battelli sul Reno (o sui mari)".[7]

Deste contratualismo por antonomásia podem-se deduzir duas vertentes diversas: segundo a primeira, o interesse social é depurado de elementos externos. Define-se o interesse social sempre como o interesse dos sócios e somente dos sócios atuais. Pela segunda vertente, incluem-se na categoria sócio não apenas os atuais, como também os futuros. A perspectiva a longo prazo do interesse social ganha importância. Obviamente, nesse caso, assume relevância também o próprio interesse à preservação da empresa, motivo pelo qual afirma-se que essa variante contratualista, na prática, pouco se distingue da teoria institucionalista.[8]

Interessa nesse momento mais a primeira versão, por sua contraposição ao institucionalismo e por sua vigência, ainda que parcial, no Brasil.

Trata-se de conceber o interesse social como referente apenas ao grupo de sócios atuais.[9] Um dos principais defensores desse tipo de concepção é Jaeger. Para ele, o interesse social não constitui um conceito abstrato, mas sim algo de concreto, definível apenas quando comparado com o interesse do sócio para aplicação das regras sobre conflito de interesses.[10]

O autor chega a tal conclusão a partir de sua concepção particular do contrato de sociedade: como o contrato social é de execução continuada

---

6. Cf. F. Galgano, *Diritto commerciale – Le società*, cit., p. 360, nota 9, que afirma: "é una teoria che si autodefinisce, polemicamente, 'contrattualistica' per sottolineare il fatto che essa respinge la concezione della società come 'istituzione' staccata dalle persone dei soci e la configura, all'opposto, quale rapporto contrattuale fra pib persone, che non involge altro interesse se non quello delle parti contraenti".

7. Cf. A. Asquini, "I battelli del Reno", in *Rivista delle Società*, 1959, p. 617.

8. Cf. P. G. Jaeger, *L'interesse sociale*, cit., pp. 89 e ss.

9. Cf. F. Galgano, *Diritto commerciale – Le società*, cit., p. 361.

10. Cf. P. G. Jaeger, *L'interesse sociale*, cit., p. 218.

e o interesse social é o interesse do grupo de sócios,[11] aquele interesse social pode ser constantemente revisto e eventualmente desconsiderado de modo explícito quando se trata de decisão unânime dos sócios.

1.2 A teoria realista e o institucionalismo

A concepção da teoria realista é legado de Gierke, embora descrevê-la como uma teoria da pessoa jurídica não seja totalmente correto. Na verdade, para ele a pessoa jurídica tem pouca importância. Mais relevante é a realidade que está à base desse instituto jurídico. É por isso que a principal característica destacada na teoria de Gierke é o retorno da concepção do fenômeno associativo como *realidade social*.

O mérito de sua teoria está menos na coerência dogmática e mais no fato de ter chamado atenção para o perfil interno das associações. Muito dos aspectos por ele levantados são ainda hoje elementos centrais da teoria societária. A valorização da discussão sobre a estrutura e organização da sociedade é um exemplo. Outro exemplo é o organicismo, consequência direta da afirmação da vontade própria da sociedade. Também à sua decidida crítica à possibilidade de definir uma personalidade jurídica exclusivamente de direito privado, prende-se a discussão a respeito da capacidade delitual da pessoa jurídica.

Quanto aos passos necessários à afirmação dessa ampla capacidade das pessoas jurídicas, a teoria é de difícil avaliação do ponto de vista jurídico, e não totalmente convincente do ponto de vista lógico. Procedendo de maneira inversa, ou seja, partindo do reconhecimento da capacidade jurídica para depois chegar à justificativa da realidade existente, pode-se dizer que o primeiro passo de Gierke é tão ficcionista quanto a teoria de Savigny, pois quanto mais revela a capacidade dos fenômenos associativos de terem vontade própria, tanto mais a questão do reconhecimento da sua capacidade é deixada a cargo do legislador.

Gierke identifica o elemento que confere vontade própria à sociedade na pluralidade de seus componentes.[12] Segundo o autor, é essa

11. O autor fez uma diferença entre "interesses de grupo", limitáveis temporalmente por representarem os interesses de um grupo determinado de pessoas e "interesses de série", cuja duração é naturalmente indefinida, pois representam sujeitos não todos determinados e não todos existentes ao mesmo tempo (cf. P. G. Jaeger, *L'interesse sociale*, cit., pp. 128 e ss.).

12. O. von Gierke identifica a alma da corporação (sociedade) na vontade comum "(...) ihre Seele ist ein einheitlicher Gemeinwille, ihr Körper ein Vereinsorganismus" (*Deutsches Privatrecht* I, Leipzig, 1895, p. 474).

capacidade de ter vontade própria que atribui *realidade* ao fenômeno associativo, único parâmetro aceitável para atribuição de personalidade jurídica.

Assim, a teoria realista explica o fenômeno da personalidade jurídica pelo reconhecimento de que uma associação ou corporação é capaz de ter vontade própria, embora a atribuição de personalidade a essa vontade careça de positivação jurídica.

É necessário ainda estabelecer a conexão entre a concepção realista de pessoa jurídica e a teoria institucionalista sobre a função das sociedades. O exercício é necessário, pois, como acabamos de examinar, a teoria realista tem como propósito específico justificar a atribuição de personalidade a um fenômeno associativo, o que era privilégio dos seres humanos nascidos com vida. Ao fazê-lo, limita-se a imaginar que a pessoa jurídica tenha vontade própria, porém não se ocupa de analisar o processo de formação dessa vontade. E aqui entra a contribuição da teoria institucionalista do direito societário, pois é ela que auxiliará na compreensão desse processo.

Com efeito, a doutrina institucionalista representa um modelo bastante consistente de explicação da realidade que a teoria de Gierke procurou captar para justificar a existência das pessoas jurídicas.[13]

O institucionalismo teve maior elaboração na Alemanha.

2. *A influência dessas teorias na polêmica sobre o crime da pessoa jurídica*

Antes de identificar de que forma se manifestaram as teorias acima expostas no campo do direito penal, com especial atenção para o crime da pessoa jurídica, é necessário realizar uma incursão nas origens da responsabilidade penal desta.

Para tanto, será preciso investigar historicamente as razões da resistência do direito à ideia da responsabilidade penal da pessoa jurídica. Apontar-se-ão logo em seguida os motivos que abalaram essa resistência.

Cumprida essa breve análise, impõe-se fazer uma síntese comparativista do pensamento jurídico em torno do tema, pois o direito comparado é capaz de identificar os problemas pertinentes a questões polêmicas como a responsabilidade penal da pessoa jurídica.

13. Cf., para a doutrina institucionalista, *supra* Capítulo II.

Cientes dos problemas, veremos em que medida a doutrina penalista está apta a resolvê-los por meio de seus instrumentos tradicionais, sobretudo à luz da teoria finalista do crime, na forma como esta foi incorporada à parte geral de nosso Código Penal quando da reforma legislativa de 1984.

É justamente nesse momento que será possível reconhecer de que forma o direito penal recebeu as teorias sobre a pessoa jurídica e a formação de vontade em seu interior. Ficará então claro o caminho escolhido pelo direito positivo brasileiro ao tratar da responsabilidade penal da pessoa jurídica.

2.1 O direito comparado

O tema da responsabilidade penal da pessoa jurídica é extremamente atual nos países de tradição jurídica romano-germânica, que sempre tiveram resistência em aceitá-la. Por outro lado, não representa nenhuma polêmica nos países de *Common Law*, que há mais de um século reconhecem a possibilidade de responsabilizar a pessoa jurídica criminalmente por atos praticados por seus membros, ainda que tais atos não resultem em benefício a ela.

À base dessa diferença profunda no tratamento da mesma questão está a concepção jurídica sobre a empresa, sua existência e a formação de vontade em seu interior. Enquanto os países de tradição romano-germânica permaneceram imersos em longos debates em torno da gênese da pessoa jurídica, passando da teoria da ficção à da realidade, e a seguir vacilando entre as correntes contratualista e institucionalista sobre o interesse social, o enfoque pragmático da *Common Law* sempre aceitou a empresa como uma realidade social inafastável, dotada de vontade própria e capaz de se comportar em desconformidade ao direito.

Na Inglaterra, por exemplo, vigora o princípio da responsabilidade penal das pessoas jurídicas desde 1845, após uma decisão jurisprudencial que admitiu essa espécie de responsabilidade em matéria de infrações cometidas por negligência ou por omissão.

A interpretação jurisprudencial foi progressivamente alargando o campo de responsabilização criminal da pessoa jurídica, até que o *Interpretation Act* de 1889 a equiparou expressamente às pessoas físicas. Atualmente, no direito britânico as pessoas jurídicas podem ser penalmente responsáveis por qualquer crime, exceto aqueles que, por natureza, não podem ser por elas cometidos: adultério, estupro etc.[14]

Nos Estados Unidos, estudos sobre as violações à lei das grandes empresas salientam o fato de que seus empregados são estimulados a agir conforme o interesse complexo da organização empresarial,[15] o que é bastante revelador da existência concreta de uma vontade autônoma da empresa em relação aos sócios. Baseada nessa realidade, a jurisprudência dá amplo reconhecimento à capacidade delitual penal dos entes coletivos.

Na Holanda, a responsabilidade penal das pessoas jurídicas é prevista no Código Penal de 1976. A jurisprudência holandesa firmou a posição de que o proprietário de uma empresa não é automaticamente responsável por atos que não tenha ele próprio praticado ou influenciado.[16] Daí porque resta excluída a possibilidade de responsabilização objetiva pessoal.

Além dos países de *Common Law* e da Holanda, cumpre mencionar que, na França, a responsabilidade penal das pessoas morais, com exceção do próprio Estado, foi definitivamente admitida pelo Código Penal francês, em vigor desde 1º de março de 1994.

A inovação legislativa é fruto do reconhecimento teórico de que os entes morais são capazes de vontade própria distinta da vontade individual de seus membros. Basta que a infração seja cometida por um órgão ou representante da pessoa jurídica, em proveito e no interesse desta, para que sua responsabilidade penal fique caracterizada. O Código Penal regula também minuciosamente as penas aplicáveis aos entes morais, que podem ser multa, dissolução, proibição de atividades profissionais, vigilância judicial, proibição de participar de licitações, proibição de emitir cheques, confisco e obrigação de publicar a sentença condenatória.

A legislação francesa é exemplo da transposição, para o direito penal, da teoria alemã do *Unternehmensinteresse*, assim concebido como um interesse que não se reduz ao dos sócios, e que é fruto da conjugação

---

14. M. A. Lopes Rocha, "A responsabilidade penal das pessoas colectivas – Novas perspectivas", in *Direito penal econômico*, Centro de Estudos Judiciários, Lisboa, 1985, p. 132.

15. M. B. Clinard e P. C. Yeager, *Corporate crime*, New York, Free Press, 1980, p. 63.

16. S. S. Shecaira, *Responsabilidade penal da pessoa jurídica*, São Paulo, Ed. RT, 1998, pp. 51 e 52.

de uma série de outros interesses, sobretudo o de preservação da própria empresa. Na medida em que a empresa ganha relevância social como instituição independente da figura de seus sócios e administradores, seus atos passam a ter consequências jurídicas próprias, inclusive na esfera penal.

Mas o mais importante de tudo é notar que o reconhecimento do crime da pessoa jurídica leva à aplicação de sanções contra ela, e exclusivamente contra ela. Assim a pessoa jurídica, nas várias legislações que reconhecem a possibilidade da prática de crime, pode se sujeitar a sanções que variam da multa até a dissolução. Essa postura legislativa é teoricamente bastante correta. Com efeito, se à pessoa jurídica é atribuída vontade e interesse próprio, que não se confunde com o das pessoas físicas, não há que se admitir a punição dessas últimas por atos oriundos de vontade social e não de vontade individual de qualquer empregado ou sócio.

Cumpre agora mencionar brevemente os países que oferecem resistência ao reconhecimento da responsabilidade penal da pessoa jurídica. Não por acaso, como se verá, essa resistência vem exatamente dos países que têm maior tradição contratualista.

Na Itália, terra mãe do contratualismo, o princípio da responsabilidade penal individual está inscrito na própria Constituição, artigo 27, I, de modo que não é possível impor sanções criminais às pessoas jurídicas. Mesmo assim, há previsão expressa da solidariedade da pessoa jurídica no pagamento de penas pecuniárias a que seja condenado seu representante ou empregado na esfera criminal.

Em Portugal, o Código Penal, de 15 de março de 1995, manteve o conceito de que só as pessoas singulares podem ser sujeitos ativos de conduta criminal. Porém é certo que essa regra contém exceções, pois se encontram exemplos de responsabilização criminal da pessoa jurídica na legislação extravagante. Um deles é a Lei 15/2001, que, no artigo 12, aplica às pessoas coletivas, sociedades, ainda que irregularmente constituídas, e outras entidades fiscalmente equiparadas as multas previstas para os crimes tributários, quando estes tenham sido praticados pelos respectivos órgãos no exercício das suas funções. Note-se que esta responsabilidade cumula-se com a responsabilidade penal do agente que pratica o ato.[17]

17. M. A. Lopes Rocha, "A responsabilidade penal", cit., pp. 154 e 155.

Em matéria de responsabilidade penal de entes coletivos, o diploma legal mais importante em Portugal é o Decreto-lei 28/84, relativo às infrações contra a economia e contra a saúde pública, editado em função das recomendações oriundas de instâncias internacionais como o Conselho Europeu. Interessante notar que o legislador, ao consagrar o princípio da responsabilidade penal das pessoas coletivas, exigiu a prova de uma conexão entre o comportamento do agente singular e o ente coletivo, considerando necessária a presença dos seguintes requisitos: (a) o ato é praticado por quem atua em termos de vincular a pessoa coletiva, sociedade ou associação de fato; e (b) a pessoa física pratica o ato procurando a satisfação de interesses da pessoa coletiva, sociedade ou associação de fato.

Além disso, no preâmbulo do mencionado Decreto-lei, lê-se com clareza a razão de política criminal que levou o legislador a editá-lo: "Tratando-se de um tema polémico em termos de dogmática jurídico-penal, nem por isso devem ignorar-se as realidades práticas, pois se reconhece por toda parte que é no domínio da criminalidade económica que mais se tem defendido o abandono do velho princípio *societas delinquere non potest*".[18]

Mas talvez o país onde a tese contrária à responsabilização da pessoa jurídica mais seja forte é a Espanha. O direito espanhol consagra em termos absolutos o princípio *societas delinquere non potest*. A doutrina espanhola, por sua vez, encontra grande dificuldade em admitir o contrário, entendendo que ação e culpabilidade são conceitos construídos exclusivamente com relação às pessoas físicas.[19]

Comum a todos esses ordenamentos contrários ao reconhecimento do crime da pessoa jurídica é a compreensão de que, sendo a pessoa jurídica uma mera ficção, essa se resume ao conjunto das vontades individuais de seus participantes. Consequentemente, é necessário provar o concurso individual de uma das pessoas físicas.

18. M. A. Lopes Rocha, "A responsabilidade penal", cit., p. 162.
19. J. Terradillos Basoco, *Derecho penal de la empresa*, Madrid, Editorial Trotta, 1995; M. Bajo Fernández, "La responsabilidad penal de las personas jurídicas en el derecho administrativo español"; e L. García Martín, "La cuestión de la responsabilidad penal de las propias personas jurídicas", in *Responsabilidad penal de las empresas y sus órganos y responsabilidad por el producto*, Barcelona, Bosch Editor, 1996.

2.2 A posição do direito brasileiro

2.2.1 No direito societário: entre contratualismo e institucionalismo

O sistema brasileiro é uma interessante demonstração prática das diferenças básicas de ambas as teorias com relação à sociedade unipessoal e dos resultados, não de todo coerentes, a que a convivência de ambas as teorias em um mesmo sistema positivo pode levar.

Os princípios contratualistas permeiam o sistema societário brasileiro. Nosso Código Comercial, ao contrário do Código Civil italiano, não trazia uma definição de sociedade. Sempre, porém, que se referia à sociedade, falava de contrato (art. 300) e de sócios no plural (art. 302). A única definição existente de sociedade é a do artigo 981 do Código Civil, que prevê: "celebram contrato de sociedade as pessoas que reciprocamente se obrigam a contribuir, com bens ou serviços, para o exercício de atividade econômica e a partilha, entre si, dos resultados". Na definição veem-se todos os traços da doutrina contratualista tradicional: a pluralidade de pessoas, concentradas em torno do exercício de uma atividade econômica (e não da criação de uma forma organizativa), e a *reciprocidade* das obrigações entre os sócios, que se obrigam entre si e não com relação à sociedade. Também a doutrina, à luz das disposições legais, formula em geral definições fortemente *contratualistas* da sociedade.[20]

O único campo em que tradicionalmente tem-se admitido a sociedade unipessoal é o da grande empresa. Neste campo, a doutrina brasileira, influenciada sobretudo pelas doutrinas alemã (do institucionalismo *clássico* de Rathenau) e americana, fala de instituição, ou seja, organismos criados sem atenção aos membros do grupo, não redutível aos seus interesses e que revestem um caráter permanente.[21]

Mas esse tipo de posição doutrinária só teve reconhecimento positivo com a lei acionária de 1976. A importância de tal texto para o presente trabalho reside não apenas no expresso reconhecimento da sociedade

---

20. Cf. W. Bulgarelli, *Sociedades comerciais, empresa e estabelecimento*, cit., p. 92; para uma negação clara da possibilidade de sociedade unipessoal com responsabilidade limitada à luz da definição contratual da sociedade, v. W. Ferreira, *Tratado de direito comercial*, vol. 2, *O estatuto do comerciante*, cit., pp. 266 e ss.

21. Cf. R. Requião, "A sociedade anônima como instituição", in *RDM* 18/27 e em particular F. K. Comparato, *Aspectos jurídicos da macroempresa*, cit.; ambos anteriores à lei acionária de 1976, e portanto, com uma análise de *lege ferenda*.

unipessoal (de grupo) que ali pode ser encontrado, mas também na nova filosofia societária introduzida.[22]

Em consequência, tornou-se necessário criar regras que permitissem proteger os investidores contra o arbítrio dos sócios controladores, incentivando-os assim a participar das empresas. Procurou-se criar um sistema de proteção das minorias acionárias, baseado, entre outras coisas, na institucionalização dos poderes e deveres do sócio controlador e dos administradores. Manifestação dessa tendência é o artigo 116, parágrafo único, que estabelece deveres genéricos para o acionista majoritário com relação aos demais acionistas da empresa, aos trabalhadores e à comunidade em que atua. Sobre a utilidade desse tipo de declaração genérica, que não encontra tradução em regras organizativas, existem muitas dúvidas. Pode-se questionar se não acaba servindo, como ocorreu na Alemanha, para justificar atuações dos acionistas majoritários e seus representantes no interesse próprio, em nome de um mal definido interesse social.[23]

É interessante notar que à natureza específica da hipótese não corresponde uma disciplina particular. A lei acionária não contém nenhuma regra especial sobre a responsabilidade, sobre a regulamentação do conflito de interesses, nem mesmo deveres especiais de publicidade para a sociedade unipessoal.

É como se o legislador brasileiro acreditasse na persecução espontânea do interesse social por parte do sócio único, ainda que sem um sistema legal que o constranja a tal. Analisando-se mais profundamente a lei, vê-se que o institucionalismo limita-se à declaração de princípios. Enquanto todos, trabalhadores e até mesmo a coletividade (na qual dever-se-iam incluir, antes de tudo, os credores) são declarados cotitulares do interesse social; para a demanda indenizatória decorrente da atuação da sociedade controladora contra os interesses da controlada, apenas os acionistas têm legitimidade (art. 246).

2.2.2 Crime da pessoa jurídica: reconhecimento positivo

A posição do direito penal brasileiro reflete perfeitamente a dubiedade de perspectiva do direito societário em relação à teoria institucionalista.

---

22. Sobre os objetivos específicos da lei acionária, v. Capítulo II, item 2.3.
23. Para uma crítica da lei com respeito aos interesses dos acionistas minoritários, v. M. Carvalhosa, *A nova lei das sociedades anônimas*, cit., pp. 113 e ss.

A prova dessa divisão começa nas múltiplas interpretações dadas aos dispositivos constitucionais que são apontados como os permissivos da imputação de responsabilidade penal aos entes coletivos (Constituição Federal, artigo 173, § 5º, e artigo 225, § 3º).[24]

De um lado existem dispositivos que claramente admitem a responsabilidade da pessoa jurídica.

A Lei 9.605, de 12 de fevereiro de 1998, que dispõe sobre as sanções penais e administrativas derivadas de condutas lesivas ao meio ambiente, representa o primeiro texto normativo que, entre nós, claramente acolhe a tese da responsabilidade criminal da pessoa jurídica.[25] Requisitos para que a pessoa jurídica seja incriminada são: (a) a infração é cometida por decisão de seu representante legal ou contratual, ou de seu órgão colegiado; e (b) a infração é cometida no interesse da própria pessoa jurídica.

Ao estabelecer os requisitos acima, a Lei 9.605/98 assumiu uma posição bastante clara com relação à pessoa jurídica, entendendo que seu representante legal ou órgão interno expressam uma vontade que não é

---

24. Os defensores da responsabilização penal da pessoa jurídica afirmam que a locução "punições compatíveis com sua natureza", constante do artigo 173, § 5º, da Constituição Federal, representa uma evolução em torno da questão, pois constitui comando constitucional expressamente favorável à penalização da pessoa jurídica. O mesmo valeria para o artigo 225, § 3º, que se refere genericamente a "sanções penais e administrativas". Os partidários da ideia de que somente o ser humano pode ser responsabilizado criminalmente, pois é capaz de agir com autodeterminação e conscientemente, se utilizam do mesmo texto constitucional para sustentar o contrário. O debate é obviamente prejudicado pelo calor do tema. Os citados dispositivos constitucionais são abertos o suficiente para abarcar posições variadas. De resto, o artigo 22 da Constituição atribui competência privativa à União para legislar sobre direito penal, de modo que cabe ao Poder Legislativo, respeitadas as linhas-mestras estabelecidas pela Constituição, dar concreção aos citados textos normativos.

25. Dispõe a Lei 9.605/98, artigo 3º: "As pessoas jurídicas serão responsabilizadas administrativa, civil e penalmente conforme o disposto nesta Lei, nos casos em que a infração seja cometida por decisão de seu representante legal ou contratual, ou de seu órgão colegiado, no interesse ou benefício da sua entidade".

E, no que diz respeito às penas, a lei estabeleceu um regime especial para as pessoas jurídicas: "Art. 21. As penas aplicáveis isolada, cumulativa ou alternativamente às pessoas jurídicas, de acordo com o disposto no art. 3º, são: I – multa; II – restritivas de direitos; III – prestação de serviços à comunidade". Por fim, é valiosa a transcrição do artigo 24: "A pessoa jurídica constituída ou utilizada, preponderantemente, com o fim de permitir, facilitar ou ocultar a prática de crime definido nesta Lei terá decretada sua liquidação forçada, seu patrimônio será considerado instrumento do crime e como tal perdido em favor do Fundo Penitenciário Nacional".

sua, e sim do próprio agrupamento. Ou seja, adotou-se a tese de que a ação de pessoas em nome da pessoa jurídica é, em verdade, ação dela própria, desde que a infração seja cometida em seu interesse e benefício.

A lei absorveu a noção de que a pessoa jurídica é capaz de produzir, por meio de seus órgãos internos, uma vontade própria, que não é passível de redução à vontade individual de seus membros.

A consequência foi a criminalização da pessoa jurídica, com a imputação de sanção a ela (e só a ela).

Mais uma vez, a exemplo do que já ocorrera na França com a introdução do Código Penal, estamos diante de um claro exemplo de transposição da doutrina institucionalista do direito societário para o campo penal. A empresa é capaz de produzir um interesse hierarquicamente superior ao dos sócios, que visa, dentre outros objetivos, à sua autopreservação. É justamente o reconhecimento de que a empresa é uma realidade social que funciona como instituição independente da figura de seus sócios e administradores, que implica seus atos passarem a ter consequências jurídicas próprias, inclusive na esfera penal.

De outro lado, o direito brasileiro contém claras manifestações contrárias à responsabilização penal das pessoas jurídicas. A Lei 8.137/90 que se passa a analisar é o melhor exemplo.

2.2.3 Crime de pessoa física através da pessoa jurídica:
a Lei 8.137/90

Interessa agora o exame da Lei 8.137/90. Como se sabe, ela define crimes contra a ordem tributária, econômica e contra as relações de consumo.

Primeiramente, cabe fazer algumas observações acerca dos crimes previstos nos artigos 4º, inciso I, alínea *a*, inciso II, alínea *b* e inciso III.

A primeira delas é que os crimes ora analisados são do tipo doloso, isto é, pressupõe-se o conhecimento do tipo e a autodeterminação consciente na sua realização. Mais do que isso, estamos diante de um exemplo claro de dolo específico, isto é, "a conduta típica deve ser realizada para alcançar um fim que transcende o momento consumativo do fato punível".[26]

26. H. C. Fragoso, *Lições de direito penal*, 10ª ed., Rio de Janeiro, Forense, 1986, p. 180.

Em consequência da constatação *supra*, é inadmissível a punição de qualquer pessoa por ação meramente culposa, a teor do expressamente previsto no artigo 18, parágrafo único, do Código Penal, com a redação que lhe foi dada pela Lei 7.209/84.

Por outro lado, o artigo 11 da Lei 8.137/90, praticamente reproduzindo os termos do artigo 29 do Código Penal, estabelece a responsabilidade exclusiva de pessoas físicas pelos crimes ora analisados. Não há outro modo de interpretar a locução "quem, de qualquer modo, inclusive por meio de pessoa jurídica, concorre...", senão como a consagração da responsabilidade penal individual. Para que se admitisse a responsabilização da pessoa jurídica, seria imprescindível que a lei a estatuísse expressamente. Essa conclusão decorre obviamente da análise sistemática do sistema normativo penal brasileiro, uma vez que a parte geral do Código Penal se destina exclusivamente a pessoas físicas. Caso o legislador desejasse instituir modalidade diversa de responsabilidade, deveria tê-lo feito expressamente, a exemplo da lei de crimes ambientais.

Ora, o que a Lei 8.137/90 faz é exatamente o contrário. Declara expressamente em seu artigo 11 que responsáveis são as pessoas físicas que praticam crimes através da pessoa jurídica.

Assim, a Lei 8.137/90 não alterou a teoria do crime em seus aspectos fundamentais. Ação e culpabilidade continuam a ser elementos indispensáveis à caracterização da conduta ilícita. Esta, por sua vez, só é atribuível a pessoas físicas, e nunca às jurídicas.

Como então interpretar o artigo 11 da lei? Em que medida ele se diferencia do artigo 29 do Código Penal?

Ao inserir a locução "inclusive por meio de pessoa jurídica", não houve alteração da disciplina do concurso de pessoas. Autor continua a ser, segundo a teoria finalista dominante, aquele que tem o poder de produzir o fato que se identifica com o tipo penal. Partícipe é aquele que intervém nesse fato, colaborando de alguma forma para sua realização, porém sem executar atos que se identifiquem com a figura típica, e sem ter o poder de determinação sobre a ação criminosa. Nota-se que o fato de a pessoa física concorrer para a realização do crime por meio da pessoa jurídica, em nada afeta sua condição de autor, coautor ou simples partícipe. Todas essas situações podem ocorrer no interior da pessoa jurídica.

Assim, parece que a única interpretação razoável sobre a inserção da referida locução é deixar explícito que a responsabilidade pela ação criminosa é da pessoa física, ainda que se dê em favorecimento da pessoa jurídica ou no exercício de cargo ou representação de pessoa jurídica, como é o caso da maioria dos tipos descritos na Lei 8.137/90.

Como vimos acima, a teoria realista da pessoa jurídica, associada ao institucionalismo do direito societário, é capaz de justificar a criminalização da pessoa jurídica, porém sua contribuição ao direito penal não excede essa função. Não é possível criar, a partir dessas teorias, qualquer critério novo de responsabilização das pessoas físicas que estejam a serviço de entes coletivos. Esta só surgirá, como sempre, como decorrência de ação típica – exclusivamente dolosa, no caso da Lei 8.137/90 –, antijurídica e culpável.

3. Conclusão

Espera-se ter demonstrado que a responsabilidade penal da pessoa jurídica envolve em sua profundidade os próprios fundamentos da personificação jurídica. Estes, por outro lado, entrelaçam-se com as definições de interesse social.

Função e estrutura da personalidade jurídica revelam-se, portanto, mais do que nunca, indissociáveis, em mais uma demonstração da necessidade premente de análises prospectivas e funcionais da empresa.

BIBLIOGRAFIA

ADAMEK, M. V. von (coord.). *Temas de direito societário e empresarial contemporâneos – Liber amicorum Prof. Dr. Erasmo Valladão Azevedo e Novaes França.* São Paulo, Malheiros Editores, 2010.

AKERLOFF, G. "The market for lemons: quality uncertainty and the market mechanism". *Quarterly Journal of Economics* 84. 1970, pp. 488 e ss.

ALBERT, M. *Capitalismo "vs." capitalismo.* São Paulo, Loyola, 1992. Trad. do francês *Capitalisme contre capitalisme.* Paris, Editions du Seuil, 1991.

ALCHIAN A.; e DEMSETZ, H. "Production, information costs and economic organization". *American Economic Review* 62. 1972, pp. 777 e ss.

ALDRIGHI, D. M., e OLIVEIRA, A. V. M. de. *The influence of ownership and control structures on the firm performance: evidence from Brazil.* 2007. Disponível in *http://papers.ssrn.com/sol3/papers.cfm?abstract_id=972615.*

D'ALESSANDRO, F. "Persone giuridiche e analisi del linguaggio". In *Studi Ascarelli.* Milano, 1963.

ANGELICI, C. "Recenti decisioni in tema di interesse sociale e personalità giuridica". *Giurisprudenza Commerciale* 1. 1977, pp. 948 e ss.

ARANGIO-RUIZ, G. *La persona giuridica come soggetto strumentale.* Milano, Giuffrè, 1952.

ASCARELLI, T. "Considerazione in tema di società e personalità giuridica". In *Studi in onore di Giuseppe Valeri.* vol. I. Milano, Giuffrè, 1955.

_____. "O contrato plurilateral". In *Problemas das sociedades anônimas e direito comparado.* 2ª ed. São Paulo, Saraiva, 1969.

ASCENÇÃO, J. O. "Estabelecimento comercial e estabelecimento individual de responsabilidade limitada". *Revista da Ordem dos Advogados* (Portugal). 1987, pp. 5 e ss.

ASQUINI, A. "I battelli del Reno". *Rivista delle Società.* 1959, pp. 617 e ss.

AXELROD, R. *The evolution of cooperation.* New York, Basic Books, 1984.

AZARA, A.; e EULA, E. *Novissimo Digesto italiano.* 3ª ed. Torino, UTET, 1958.

BAINBRIDGE, S. M. "Director primacy and shareholder disempowerment". *Harv. L. Rev.* 119, 2006, pp. 1.735 e ss.

BAJO FERNÁNDEZ, M. "La responsabilidad penal de las personas jurídicas en el derecho administrativo español". In *Responsabilidad penal de las empresas y sus órganos y responsabilidad por el producto*. Barcelona, J. M. Bosch, 1996.

BARCLAY, M. J.; e HOLDERNESS, C. G. "Private benefits from control of public corporations". *Journal of Financial Economics* 25. 1989, pp. 371 e ss.

BAUMS, T. "Corporate governance in Germany – System and recent developments". Palestra apresentada no Fórum de Governança Corporativa de Estocolmo, dezembro de 1993.

BEBCHUK, L. A. "A rent-protection theory of corporate ownership and control". *NBER Working Papers* 7203. National Bureau of Economic Research, Inc. 1999. Disponível em *http://www.nber.org/papers/w7203.pdf*.

_____. "The case for increasing shareholder power". *Harv. L. Rev.* 118, 2005, pp. 833 e ss.

_____, e ROE, M. J. "A theory of path dependence in corporate governance and ownership". *Columbia Law School Working Paper* 131. 1999. Disponível in *http://papers.ssrn.com/paper.taf?abstract_id=192414* (também publicado em *Stanford Law Review* 52. 1999, pp. 127 e ss.).

BEHRENS, P. "Rechtspolitische Grundsatzfragen zu einer europäischen Regelung für Übernahmeangebote". *ZGR* 4. 1975, pp. 433 e ss.

_____. "Der Durchgriff über die Grenze". *Rabels Zeitschrift*. 1982, pp. 308 e ss.

_____. "The one man company, report on German law". *XIII International Congress of Comparative Law*. Canada, 1990, pp. 5 e ss.

BEKKER, E. I. "Zweckvermögen, insbesondere Peculium, Handelsvermögen und Aktiengesellschaften". *ZHR* 1861, pp. 499 e ss.

_____. "Zur Lehre vom Rechtssubjekt". *Jahrbücher für die Dogmatik des heutigen römischen und deutschen Privatrechts* XII. Jena, 1872.

BERGLÖF, E.; e VON THADDEN, E. "The changing corporate governance paradigm: implications for transition and developing countries". *Conference Paper*. Annual World Bank Conference on Development Economics. 1999. Disponível in *http://ssrn.com/abstract=183708*.

BERLE JR., A. A.; e MEANS, G. *The modern corporation and private property*. New York, 1967; New Brunswick, Transaction Publishers, 1991.

BESSONE, D. "Contrato – Formação – Obrigatoriedade – Oponibilidade a terceiros – Liberdade de contratar – Acordo de Acionistas – Eficácia – Posição da Companhia – Arquivamento – Sigilo – Prazo" (Parecer). *RF* 300. 1987, pp. 123 e ss.

BIGIAVI, W. *L'imprenditore occulto*. Padova, Cedam, 1954.

_____. "Società controllata e società adoperata come cosa propria". *Giurisprudenza Italiana* 1. vol. I. 1959, pp. 623 e ss.

BONELL, M. J. *Partecipazione operaia e diritto dell'impresa, profili comparatistici*. Milano, Giuffrè, 1983.

BRINZ, A. *Lehrbuch der Pandekten* II. 1. Erlangen, 1860.
BUCHMANN, P. *Registerpublizität und Gläubigerschutz bei der Einmanngesellschaft*. Frankfurt/Bern, Lang, 1984.
BULGARELLI, W. *Sociedades comerciais, empresa e estabelecimento*. São Paulo, Atlas, 1985.
_____. *A teoria jurídica da empresa*. São Paulo, Ed. RT, 1985.
_____. *Regime jurídico da proteção às minorias nas sociedades anônimas*. Rio de Janeiro, Renovar, 1998.
BUSSADA, W. *Código Civil brasileiro interpretado pelos tribunais*. vol. IV, t. XII. Rio de Janeiro, Liber Juris, 1994.

CALABRESI, G. "Some thoughts on risk distribution and the law of torts". *Yale Law Journal* 70. 1961, pp. 499 e ss.
_____. "About law and economics: a letter to R. Dworkin". *Hofstra Law Review*. 1980, pp. 553 e ss.
_____. "The pointlessness of Pareto: carrying Coase further". *Yale Law Journal* 100. 1991, pp. 1.211 e ss.
CANARIS, W. *Die Vertrauenshaftung im deutschen Privatrecht*. München, Beck, 1971.
CARMO, E. S. "Sociedade unipessoal por quotas de responsabilidade limitada". *RF* 303. 1988, pp. 23 e ss.
CARVALHAL-DA-SILVA, A. L., e LEAL, R. P. C. *Corporate governance, market valuation and dividend policy in Brazil*. 2003. Disponível em *http://papers.ssrn.com/sol3/papers.cfm?abstract_id=477302*.
CARVALHO, R. M. B. "Da responsabilidade dos sócios por dívidas da sociedade: sociedade anônima e por quotas de responsabilidade limitada". *RDM* 73/27.
CARVALHOSA, M. *A nova lei das sociedades anônimas, seu modelo econômico*. 2ª ed. Rio de Janeiro, Paz e Terra, 1977.
_____. *Comentários à lei das sociedades anônimas*. vol. 5. São Paulo, Saraiva, 1982.
_____. *Comentários à lei de sociedades anônimas*. vols. 2 e 3. São Paulo, Saraiva, 1997.
_____. "Acordo de acionistas". *RDM* 106. 1997, pp. 20 e ss.
_____, e LATORRACA, N. *Comentários à lei de sociedades anônimas*. vol. 3, 2ª ed. São Paulo, Saraiva, 1998.
CASSIDY, J. "The force of an idea". *New Yorker*. 12.1.1998, pp. 32 e ss.
CEREZETTI, S. C. N. "Administradores independentes e independência dos administradores (regras societárias fundamentais ao estímulo do mercado de capitais brasileiro)". In ADAMEK, M. V. von (coord.). *Temas de direito societário e empresarial contemporâneos – Liber amicorum Prof. Dr. Erasmo Valladão Azevedo e Novaes França*. São Paulo, Malheiros Editores, 2010.
CHAMPAUD, C. "L'entreprise personnelle à responsabilité limitée". *Revue Trimestrielle de Droit Commercial*. 1979, pp. 579 e ss.

CHARNY, D. "The German corporate governance system". *Columbia Business Law Review – Special Symposium Issue*. 1998, pp. 145 e ss.

CLAESSENS, S.; DJANKOV, S.; FAN, J.; e LANG, L. "Disentangling the incentive and entrenchment effects of large shareholdings". *The Journal of Finance*. vol. LVII, n. 6 (dezembro 2002), pp. 2.741 e ss.

CLARK, R. *Corporate law*. New York, Aspen Law and Business, 1986.

CLINARD, M. B.; e YEAGER, P. C. *Corporate crime*. New York, Free Press, 1980.

CLOVER, C. *The end of the line*. New York, The New Press, 2006.

COASE, R. "The problem of social cost". *Journal of Law and Economics* 1. 1960, pp. 3 e ss.

_____. "The nature of the firm". *Economica* 4. 1937, pp. 386 e ss.

COFFEE JR., J. C. "Regulating the market for corporate control: a critical assessment of the tender offer's role in corporate governance". *Columbia Law Review* 84. 1984, pp. 1.145 e ss.

_____. "Privatization and corporate governance: the lessons from securities market failure". *Journal of Corporation Law* 25. 1999, pp. 1 e ss.

_____. "The rise of dispersed ownership: the roles of law and the State in the separation of ownership and control". *The Yale Law Journal* 111. 2001-2002, pp. 1 e ss.

COING, H. *Zur Geschichte des Privatrechtsystems*. Frankfurt, Klostermann, 1962.

COLEMAN, J. L. "Efficiency, utility, and wealth maximization". *Hofstra L. Rev.* 8, 1980, pp. 509 e ss.

COLOMBO, G. E. "Il problema della cogestione alla luce dell'esperienza e dei progetti germanici". *Rivista delle Società*. 1974, pp. 89 e ss.

COMISSÃO CEE. *Une politique de l'entreprise pour la Communauté*. Agosto 1989.

COMPARATO, F. K. *Essai d'analyse dualiste de l'obligation en droit prive*. Paris, Dalloz, 1964.

_____. *Aspectos jurídicos da macroempresa*. São Paulo, Ed. RT, 1970.

_____. "Exclusão dos sócios nas sociedades por quotas de responsabilidade limitada". *RDM* 25. 1977, pp. 39 e ss.

_____. "Validade e eficácia de acordo de acionistas. Execução específica de suas obrigações". In *Novos ensaios e pareceres de direito empresarial*. Rio de Janeiro, Forense, 1981, pp. 52 e ss.

_____. *O poder de controle nas sociedades anônimas*. 3ª ed. Rio de Janeiro, Forense, 1983.

_____. "A reforma da empresa". *RDM* 50. 1983, pp. 57 e ss.

_____. "Controle conjunto, abuso no exercício do voto acionário e alienação direta de controle empresarial". In *Direito empresarial: estudos e pareceres*. São Paulo, Saraiva, 1995.

_____, e SALOMÃO FILHO, C. *O poder de controle da sociedade anônima*. 4ª ed. Rio de Janeiro, Forense, 2005.

COOLS, S. "The real difference in corporate law between the United States and Continental Europe: distribution of powers". *Del. J. Corp. L.* 30, 2005, pp. 697 e ss.
CORREA DE OLIVEIRA, J. L. *A dupla crise da personalidade jurídica*. São Paulo, Saraiva, 1979.
COX, L. "Poison pills: recent developments in delaware law". *University of Cincinnati Law Review* 58. 1989.
CUNHA PEREIRA, G. *Alienação do poder de controle acionário*. São Paulo, Saraiva, 1995.

DEMSETZ, H. "The structure of ownership and the theory of the firm". *J. L. & Econ.* 26, 1983, pp. 375 e ss.
DOHM, J. *Les accords sur l'exercice du droit de vote de l'actionnaire*. Genève, Librairie de l'Université Georg & Cie., 1971.
DOWDING, K. *Power*. Buckingham, Open University Press, 1996.
DROBNIG, U. *Haftungsdurchgriff bei Kapitalgesellschaften*. Berlin/Frankfurt, Metzner, 1959.

EASTERBROOK, F.; e FISCHEL, D. *The economic structure of corporate law*. Cambridge, Harvard University Press, 1991.
_____. "Limited liability and the corporation". *University of Chicago Law Review* 52. 1985, pp. 89 e ss.
_____. "Management fiduciary duty and takeover defenses". In ROMANO, R. *Foundations of corporate law*. New York/Oxford, Oxford University Press, 1993.
_____. "Close corporations and agency costs". *Stan. L. Rev.* 38, 1986, pp. 271 e ss.
EIZIRIK, N. *Sociedades anônimas – Jurisprudência*. Rio de Janeiro, Renovar, 1998.
EMMERICH, V. *Scholz Kommentar zum GmbH-Gesetz*. 7ª ed. Köln, Schmidt, 1986.
_____, e SONNENSCHEIN, L. *Konzernrecht*. München, Beck, 1989.
ENRIQUES, L. *Il conflitto d'interessi degli amministratori di società per azioni*. Milano, Giuffrè, 2000.

FERREIRA, A. B. de H. *Novo dicionário da língua portuguesa*. 2ª ed. Rio de Janeiro, Nova Fronteira, 1986.
FERREIRA, W. *Tratado de direito comercial*. vol. 2 – *O estatuto do comerciante*. São Paulo, Saraiva, 1960.
FERRELL, Allen. "Why Continental European takeover law matters". In FERRARINI, Guido; HOPT, Klaus J.; WINTER, Jaap; e WYMEERSCH, Eddy. *Reforming company and takeover law in Europe*. Oxford, Oxford, 2004.
FERRI, G. B.; e ANGELICI, C. *Studi sull'autonomia dei privati*. Torino, UTET, 1997.

FERRO LUZZI, P. *I contratti associativi*. Milano, Giuffrè, 1976.

FLUME, W. *Allgemeiner Teil des bürgerlichen Rechts*, 1, 2, *Die juristische Person*. Berlin/Heidelberg/New York/Tokio, Springer, 1983.

FRAGOSO, H. C. *Lições de direito penal*. 10ª ed. Rio de Janeiro, Forense, 1986.

FRANÇA, E. V. A. e N. *Conflito de interesses nas assembléias de S.A*. São Paulo, Malheiros Editores, 1993.

FRONTINI, P. S. "Responsabilidade dos administradores em face da nova lei das sociedades por ações". *RDM* 26. 1977, pp. 35 e ss.

GALGANO, F. "Struttura logica e contenuto normativo del concetto di persona giuridica". *Rivista di Diritto Civile*. vol. I. 1965, pp. 553 e ss.

_____. *Diritto commerciale – Le società*. 3ª ed. Bologna, Zanichelli, 1987.

GAMBINO, A. "La disciplina del conflitto di interesse del socio". *Rivista di Diritto Commerciale* I. 1969, pp. 371 e ss.

_____. *Il principio di correttezza nell'ordinamento delle società per azioni*. Milano, Giuffrè, 1987.

GARCÍA MARTÍN, L. "La cuestión de la responsabilidad penal de las propias personas jurídicas". In *Responsabilidad penal de las empresas y sus órganos y responsabilidad por el producto*. Barcelona, Bosch Editor, 1996.

GARMS, R. M. "shareholder by-law amendments and the poison pill: the market for corporate control and economic efficiency". *J. Corp. L.* 24, 1999, pp. 433 e ss.

GESSLER-HEFERMEHL, E. *Aktiengesetz Kommentar*. Band 11. München, Vahlen, 1973-74.

GIERKE, O. von. *Deutsches Genossenschaftsrecht* II. Berlin, Weidmannchen Buchhandlung, 1873.

_____. *Deutsches Privatrecht* I. Leipzig, Duncker & Humblot, 1895.

_____. *Die Genossenschaftstheorie und die deutsche Rechtsprechung*. Berlin, Weidmann, 1887.

GILSON, R. "Seeking competitive bids *versus* pure passivity in tender offer defense". In ROMANO, R. *Foundations of corporate law*. New York/Oxford, Oxford University Press, 1993.

_____. "Corporate governance and economic efficiency: when do institutions matter?". *Wash. U. L. Q.* 74, 1996, pp. 324 e ss.

_____. "Globalizing corporate governance: convergence of form or function". *American Journal of Comparative Law* 49. 2001, pp. 329 e ss.

_____. "Controlling shareholders and corporate governance: complicating the comparative taxonomy". *ECGI Working Paper* 49. 2005. Disponível in *http://ssrn.com/abstract=784744*.

_____, e GORDON, J. "Controlling controlling shareholders". *Stanford Law School Working Paper* 262. 2003. Disponível in *http://papers.ssrn.com/abstract=417181*.

GOMES, O. *Alienação fiduciária em garantia*. 4ª ed. São Paulo, Ed. RT, 1975.

_____. *Introdução ao direito civil*. 10ª ed. Rio de Janeiro, Forense, 1991.
GORDON, J. "Corporations markets and courts". *Columbia Law Review* 91. 1991, pp. 1.931 e ss.
GORGA, E. "Changing the paradigm of stock ownership from concentrated towards dispersed ownership: evidence from brazil and consequences for emerging countries". *Nw. J. Int'l L. & Bus.* 29, 2009, pp. 439 e ss.
GRISOLI, A. *La società con un solo socio*. Padova, Cedam, 1971.
GUERREIRO, J. A. T. "Responsabilidade dos administradores de sociedades anônimas". *RDM* 42. 1981, pp. 69 e ss.

HAFT, R. J. "The effect of insider trading rules on the internal efficiency of the large corporation". *Mich. L. Rev.* 80, 1982, pp. 1.051 e ss.
HANSMANN, H. *The ownership of enterprise*. Cambridge/London, Harvard University Press, 1996.
_____, e KRAAKMAN, R. "The end of history for corporate law". *Georgetown Law Journal* 89. 2001, pp. 439 e ss.
HAYEK, F. "The use of knowledge in society". In *Individualism and economic order*. London, 1949.
_____. *The road to serfdom*. Chicago, University of Chicago Press, 1994.
HENKEL, W. *Zur Theorie der juristischen Person im 19 Jahrhundert*. Göttingen, 1973.
HERTIG, G.; KRAAKMAN, R.; e ROCK, E. "Issuers and investor protection". In *The anatomy of corporate law – A comparative and functional approach*. Oxford, Oxford University Press, 2005, pp. 193 e ss.
HOLDERNESS, C. G. "A survey of blockholders and corporate control". *FRBNY Economic Policy Review*. vol. 9, n. 1. Abr. 2003, pp. 51-64. Disponível in *http://www.newyorkfed.org/research/epr/03v09n1/0304hold.pdf*.
HOLMSTROM, B.; e TIROLE, J. "Market liquidity and performance monitoring". *Journal of Political Economy* 101, n. 4. 2003, pp. 678 e ss.
HOPT, K. J. "Labor representation on corporate boards: impacts and problems for corporate governance and economic integration in Europe". *International Review of Law and Economics* 14. 1994, pp. 203 e ss.
_____. *Legal duties and ethical behavior of board members and professionals*. Aula na Faculdade de Direito da Universidade de São Paulo, em 18 de setembro de 2007. *RDM* 144/107.
HOUAISS, A.; VILLAR, M. de S.; e FRANCO, F. M. de M. *Dicionário Houaiss da língua portuguesa*. 1ª ed. Rio de Janeiro, Objetiva, 2001.
HUECK, G. *Baumbach-Hueck Kurz-Kommentar zum GmbH Gesetz*. München, Beck, 1988.

IANNI, O. *Teorias da globalização*. 5ª ed. Rio de Janeiro, Civilização Brasileira, 1998.
IMMENGA, U. *Die personalistische Kapitalgesellschaft*. Bad Homburg, Atheneum, 1970.

_____. "Der Preis der Konzertierung". *Festschrift für Böhm*. 1975, pp. 253 e ss.

_____. "Des Spiel von Conti und Pirelli". *Frankfurter Allgemeine Zeitung*. 9.3.1991.

IBGC. *2ª Carta Diretriz: mecanismos de defesa à tomada de controle*. São Paulo, IBGC, 2009.

JAEGER, P. G. *L'interesse sociale*. Milano, [s.e.], 1964.

_____. "Interesse sociale rivisitato (quarant'anni dopo)". *Giurisprudenza Commerciale* I. 2000, pp. 795 e ss.

JENSEN, M. C. "Eclipse of the public corporation". *Harvard Business Review*. 1989 (revised 1997). Disponível in *http://papers.ssrn.com/abstract =146149*.

_____, e MECKLING, W. "Theory of the firm: managerial behavior, agency costs and ownership structure". *Journal of Financial Economics* 3. 1976, pp. 305 e ss.

JHERING, R. von. *Études complémentaires de l'esprit du Droit Romain – De la faute en droit privé*. Paris, Editor A. Marescq, Ainé, 1880.

JOHN, U. *Die organisierte Rechtsperson – System und Probleme der Personifikation im Zivilrecht*. Berlin, Duncker & Humblot, 1977.

JOHNSON, S. H.; LA PORTA, R.; LOPEZ DE SILANES, F.; e SHLEIFER, A. "Tunneling". *Harvard Institute of Economic Research Paper* 1887. 2000. Disponível in *http://ssrn.com/abstract=204868*.

JÜRGENMEYER, M. *Das Unternehmensinteresse*. Heidelberg, Recht und Wirtschaft, 1984.

KANT, I. *The critique of pure reason*. Chicago, Encyclopaedia Britannica, vol. 39, 1996.

KRONMAN, A. "Wealth maximization as a normative principle". *The Journal of Legal Studies* 9. 1980, pp. 227 e ss.

KÜBLER, F. "Effizienz als Rechtsprinzip". *Festschrift Steindorff*. Berlin/New York, De Gruyter, 1990.

KUHN, O. *Strohmanngründung bei Kapitalgesellschaften*. Tübingen, Mohr, 1964.

LA PORTA, R.; LOPEZ-DE-SILANES, F.; e SCHLEIFER, A. "Corporate ownership around the world". *Journal of Finance* 54. 1999, pp. 471 e ss.

LAMY FILHO, A.; e BULHÕES PEDREIRA, J. L. "Acordo de acionistas". In *A Lei das S.A.* Rio de Janeiro, Renovar, 1996, pp. 284 e ss.

_____. "Denúncia unilateral de acordo por prazo indeterminado". In *A Lei das S.A.* Rio de Janeiro, Renovar, 1996, pp. 313 e ss.

LANDERS J. L. "Another word on parents, subsidiaries and affiliates in bankruptcy". *University of Chicago Law Review* 43. 1976, pp. 527 e ss.

LANZANA A. P.; e SILVEIRA, A. "É bom ter controlador?". *Revista Capital Aberto* 5. Janeiro 2004, pp. 43 e ss.

LARENZ K. *Methodenlehre der Rechtswissenschaft*. 6ª ed. G. Verlag, 1991.

―――――. *Metodologia da ciência do direito*. Trad. português José Lamego. 3ª ed. Lisboa, Fundação Calouste Gulbenkian, 1997.

LEÃES, L. G. P. de B. *Mercado de capitais e "insider trading"*. São Paulo, Ed. RT, 1982.

―――――. "Parecer". *RF* 297/161 e ss.

―――――. "Conflito de interesses". In *Estudos e pareceres sobre sociedades anônimas*. São Paulo, Ed. RT, 1989.

LEAL, R. P. C., e CARVALHAL-DA-SILVA, A. L. *Corporate governance and value in Brazil (and in Chile)*. 2005. Disponível em *http://papers.ssrn.com/sol3/papers.cfm?abstract_id=726261*.

LEE, H. "The hidden costs of private benefits of control: value shift and efficiency". *The Journal of Corporation Law* 29. pp. 719 e ss.

LEHMANN, M. "Das Privileg der beschränkten Haftung und der Durchgriff in Gesellschafts - und Konzernrecht – eine juristische und ökonomische Analyse". *ZGR* 1986, pp. 345 e ss.

LIPTON, M.; e STEINBERGER, E. H. *Takeovers & Freezeouts*. New York, Law Journal Press, 1978.

LOPES ROCHA, M. A. "A responsabilidade penal das pessoas colectivas – Novas perspectivas". In *Direito penal econômico*. Lisboa, Centro de Estudos Judiciários, 1985, pp. 107 e ss.

LOSS, L. *Fundamentals of securities regulation*. Boston, Little, Brown and Company, 1983.

LUTTER, M.; e SCHNEIDER, U. H. "Die Beteiligung von Ausländern an inländischen Aktiengesellschaften-Möglichkeiten der Beschränkung und Vorschläge *de lege ferenda*". *ZGR*, 1975, pp. 182 e ss.

MACHADO, S. M. *Limitação de responsabilidade do comerciante individual*. São Paulo, [s.e.], 1956.

―――――. *Problemas de direito mercantil*. São Paulo, Max Limonad, 1970.

MARX, K. *The capital*. Chicago, Encyclopaedia Britannica, 1996.

MERTENS, H. J. "Zuständigkeiten des mitbestimmten Aufsichtsrat". In *Zeitschrift für das Gesamte Handelsrecht und Wirtschaftsrecht*. 1977, pp. 270 e ss.

―――――. *Kölner Kommentar zum Aktiengesetz*. vol. 2º. § 76, Rdn 26.

―――――. *Hachenburg Grosskommentar zum GmbH Gesetz*. 8ª ed. Berlin/New York, De Gruyter, 1990.

MESTMÄCKER, H. J. "Markt, Recht, Wirtschaftverfassung". In *Zeitschrift für das Gesamte Handelsrecht und Wirtschaftsrecht* 137. 1973, pp. 97 e ss.

―――――. *Europäisches Wettbewerbrecht*. München, Beck, 1974.

MIRANDA JÚNIOR, D. A. *Dicionário jurisprudencial da sociedade por ações: Lei n. 6.404, de 15.12.1976*. São Paulo, Saraiva, 1990.

MOREIRA ALVES, J. C. *Da alienação fiduciária em garantia*. 3ª ed. Rio de Janeiro, Forense, 1987.

MOREMANNS, D. "Recepción de la sociedad unipersonal de responsabilidad limitada en el proyecto de unificación civil e comercial en la Argentina – Protección de los acreedores". *Revista del Derecho Comercial y de las Obligaciones*. 1990(a), pp. 171 e ss.

MÜLLER-FREIENFELS, W. "Zur Lehre von sogenannten 'Durchgriff' bei juristischen Personen in Privatrecht". *Archiv für die zivilistische Praxis* 156. 1957, pp. 522 e ss.

NIGRO, A. *Il fallimento del socio illimitatamente responsabile*. Milano, Giuffrè, 1974.

OPPO, G. "Le convenzioni parasociali tra diritto delle obbligazioni e diritto delle società". In *Diritto delle società – Scritti giuridici* II. Padova, Cedam, 1992.

ORCESI DA COSTA, C. C. "Responsabilidade dos sócios pelas dívidas da sociedade". *RDM* 56/64.

OSTROM, E. "Public goods and public choices". In SAVAS, E. E. (ed.). *Alternatives for delivering public services: towards improved performance*. Boulder, Westview Press, 1977.

_____. *Understanding institucional diversity*. Princeton, Princeton University Press, 2005.

_____. *Governing the commons: the evolution of institutions for collective action (political economy of institutions and decisions)*. Cambridge, Cambridge University Press, 1990.

OTHON SIDOU, J. M. "A atividade negocial no anteprojeto do Código Civil". *RT* 465. 1974, pp. 11 e ss.

OTTO, H. J. "Übernahmeversuche bei Aktiengesellschaften und Strategien der Abwehr". *Der Betrieb*. 1988, n. 12, pp. 1 e ss.

PAZ, O. "La búsqueda del presente". Conferencia Nobel, 1990. In FRÄNGSMYR, Tore (ed.). *Les Prix Nobel, the Nobel Prizes 1990*. Stockholm, Nobel Foundation, 1991. Disponível in *http://nobelprize.org/nobel_prizes/literature/laureates/1990/paz-lecture-s.html*.

PONTES DE MIRANDA, F. C. *Tratado de direito privado*. t. V, 3ª ed. Rio de Janeiro, Borsói, 1970.

POSNER, R. "The rights of creditors of affiliated corporations". *University of Chicago Law Review* 43. 1976, pp. 499 e ss.

_____. *Economic analysis of law*. 2ª ed. Boston/Toronto, 1977.

_____. "Utilitarism, economics and legal theory". *The Journal of Legal Studies* 8. 1979, pp. 103 e ss.

_____. *Economic Analysis of Law*. 4ª ed. Boston/Toronto/London, Little, Brown and Company, 1992.

PRADO, R. N. "Da obrigatoriedade por parte do adquirente do controle de sociedade por ações de capital aberto de fazer simultânea oferta pública, em iguais condições, aos acionistas minoritários – Art. 254 da Lei 6.404/76 e Resolução CMN 401/76 – É efetivo mecanismo de proteção aos minoritários". *RDM* 106. 1997, pp. 83 e ss.

PUGLIESE, G. *Istituzioni di diritto romano*. 2ª ed. Torino, Giappichelli, 1990.

RAISER, T. *Das Unternehmen als Organisation*. Berlin, De Gruyter, 1969.

RAMALHETE, C. "Sistema de legalidade na desconsideração da personalidade jurídica". *RT* 586/9.

RAO, V. *O direito e a vida dos direitos*. São Paulo, Max Limonad, 1960.

RATHENAU, W. "La realtà della società per azioni. Riflessioni suggerite dall'esperienza degli affari". *Rivista delle Società*. 1966, pp. 912 e ss.

REBACK, G.; CREIGHTON, S.; KILLAM, D.; e NATHANSON, N. *Microsoft White Paper*. Veiculado via Internet.

REHBINDER, E. *Konzernaussenrecht und allgemeines Privatrecht*. Berlin/Zürich, Gehlen, 1969.

REQUIÃO, R. "Abuso de direito e fraude através da personalidade jurídica". *RT* 410. 1969, pp. 12 e ss.

_____. "A sociedade anônima como instituição". *RDM* 18. 1975, pp. 25 e ss.

_____. *Curso de direito falimentar*. vol. 1, 3ª ed. São Paulo, Saraiva, 1978.

RESCIGNO, P. "Situazione e status nell'esperienza contrattuale". *Rivista di Diritto Civile*. 1973, pp. 218 e ss.

RESCIO, G. "La distinzione del sociale dal parasociale". *Rivista delle Società*. Anno 36 (1991), marzo-giugno 2º-3º, pp. 596 e ss.

RIBSTEIN, L. E. "Efficiency, regulation and competition: a comment on Easterbrook & Fischel's economic structure of corporate law". *Nw. U. L. Rev.* 87, 1992, p. 254.

RIPERT, G.; ROBLOT, R. *Traité élémentaire de droit commercial*. Paris, LGDJ, 1986.

RITTNER, F. *Die werdende juristische Person*. Tübingen, Mohr, 1973.

ROE, M. J. "German co-determination and German securities markets". *Columbia Journal of European Law* 5. 1999, pp. 199 e ss.

_____. "Political preconditions to separating ownership from control: the incompatibility of the American public firm with social democracy". *Columbia Law and Economics Working Paper* 155. 2000. Disponível in *http://ssrn.com/abstract=165143*.

ROSENBERG, D. "Galactic stupidity and the business judgment rule". *The Journal of Corporation Law* 32. 2007. pp. 301 e ss.

ROTH, G. "Zur economic analysis der beschränkten Haftung". *ZGR* 1986, pp. 371 e ss.

SALOMÃO FILHO, C. *A sociedade unipessoal*. São Paulo, Malheiros Editores, 1995.

_____. *O novo direito societário*. São Paulo, Malheiros Editores, 1998; 2ª ed. 2002.

_____. *Direito concorrencial – As estruturas*. 3ª ed. São Paulo, Malheiros Editores, 2007.

_____. *Direito concorrencial – As condutas*. São Paulo, Malheiros Editores, 2003.

_____. "Regulação e desenvolvimento". In *Regulação e desenvolvimento*. São Paulo, Malheiros Editores, 2002.

_____. "Poder econômico: a marcha da aceitação". In COMPARATO, F. K., e SALOMÃO FILHO, C. *O poder de controle na sociedade anônima*. Rio de Janeiro, Forense, 2005.

SALOMÃO NETO, E. "Brazilian poison pills: rare but legitimate". *International Financial Law Review*, vol. IX, n. 2. Fev. 1992, p. 38.

_____. *O trust e o direito brasileiro*. São Paulo, LTr, 1996.

SAVIGNY, F. C. *System des heutigen römischen Rechts*. Berlin, Bei Deit und Comp., 1840.

SCHANZE, E. *Einmanngesellschaft und Durchgriffhaftung als Konzeptionalisierungsprobleme gesellschaftrechtlicher Zurechnung*. Frankfurt, Metzner, 1975.

SCHIEHLL E., e SANTOS, I. O. dos. "Ownership structure and composition of boards of directors: evidence on Brazilian publicly-traded companies". *RAUSP* 39, 2004, pp. 373-384.

SCHLEIFER, A.; e VISHNY, R. "A survey of corporate governance". *NBER Working Paper* 5554. 1996. Disponível em *http://unpan1.un.org/intradoc/groups/public/documents/APCITY/UNPAN018934.pdf*.

SCHMIDT, K. *Gesellschaftsrecht*. Köln/Berlin/Bonn/München, Carl Heymanns Verlag, 1991.

SCHULTE, E. "Rechtsprechungübersicht zum Trennungsprinzip bei juristischen Personen". *WertpapierMitteilungen*. Sonderbeilage, 1979, n. 1, pp. 7 e ss.

SCOTTI-CAMUZZI, S. "Osservazione in tema di responsabilità dell'unico azionista". *Jus* 1977, pp. 169 e ss.

_____. "L'unico azionista". In COLOMBO, G. E.; e PORTALE. G. B. (coords.). *Trattato delle società per azioni*. vol. 2, t. 2 – *Azioni, Gruppi*. Torino, UTET, 1991.

SERICK, R. *Rechtsform und Realität juristischer Personen*. 2ª ed. Berlin, Mohr-de Gruyter, 1955.

SHECAIRA, S. S. *Responsabilidade penal da pessoa jurídica*. São Paulo, Ed. RT, 1998.

SILVA PEREIRA, C. M. *Instituições do direito civil*. vol. 1, 12ª ed. Rio de Janeiro, Forense, 1991.

SPADA, P. "Dalla nozione al tipo della società per azioni". *Rivista di Diritto Civile*. Anno XXXI, 1985, parte I, pp. 95 e ss.

STIGLITZ, J. "Information and capital markets". *NBER Working Paper* 678. National Bureau of Economic Research. Maio 1981.

STOUT, L. A. "The unimportance of being efficient: an economic analysis of stock market pricing and securities regulation". *Mich. L. Rev.* 87, 1988, pp. 613 e ss.

_____. "The mythical benefits of shareholder control". *Va. L. Rev.* 93, 2007, pp. 789 e ss.

TERRADILLOS BASOCO, J. *Derecho penal de la empresa*. Madrid, Editorial Trotta, 1995.

ULMER, P. *Der Einfluss des Mitbestimmungsgesetzes auf die Struktur von AG und GmbH*. Heidelberg/Karlsruhe, Müller, 1979.

VENTORUZZO, Marco. "Takeover regulation as a wolf in sheep's clothing: taking U.K. Rules to Continental Europe". *U. Pa. J. Bus. & Emp. L.* 11, 2008.

VIEIRA, J.; MARTINS, E.; Fávero, L. P. L. "*Poison pills* no Brasil: um estudo exploratório". *Revista Contabilidade e Finanças* 50. 2009, p. 17.

WEIGMANN, R. "La società unipersonale: esperienze positive e prospettive di diritto uniforme". In *Contratto e impresa*. 1986, pp. 830 e ss.

WIEACKER, F. *Privatrechtsgeschichte der Neuzeit*. Göttingen, Vandenhoeck & Ruprecht, 1952.

_____. *Privatrechtsgeschichte der Neuzeit*. Göttingen, Vandenhoeck & Ruprecht, 1967.

_____. "Zur Theorie der juristischen Person des Privatrechts". In *Festschrift Huber*. Göttingen, Schwartz, 1973.

WIEDEMANN, H. *Gesellschaftsrecht*. München, Beck, 1980.

_____. "Vínculos de lealdade e regra de substancialidade: uma comparação de sistemas". In ADAMEK, M. V. von. *Temas de direito societário e empresarial contemporâneos – Liber amicorum Prof. Dr. Erasmo Valladão Azevedo e Novaes França*. São Paulo, Malheiros Editores, 2010.

WILLIAMSON, O. "Transaction cost economics". In ROMANO, R. *Foundations of Corporate Law*. Oxford, Oxford University Press, 1993.

_____; e WINTER, S. G. *The Nature of the firm – Origins, evolution and development*. New York/Oxford, Oxford University Press, 1993.

WINDSCHEID, B. *Diritto delle Pandette*. vol. II. Torino, UTET, 1925.

WYMEERSCH, Eddy. "The mandatory bid: a critical view". In HOPT, Klaus J.; e WYMEERSCH, Eddy (eds.). *European takeovers – Law and practice*. London, Butterworths, 1992.

ZWEIGERT, K.; e KÖTZ, H. *Einführung in die Rechtsvergleichung* 11. Tübingen, Mohr, 1984.

_____. "Relazione introduttiva alla proposta di dodicesima Direttiva del Consiglio in materia di diritto delle società". *Rivista delle Società*. 1988, pp. 822 e ss.

* * *